高职高专汽车专业教材

汽车柴油机电控技术

Electronic Control Technology of Automobile Diesel Engine

张西振　田有为　[主编]

人民交通出版社
China Communications Press

内 容 提 要

本书系统阐述了汽车柴油机电控系统的结构原理与维修方法，并对柴油机第三代压电式共轨系统、选择性催化转换技术、颗粒过滤器再生技术、废气再循环冷却系统等新技术作了详细介绍。全书共分五章，内容包括汽车柴油机电控技术概述、柴油机电控燃油喷射系统、柴油机辅助控制系统、柴油机电控系统传感器、柴油机电控系统维修。

本书内容先进、资料翔实、图文并茂、通俗易懂，适合作为高职高专院校、中职学校和专业培训相关课程的教材，同时也可作为汽车维修技术人员的参考书。

图书在版编目（CIP）数据

汽车柴油机电控技术 / 张西振，田有为主编 .-- 北京：人民交通出版社，2007.8

ISBN 978-7-114-06562-0

Ⅰ.汽… Ⅱ.①张…②田… Ⅲ.汽车－柴油机－电气控制 Ⅳ.U472.43

中国版本图书馆 CIP 数据核字（2007）第 069775 号

书　　名：汽车柴油机电控技术
著 作 者：张西振　田有为
责任编辑：翁志新
出版发行：人民交通出版社
地　　址：（100011）北京市朝阳区安定门外外馆斜街3号
网　　址：http：//www.ccpress.com.cn
销售电话：（010）59757973
总 经 销：人民交通出版社发行部
经　　销：各地新华书店
印　　刷：北京交通印务实业公司
开　　本：787×1092　1/16
印　　张：13.25
字　　数：331千
版　　次：2007年 8 月　第 1 版
印　　次：2013年 6 月　第 6 次印刷
书　　号：ISBN 978-7-114-06562-0
印　　数：14001-16000册
定　　价：23.00元
（有印刷、装订质量问题的图书由本社负责调换）

前　言

自20世纪80年代电子控制技术在柴油机上应用以来，柴油机电控燃油喷射系统已从最基本的燃油喷射控制，扩展到多项目标控制的燃油喷射控制，并从单一的燃油喷射控制扩展到包括怠速控制、进气控制、增压控制、排放控制、起动控制、巡航控制、故障自诊断、失效保护、发动机与变速器的综合控制等在内的全方位集中控制。

尤其是20世纪90年代以来，随着电控技术在汽车柴油机上应用的日益增多，控制精度不断提高，控制功能不断强大，加上“共轨”技术、“时间控制”燃油喷射技术、涡轮增压中冷技术、多气门技术、废气再循环技术等在汽车柴油机上应用的逐渐成熟，使汽车柴油机在重量、噪声、烟度等方面已取得重大突破，达到了汽油机的水平，在轿车和轻型车动力竞争中，柴油机的发展势头令人瞩目。但目前国内有关汽车柴油机电控技术方面的资料较少，尤其是针对汽车柴油机电控技术方面的职业教育和专业培训教材更是空白，本书正是为适应当前职业教育和汽车维修技术人员的需要而编写的。

本书不仅对汽车柴油机应用广泛的电控燃油喷射系统、怠速控制系统、进气控制系统、增压控制系统、排放控制系统等进行了系统、详细的阐述，对已比较成熟的第三代共轨系统（压电式）、废气再循环冷却系统、选择性催化还原技术（SCR）、过滤器主动再生技术等新技术也作了详细介绍。此外，为使读者了解汽车柴油机的新技术发展方向，本书对处于研究阶段的静电吸附捕集技术、高压脉冲电晕等离子体技术等也作了简单介绍。本书编写过程中，充分考虑了目前国内职业教育的特点，力求从生产一线对该专业人才知识、能力的需要出发，本着理论知识必须够用的原则，重点对柴油机电控系统的基本组成、主要元件结构和工作原理、常见故障诊断方法、检修方法进行介绍，并列举了常见发动机电控系统实例以加强针对性。同时，也介绍了正在推广应用和正在研制但尚未成熟的柴油机新技术，以便使读者了解更多的汽车柴油机新技术知识。

本书由辽宁省交通高等专科学校张西振、田有为担任主编，宁波工程学院涂先库、云南交通职业技术学院杨宇担任副主编，其他参与编写的还有黄艳玲、张义、邢恩辉等。

由于时间仓促和编者水平有限，书中不当甚至错误之处在所难免，恳请使用本教材的师生和读者批评指正，在此对本书参考文献的作者表示感谢。

编　者

2007年5月

目　录

第一章　概　　述

学习目标：

1. 了解柴油机电控技术的发展历程和现状；
2. 了解柴油机电控技术的特点；
3. 了解应用在现代柴油机上的主要电控系统；
4. 掌握柴油机电控系统的基本组成。

第一节　柴油机电控技术的发展

一、柴油机技术的发展历程

1892 年，德国工程师鲁道夫・狄赛尔(Rudolf Diesel)受面粉厂粉尘爆炸的启发，设想将吸入汽缸的空气高度压缩，使其温度超过燃料的自燃温度，再用高压空气将燃料吹入汽缸，使之着火燃烧。他首创的压缩点火式内燃机于 1897 年研制成功，这种内燃机以后大多用柴油作为燃料，故称为柴油机。

众所周知，燃料供给系统是柴油机技术的核心，早期的柴油机，正是由于没有良好的燃料供给系统，其性能和转速无法满足汽车动力的要求。1898 年柴油机首先用于固定式发电机组，1903 年用作商船动力，1904 年装于舰艇，1913 年第一台以柴油机为动力的内燃机车制成。直至 1927 年，德国 BOSCH 公司研制出了直列式合成泵，带来了柴油机技术的第一次飞跃，从此机械式供油系统取代了蓄压式供油系统，为柴油机的高速化、改善燃烧、提高性能创造了条件，使柴油机在汽车上的应用成为可能。

采用进气增压技术是提高发动机升功率的重要手段之一。20 世纪 50 年代出现的废气涡轮增压技术，带来了柴油机技术的第二次飞跃。在第二次世界大战期间，增压技术广泛应用在飞机发动机上，直到 1954 年，瑞典的沃尔沃(VOLVO)汽车公司首先将增压技术应用在汽车柴油机上，使柴油机的升功率大幅度提高的同时，也奠定了柴油机作为中、重型车辆动力装置的主导地位。

尽管柴油机热效率高(比汽油机高约 10%)、燃油消耗率低(比汽油机低约 20%)的优点和发展潜力是汽油机无法比拟的，但自柴油机问世至今，在一个多世纪的发展历程中，其升功率低、比质量大、振动和噪声大、起动性能差、制造成本高的缺点，始终是限制柴油机在汽车(尤其是轿车和轻型车)上广泛应用的瓶颈。20 世纪 80 年代电子控制技术在柴油机上的应用，带来了柴油机技术的第三次飞跃，推进了轿车和轻型车柴油化的进程。

二、柴油机电控技术的发展历程

和汽油机电控技术一样，柴油机电控技术也是在解决能源危机和排放污染两大难题的背景下，在飞速发展的电子控制技术平台上发展起来的。汽油机电控技术的发展和日趋成熟也为柴油机电控技术的发展提供了宝贵经验。

20 世纪 50 年代中期开始，汽车排放污染问题已引起汽车发达国家的重视。20 世纪 70 年代两次（1973 年和 1979 年）波及全世界的石油危机，使人们意识到石油资源的有限性（全世界石油产量预测见图 1-1）和节约石油能源的重要性。在此历史条件下，柴油机燃油经济性好、CO 和 HC 排放量低的特点，引起国外各大汽车公司和研究机构的重视，对轿车和轻型车柴油机的投入加大，使柴油机在升功率、比质量、振动和噪声等方面与汽油机的差距缩小，轿车和轻型车的柴油化率逐年提高。

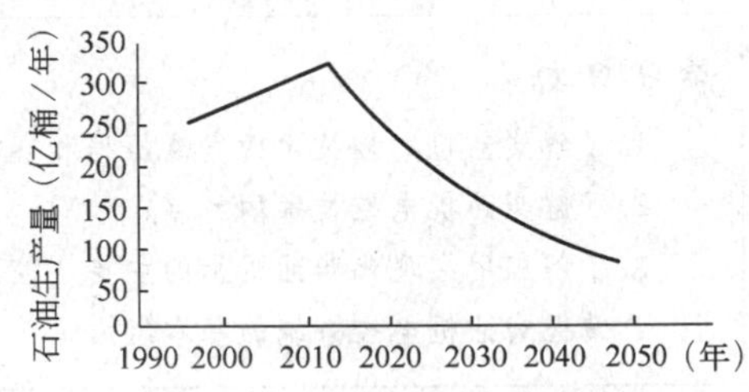

图 1-1　全世界石油产量预测

在柴油机技术发展的同时，随着 20 世纪 80 年代电控技术、增压技术、净化处理技术在柴油机上的广泛应用，使柴油机的燃油经济性和升功率进一步提高，CO、HC 和 NO_X 的排放量进一步降低，在轿车和轻型车动力竞争中，柴油机的优势开始显现。

现代汽车柴油机发展面临的主要问题是进一步降低油耗、降低 NO_X 和颗粒排放、降低噪声。解决这些问题，就必须实现柴油机循环喷油量的高精度控制、喷油正时和喷油速率的优化控制、喷油压力的独立控制（不受喷油量和转速的影响）。柴油机传统的机械式燃料供给系统无法实现上述所要求的各种控制，汽油机电控技术发展的经验证明，只有以计算机为电控单元的电子控制技术，才能使柴油机的动力性、经济性、排放性及噪声等各个方面的指标进一步得到改善，从而提高柴油机与汽油机竞争汽车动力的优势。

20 世纪 80 年代以来，电控技术在柴油机供给系统中的应用，按对供（喷）油量、供（喷）油正时、供（喷）油速率和喷油压力等的控制方式分，经历了“位置控制”、“时间控制”、“时间-压力控制”或“压力控制”3 个阶段。采用“位置控制”和“时间控制”的柴油机电控系统中的供（喷）油压力与传统柴油机供给系统相同，称为常规压力电控喷油系统或第一代柴油机电控燃油喷射系统。采用“时间-压力控制”或“压力控制”的柴油机电控系统可对喷油压力进行控制，且喷油压力较高，称为高压电控喷油系统或第二代柴油机电控燃油喷射系统。

在采用“位置控制”的第一代柴油机电控燃油喷射系统中，保留了传统柴油机供给系统（直列柱塞泵、分配泵、P-T 系统等）的基本组成和结构，只是取消了机械控制部件（调速器等），在原有的喷油泵基础上，增加传感器、电控单元、电子调速器或电/液控制执行元件等组成的控制系统，使控制精度和响应速度得以提高。其优点是柴油机的结构几乎不需改动，生产继承性好，便于对现有柴油机进行升级换代。缺点是“位置控制”系统响应慢、控制频率低、控制自由度小、控制精度还不够高，喷油压力也无法独立控制。

在采用“时间控制”的第一代柴油机电控燃油喷射系统中，也是基本保留了传统燃油供给系统的组成和结构，通过设置传感器、电控单元、高速电磁阀和有关电/液控制执行元件等，组成数字式高频调节系统，由电磁阀的通、断电时刻和通、断电时间控制喷油泵的供油量和供油正时，其控制自由度和控制精度都是“位置控制”所无法比拟的，但供(喷)油压力还无法独立控制。

第二代柴油机电控燃油喷射系统基本改变了传统燃油供给系统的组成和结构，主要以电控共轨(各缸喷油器共用一个高压油管)式喷油系统为特征，直接对喷油器的喷油量、喷油正时、喷油速率和喷油规律、喷油压力等进行“时间-压力控制”或“压力控制”。

20 世纪 90 年代以来，随着电子控制技术在柴油机上应用的日益增多，控制精度不断提高，控制功能不断扩大，加上增压技术和废气再循环技术等在柴油机上应用的逐渐成熟，大大提高了柴油机在轿车和轻型车动力装置中的竞争力。目前，欧美国家除 100%的重型车装用柴油机外，90%的轻型车采用柴油机，轿车的柴油化率也达到 32%，法国、西班牙等国的轿车柴油化率更是高达 50%。

作为我国柴油车发展的先行者，一汽大众凭借德国大众技术上的强大后盾，在柴油机技术的发展上已经取得了很大进步，其 2003 年推出的国内第一款柴油轿车捷达 SDI，2004 年相继推出的宝来 TDI 柴油轿车和奥迪 A6 TDI 都受到了国内消费者的广泛好评。随着社会经济的发展，对环保的要求越来越高，柴油发动机电控系统的研究和相应产品的开发必将成为我国汽车柴油发动机技术领域中的一个热点，这将大大促进我国汽车柴油发动机产品的更新换代，为在未来短时期内参与国际竞争奠定坚实的基础。

三、现代柴油机的先进技术

经过多年的研究和新技术应用，柴油机的技术现状已与以往大不相同。现代先进的柴油机一般采用电控燃油喷射、高压共轨、涡轮增压中冷等技术，在重量、噪声、烟度等方面已取得重大突破，达到了汽油机的水平。

1.“共轨”技术

在传统柴油机燃料供给系统中，高压油管中柴油的压力随发动机的转速、负荷等因素而变化，使实际的喷油量、喷油正时、喷油规律无法实现精确控制，而由于高压油泵与各缸喷油器间一般均有独立的高压油管，控制各高压油管中柴油的压力比较困难。为此，现代柴油机采用了“共轨”技术。

“共轨”即“公共油轨”或称公共供油管，是指利用一个“公共油轨”向各缸喷油器供油。现代柴油机采用“共轨”技术，由高压油泵把高压燃油输送到“公共油轨”，通过由高压油泵、压力传感器和 ECU 组成的闭环电子控制系统，对“公共油轨”内的油压实现独立且精确的控制，以减小喷油压力的波动和各喷油器间的相互影响，从而提高对喷油量的控制精度。

2.“时间控制”燃油喷射技术

在传统柴油机燃料供给系统中，供(喷)油的开始与结束时刻，都是由供油提前角自动调节器、高压油泵和喷油器这些机械装置来控制的。现代柴油机通过由 ECU 控制的高速电磁阀来直接控制供(喷)油的开始与结束时刻，利用高速电磁阀动作频率高、控制灵活的特点，使控制供(喷)油量和供(喷)油正时的精度大大提高，并且能方便地实现预喷射和优化喷油规律等功能。

3. 涡轮增压中冷技术

涡轮增压中冷技术是指利用涡轮增压器将新鲜空气压缩，再经过冷却器冷却使被压缩的空气温度降低(可降至 50℃以下)，然后经进气歧管、进气门流入汽缸。空气进入汽缸前，经过压缩、冷却两次提高密度，使柴油机的充气效率大幅度提高，不仅增大了柴油机的升功率，而且对改善柴油机的燃油经济性和降低排放污染也有利。

4. 多气门技术

与汽油机相同，现代柴油机也广泛采用多气门技术(每个汽缸 2 个以上气门)，以减小进、排气阻力，改善柴油机的性能。

5. 废气再循环技术

现代柴油机采用废气再循环技术的目的与汽油机相同，均是为了降低燃烧的最高温度，从而降低 NOx 的排放量。

第二节　柴油机电控技术的特点

一、柴油机采用电控技术的优势

近年来柴油机电控技术的发展势头是令人瞩目的，柴油机采用电控技术以后，可以实现更为复杂的控制规律，且随着电控技术的逐步发展和不断成熟，更容易满足人们对柴油机所提出的种种苛刻要求。与传统柴油机相比，采用电控技术的现代柴油机具有燃油经济性更高、排放污染更低、工作更可靠、低温起动更容易等优势。

1. 燃油经济性和排放性更好

柴油机采用电控技术后，由于其控制精度高、控制自由度大、控制功能齐全，因而能实现整个运行范围内的参数优化，不仅能进一步降低排放，还可以进一步提高燃油经济性。

2. 工作可靠性更高

利用电控技术能够随时检测影响发动机工作可靠性的一些参数，如机油压力、排气温度、曲轴轴承温度及发动机的转速等。一旦某项参数超出设定值，控制系统会立即报警，同时控制执行器进行相应的调节，直到这些参数恢复正常为止。对于一些影响柴油机工作可靠性的重要参数，控制系统还可为发动机提供双重甚至是多重保护，以免造成重大事故。

3. 低温起动更容易

由于柴油机是压燃式，发动机在低温条件下着火相当困难，因此需使用预热塞。起动时，驾驶员先使发动机减压以提高转速，再返回压缩状态，起动预热塞使之迅速着火，这一系列操作十分麻烦，如果操作不熟练，很容易因反复起动而导致蓄电池放电过度。电子控制系统能够以最佳的程序替代驾驶员进行这种麻烦的起动操作，使柴油机低温起动更容易。

4. 运转更稳定

响应快、精度高是对一个控制系统的基本要求，控制系统的响应速度越快、控制精度越高，被控对象的性能指标就越容易接近最优值。由于传统柴油机喷油泵调速器的反馈控制系统响应特性差、控制精度低，而容易导致发动机在负荷急剧变化和小负荷低速运转时，产生游车现象。电控系统的响应速度和控制精度远高于机械控制系统，所以采用电控技术的柴油机运转更稳定。

此外，发动机怠速运转时，为防止因负荷的增加（如动力转向泵、空调压缩机工作等）而产生游车和熄火现象，传统的方法是把怠速转速调高。柴油机采用电控技术后，无论负荷怎样增减，都能保证其怠速工况下以最低的转速稳定运转，而且有利于提高柴油机的燃油经济性。

5.适应性强

燃料供给系统可以说是柴油机的“心脏”，传统柴油机需要改进或变换用途时，只能靠改变其机械式燃料供给系统来实现，重新设计、试制和加工的周期长、成本高，极不方便。采用电控技术的柴油机，在上述情况下一般只需改变ECU中的软件程序，而基本上不涉及硬件系统，甚至不需要任何变更便能用于不同种类的柴油机。如全能电子调速器便是一例：在出厂前的软件编程中，已考虑了各种不同调速率的要求，控制盒上设有不同调速率的转换开关，用户可根据发动机的工作性质设定调速率，这既增强了电子调速器的匹配适应能力，也大大地方便了用户。

6.动力输出和负荷匹配更精确

采用柴油机与自动变速器综合控制，能随着柴油机负荷的变化在一定范围内自动调整其动力输出和动力传递，使柴油机的动力输出和负荷得到更精确的匹配，有利于其最佳性能（主要是动力性）的发挥。

7.实现增压控制

柴油机的转速不易提高，要提高其输出功率，必须增大柴油机的转矩，采用涡轮增压已成为一种应用较为广泛的手段。可是，为了用好增压柴油机，有必要对增压装置进行精确的控制，采用电子控制技术无疑是最好的选择。

8.结构紧凑，维修方便

对于现代高速柴油机而言，采用电控技术，可大大减小相关零部件（特别是燃油供给系统部件）的尺寸和质量，使零部件安装部位免受空间位置的约束，不仅可以提高柴油机的紧凑性，而且有利于柴油机日常维护及修理。

此外，电控柴油机的故障自诊断功能，也可在柴油机发生故障后，对维修人员提供信息帮助，使故障诊断和排除更为快捷有效。

二、柴油机与汽油机电控技术的比较

由于柴油机与汽油机使用的燃料不同，结构（尤其燃料供给系统）和工作特点也存在很大差异，为此采用的电控技术也各有特点。

1.对混合气浓度的控制方式不同

汽油机一般要求混合气浓度在过量空气系数等于1的状态下工作，所以汽油机普遍采用带氧传感器的闭环电控燃油喷射系统，由氧传感器检测废气中残余氧的含量，以确定混合气浓度，并通过调节喷油量来保持过量空气系数尽量接近1的状态。柴油机对混合气浓度一般没有相对固定的要求，所以对混合气浓度控制并不严格。

2.对喷油压力的要求不同

由于柴油与汽油的性质不同，为保证混合气的形成质量，柴油机与汽油机对喷油压力的要求相关很大。汽油机多点喷射系统的喷油压力一般为0.25～0.35MPa，单点喷射系统的喷油压力一般为 0.07～0.10MPa，而柴油机的喷油压力高达 100～200MPa，如何建立更高的喷油压力是柴油机技术发展的重点和难点。

3. 对燃烧过程的控制途径不同

汽油机主要通过控制点火正时和点火能量来控制燃烧过程，而柴油机则是通过控制喷油正时、喷油持续时间和喷油速率来控制燃烧过程。

4. 柴油喷射的电控执行器复杂

柴油机燃油喷射具有高压、高频、脉动等特点。其喷射压力高达 200MPa，为汽油机喷射压力的 100 倍以上。同时柴油机需要对喷油量、喷油正时、喷油压力等多参数进行综合控制，而且柴油机对喷油正时的精度要求很高。这就导致了柴油喷射的电控执行器要复杂得多，其软件的难度也大于汽油机。

5. 柴油机电控燃油喷射系统形式多样

传统的柴油机具有直列泵、分配泵、泵喷油器、单缸泵等结构完全不同的系统。实施电控技术的执行机构比较复杂，形成了柴油喷射系统的多样化。

三、电控柴油机的技术参数

目前，国内生产轿车装用的柴油机主要有：一汽大众捷达轿车装用的 1.9L SDI（SUCTION DIRECT INJECTION：吸气式直接喷射）电控柴油机、宝来轿车装用的 1.9L TDI（TURBO DIRECT INJECTION：涡轮增压式直接喷射）电控柴油机和奥迪 A6 轿车装用的 2.5L TDI 电控柴油机。

1. 捷达 1.9L SDI 电控柴油机主要技术参数

缸数：4 个

气门数/缸：2 个

排量：1.9L

缸径：79.5mm

压缩比：19.0：1

最大转矩：125N·m（2 000～2 600 r/min）

最大输出功率：47kW（4 000r/min）

作功顺序：1-3-4-2

捷达 1.9L SDI 电控柴油机装有废气再循环装置和三元催化转换器，其外特性曲线见图 1-2。

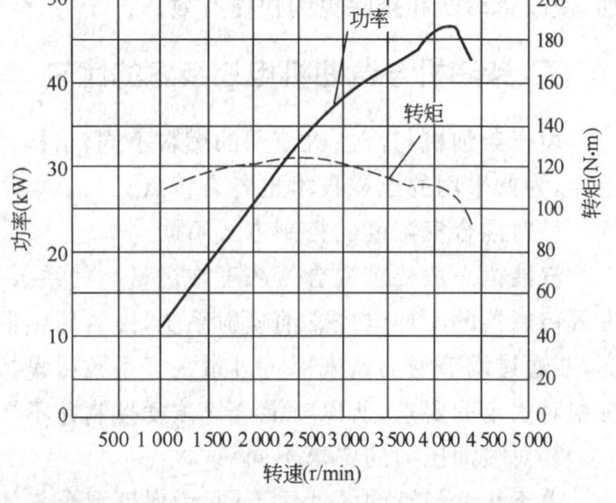

图 1-2 捷达 1.9L SDI 电控柴油机外特性曲线

2. 宝来 1.9L TDI 电控柴油机主要技术参数

缸数：4 个

气门数/缸：2 个

排量：1.9L

缸径：79.5mm

压缩比：19.0：1

最大转矩:240N·m(2 000~2 600r/min)

最大输出功率:74kW(4 000r/min)

作功顺序:1-3-4-2

宝来 1.9L TDI 电控柴油机装有废气涡轮增压器、废气再循环装置和三元催转换器,其外特性曲线见图 1-3。

3.奥迪 A6 2.5L TDI 电控柴油机主要技术参数

缸数:6 个

气门数/缸:4 个

排量:2.5L

缸径:78.3mm

压缩比:18.5∶1

最大转矩:370N·m(1 500~2 750r/min)

最大输出功率:133kW(4 000r/min)

作功顺序:1-4-3-6-2-5

奥迪 A6 2.5L TDI 电控柴油机装有可调节式涡轮增压器、废气再循环装置和三元催化器,其外特性曲线见图 1-4。

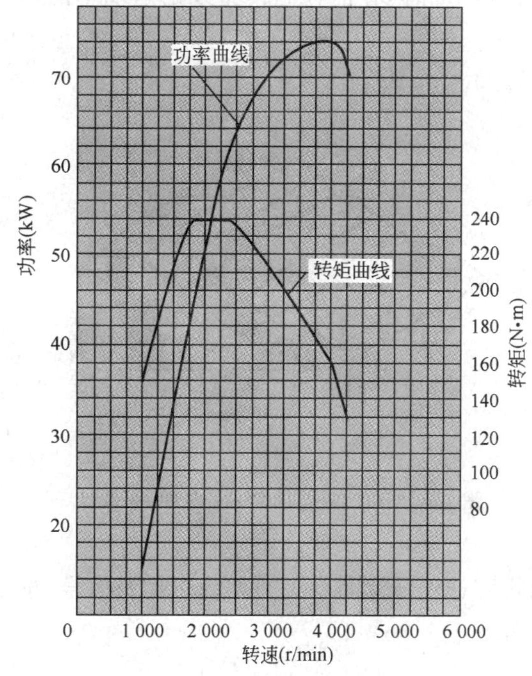

图 1-3 宝来 1.9L TDI 电控柴油机外特性曲线

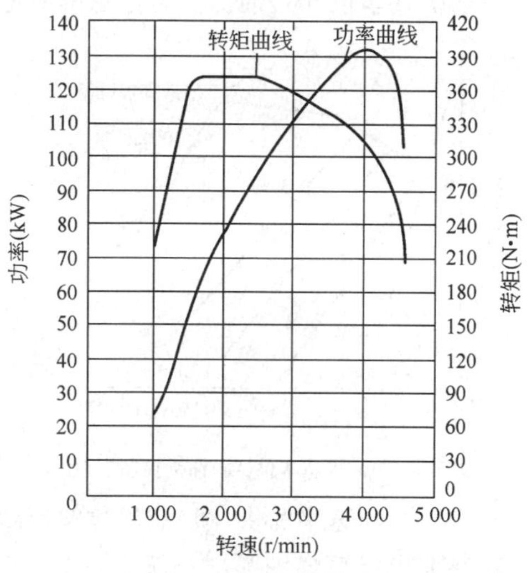

图 1-4 奥迪 A6 2.5L TDI 电控柴油机外特性曲线

第三节 应用在柴油机上的电控系统

随着柴油机电控技术的发展,柴油机电控系统从最基本的燃油喷射控制,即供(喷)油量控制和供(喷)油正时控制,已扩展到包括对供(喷)油速率控制和喷油压力控制在内的多项目标控制的燃油喷射控制;并从单一的燃油喷射控制扩展到包括怠速控制、进气控制、增压控制、排放控制、起动控制、巡航控制、故障自诊断、失效保护、发动机与变速器的综合控制等在内的全方位集中控制。

一、燃油喷射控制系统

燃油喷射控制主要包括:供(喷)油量控制、供(喷)油正时控制、供(喷)油速率控制和喷油压力控制等。

1. 供(喷)油量控制

供(喷)油量控制是柴油机电控燃油喷射系统最主要的控制功能之一。在起动、怠速、正常运行等各种工况下,ECU 根据发动机转速信号、负荷信号(加速踏板位置信号)和内存控制模型来确定基本供(喷)油量,再根据冷却液温度信号、进气温度信号、起动开关信号、空调开关信号、反馈信号等对供(喷)油量进行修正。

柴油机基本供(喷)油量控制模型见图 1-5。

2. 供(喷)油正时控制

供(喷)油正时控制也是柴油机电控燃油喷射系统最主要的控制功能之一。在柴油机电控燃油喷射系统中,ECU 根据发动机转速信号、负荷信号和内存的控制模型来确定基本的供(喷)油提前角,再根据反馈信号进行修正。

柴油机基本供(喷)油提前角控制模型见图 1-6。

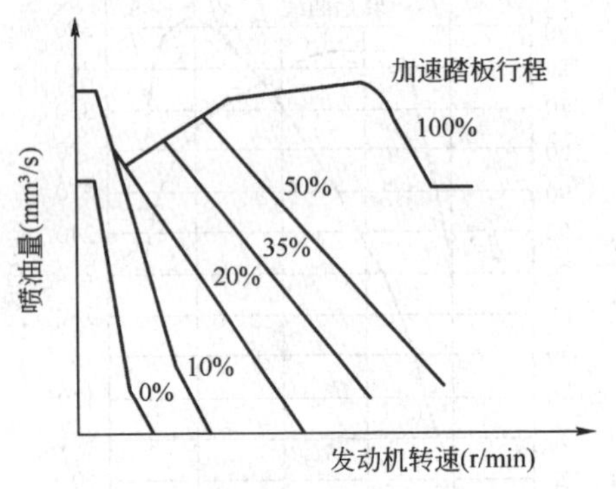

图 1-5　柴油机基本供(喷)油量控制模型

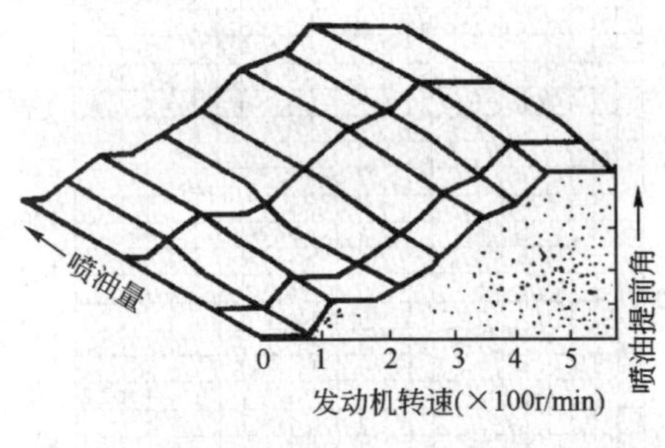

图 1-6　柴油机基本供(喷)油提前角控制模型

3. 供(喷)油速率和供(喷)油规律的控制

在柴油机电控燃油喷射系统中,ECU 以柴油机转速信号和负荷信号作为主控制信号,按预设的程序确定最佳的供(喷)油速率和供(喷)油规律。

4. 喷油压力的控制

在柴油机电控燃油喷射系统中,ECU 以柴油机转速信号和负荷信号作为主控制信号,按预设的程序确定最佳的喷油压力,并对喷油压力进行闭环控制。

5. 柴油机低油压保护

柴油机机油压力过低时,ECU 根据机油压力传感器信号减少供(喷)油量,降低转速并报警;当机油压力降到一定值以下时,则切断燃油供给,强制使发动机熄火。

6. 增压器工作保护

装有增压装置的柴油机，增压压力过高会造成中冷器和汽缸内最高压力升高；增压压力过低则会导致进气量不足使排气温度升高。因此 ECU 根据增压压力信号适当调节供（喷）油量，并在增压压力过高或过低时报警。

二、怠速控制系统

柴油机的怠速控制主要包括怠速转速控制和怠速时各缸均匀性的控制。

1. 怠速转速的控制

怠速工况时，ECU 以柴油机转速信号和负荷信号作为主控制信号，按内存程序确定怠速时的供（喷）油量，并根据冷却液温度信号、进气温度信号、空调开关信号、转速（反馈）信号等，对怠速供（喷）油量进行修正控制，使怠速转速保持稳定。

2. 各缸均匀性的控制

在共轨式第二代柴油机电控燃油喷射系统中，由 ECU 分别对各缸的喷油器进行控制（顺序喷射控制），ECU 可以通过精确测定曲轴转速，根据各缸作功行程中曲轴转速的变化确定各缸供（喷）油量的偏差，然后进行补偿调节。

三、进气控制系统

柴油机的进气控制主要包括进气节流控制、可变进气涡流控制和可变配气正时控制。

1. 进气节流控制

ECU 主要根据柴油机转速信号和负荷信号，控制设在进气管中的节气门开度，以满足不同工况对进气流量的不同要求。

2. 进气涡流控制

ECU 以柴油机转速和负荷作为主控制信号，按内存的程序对进气涡流强度进行控制，以满足不同工况对进气涡流强度的不同要求。

3. 气门驱动控制

ECU 根据柴油机转速信号和负荷信号，按内存程序控制气门驱动机构，以改变配气正时和气门升程，满足发动机不同工况的要求。

四、增压控制系统

柴油机的增压控制主要是由 ECU 根据柴油机转速信号、负荷信号、增压压力信号等，通过控制废气旁通阀的开度或废气喷射器的喷射角度、涡轮增压器废气进口截面大小等措施，实现对废气涡轮增压器工作状态和增压压力的控制，以改善柴油机的转矩特性，提高加速性能，降低排放和噪声。

五、排放控制系统

柴油机的排放控制主要是废气再循环（EGR）控制。ECU 主要根据柴油机转速和负荷信号，按内存程序控制 EGR 阀开度，以调节 EGR 率。

六、起动控制系统

柴油机起动控制主要包括供(喷)油量控制、供(喷)油正时控制和预热装置控制。其中供(喷)油量控制和供(喷)油正时控制与其他工况相同。柴油机冷起动时的预热装置一般都是电加热装置(如进气预热塞等),ECU 根据柴油机起动时的冷却液温度决定电加热装置是否通电以及通电持续时间,并在柴油机起动后或起动温度较高时,自动切断电加热装置电源。

七、巡航控制系统

带有巡航控制功能的柴油机电控系统,当通过巡航控制开关选定巡航控制模式后,ECU 即可根据车速信号等自动维持汽车以一定车速行驶。

八、故障自诊断和失效保护系统

柴油机电控系统中也包含故障自诊断和失效保护两个子系统。柴油机电控系统出现故障时,自诊断系统将点亮仪表盘上的"故障指示灯",提醒驾驶员注意,并储存故障码,检修时可通过一定的操作程序调取故障码等信息;同时失效保护系统起动相应保护程序,使柴油机能够继续保持运转或强制熄火。

九、柴油机与自动变速器的综合控制系统

在装用电控自动变速器的柴油车上,将柴油机控制 ECU 和自动变速器控制 ECU 合为一体,实现柴油机与自动变速器的综合控制,以改善汽车的变速性能。

第四节　柴油机电控系统的基本组成

一、电控系统的基本组成及类型

1. 电控系统的基本组成

电子控制系统(简称电控系统)是指采用计算机等电子设备作为控制装置的自动控制系统。任何一种电子控制系统,其主要组成都可分为信号输入装置、电子控制单元(ECU)和执行元件三大部分,见图 1-7。

电子控制系统中的信号输入装置是各种传感器。传感器的功用是采集控制系统所需的信息,并将其转换成电信号通过线路输送给 ECU。

图 1-7　电控系统的基本组成

电子控制单元(ECU)是一种综合控制电子装置,其功用是给各传感器提供参考(基准)电压,接受传感器或其他装置输入的电信号,并对所接受的信号进行存储、计算和分析处理,根据计算和分析的结果向执行元件发出指令。

执行元件是受 ECU 控制，具体执行某项控制功能的装置。

2. 电控系统的类型

电子控制系统有两种基本类型：开环控制系统和闭环控制系统。

开环控制系统的控制方式比较简单，ECU 只根据各传感器信号对执行元件进行控制，而控制的结果是否达到预期目标对其控制过程没有影响。

而闭环控制系统除具有开环控制的功能外，还对其控制结果进行检测，并将检测结果（即反馈信号）输入 ECU，ECU 则根据反馈信号对其控制误差进行修正，所以闭环控制系统的控制精度比开环控制系统高。

二、柴油机电控系统传感器

传感器（包括信号开关）用来检测柴油机与汽车的运行状态，并将检测结果转换成电信号输送给 ECU。根据用途和功能，现代汽车柴油机电控系统中使用的传感器分为以下 3 种类型。

1. 运行工况传感器

运行工况传感器是指用来检测柴油机运行工况基本参数的传感器，如加速踏板位置传感器、凸轮轴/曲轴位置传感器、空气流量计等。这类传感器向 ECU 输送的信号，一般作为控制系统工作时的主要控制信号，用来确定基本循环供（喷）油量或基本供（喷）油提前角等。

2. 修正信号传感器

修正信号传感器一般是指用来检测柴油机运行工况非基本参数的传感器，如冷却液温度传感器、燃油温度传感器、进气温度传感器、进气压力传感器等。这类传感器向 ECU 输送的信号，作为控制系统工作时的辅助控制信号，用来对基本循环供（喷）油量或基本供（喷）油提前角等进行修正。

3. 反馈信号传感器

柴油机电控燃油喷射系统一般对供（喷）油量和供（喷）油正时采用闭环控制，反馈信号传感器就是指闭环控制系统中用来检测控制系统执行元件实际位置的传感器，在柴油机电控燃油喷射系统中主要包括供（喷）油量传感器（如供油齿条位置传感器、滑套位置传感器、燃油压力传感器等）和供（喷）油正时传感器（如分配泵正时活塞位置传感器、着火正时传感器等）两大类。

在不同柴油机电控燃油喷射系统中，由于控制供（喷）油量和供（喷）油正时的执行元件不同，负荷传感器和正时传感器的名称、数量和类型也不同，传感器通常采用电位计式、差动电感式或电磁感应式。

上述传感器中大多数是和现代汽车汽油机电控系统中使用的传感器通用的，如凸轮轴/曲轴位置传感器、各种温度传感器、空气流量计等。但也有一些是与汽油机电控系统中使用的传感器不完全相同的，或是柴油机电控系统中特有的，如光电式着火正时传感器等。

三、柴油机控制 ECU

ECU 的功用是根据各传感器输入信号和内存程序，计算出供（喷）油量和供（喷）油开始时刻，并向执行元件发出指令信号。柴油机电控系统在运算原理、控制原理、存储原理、数据传输原理及程序设计等方面与汽油机电控系统基本相同。

ECU主要由输入回路、微型计算机(简称微机)和输出回路组成,见图1-8。

1.输入回路

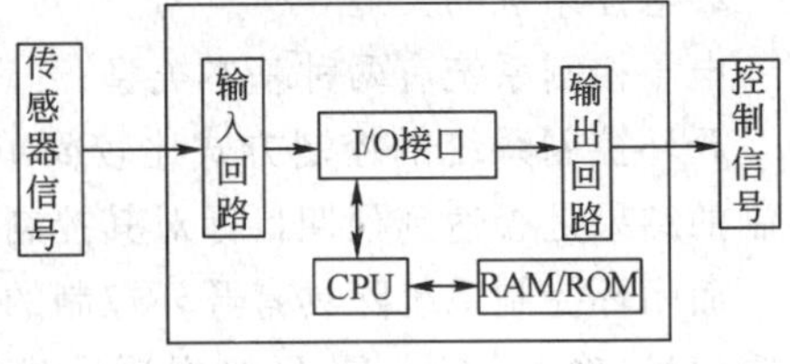

图1-8　ECU的组成

发动机工作时,各种传感器的信号输入ECU后,首先经过输入回路进行处理,输入回路的作用见图1-9。

传感器输送给ECU的信号有数字信号(如凸轮轴/曲轴位置传感器信号等)和模拟信号(如温度传感器信号等)两种,如图1-10所示。传感器输入的信号不同,处理的方法也不同。对模拟信号的处理,一般是先滤除杂波再通过模/数(A/D)转换器转换为微机可接受的数字信号(即将正弦波转变为矩形波);对数字信号的处理,一般是进行整形和分频(如将曲轴位置传感器信号分频为1°信号等)。

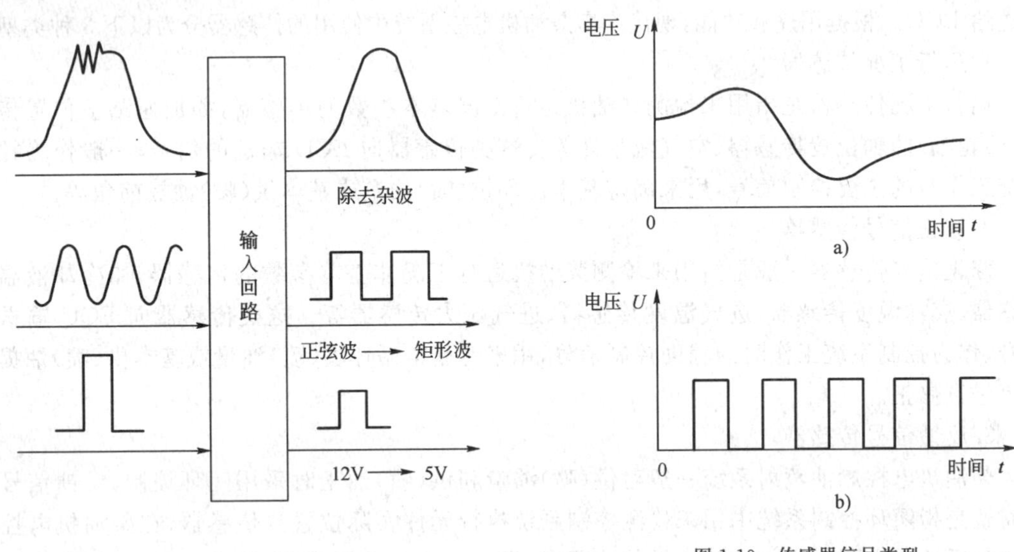

图1-9　输入回路的作用

图1-10　传感器信号类型

a)正弦波;b)矩形波

2.微型计算机

微机是控制系统的神经中枢,其功用是根据工作需要,利用其内存程序和数据对各传感器输送来的信号进行运算处理,并将处理结果送往输出回路。

微机主要由中央处理器(CPU)、存储器(RAM/ROM)和输入/输出(I/O)接口组成,见图1-11。

(1)中央处理器。中央处理器主要由进行算术运算和逻辑运算的运算器、暂时存储数据的寄存器、按照程序在各装置之间完成信号传送及控制任务的控制器等组成。其功用是读出命令并执行数据处理任务。

(2)存储器。存储器的功用是存储信息资料,包括随机存储器RAM和只读存储器ROM。

随机存储器RAM是用来暂时存储信息的,如存储微机输入、输出和计算过程中产生的中间数据等,存储的信息可随时调出或被新的数据取代,当切断电源时,存储在RAM中的信息将丢失。为使故障码等信息在RAM中能保存较长时间,一般用不受点火开关控制的专用电路给 RAM 提供电源；当然，专用电路断开时（如拆开蓄电池电缆），存储在 RAM 中的信息仍会丢失。

只读存储器 ROM 是用来存储固定信息（如控制程序、发动机特征参数等）的，存储的内容一般由制造商一次性存入，使用中不能更改，但可以随时调出使用。即使切断电源，ROM 中存储的信息也不会丢失。

（3）输入/输出接口。输入/输出接口是微机与外界进行信息交流的纽带，在控制系统工作时，输入/输出接口根据 CPU 的命令，在 CPU 与输入回路和输出回路之间负责数据传送。输入/输出接口具有数据缓冲、电平匹配、时序匹配等多种功能。

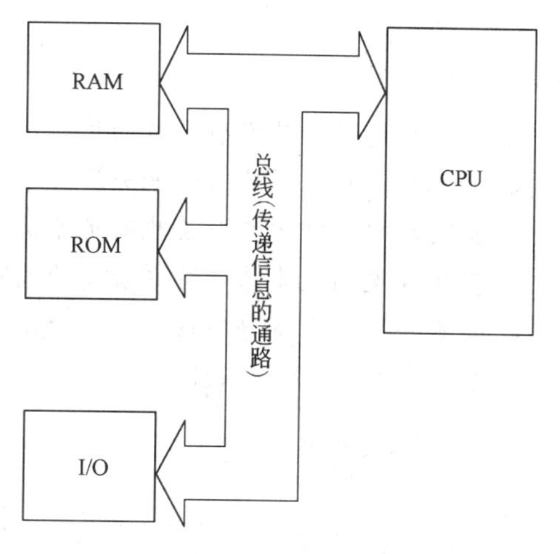

图 1-11 微型计算机组成

3. 输出回路

微机输出的数字信号电压很弱，不能直接驱动执行元件工作。作为微机与执行元件之间连接桥梁的输出回路，其主要功用就是将微机的处理结果放大，生成能控制执行元件工作的控制信号。

四、柴油机控制系统执行元件

执行元件主要是执行 ECU 的指令，对被控制对象实施调控的元件。柴油机电控系统中所用的执行元件与汽油机有很大的不同，特别是在燃油喷射控制中所用的执行元件。由于柴油机缸内混合的特征对循环喷油量、喷油正时的精度要求很高，柴油机燃油喷射又具有高压、高频和脉动等特点，再加上柴油机燃油喷射装置的多样性，这些都使得现代汽车柴油机电控系统在燃油喷射控制中所用的执行元件远比汽油机复杂，技术含量也要高得多。可以这样说，柴油机电控技术的关键和难点就是执行器。

按对被控制对象实施调控的方式不同，柴油机电控系统执行元件可分为两类：一类是对被控制对象直接实施调控的执行元件，如在采用“时间控制”的柴油机电控燃油喷射系统中所用的高速电磁阀，它的通、断电时刻和通、断电时间直接调控供（喷）油量和供（喷）油正时；另一类是对被控制对象间接实施调控的执行元件，如在采用“位置控制”的柴油机电控燃油喷射系统中所用的电子调速器，它是通过高压油泵的油量调节机构来实现供油量控制的。

按结构原理不同，柴油机电控系统执行元件可分为电磁式和电/液（或电/气）式两类。电磁式执行元件直接以电磁能量为驱动能量，实施对被控制对象调控，如作为执行元件的电磁阀、直流电动机等。电/液（或电/气）式执行元件由电磁线圈与各种油压或气压伺服机构组成，如在电控直列泵或电控分配泵中采用的正时控制器等。

按运动状态不同，柴油机电控系统执行元件可分开关式（如开关式电磁阀）和连续动作式（如占空比控制型电磁阀、直流电动机）两类。

复习思考题

1. 柴油机电控燃油喷射系统的发展经历了哪几个阶段?
2. 现代柴油机采用的有哪些先进技术?
3. 柴油机电控技术与汽油机有何不同?
4. 应用在柴油机上的电控系统有哪些?
5. 电控系统由几部分组成?
6. 什么是闭环、开环系统?

第二章　柴油机电控燃油喷射系统

学习目标：

1. 掌握柴油机电控燃油喷射系统的类型及组成；
2. 掌握不同柴油机电控燃油喷射系统中供(喷)油量的控制方法；
3. 掌握不同柴油机电控燃油喷射系统中供(喷)油正时的控制方法；
4. 掌握不同柴油机电控燃油喷射系统中主要执行元件的结构原理。

按对供(喷)油量、供(喷)油正时的控制方式不同，柴油机电控燃油喷射控系统可分为第一代和第二代两大类。第一代柴油机电控燃油喷射系统采用“位置控制”或“时间控制”方式，系统中的供(喷)油压力与传统柴油机供给系统相同，所以又称为常规压力电控喷油系统；第二代柴油机电控燃油喷射系统采用“时间-压力控制”或“压力控制”方式，系统中的喷油压力较高，所以又称为高压电控喷油系统。

第一代柴油机电控燃油喷射系统按其结构特点不同，又可分为直列柱塞泵电控系统、分配泵电控系统。第二代柴油机电控燃油喷射系统的主要特点是采用了共轨技术，它包括泵喷嘴电控系统和共轨式电控燃油喷射系统。

第一节　直列柱塞泵电控系统

直列柱塞泵是利用多个柱塞式分泵向发动机各缸的喷油器提供高压油，其发展和应用的历史较长，工作可靠。直列柱塞泵电控系统保留了传统直列柱塞泵系统对供油量的“位置控制”方式，只是在对直列柱塞泵的供油量和供油正时的控制方法上，利用电子控制系统取代了传统的机械控制装置。

一、直列柱塞泵燃油供给系统的组成

直列柱塞泵燃油供给系统的主要功用是完成燃料的储存、滤清和输送工作，并以一定压力和喷油质量定时、定量地将燃料喷入燃烧室。根据发动机工作时的燃油压力不同，燃油供给系统可分为高压油路和低压油路两部分。低压油路主要包括油箱、输油泵、柴油滤清器和低压油管等；高压油路主要包括直列柱塞泵、喷油器和高压油管等，见图 2-1。

柴油机工作时，输油泵将柴油从油箱内吸出，并以 0.15～0.30MPa 的低压输送给柴油滤清器，清洁的柴油经低压油管进入直列柱塞泵；直列柱塞泵将柴油压力提高到 10MPa 以上，并根据发动机负荷的大小，将一定量的高压柴油经高压油管输送给喷油器，由喷油器将柴油喷入燃烧室。

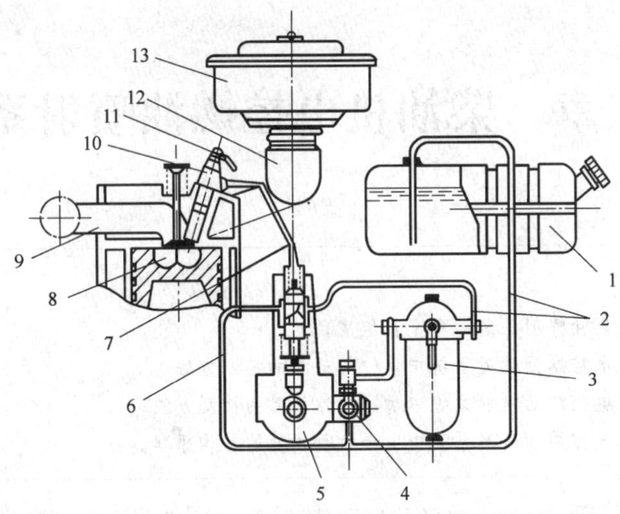

图 2-1 直列柱塞泵燃油供给系统

1-油箱；2-低压油管；3-柴油滤清器；4-输油泵；5-直列柱塞泵；6-直列柱塞泵回油管；7-高压油管；8-燃烧室；9-排气管；10-喷油器；11-喷油器回油管；12-进气管；13-空气滤清器

输油泵的供油量远大于发动机消耗的油量，多余的柴油经喷油泵回油管流回油箱。喷油器间隙泄漏的少量柴油经喷油器回油管流回油箱。

二、直列柱塞泵的结构原理

直列柱塞泵主要由柱塞分泵、油量调节机构、驱动机构、泵体4部分组成。

1. 柱塞分泵

直列柱塞泵由与发动机汽缸数相同的多个柱塞分泵组成，柱塞分泵主要由柱塞偶件和出油阀偶件组成，见图2-2。

柱塞偶件由柱塞和柱塞套筒组成。柱塞套筒安装在喷油泵体内，并用螺钉固定，防止其周向转动；套筒上加工有两个油孔，均与喷油泵体上的低压油腔相通。柱塞与柱塞套筒精密配合，柱塞的圆柱表面加工有斜槽，斜槽的内腔与柱塞上面的泵腔有油孔连通。在柱塞下端固定有调节臂，通过它可使柱塞在套筒内转动；在调节臂与喷油泵体之间装有柱塞弹簧和弹簧座，柱塞弹簧将柱塞推向下方，并使柱塞下端面与装在滚轮体中的垫块、滚轮与凸轮保持接触；发动机工作时，发动机曲轴通过传动机构驱动喷油泵凸轮轴转动，凸轮轴上的凸轮和柱塞弹簧共同作用，驱使柱塞在柱塞套筒内作往复运动。出油阀偶件安装在柱塞偶件上部，并通过压紧座和垫片使出油阀座与柱塞套筒压紧，以保证密封。

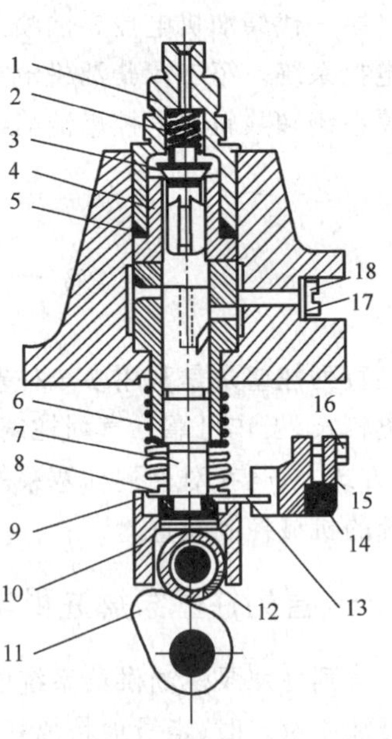

图 2-2 柱塞分泵

1-出油阀压紧座；2-出油阀弹簧；3-出油阀；4-出油阀座；5-压紧垫片；6-柱塞套筒；7-柱塞；8-柱塞弹簧；9-弹簧座；10-滚轮体；11-凸轮；12-滚轮；13-调节臂；14-供油拉杆；15-调节叉；16-夹紧螺钉；17-垫片；18-定位螺钉

柱塞分泵泵油原理见图 2-3，可分为吸油、压油和回油 3 个过程。发动机工作中，喷油泵凸轮轴上的凸轮转过最高位置时，柱塞在柱塞弹簧作用下向下移动；当柱塞上端面低于柱塞套筒上的油孔时，喷油泵低压油腔内的柴油被吸入柱塞上端的泵腔；当柱塞运动到最下端位置时，柱塞上端的泵腔内充满柴油，分泵完成吸油过程（图 2-3a）。随喷油泵凸轮轴的继续转动，凸轮驱动柱塞上移，开始有部分柴油从泵腔挤回低压油腔，直到柱塞上端的圆柱面完全封闭柱塞套筒上的两个油孔为止，分泵压油过程（图 2-3b）开始；此后柱塞继续上移，泵腔内油压升高，油压增高到一定值时，便克服出油阀弹簧的弹力，顶开出油阀，高压柴油经出油阀和高压油管输送给喷油器。在压油过程中柱塞上移，当柱塞上的斜槽与柱塞套筒上的油孔接通时，泵腔内的高压油经柱塞内的油孔、斜槽和柱塞套筒上的油孔流回低压油腔（图 2-3c），泵腔内的油压迅速下降，出油阀在其弹簧作用下立即关闭；在此回油过程中，柱塞仍向上移动，直到上止点为止，但不再向喷油器供油。

柱塞分泵每次泵出的油量取决于柱塞的有效行程，即从出油阀开启到柱塞上的斜槽与柱塞套筒上的油孔接通时柱塞向上移动的距离。使柱塞在套筒内转动，即可改变斜槽与套筒上油孔的相对位置，从而改变柱塞的有效行程。直列柱塞泵就是以此方法来实现发动机负荷调节的。

出油阀偶件的构造见图 2-4。出油阀的圆锥面为密封面，通过出油阀弹簧将其压紧在阀座上。出油阀尾部与阀座间隙配合，为出油阀运动起导向作用。出油阀的尾部开有切槽，形成十字形横截面，以便喷油泵供油时使泵腔内的柴油流出。

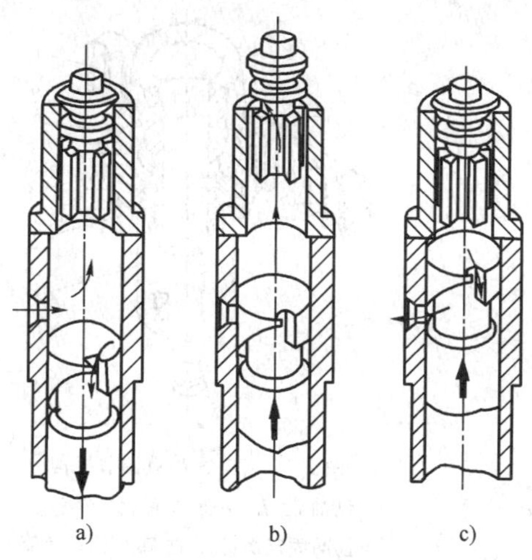

图 2-3　柱塞分泵泵油原理

a)吸油过程；b)压油过程；c)回油过程

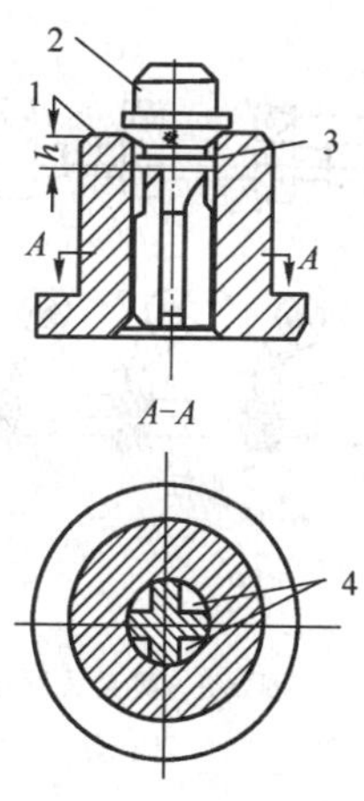

图 2-4　出油阀偶件

1-出油阀座；2-出油阀；3-减压环带；4-切槽

出油阀中部的圆柱部分称为减压环带。在分泵柱塞压油使油压达到一定值时，泵腔内的油压顶开出油阀，使出油阀密封锥面离开阀座，但泵腔内的柴油并不能立即泵出；只有当减压环带完全移出阀座导向孔时，即出油阀向上移动一段距离 h 后，泵腔内的柴油才能进入高压油管，这样可防止喷油器喷前滴油。在停止供油、出油阀落座时，减压环带首先进入出油阀导向孔，切断高压油管与泵腔的通道，高压油管内的柴油停止回流，这样可保持高压油管内有一定的残余压力。此外，从减压环带开始进入阀座导向孔，直到出油阀密封锥面与阀座接触时，由于减压环带在高压油管中让出了其凸缘所占的容积，使高压油管内的油压迅速下降，从而使喷油器停油干脆。由此可见，减压环带具有防止喷油器喷前滴油、保持高压油管内有一定残余压力和使喷油器停油干脆 3 方面的功用。

2. 油量调节机构

油量调节机构的功用是执行驾驶员或调速器的指令，改变柱塞与柱塞套筒的相对位置，从而改变喷油泵的供油量，以适应发动机不同工况的要求。

直列柱塞泵常用的油量调节机构主要由拨叉式和齿条式两种。

(1)拨叉式油量调节机构。见图 2-5，调节臂压装在分泵柱塞下端，其端头插入拨叉的凹槽内，拨叉用螺钉固定在供油拉杆上。当驾驶员或调速器推动供油拉杆轴向移动时，拨叉带动调节臂和分泵柱塞一起相对柱塞套筒转过一定角度，从而使喷油泵供油量改变。松开拨叉固定螺钉，改变某一分泵的拨叉在供油拉杆上的位置，可实现对某一分泵供油量的调节，以便使各分泵供油均匀。

(2)齿条式油量调节机构。见图 2-6，传动套筒松套在柱塞套筒的外面，传动套筒下端的切槽卡住柱塞下端的凸块，齿圈套装在传动套筒上端并用螺钉固定，各分泵传动套筒上的齿圈均与供油齿条啮合，当供油齿条轴向移动时，即可改变喷油泵的供油量。松开齿圈固定螺钉，转动传动套筒，即可调节某一分泵的供油量。

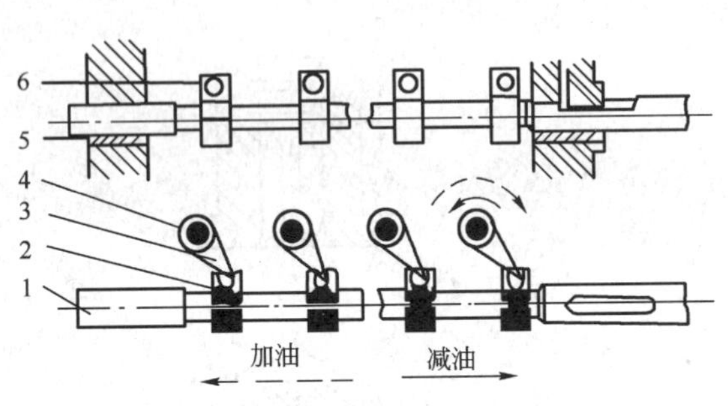

图 2-5　拨叉式油量调节机构

1-供油拉杆；2-拨叉；3-调节臂；4-柱塞；5-供油拉杆衬套；6-拨叉固定螺钉

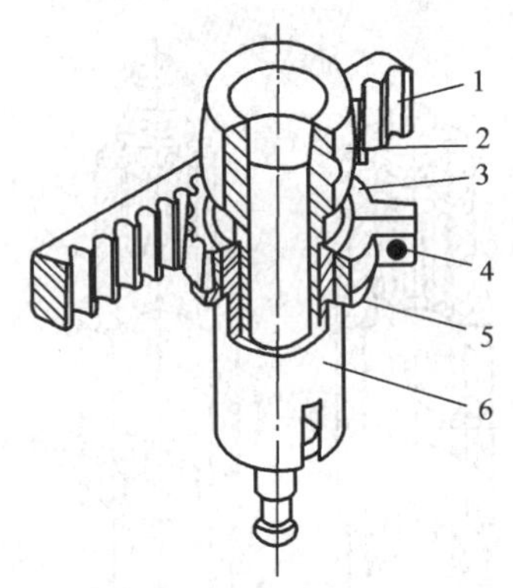

图 2-6　齿条式油量调节机构

1-供油齿条；2-柱塞套筒；3-齿圈；4-齿圈固定螺钉；5-柱塞；6-传动套筒

(3)球销角板式油量调节机构。与齿条式类似，不同的是齿条式油量调节机构采用齿条齿圈传动机构，而球销角板式油量调节机构采用角板钢球传动机构。在传动套筒上端焊接有 1～2个钢球，供油调节杆为横截面呈角钢状的角板，角板上加工有切槽与传动套筒上的钢球啮合，实现喷油泵供油量的调节。

3. 分泵驱动机构

分泵驱动机构的功用是驱动柱塞在柱塞套筒内往复运动，使喷油泵完成供油过程。分泵驱动机构主要包括喷油泵凸轮轴和滚轮体等。

凸轮轴通过两个轴承支撑在喷油泵体内，其结构原理与配气机构所用的凸轮轴相似，见图2-7。凸轮轴上加工有驱动分泵的凸轮和驱动输油泵的偏心轮。改变前端盖与泵体之间的密封垫的厚度，或改变轴承与轴肩之间的调整垫片的厚度，可调整凸轮轴的轴向间隙。

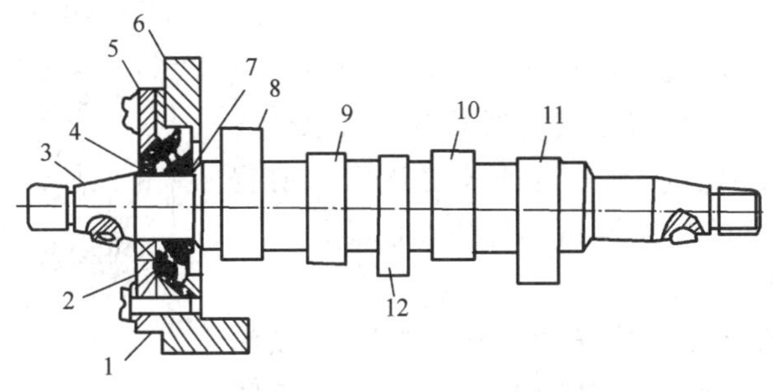

图 2-7　喷油泵凸轮轴

1-密封垫；2-圆锥滚子轴承；3-连接锥面；4-油封；5-前端盖；6-泵体；7-调整垫片；8、9、10、11-凸轮；12-输油泵偏心轮

直列柱塞泵上装用的滚轮体主要有调整垫块式和调整螺钉式两种类型，见图2-8和图2-9。滚轮体相当配气机构中的气门挺杆，其功用主要是将喷油泵凸轮的旋转运动转变为自身的往复直线运动，从而推动分泵柱塞上行供油，并利用滚轮在喷油泵凸轮上的滚动以减轻磨损。为防止滚轮体在泵体导向孔内转动，其定位方法有两种：一种是在滚轮体上轴向切槽，用拧在泵体上的螺钉插入切槽；另一种是采用加长的滚轮轴，使滚轮轴的一端插入泵体导孔中的轴向切槽内。

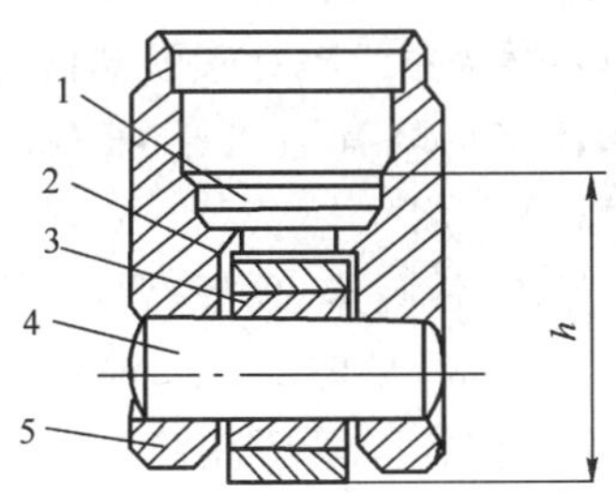

图 2-8　调整垫块式滚轮体

1-调整垫块；2-滚轮；3-滚轮衬套；4-滚轮轴；5-滚轮架

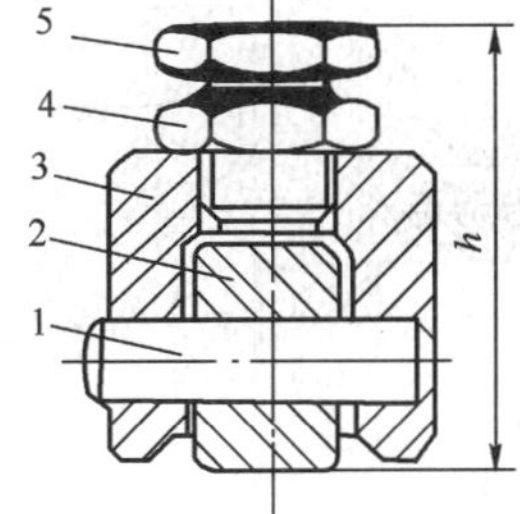

图 2-9　调整螺钉式滚轮体

1-滚轮轴；2-滚轮；3-滚轮架；4-锁紧螺母；5-调整螺钉

此外，滚轮体还可用来调整分泵的供油提前角。分泵供油提前角是指从分泵供油开始，至该缸活塞到达压缩行程上止点时曲轴转过的角度，供油提前角直接影响喷油器的喷油时刻，对发动机性能有很大影响。对调整垫块式滚轮体增加调整垫块厚度，对调整螺钉式滚轮体拧出调整螺钉（调整时先松开锁紧螺母，调整后再拧紧锁紧螺母），均可使滚轮体的有效高度 h 增加，从而在喷油泵凸轮位置不变（即曲轴位置不变）时，使分泵柱塞升高，分泵供油提前角增大（供油时刻提前）；反之，降低滚轮体有效高度 h，分泵供油提前角减小（供油时刻推迟）。

4. 泵体

泵体是喷油泵的基体，有分体式和整体式两种。分体式泵体分上、下两部分，用螺栓连接在一起，上体用来安装分泵，下体用来安装油量调节机构和驱动机构。整体式泵体具有较高的刚度，但拆装不便。

喷油泵和调速器的润滑有两种形式:一种是独立润滑,即在喷油泵和调速器内单独加注润滑油;另一种是压力润滑,即利用发动机润滑系中的压力油进行润滑。

三、喷油器的结构原理

柴油机喷油器的功用是:将燃油雾化并合理分布到燃烧室内,以便与空气混合形成混合气。根据柴油机混合气形成与燃烧的要求,喷油器应有一定的喷射压力和射程(即喷射距离)以及合适的喷射锥角。此外喷油器停止供油时应干脆,不应有滴漏现象。

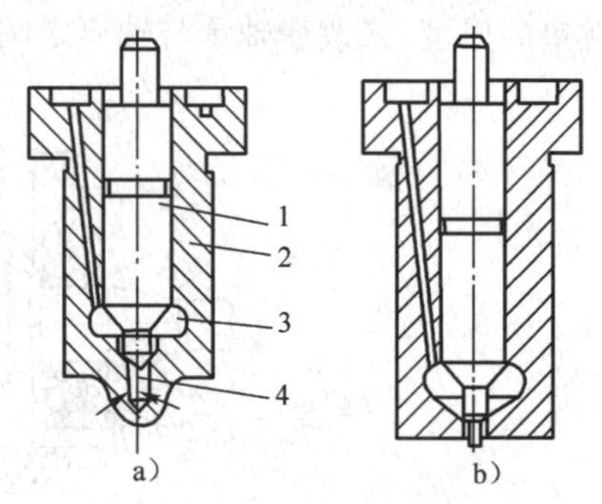

图 2-10 喷油器的类型

a)孔式喷油器;b)轴针式喷油器

1-针阀;2-针阀体;3-高压油腔;4-压力室

目前,车用柴油机上装用的喷油器均为“闭式”喷油器,即喷油器在不喷油时,喷孔被针阀关闭,将燃烧室与喷油器的油腔彻底分隔开。常用的闭式喷油器又可分为孔式和轴针式两种结构类型,见图 2-10。孔式喷油器的针阀下端不伸出针阀体,喷油孔是直径为 0.2~0.8mm 的圆孔,喷油孔有 1~8 个不等。轴针式喷油器的针阀下端较长,延伸出一伸入针阀体下端孔的轴针,轴针与针阀体下端的孔形成环状狭缝,喷油器喷油时,柴油从环状狭缝中呈空心圆柱状(轴针为圆柱形)或空心圆锥状(轴针为倒锥形)喷入燃烧室。轴针式喷油器与孔式喷油器除针阀和针阀体结构略有不同外,其他结构及工作原理完全相同。

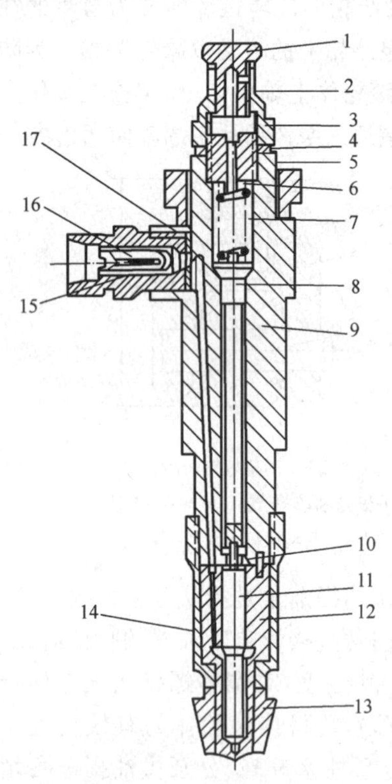

图 2-11 柴油机喷油器

1-回油管螺栓;2-回油管衬垫;3-调压螺钉护帽;4-调压螺钉垫圈;5-调压螺钉;6-调压螺钉垫圈;7-调压弹簧;8-顶杆;9-喷油器体;10-定位销;11-针阀;12-针阀体;13-喷油器锥体;14-紧固螺套;15-进油管接头;16-滤芯;17-进油管接头衬垫

喷油器主要有针阀、针阀体、顶杆、调压弹簧、调压螺钉及喷油体等零件组成,见图 2-11。喷油器不喷油时,调压弹簧通过顶杆使针阀紧压在针阀体的密封锥面上。调压弹簧的预紧力,可通过调压螺钉来调整。为防止细小杂物堵塞喷孔,喷油器进油管接头内一般装有缝隙式滤芯。

针阀与针阀体是喷油器的精密偶件,针阀上部的圆柱表面和针阀体相对应的内圆柱面配合精度很高,其配合间隙只有 0.001~0.002 5mm。因为配合间隙过大,会因漏油而导致油压下降,直接影响喷雾质量;但间隙过小,针阀又不能在针阀体中正常运动。

喷油器针阀的下端锥面与针阀体上相应的内锥面配合,实现喷油器内腔的密封,也称为密封锥面。针阀上部的圆柱面及下端的锥面与针阀体的配合是经过精磨后再相互研磨以保证其配合精度的,所以喷油器精密偶件不能进行互换。

针阀中部位于高压油腔内的锥面为承压锥面。喷

油泵供油时，高压柴油由进油管接头 15 经过喷油器体 9 和针阀体 12 内的油道进入针阀喷油器高压油腔，油压作用在针阀的承压锥面上，给针阀一个向上的轴向推力。随高压油腔内的油压升高，当针阀所受的轴向推力足以克服调压弹簧的预紧力时，针阀向上移动而打开喷孔，高压柴油便从针阀体下端的喷油孔喷射出去。当喷油泵停止供油时，由于高压油路内油压迅速下降，针阀在调压弹簧的作用下及时复位，喷孔被关闭，喷油器喷油停止。

喷油器工作时，会有少量柴油从针阀与针阀体配合面之间的间隙漏出，这部分柴油对针阀可起到润滑作用，并沿顶杆周围的空隙上升，通过回油管流回柴油滤清器或油箱。

四、直列柱塞泵电控系统

最早的柴油机电控燃油喷射系统就是以直列柱塞式喷油泵为基础改造的，用电子调速器取代原有的机械调速器，以实现对喷油量的控制；用正时控制器取代原有的机械离心式供油提前角自动调节器，来对喷油正时进行控制；并设有油量调节拉杆（或齿条）位置传感器和正时传感器，对喷油量和喷油正时的控制均采用闭环控制方式。直列柱塞泵电控系统，见图 2-12。

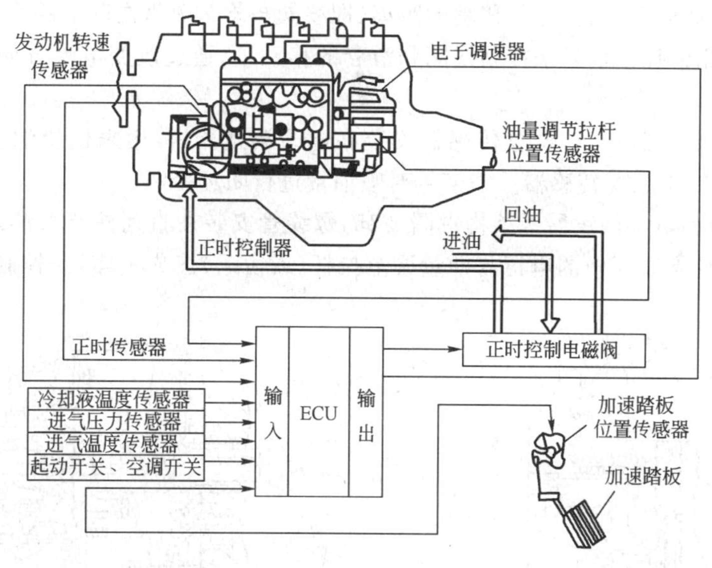

图 2-12　直列柱塞泵电控系统

1. 供油量控制系统

直列柱塞泵供油量“位置控制”系统见图 2-13，喷油量控制是由 ECU 通过控制电子调速器来实现的。柴油机工作时，ECU 根据加速踏板位置传感器信号（即负荷信号）和柴油机转速信号确定基本供油量，并参考冷却液温度、进气流量等传感器信号对供油量进行修正。然后通过 ECU 中的伺服电路控制电子调速器工作，

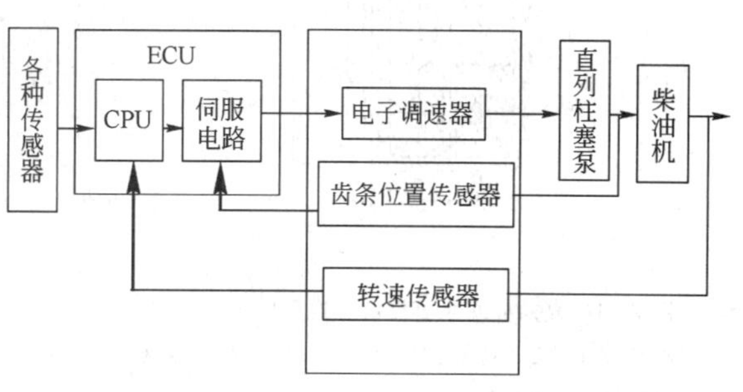

图 2-13　直列柱塞泵供油量“位置控制”系统

以改变或保持直列柱塞泵油量调节拉杆(或齿条)的位置,使直列柱塞泵的供油量达到预期的控制目标。

为提高对直列柱塞泵供油量的控制精度,在电子调速器内装有油量调节拉杆(或齿条)位置传感器,用来检测直列柱塞泵油量调节拉杆(或齿条)的实际位置,检测结果反馈给 ECU 中的伺服电路,再对输送给电子调速器的控制信号进行修正。

在直列柱塞泵电控系统中,实现供油量“位置控制”常用的电子调速器有线性直流电动机型和螺线管型两种。

(1)线性直流电动机型电子调速器。结构见图 2-14,主要由可移动线圈、滑套、杠杆机构和铁芯等组成,安装在外壳中的永久磁铁和铁芯都是固定的,可移动线圈和滑套连成一体,滑套通过杠杆机构与直列柱塞泵的油量调节拉杆(或齿条)连接。线性直流电动机的线圈位于永久磁铁圆柱形的径向磁场中,线圈通电时产生的磁场与永久磁铁磁场相互作用,使线圈和滑套向上或向下移动(所以称之为“线性”直流电动机),直到电磁力与线圈和滑套的自重平衡时,线圈和滑套停止在某一位置,滑套则通过杠杆机构驱动直列柱塞泵油量调节拉杆(或齿条)左右移动,从而实现对油量调节拉杆(或齿条)位置的控制。线圈和滑套所受电磁力大小与线圈中的电流(取决于通电占空比)及其移动的距离(即线圈与永久磁铁之间的距离)有关,ECU 通过输送不同占空比的控制信号来控制线圈和滑套的移动量,通过改变电流方向来控制线圈和滑套的移动方向。

油量调节拉杆(或齿条)位置传感器安装在电子调速器内,用来检测油量调节拉杆(或齿条)的位置,ECU 根据此传感器反馈信号对喷油量进行闭环控制。

(2)螺线管型电子调速器。结构见图 2-15,螺线管安装在直列柱塞泵油量调节拉杆(或齿条)的一端,而且螺线管中的电枢与油量调节拉杆(或齿条)连成一体,当控制电流通过螺线管

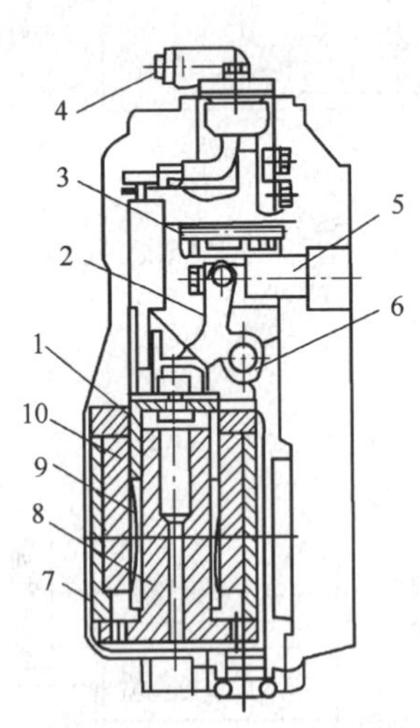

图 2-14 直列柱塞泵直流电动机型电子调速器

1-滑套;2-杠杆;3-拉杆位置传感器;4-线束连接器;5-油量调节拉杆;6-杠杆轴;7-上壳;8-铁芯;9-可移动线圈;10-永久磁铁

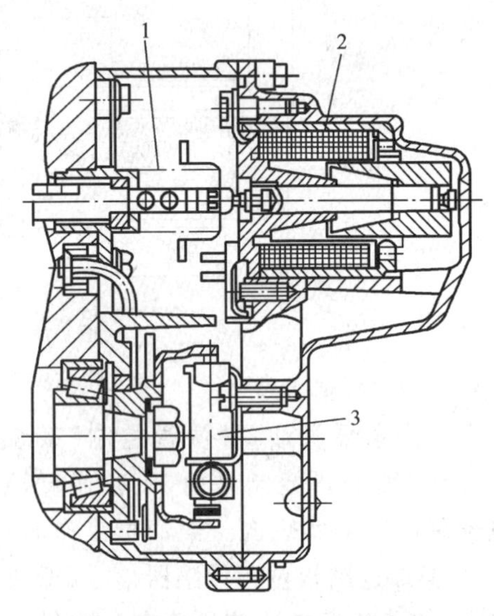

图 2-15 直列柱塞泵螺线管型电子调速器

1-复位弹簧;2-螺线管;3-转速传感器

时，产生一个与通电占空比成正比的电磁力，该电磁力使电枢和油量调节拉杆（或齿条）移动，当电磁力与油量调节拉杆（或齿条）复位弹簧力平衡时，油量调节拉杆（或齿条）就停止在某一位置上，改变螺线管的通电占空比即可调节油量调节拉杆（或齿条）的位置。同时，设置一个油量调节拉杆（或齿条）位置传感器，向 ECU 输送油量调节拉杆（或齿条）实际位置的反馈信号，即可实现供油量的闭环控制。直列柱塞泵的油量调节拉杆（或齿条）位置传感器和发动机转速传感器一般安装在电子调速器内。

占空比是指脉冲信号的通电时间与通电周期之比，见图 2-16。通电周期一般是固定的，所以占空比增大，平均通电时间增长，电流增大，线圈产生的电磁力增大。

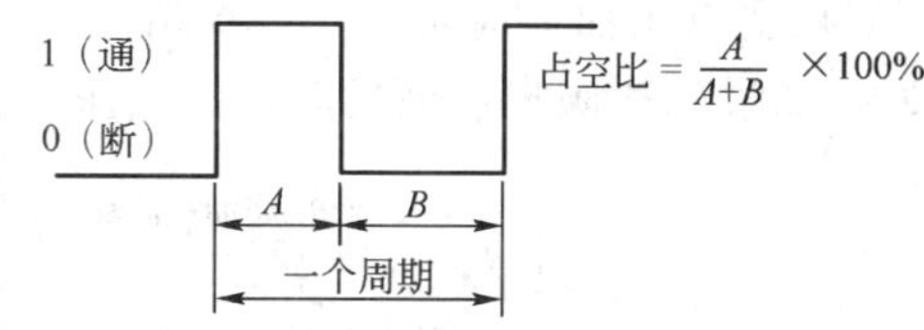

图 2-16　通电占空比

2.供油正时控制系统

直列柱塞泵供油正时电控系统主要由正时控制器、电磁阀、柴油机转速传感器、正时传感器和 ECU 等组成，见图 2-17。两个电磁阀分别安装在正时控制器进、回油路中，控制正时控制器工作的液压油来自柴油机润滑系。正时控制器安装在直列柱塞泵驱动轴与凸轮轴之间，受液压控制的正时控制器可使直列柱塞泵凸轮轴相对驱动轴在一定范围内转动。柴油机转速传感器安装在直列柱塞泵驱动轴上，ECU 主要根据柴油机转速和负荷传感器信号确定基本供油提前角，再根据冷却液温度等传感器信号进行修正，并通过两个电磁阀控制正时控制器工作，来实现对直列柱塞泵供油正时的控制。正时传感器安装在直列柱塞泵凸轮轴上，用来检测凸轮轴的位置和转角，ECU 根据正时传感器信号判断实际的供油正时，并对供油正时进行闭环控制。

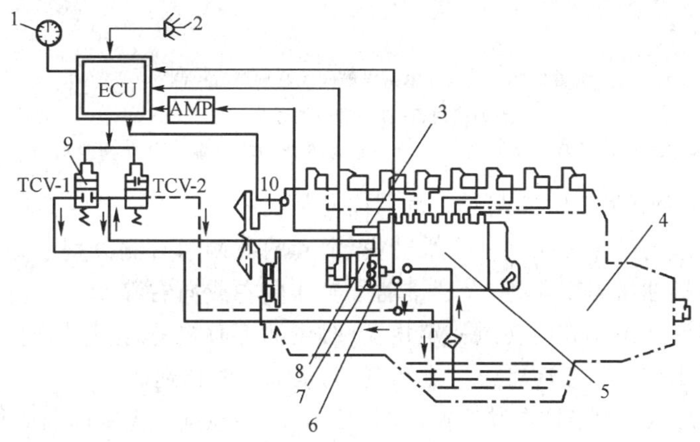

图 2-17　直列柱塞泵供油正时电控系统

1-转速表；2-故障指示灯；3-供油齿条位置传感器；4-柴油机；5-喷油泵；6-正时传感器；7-正时控制器；8-转速传感器；9-电磁阀；10-冷却液温度传感器

直列柱塞泵常用的正时控制器均为电控液压式，按控制液压油路的电控元件不同主要可分为电磁阀控制型和步进电动机控制型两种。

(1)电磁阀控制型正时控制器。其工作原理见图 2-18。直列柱塞泵驱动轴通过驱动盘、滑块、滑块销、大小偏心轮驱动凸轮轴转动。当需减小供油提前角（正时推迟）时，ECU 控制电磁阀使正时控制器的进油通道关闭而回油通道开启（图 2-18a），液压腔内的油压下降，在复位弹簧作用下活塞向右轴向移动，而滑块和滑块销向内径向移动，安装在滑块销上的大小偏心轮转动，使凸轮轴相对驱动盘沿转动相反的方向转过一定角度，从而使直列柱塞泵供油提前角减小(正时推迟)。反之，需要使直列柱塞泵供油提前时，ECU 控制电磁阀使正时控制器的进油通道开启而回油通道关闭(图 2-18b)，润滑油进入液压腔使油压升高，并推动活塞向左移动，活塞推动滑块和滑块销向外移动，偏心轮转动使凸轮轴相对驱动盘沿转动方向转过一定角度，直列柱塞泵供油提前角增大。直列柱塞泵的供油正时随正时控制器液压腔内的油压而变化，ECU 通过电磁阀控制液压腔内的油压，即可控制供油正时。

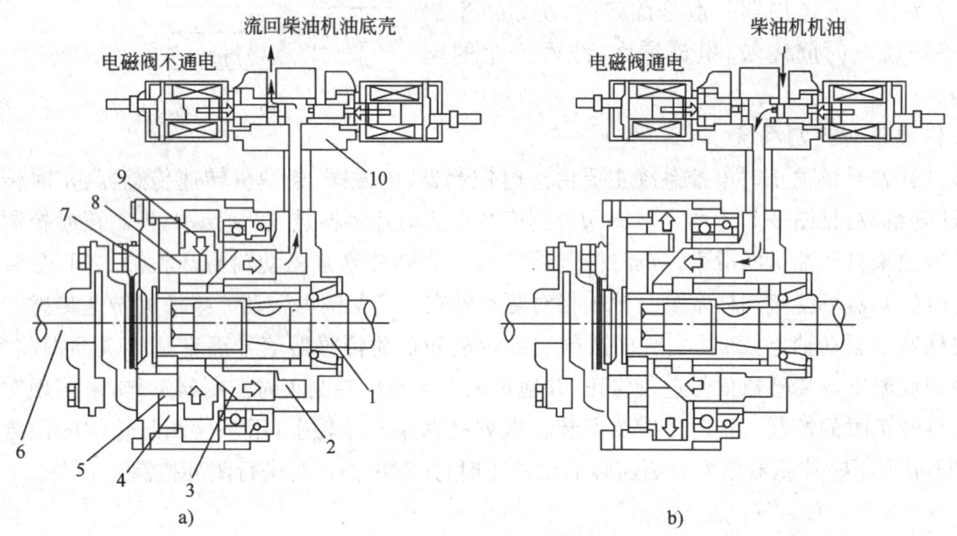

图 2-18 直列柱塞泵电磁阀控制型正时控制器

a)进油通道关闭；b)进油通道开启

1-凸轮轴；2-液压腔；3-液压活塞；4-大偏心轮；5-小偏心轮；6-驱动轴；7-驱动盘；8-滑块销；9-滑块；10-电磁阀

(2)步进电动机控制型正时控制器。直列柱塞泵步进电动机控制型正时控制器见图2-19，它是将驱动柱塞分泵的滚轮体装在一个滑套内，滑套的左侧和右侧分别承受弹簧力和机油压力。当滑套右侧的机油压力变化时，滑套带动滚轮体向左或向右移动，滚轮体向左移动(相当于凸轮相对滚轮体沿其工作方向转过一定角度)时供油正时提前，滚轮体向右移动(相当于凸轮相对滚轮体沿其工作相反方向转过一定角度)时供油正时推迟。

滑套右侧的机油压力由步进电动机控制阀(见图 2-20)控制。控制阀与阀杆制成一体，控制阀伸入到正时控制器的进油通道中。柴油机工作时，ECU 根据各传感器信号控制步进电动机的正反转和转动量，丝杠机构则将步进电动机的旋转运动转变为阀杆的直线运动，由控制阀调节正时控制器的进油通道流通截面，以改变滑套右侧承受的机油压力，实现供油正时的“位置控制”。

步进电动机主要由用永久磁铁制成 16 个(8 对)磁极的转子和两个定子铁芯组成，见图 2-21。每个定子都由两个带 16 个爪极的铁芯交错装配在一起，两个定子上分别绕有 1、3 相和 2、4 相两组线圈，每个定子上两线圈的绕制方向相反。ECU 控制步进电动机工作时，给线圈输送的是脉冲电压，4 个线圈的通电顺序(相位)不同，步进电动机的转动方向就不同，当按一定顺序输入一定数量的脉冲时，步进电动机就向某一方向转过一定的角度，步进电动机的转动量取决于输入脉冲的数量。因此，ECU 通过对定子线圈通电顺序和输入脉冲数量的控制，即

可改变步进电动机控制阀开度。由于给步进电动机每输入一定量的脉冲只转过一定的角度，其转动是不连续的，所以称为步进电动机。

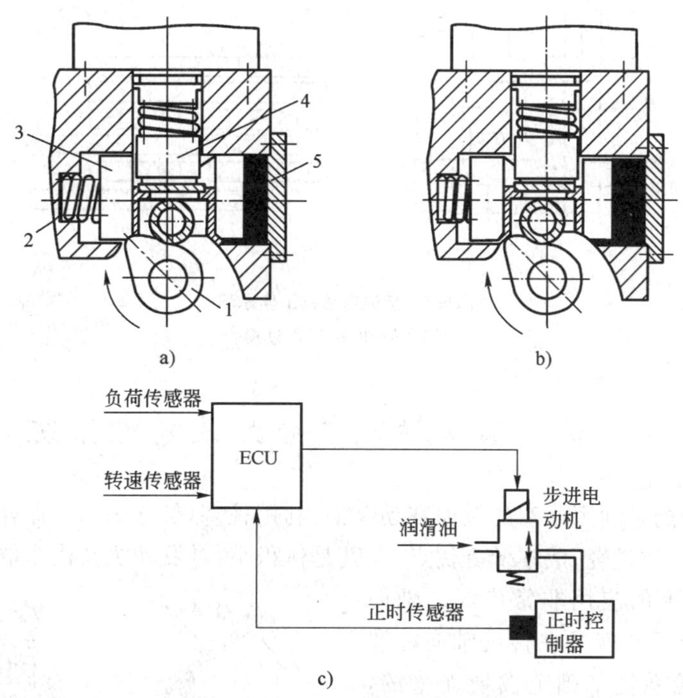

图 2-19 直列柱塞泵步进电动机控制型正时控制器

a)供油推迟；b)供油提前；c)控制框图

1-分泵驱动凸轮；2-弹簧；3-滑套；4-滚轮体；5-机油腔

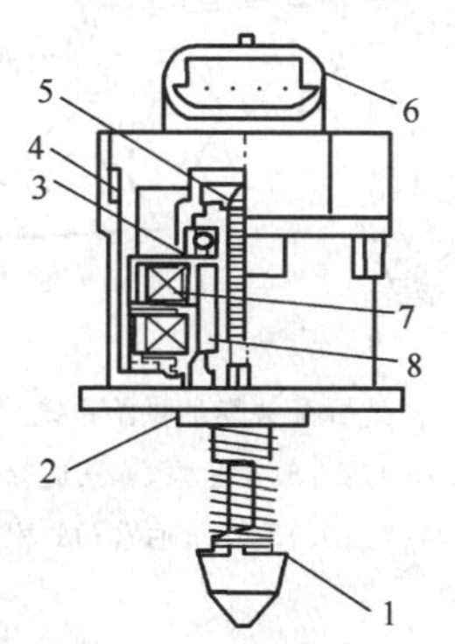

图 2-20 步进电动机控制阀

1-控制阀；2-前轴承；3-后轴承；4-密封圈；5-丝杠机构；6-线束连接器；7-定子；8-转子

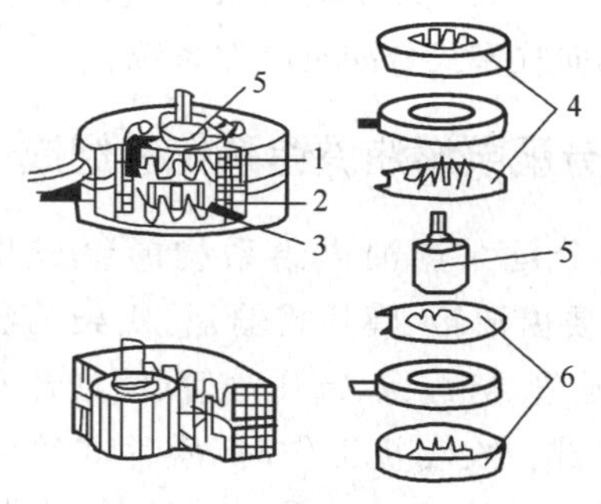

图 2-21 步进电动机的组成

1、2-线圈；3-爪极；4、6-定子；5-转子

步进电动机的工作原理见图 2-22。当 ECU 控制使步进电动机的线圈按 1-2-3-4 顺序依次搭铁时，定子磁场顺时针转动，由于与转子磁场间的相互作用（同性相斥，异性相吸），使转子随定子磁场同步转动。同理，步进电动机的线圈按相反的顺序通电时，转子则随定子磁场同步反转。转子每转一步与定子错开一个爪极的位置，由于定子有 32 个爪极（上、下两

个铁芯各16个),所以步进电动机每转一步为1/32圈(约11°转角),步进电动机的工作范围为0～125个步进级。

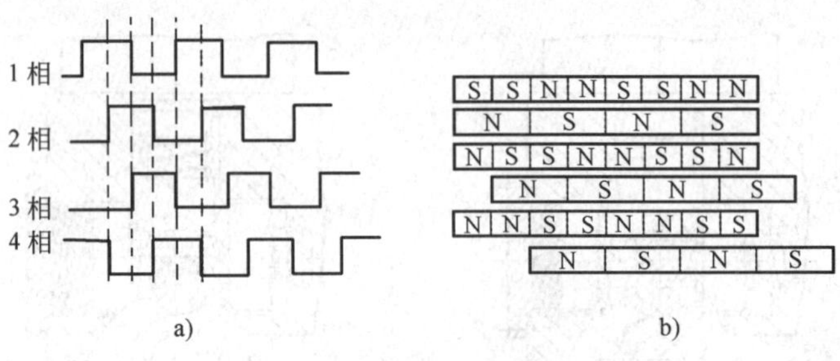

图2-22 步进电动机工作原理
a)输入脉冲;b)工作过程

第二节 轴向柱塞式分配泵电控系统

轴向柱塞式分配泵利用柱塞的轴向移动泵油、利用柱塞(转子)的转动向各缸分配高压燃油。它具有体积小、质量轻、成本低等优点,尤其是体积小,对发动机及汽车的整体布置十分有利,在车用柴油机上的应用非常广泛。轴向柱塞式分配泵电控系统就是在传统轴向柱塞式分配泵燃油供给系统基础上发展而来的,按对供油量和供油正时的控制方式不同,轴向柱塞式分配泵电控系统可分为“位置控制”和“时间控制”两种类型。一汽大众捷达轿车装用的1.9L SDI柴油机即采用“位置控制”方式的轴向柱塞式分配泵电控系统。

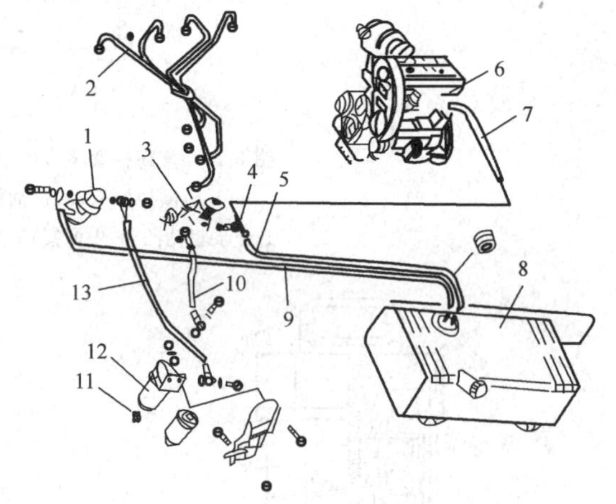

图2-23 传统分配泵燃油供给系统
1-膜片式输油泵;2-高压油管;3-分配泵;4-三通接头;5、7-回油管;6-发动机;8-油箱;9、10、13-低压油管;11-积水传感器;12-柴油滤清器

一、分配泵燃油供给系统的组成

传统分配泵燃油供给系统的组成见图2-23。主要由油箱、膜片式输油泵、柴油滤清器、低压油管、分配泵、高压油管、喷油器和回油管等组成。发动机工作时,膜片式输油泵将柴油从油箱中吸出并泵向柴油滤清器,经滤清后的柴油进入分配泵,分配泵将柴油加压并通过高压油管分配给各缸喷油器,输油泵和喷油泵供给的多余的柴油及喷油器泄漏的少量柴油经回油管流回油箱。

二、轴向柱塞式分配泵的结构原理

传统轴向柱塞式分配泵主要由叶片式输油泵、分配泵驱动机构、分配泵、供油提前角自动调节器、调速器等组成,见图2-24。柴油机工作时,来自柴油滤清器的清洁柴油进入喷油泵后,由叶片式输油泵二次泵油,输出的低压柴油分两路:一路流向供油提前角自动调节器,另一路经泵体

内的油道、分配泵柱塞上的轴向油槽进入分配泵油腔。进入分配泵油腔内的柴油被分配泵柱塞(又称分配转子)加压,然后经分配泵柱塞中心油道、分配孔、出油阀和高压油管输送给喷油器。

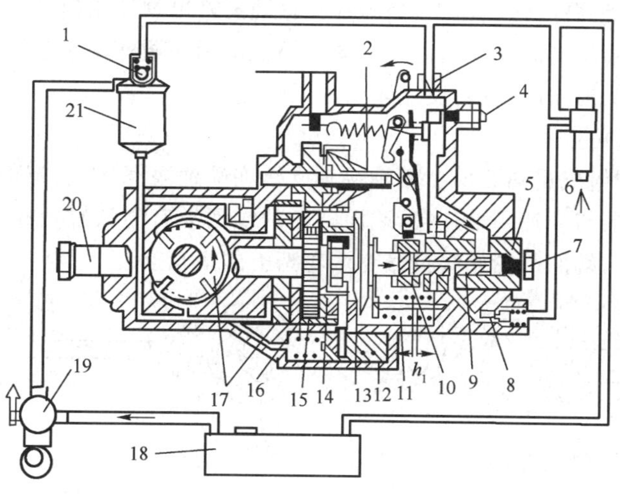

图 2-24　轴向柱塞式分配泵

1-限压阀;2-调速器总成;3-回油管接头;4-最大供油量调节螺钉;5-分配泵柱塞套筒;6-喷油器;7-检视螺钉;8-出油阀;9-分配泵柱塞;10-油量控制滑套;11-分配泵柱塞复位弹簧;12-供油提前角自动调节器;13-端面凸轮;14-滚轮机构;15-调速器驱动齿轮;16-联轴器;17-叶片式输油泵;18-油箱;19-膜片式输油泵;20-泵轴;21-柴油滤清器

1.叶片式输油泵

叶片式输油泵是分配泵燃油供给系统中的第二级输油泵,它安装在分配泵内部,其组成见图 2-25,主要由转子、叶片、偏心环和端盖等组成。偏心环用定位销与喷油泵壳体固定;转子装在偏心环内,转子上的 4 个凹槽中均装有叶片,叶片既可随转子一起转动,也可在转子凹槽内滑动。端盖用于封闭偏心环两端形成泵腔。

叶片式输油泵工作原理见图 2-26。叶片的外端为圆弧面,与偏心环内表面配合并始终保持接触,叶片将输油泵转子与偏心环内表面之间隔成 4 个泵油腔。输油泵转子与喷油泵轴用键连接。柴油机工作时,输油泵转子带动叶片在偏心环内转动,使叶片、转子、偏心环和端盖共同形成的 4 个泵油腔容积不断变化;当泵油腔转至进油口附近时,由于容积逐渐增大,将来自

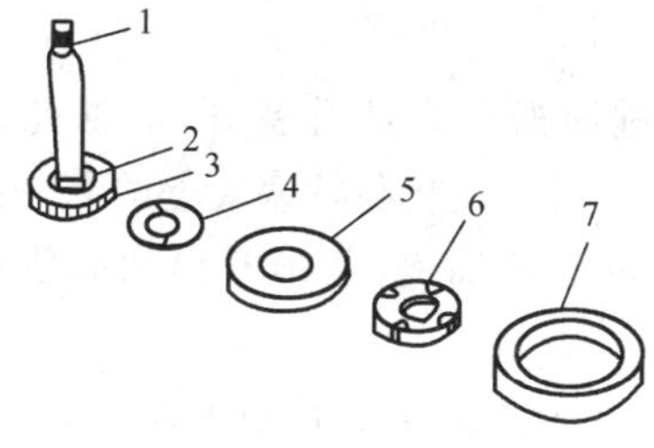

图 2-25　叶片式输油泵的组成

1-喷油泵轴;2-弹性连接块;3-调速器驱动齿轮;4-垫片;5-端盖;6-转子;7-偏心环

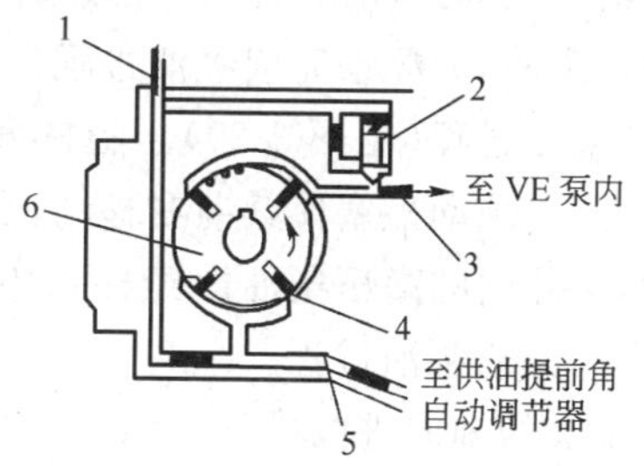

图 2-26　叶片式输油泵工作原理

1-低压油管;2-调压阀;3-输出油道;4-叶片;5-油道;6-转子

膜片式输油泵的柴油吸入泵油腔;泵油腔转过进油口后,容积逐渐减少,使泵油腔内的柴油压力升高,当泵油腔与出油口连通时,泵油腔内的柴油输出送往分配泵。

调压阀用来限制输油泵的输出压力,当叶片式输油泵输出的油压超过规定值时,柴油顶开调压阀,使部分柴油经调压阀流回低压油管。调压阀也可用来调整输油泵输出油压,增加调压阀弹簧预紧力,输油泵输出油压提高,反之输出油压降低。

2.分配泵的驱动机构

分配泵驱动机构的组成见图2-27。喷油泵轴支承在喷油泵壳体上,端面凸轮与分配泵柱塞连成一体,并用联轴器与喷油泵轴连接,端面凸轮的端面上有与汽缸数相等的凸轮(凸峰)。在柱塞复位弹簧作用下,端面凸轮始终抵靠在滚轮架上的滚轮上。

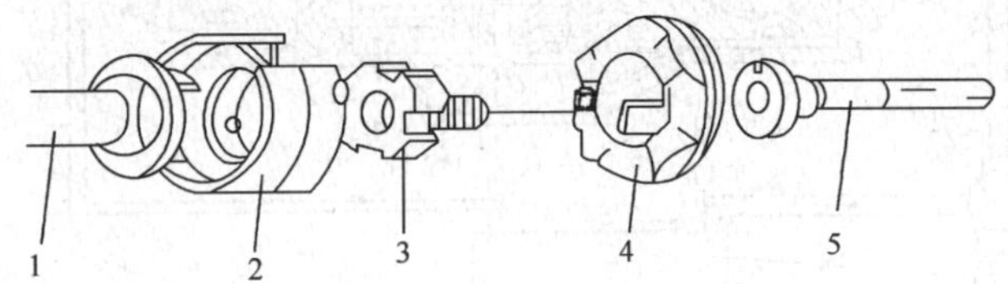

图2-27　分配泵驱动机构

1-喷油泵轴;2-滚轮架;3-联轴器;4-端面凸轮;5-分配泵柱塞

当喷油泵轴通过联轴器带动端面凸轮和柱塞一起转动,端面凸轮的凸峰转过滚轮时,端面凸轮和分配泵柱塞被顶向右轴向移动;凸峰转过后,柱塞复位弹簧又使端面凸轮和分配泵柱塞向左复位。就这样,分配泵柱塞随喷油泵轴一起旋转的同时,在端面凸轮和复位弹簧作用下,不断进行往复轴向运动,喷油泵轴的转速为曲轴转速的一半,柱塞随喷油泵轴每转一圈,往复运动的次数与端面凸轮数(汽缸数)相等。柱塞每往复运动一次,即完成一次吸油和泵油过程。

3.分配泵

分配泵的工作过程可分为吸油、泵油和回油3个过程。

(1)吸油过程(见图2-28)。柱塞上设有4个(四缸发动机用)均布的进油轴向槽、1个分配孔、1个中心油道和1个泄油孔,柱塞套和筒上均布4个与出油道对应的出油孔。

当端面凸轮转过滚轮架上的滚轮时,柱塞在复位弹簧的作用下向左移动。此时,泄油孔被油量控制滑套封闭,分配孔与柱塞套上的出油孔错开,泵腔内因容积增大而产生真空度;当柱塞上的某一轴向进油槽与进油孔接通时,来自叶片式输油泵的柴油经进油道、进油孔和轴向进油槽进入泵腔,分配泵完成吸油过程。

(2)泵油过程(见图2-29)。随柱塞继续转动,轴向进油槽与进油孔错开,泄油孔仍被封闭,端面凸轮顶动柱塞使其向右移动,泵腔内的油压升高。当分配孔与柱塞套上的某一出油孔接通时,泵腔内的高压柴油即经柱塞中心油道和分配孔进入出油道,并顶开出油阀供往喷油器,分配泵完成泵油过程。

柱塞上的轴向进油槽、柱塞套上的出油孔、泵体上的出油道都是沿圆周方向均布,且数量与柴油机汽缸数相等。随分配泵柱塞的转动,柱塞每转一圈(曲轴转两圈),分配泵通过柱塞上的每个轴向进油槽各完成一次吸油过程;由于端面凸轮上的凸峰数量也与柴油机汽缸数相等,所以柱塞每转一圈,柱塞上的分配孔与泵体上的每个出油道各接通一次,分配泵按作功顺序向各缸喷油器供油一次。

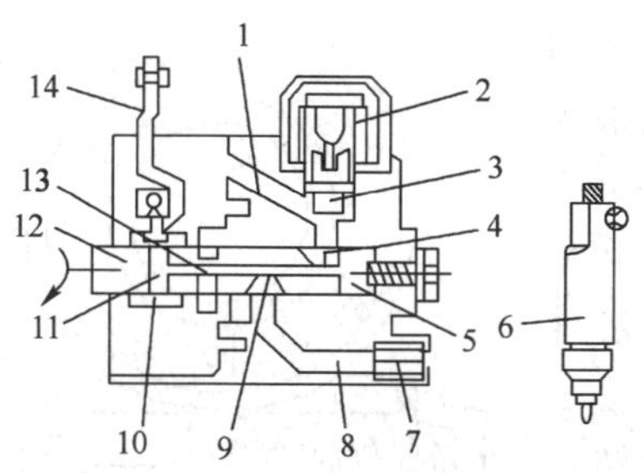

图 2-28　分配泵吸油过程

1-进油道；2-断油电磁阀 3-断油阀体；4-轴向进油槽；5-泵腔；6-喷油器；7-出油阀；8-出油道；9-分配孔；10-油量控制滑套；11-泄油孔；12-柱塞；13-柱塞中心油道；14-油量控制杠杆

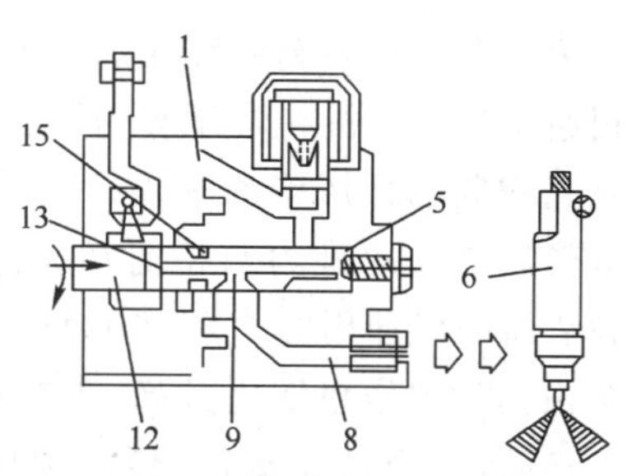

图 2-29　分配泵泵油过程(图注 1～13 同图 2-28)

15-压力平衡槽

在柱塞上还设有油压平衡槽，其功用是：在柱塞旋转过程中分别与各出油道接通，以平衡各出油道内的压力，对保证分配泵向各缸分油均匀有利。

(3)回油过程(见图 2-30)。在分配泵泵油过程中，随柱塞向右移动，当泄油孔从油量控制滑套中露出，即与泵壳内腔相通时，分配泵内的高压柴油经柱塞中心油道和泄油孔流入泵壳内腔，出油道内油压迅速下降，出油阀关闭，分配泵泵油过程结束。

分配泵供油量的调节是通过改变油量控制滑套在柱塞上的轴向位置来实现的。滑套向左移动时，泄油孔从滑套中露出之前柱塞有效泵油行程减小，供油量减少；滑套向右移动时，柱塞有效泵油行程增大，供油量增加。滑套的轴向位置由调速器的油量控制杠杆控制。

(4)停机熄火。分配泵上装有一个断油电磁阀，见图 2-31。当点火开关处于 ON 位置时，断油电磁阀电路接通，将断油阀体吸起，分配泵进油道开通。当需要停机熄火时，只要关闭点火开关，断油电磁阀电路断开，断油阀体在弹簧作用下切断分配泵进油道，分配泵停止供油，柴油机熄火。

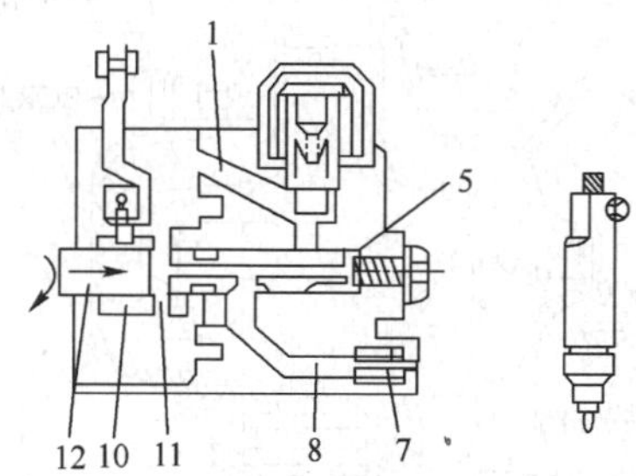

图 2-30　分配泵回油过程(图注同图 2-28)

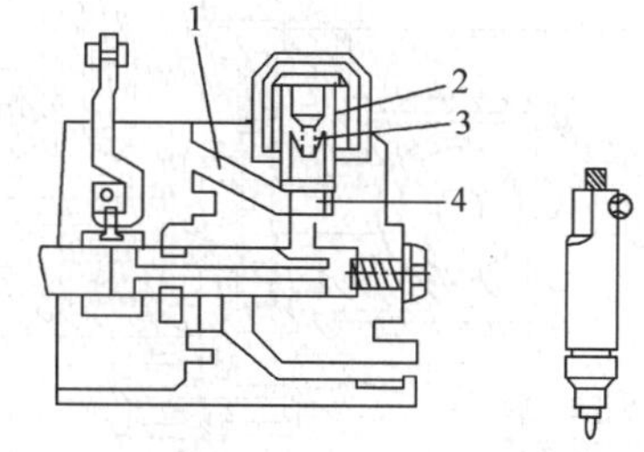

图 2-31　分配泵断油电磁阀

1-进油道；2-断油电磁阀；3-弹簧；4-断油阀体

4.分配泵供油提前角自动调节器

供油提前角自动调节器安装在泵体下部，其结构见图 2-32。正时活塞上加工有两个互相垂直的径向孔，连接销上也加工有一个径向孔，连接销安装在正时活塞处于水平位置的径向孔内，传动销下端插入正时活塞和连接销处于垂直方向的径向孔中。正时活塞通过连接销和传动销与滚轮架相连，滚轮架上装有与汽缸数相等的滚轮。

正时活塞右侧与泵壳内腔相通，左侧与来自柴油滤清器的油道相通。当柴油机在常用转速下工作时，叶片式输油泵输送到泵壳内腔的低压柴油进入正时活塞右腔，使正时活塞受到低压柴油向左的推力与正时活塞左侧的弹簧弹力和来自柴油滤清器的柴油压力之和相平衡。当转速升高时，叶片式输油泵输出的油压也随之升高，正时活塞两侧受力失去平衡而向左移动，并经过连接销、传动销使滚轮架顺时针转过一定角度，端面凸轮上的凸峰则提前一定角度与滚轮接触，分配泵的供油时刻提前；反之，则供油时刻推迟。

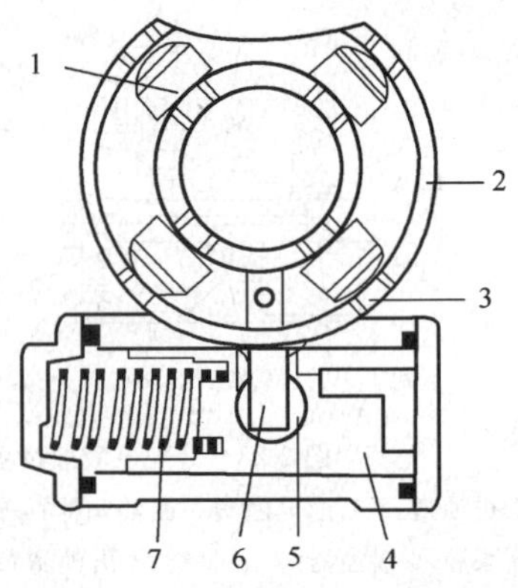

图 2-32　转子泵供油提前角自动调节器

1-滚轮；2-滚轮架；3-滚轮轴；4-正时活塞；5-连接销；6-传动销；7-弹簧

5. 调速器

在柴油机传统（非电控）燃油供给系统中，利用机械调速器根据转速变化自动调节供油量，以稳定和限制柴油机转速，使柴油机在不同工况下均能稳定运转。在柴油机电控燃油喷射系统中，用电控系统取代了机械调速器，在此不再讲述机械调速器的结构和工作原理。

三、轴向柱塞式分配泵“位置控制”系统

轴向柱塞式分配泵“位置控制”系统的主要组成见图 2-33，该系统利用电子调速器通过控制分配泵中的油量控制滑套位置来实现供油量的控制，利用电磁阀通过控制供油提前角自动调节器中正时活塞两侧的油压（决定正时活塞位置）来实现供油正时控制。

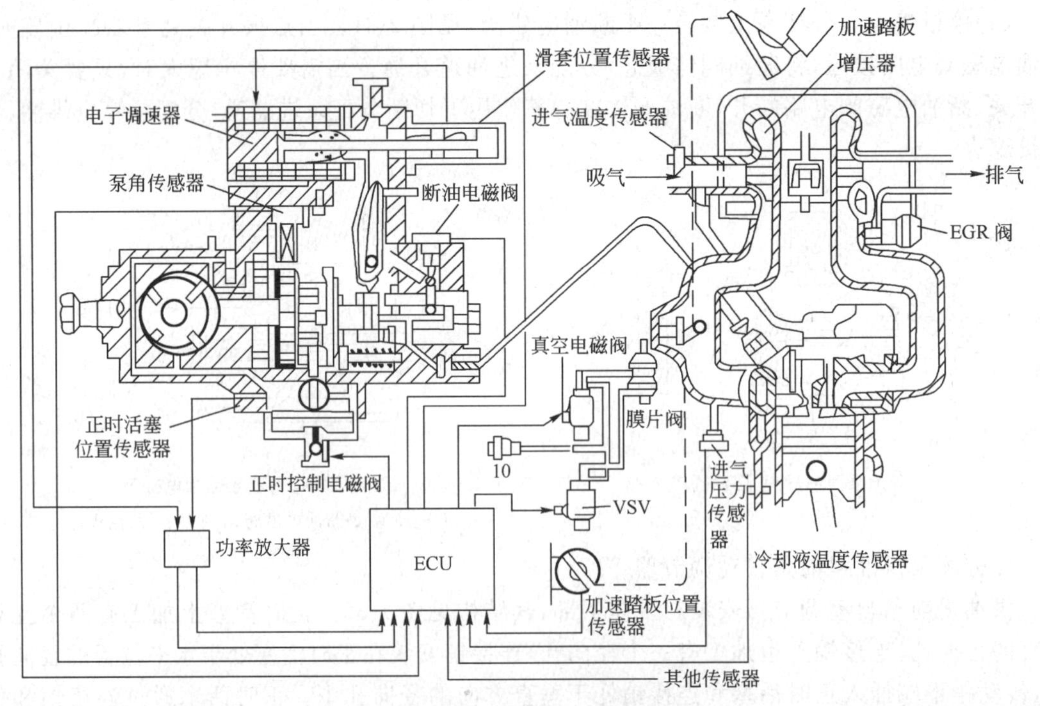

图 2-33　轴向柱塞式分配泵“位置控制”系统

1. 供油量控制

分配泵供油量“位置控制”系统中，采用电子调速器有转子螺线管型和螺线管型两种。一汽大众捷达轿车装用的1.9L SDI柴油机电控燃油喷射系统即采用了转子螺线管型电子调速器。

(1)转子螺线管型电子调速器。调速器主要由定子铁芯、线圈、转子轴和滑套位置传感器等组成，见图2-34。转子由永久磁铁制成，当给绕制在“U形”定子铁芯上的线圈通电时，产生的磁场使转子转动，直到转子轴转动到其所受电磁力矩与弹簧产生的力矩平衡时为止；转子轴下端的偏心钢球伸入油量控制滑套的凹槽中，转子轴转动时，通过伸入滑套凹槽内的偏心钢球使滑套轴向移动，从而改变喷油泵的供油量。ECU可以通过控制流经线圈的电流方向来控制转子轴的转动方向，通过控制通电占空比来控制转子轴转动的角度。滑套位置传感器安装在转子轴上，ECU通过该传感器检测的转子轴位置信号确定油量控制滑套的实际位置，并对滑套位置(即供油量)进行闭环控制。

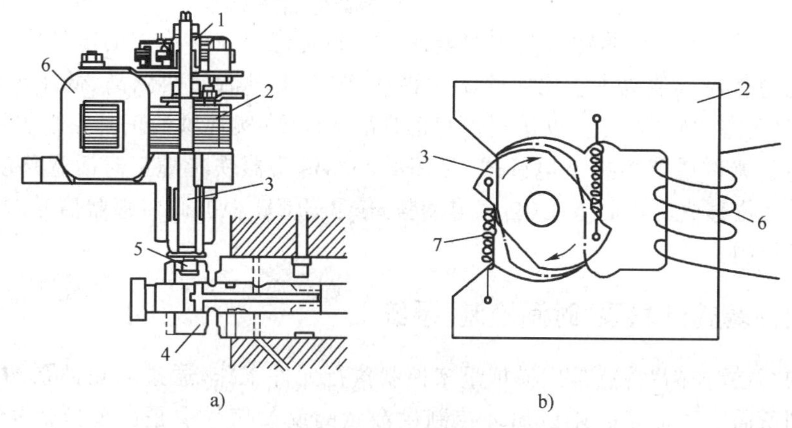

图2-34 分配泵转子螺线管型电子调速器

a)结构图；b)原理图

1-滑套位置传感器；2-定子；3-转子轴；4-滑套；5-偏心钢球；6-线圈；7-复位弹簧

(2)螺线管型电子调速器。调速器主要由螺线管、复位弹簧、控制臂、滑套位置传感器等组成，见图2-35。螺线管中的电枢、滑套位置传感器的铁芯与控制臂连成一体，控制臂下端伸入油量控制滑套的凹槽中；当螺线管通电时，使电枢通过控制臂带动滑套移动到电磁力与复位弹簧力平衡的位置，螺线管通电占空比不同，产生的磁场强度不同，电枢、控制臂和滑套的位置不同，分配泵的供油量也就不同，ECU就是通过控制螺线管的通电占空比来完成供油量控制的。

滑套位置传感器为差动电感式，螺线管中的电枢和传感器铁芯移动时，在滑套位置传感器线圈中产生感应电压信号，ECU根据此电压信号来确定油量控制滑套的实际位置以实现供油量的闭环控制。

2. 供油正时控制

在分配泵“位置控制”系统中，通常是在原供油提前角自动调节器活塞两侧油腔之间增加一条燃油通道，并由ECU通过电磁阀控制该燃油通道的开度来实现供油正时控制，见图2-36。ECU主要根据柴油机转速和负荷传感器信号确定基本供油提前角，再根据冷却液温度等传感器信号进行修正，并通过电磁阀控制正时活塞左右两侧油腔内的燃油压力差，以改变正时活塞的位置。正时活塞左右移动时，通过传动销带动分配泵内的滚轮架转动，从而改变喷油泵的供油正时。

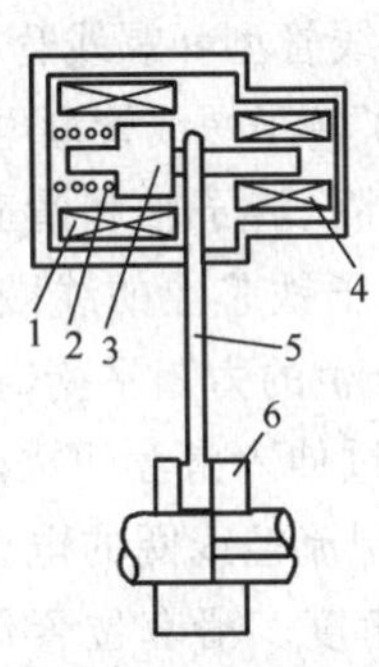

图 2-35 分配泵螺线管型电子调速器

1-螺线管;2-复位弹簧;3-电枢;4-滑套位置传感器;5-控制臂;6-滑套

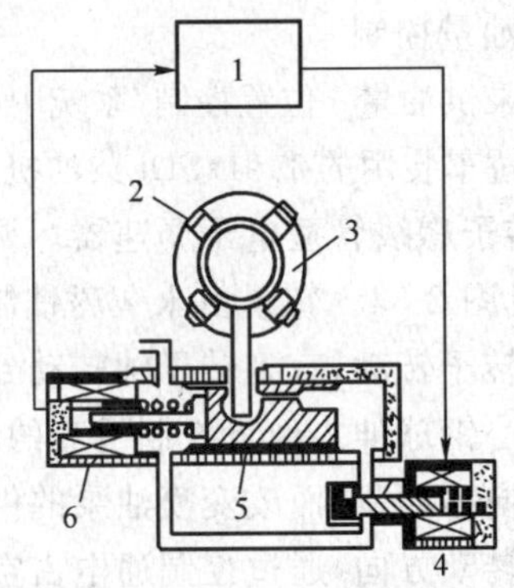

图 2-36 分配泵供油正时控制系统

1-ECU;2-滚轮;3-滚轮架;4-电磁阀;5-正时活塞;6-正时活塞位置传感器

正时控制电磁阀实际就是螺线管中的电枢与控制阀连成一体构成的电磁阀,其结构见图2-37。ECU 通过控制其通电占空比使控制阀移动,改变正时活塞两侧高、低压油室间的通道开度,调节正时活塞两侧的压差,以达到控制正时活塞位置、实现供油正时控制的目的。

正时活塞位置传感器为差动电感式,见图 2-38。传感器铁芯随正时活塞移动,传感器线圈内产生与活塞位移成正比的电压(自感电动势)信号,ECU 根据此传感器信号对喷油泵供油正时进行闭环控制。

四、轴向柱塞式分配泵"时间控制"系统

供油量的"位置控制"特点是用模拟量来控制执行元件工作,通过对喷油泵油量控制机构的定位来得到所需的供油量。用以闭环控制供油量的反馈信号也是由模拟信号传感器检测的,ECU 只能对模拟信号进行 A/D 转换后才能处理,这必然影响供油量的控制精度和执行元件的响应速度。此外,不论采用何种类型的电子调速器,总是需要由部分机械装置来完成对喷油泵供油量的调节,也会降低控制精度和响应速度。所以继供油量"位置控制"之后出现了"时间控制"。

1. 供油量控制

分配泵的供油量"时间控制"系统见图 2-39。控制 ECU 根据各种传感器信号计算出供油量后,向控制器发出指令和相关信息;控制器则根据 ECU 的指令和相关信息,并参考燃油温度传感器信号对分配给各缸的供油量进行平衡(均匀性控制),并通过驱动器(放大电路)直接控制高速电磁阀工作,以实现供油量的"时间控制"。控制器是 ECU 与分配泵之间的"信息中转站",它根据 ECU 的指令控制分配泵,同时将分配泵的信息(如电磁阀关闭时间信号、喷油始点信号等)传递给 ECU。驱动器的功用是对控制器输出的控制信号进行放大以便能够驱动高速电磁阀工作。在后期开发的此类柴油机电控燃油喷射系统中,一般将控制器、驱动器和 ECU 组合为一体。

采用"时间控制"方式的分配泵电控系统,根据高速电磁阀对分配泵供油的控制方式不同,可分为回油控制方式和进油控制方式两种类型。

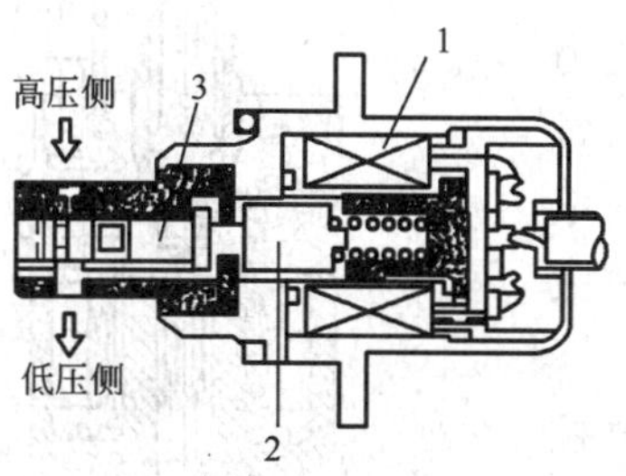

图 2-37　分配泵正时控制电磁阀
1-螺线管；2-电枢；3-控制阀

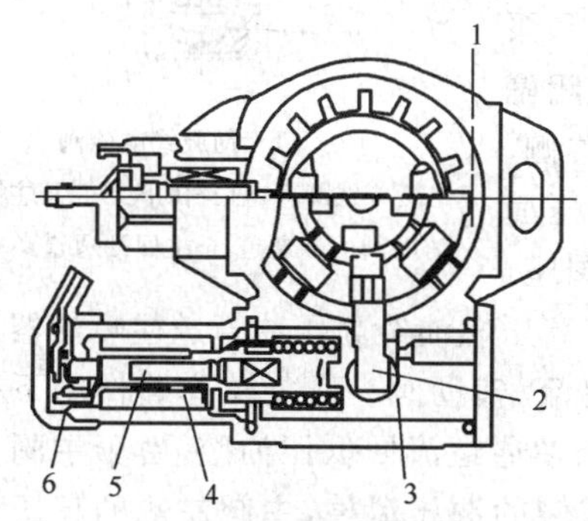

图 2-38　正时活塞位置传感器
1-滚轮架；2-传动销；3-正时活塞；4-传感器线圈；5-铁芯；6-线束连接器

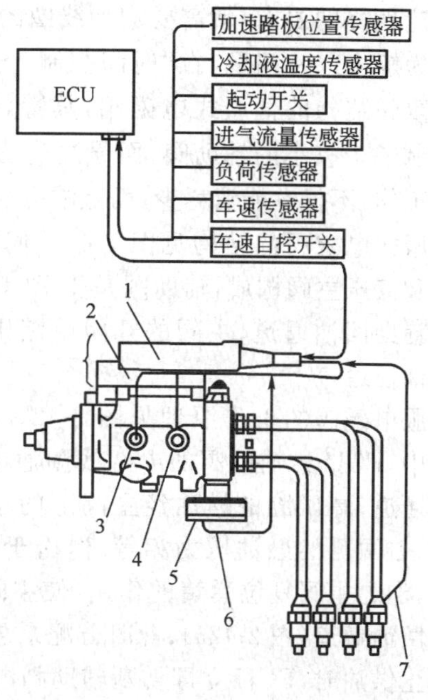

图 2-39　分配泵供油量"时间控制"系统
1-控制器；2-驱动器；3-泵角传感器；4-燃油温度传感器；5-高速电磁阀；6-电磁阀关闭时间传感器；7-喷油始点传感器

(1)回油控制方式。传统分配泵是利用油量控制滑套的位置变化来控制分配泵回油过程开始时间的变化，即在机械控制的供油压力和供油开始时刻一定时，通过滑套的位置变化来改变停止供油(即回油)的时刻，从而实现供油量控制。因此，早期的供油量"时间控制"分配泵上，就是在分配泵回油(或称溢油)通道中安装一个由 ECU 控制的高速电磁阀来取代滑套，用以控制回油时刻，实现供油量的"时间控制"。此类系统中装用的高速电磁阀为常闭式，即断电时关闭分配泵回油通道，而通电时则开启分配泵回油通道。

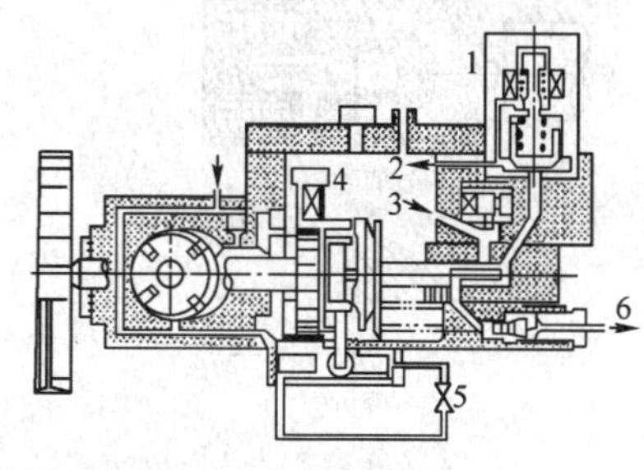

图 2-40　回油控制方式的分配泵
1-高速电磁阀；2 -回油口；3-进油口；4-泵角传感器；5-正时控制电磁阀；6-至喷油器

采用回油控制方式的分配泵见图 2-40。其特点是：分配泵的进、回油通道相互独立，高速电磁阀安装在分配泵回油通道中，只能对分配泵工作时的回油过程进行控制；而分配泵的柱塞上仍保留有进油槽，由柱塞上的进油槽和柱塞套筒上的进油孔控制分配泵的进油过程。在柱塞吸油过程中高速电磁阀处于关闭状态，泵油过程开始后高压油腔即产生高压，分配泵向某缸喷油器供油；当由 ECU 控制的高速电磁阀通电时，电磁阀打开高压腔回油通道，柱塞顶部的高压油腔内油压迅速下降，分配泵向某缸的供油停止。

柴油机电控系统中所用的高速电磁阀一般体积和质

量较大，这是因为要产生较大的电磁力，以满足高压密封和动态相应性好的要求，就需要增加线圈的匝数和电枢的受力面积。为解决这一问题，在“时间控制”方式的分配泵中，常采用双重阀结构的伺服式电磁阀，其特点是：利用较小的电磁力控制一个较小的辅助阀，而通过辅助阀的工作控制较大的主阀工作，不仅电能消耗少，而且响应速度快。

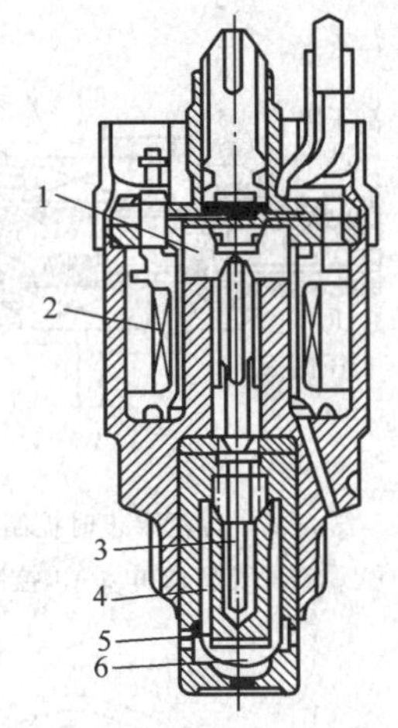

图 2-41　伺服式电磁阀

1-电枢；2-线圈；3-电控辅助阀；4-液压主阀；5-辅助阀回油通道；6-主回油通道

伺服式电磁阀的结构见图 2-41。伺服式电磁阀由电控辅助阀和液压主阀构成，辅助阀是受 ECU 控制的电磁阀，用来控制辅助回油通道；主阀的开闭由液压自动控制，用来控制主回油通道。

伺服电磁阀的工作原理见图 2-42。在分配泵进油和泵油过程中，ECU 给辅助阀的电磁线圈通电，使辅助阀关闭辅助回油通道；高压腔的燃油经主阀上的小孔进入主阀右侧，主阀左、右两侧的燃油压力相等，但由于主阀右侧的承压面积较大，加之主阀复位弹簧的作用，使主阀压紧左侧的阀座，关闭主回油通道(图 2-42a)；此时分配泵泵油过程产生的高压燃油经高压油管送往喷油器。当需要停止供油时，ECU 立即切断辅助阀电磁线圈中的电流，辅助阀在其复位弹簧作用下打开辅助回油通道(图 2-42b)，主阀右侧的高压燃油经辅助回油通道流回低压油腔，由于主阀上小孔的节流作用，使主阀右侧的油压迅速降低；一旦主阀右侧的油压泄掉，主阀左侧的高压油将主阀推开(图2-42c)，柱塞泵高压油腔的燃油经主回油道迅速流回低压油腔，从而使高压油腔压力迅速降低，分配泵供油立即停止。

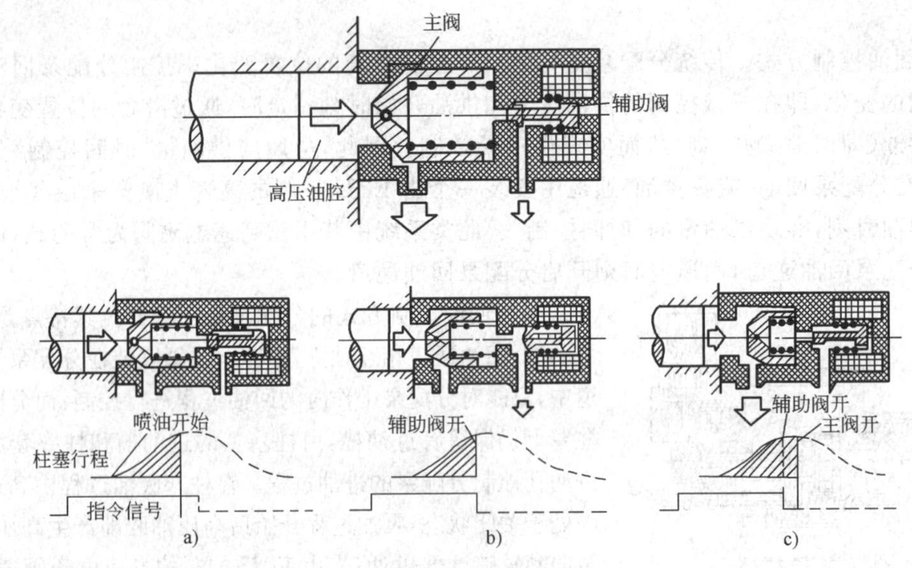

图 2-42　伺服电磁阀工作原理

a)回油控制阀关闭；b)辅助阀开启；c)主阀开启

(2)进油控制方式。采用进油控制方式的分配泵原理见图 2-43，其特点是：分配泵的柱塞上取消了进油槽，分配泵柱塞只有吸油和泵油两个行程；分配泵的回油通道与进油通道合二为一，高速电磁阀安装在进油通道中，控制分配泵工作时的供油开始和结束时刻。高速电磁阀为常开阀，在分配泵柱塞吸油行程中高速电磁阀处于开启状态(不通电)，泵油行程开始后高压油腔的部分燃油经进油通道(也是回油通道)被压回低压腔，直到由ECU控制的高速电磁阀通电(根据供油正时控制)时，电磁阀关闭进油通道，分配泵高压油腔即产生高压，分配泵向某缸喷油器供油；高速电磁阀断电再次开启时，分配泵高压油腔内油压迅速下降(回油)，分配泵向某缸的供油停止。高速电磁阀的关闭时刻即供油的开始时刻，关闭的时间即为供油时间(决定供油量)。

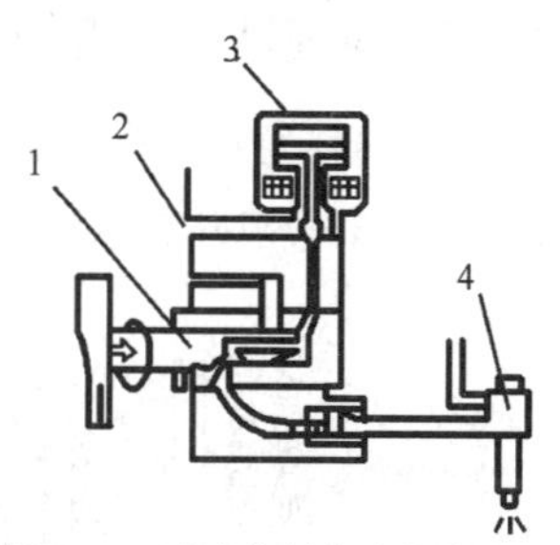

图2-43 进油控制方式的分配泵
1-分配泵柱塞；2-进回油口；3-高速电磁阀；4-喷油器

2. 供油正时控制

早期采用“时间控制”方式的分配泵中，与采用“位置控制”方式的分配泵相同，保留了电控液压供油提前角自动调节器，通过改变分配泵驱动装置中滚轮架与端面凸轮的相对位置，来实现供油正时的控制。两者的共同特点是供油的开始时刻取决于分配泵驱动装置中滚轮架与端面凸轮的相对位置，而不同的是供油结束时刻的控制方式不同，采用“位置控制”方式的分配泵供油结束时刻取决于油量控制滑套的位置，采用“时间控制”方式的分配泵供油结束时刻取决于高速电磁阀的开启时刻。

后期采用“时间控制”方式的分配泵中，取消了电控液压供油提前角自动调节器(见图2-43)，完全用高速电磁阀的关闭和开启时刻来控制供油的开始和结束时刻，真正实现了供油正时的“时间控制”。

利用高速电磁阀的关闭和开启时刻来控制供油的开始和结束时刻，虽然实现了供油正时的“时间控制”，但由于在分配泵柱塞高压腔内建立压力需要时间，燃油通过高压油管时的压力传递也需要时间，所以ECU输出的电磁阀驱动脉冲正时与喷油器的实际喷油正时之间必然存在一定程度的时间延迟，总的延迟时间取决于柴油机转速、温度和高压油管长度等因素。在分配泵供油正时的“时间控制”系统中，为提高供油正时控制精度，ECU除根据检测柴油机工况信息的各种传感器信号控制供油正时外，一般还采用两种控制措施：一是采用电磁阀关闭时间传感器(见图2-32)来精确测定电磁阀关闭始点和终点时刻，以便向ECU提供电磁阀驱动脉冲的实际输出正时，实现对电磁阀驱动脉冲输出正时的闭环控制；二是采用各种类型的喷油始点传感器(见图2-32)，精确测定喷油器的实际喷油始点，ECU根据此传感器的反馈信号修正对分配泵供油正时的控制。

采用“时间控制”方式的分配泵，为准确控制各缸的供油顺序，一般设有供油信号发生器(同汽油机普通电子点火系统中的点火信号发生器)，该信号发生器与凸轮轴/曲轴位置传感器制成一体。

第三节 径向柱塞式分配泵电控系统

径向柱塞式分配泵与轴向柱塞式分配泵的主要区别是：泵油柱塞和分配转子分开(轴向柱塞式分配泵的泵油柱塞与分配转子是同一零件)，泵油柱塞沿分配转子的径向运动完成泵油过程。由于径向柱塞式分配泵与轴向柱塞式分配泵结构上的不同，其供油量和供油正时的电控方式(尤其是“位置控制”方式)也存在一定差别。

一、径向柱塞式分配的结构原理

传统径向柱塞式分配泵燃油供给系统与轴向柱塞式分配泵基本相同。径向柱塞式分配泵的结构见图 2-44,主要由叶片式输油泵、调压阀、传动轴、分配泵、调速器、供油提前角自动调节器等组成。

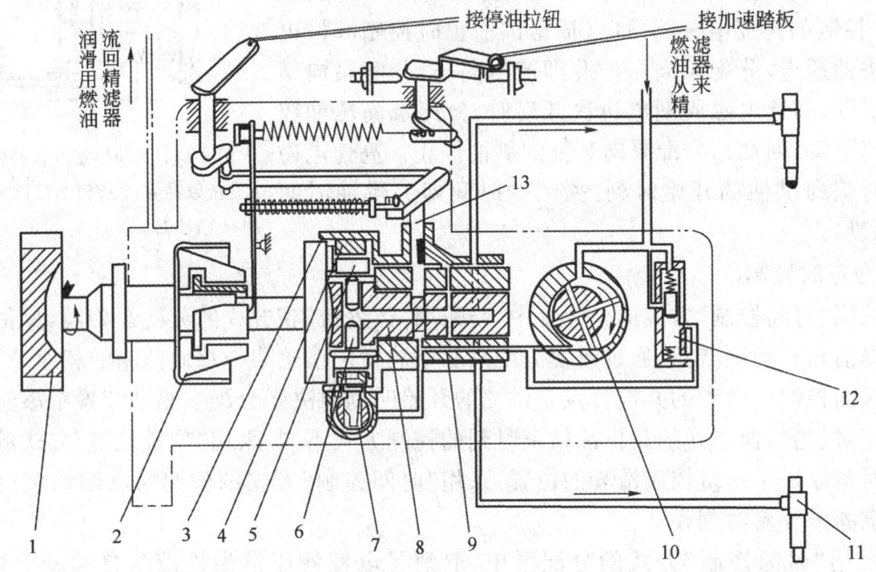

图 2-44　径向柱塞式分配泵

1-联轴器;2-调速器飞块;3-内凸轮;4-滚柱;5-滚柱座;6-泵油柱塞;7-供油提前角自动调节器;8-分配转子;9-分配套筒;10-叶片式输油泵;11-喷油器;12-调压阀;13-油量控制阀

柴油机工作时,从滤清器来的清洁柴油由叶片式输油泵泵入分配套筒的轴向油道,然后低压柴油分成两路:一路经油道流往供油提前角自动调节器,另一路经分配套筒进油口、油量控制阀、分配转子径向油道和中心油道流到两个柱塞之间的泵油腔。柴油经柱塞压缩提高压力后,高压柴油经分配转子中心油道和分配口、分配套筒出油道输送给喷油器。分配泵的供油量通过油量控制阀控制进油量来实现。

1. 径向柱塞式分配泵的泵油原理

径向柱塞式分配泵驱动机构见图 2-45。两个泵油柱塞对置安装在分配转子的径向孔中,

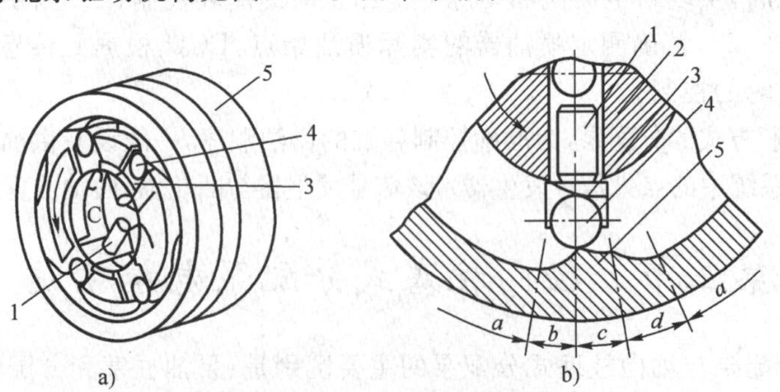

图 2-45　径向柱塞式分配泵驱动机构

a)结构图;b)原理图

1-泵油柱塞;2-分配转子;3-滚柱座;4-滚柱;5-内凸轮

泵油柱塞外端紧靠在滚柱座上，滚柱座内装有滚柱；柴油机工作时，由联轴器通过传动轴驱动分配泵转子和泵油柱塞、滚柱座和滚柱一起转动。套装在滚柱和滚柱座外面的内凸轮是固定的，内凸轮的内表面上有与汽缸数相等的凸轮，每个凸轮的轮廓可分为三段：压油段 b、卸压段 c 和吸油段 d，基圆部分为 a。

柴油机工作时，分配泵转子、泵油柱塞、滚柱座和滚柱一起在内凸轮中逆时针转动，当转到滚柱与内凸轮基圆部分 a 接触时，两个泵油柱塞之间的泵油腔充满柴油。当滚柱转到内凸轮的压油段 b 时，两个对置安装的泵油柱塞被压向分配转子中心，泵油腔内的柴油被压缩，此时分配套筒进油口与分配转子上各径向油道错开，而分配转子的分配口与分配套筒上对应某缸喷油器的出油道接通，泵油腔内被压缩的高压柴油经分配转子中心油道和分配口、分配套筒出油道输送给该缸喷油器(见图 2-46a)，滚柱转到内凸轮的压油段最高点时，分配泵供油结束。当滚柱转过内凸轮的压油段最高点进入卸压段 c 后，两个对置安装的泵油柱塞在离心力作用下向外甩开，使泵油腔容积增大，油压迅速降低(即卸压)，喷油器(结构原理见本章第一节相关内容)针阀迅速落座，分配泵供油停止。当滚柱转到内凸轮的吸油段 d 后，两个泵油柱塞被进一步迅速(吸油段曲面比卸压段曲面陡)甩开，泵油腔产生较大的真空度，此时分配转子的分配口与分配套筒上各出油道错开，而分配套筒进油口与分配转子某一径向油道接通，低压柴油被吸入泵油腔(见图 2-46b)。对应分配套筒进油口的分配转子断面上有 4 个径向油道(4 缸柴油机)，对应分配转子分配口的分配套筒断面上有 4 个出油道(4 缸柴油机)。

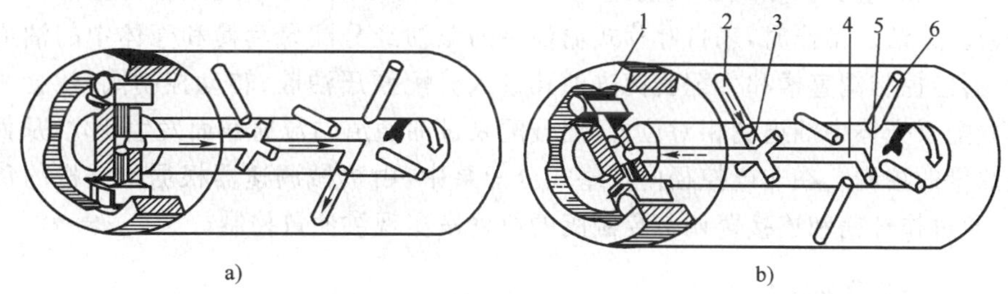

图 2-46 径向柱塞式分配泵泵油过程

a)压油过程；b)吸油过程

1-内凸轮；2-进油口；3-径向油道；4-中心油道；5-分配口；6-出油道

2. 径向柱塞式分配泵的最大供油量调整

径向柱塞式分配泵的最大供油量调整是通过改变泵油柱塞的行程来实现的，调整原理见图 2-47。滚柱到达凸轮压油段最高点 B 时压油结束，当压油开始点由 A 变为 A'时，柱塞的压油由 S 变为 S'，由于柱塞的泵油行程变小，所以分配泵的最大供油量减少。径向柱塞式分配泵的供油结束时柱塞的位置是一定的，它取决于内凸轮的最高点，改变供油开始时的位置即可改变柱塞泵油行程，从而改变最大供油量。

径向柱塞式分配泵最大供油量调整机构见图 2-48。滚柱座的两个凸耳嵌装在前、后支架的偏心圆弧槽内，前支架上有两个弧形螺栓孔并通过螺栓与分配转子连接。松开前支架与分配转子的连接螺栓，转动前控制板，即可改变滚柱座在前、后支架偏心圆弧槽内的位置，使滚柱与泵油柱塞一起径向移动；当滚柱和泵油柱塞向内移动时(图 2-48 中上图)，滚柱与内凸轮基圆之间的间隙 Δ(见图 2-47)增大，泵油柱塞压油开始点向内凸轮最高点靠近，柱塞泵油行程减

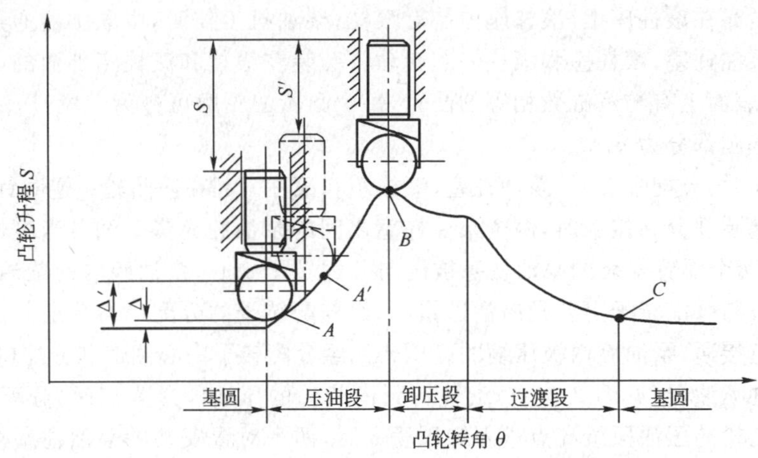

图 2-47　径向柱塞式分配泵最大供油量调整原理

小,分配泵最大供油量减少;反之,当滚柱和泵油柱塞向外移动时(图 2-48 中下图),分配泵最大供油量增大。

3. 径向柱塞式分配泵的供油量控制

在最大供油量调整一定的情况下,径向柱塞式分配泵是利用油量控制阀来控制分配泵供油量的。油量控制阀安装分配套筒的进油口处,其结构见图 2-49,阀体上的直槽与分配套筒进油口相通。柴油机工作时,来自叶片式输油泵的柴油经分配泵套筒和壳体中的油道到达控制阀直槽,再经控制阀直槽和分配套筒进油孔进入分配泵压油腔;转动控制阀,就会改变控制阀直槽与分配泵壳体中油道的相对位置,使分配泵进油通道的流通截面发生变化,从而实现对分配泵供油量的控制。在非电控径向柱塞式分配泵中,由机械调速器根据柴油机的负荷和转速的变化,通过拉杆销和连接臂调节控制阀的位置来实现供油量控制。

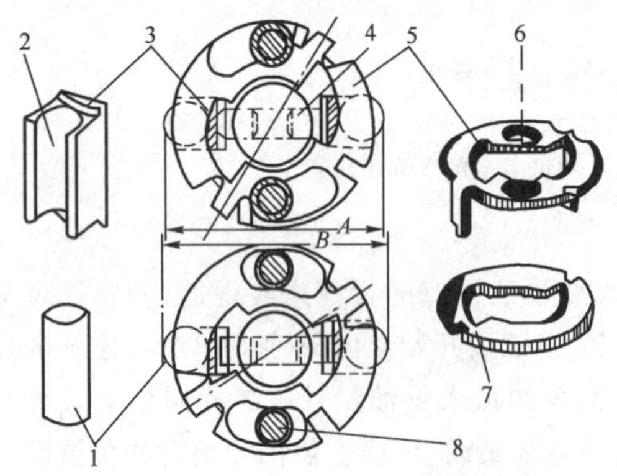

图 2-48　径向柱塞式分配泵最大供油量调整机构

1-滚柱;2-滚柱座;3-滚柱座凸耳;4-压油柱塞;5-前支架;6-弧形螺栓孔;7-后支架;8-螺栓

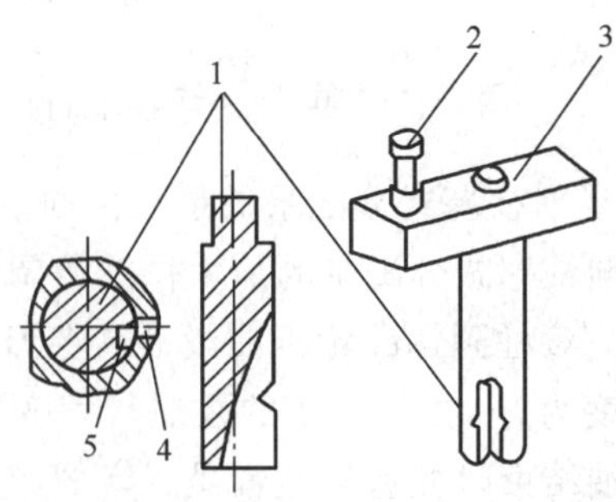

图 2-49　径向柱塞式分配泵油量控制阀

1-阀体;2-拉杆销;3-连接臂;4-分配泵壳体油道;5-阀体直槽

油量控制阀体直槽的中部开有小三角形缺口,柴油机小负荷工作时,经三角形缺口供给所需的少量柴油,即使阀体在一定范围内转动时,三角形缺口也可保证分配泵进油流通截面不发生急剧变化,有利于柴油机小负荷时的运转稳定。

4.径向柱塞式分配泵的供油提前角控制

供油提前角自动调节机构见图 2-50。与轴向柱塞式分配泵供油提前角自动调节器的结构原理基本相同,自动调节器传动销伸出壳体的一端与分配泵内凸轮螺纹连接,传动销位于调节器壳体内的下端装在正时活塞与弹簧(带弹簧座)之间。柴油机工作时,正时活塞一侧来自叶片式输油泵的柴油压力与弹簧力平衡时,传动销和分配泵内凸轮位置不变,供油提前角保持不变;叶片式输油泵输出的柴油压力随柴油机转速而变化,当发动机转速升高、油压增大时,正时活塞推动传动销下端移动使弹簧压缩,传动销的上端则带动内凸轮向分配转子转动的相反方向转过一定角度,从而使供油正时提前(即供油提前角增大);当发动机转速降低、油压减小时,调节器内的弹簧推动传动销下端移动,使供油正时延迟(即供油提前角减小)。

二、径向柱塞式分配泵"位置控制"系统

由径向柱塞式分配泵的结构原理可知,径向柱塞式分配泵的供油量控制可以通过两种途径来实现:一种是控制泵油柱塞的行程,另一种是控制进油量。在非电控径向柱塞式分配泵基础上,取消油量控制阀,利用电控元件控制泵油柱塞行程即可实现供油量的"位置控制"。而供油正时的"位置控制",可以利用电控元件直接或间接控制分配泵内凸轮相对分配转子的位置来实现。

1.供油量控制

为实现对泵油柱塞行程的控制,柱塞的外端(伸出分配转子的一端)加工两个对称的斜面(见图 2-51),并用一个座架限制柱塞运动(只能沿分配转子径向移动而不能转动),座架上开槽的弯臂与柱塞外端具有相同的斜度。由于泵油柱塞安装在分配转子中的压油腔内,所以分配转子和泵油柱塞与座架相对位置(沿分配转子轴向)发生变化时,因泵油柱塞斜面与座架弯臂斜面的配合关系,就会改变泵油柱塞的行程,从而改变分配泵的供油量。改变分配转子与座架的相对位置,可以通过使分配转子轴向移动或使座架轴向移动来实现。

(1)座架轴向位置控制。座架轴向位置控制机构见图 2-52,在驱动分配转子的中部装有端面凸轮和导向管,导向管与端面凸轮接触的一侧为与端面凸轮配合的曲面,导向管轴向是固定的(但随驱动轴转动),因此端面凸轮相对导向管转动时,端面凸轮同时会产生轴向移动。松套在驱

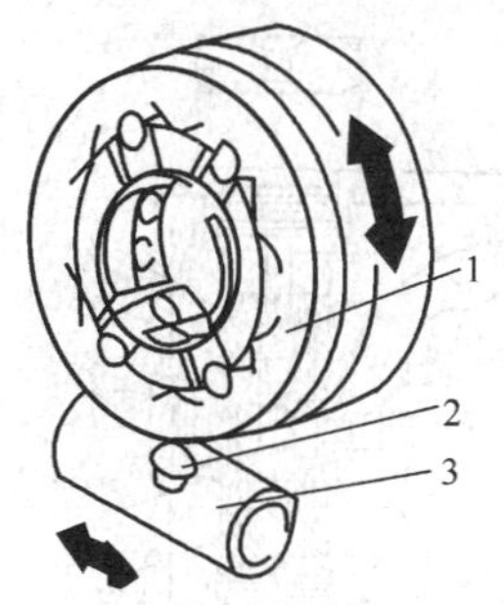

图 2-50　径向柱塞式分配泵供油提前角自动调节机构

1-内凸轮;2-传动销;3-调节器壳体

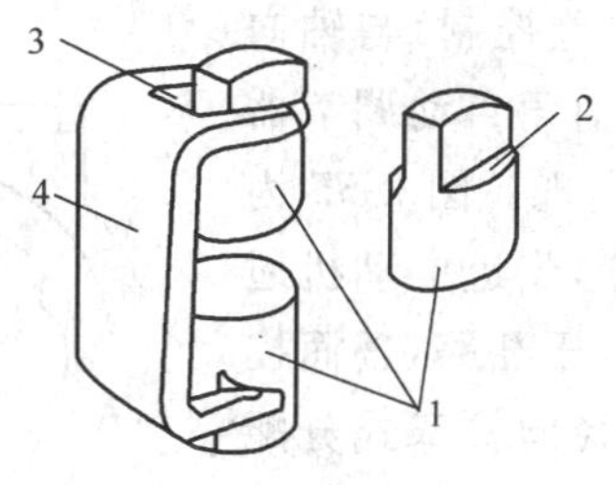

图 2-51　泵油柱塞和座架

1-泵油柱塞;2-柱塞斜面;3-座架弯臂槽;4-座架

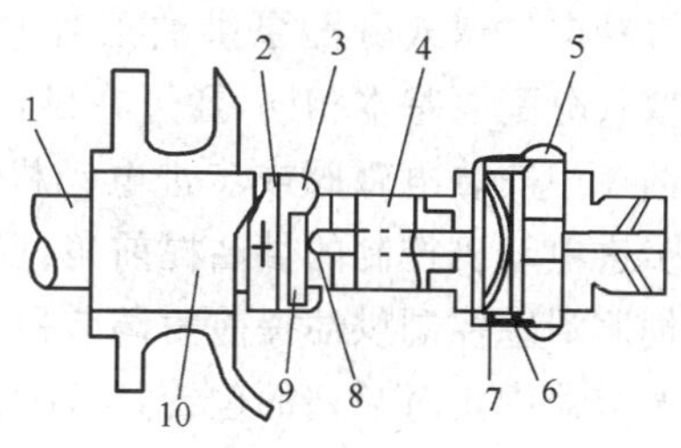

图 2-52　座架轴向位置控制机构

1-驱动轴;2-端面凸轮;3-推力圈;4-驱动轴;5-泵油柱塞;6-座架;7-座架弹簧;8-推杆;9-十字轴;10-导向管

动轴上的端面凸轮向右移动时，通过推力圈(用十字轴与驱动轴连接)和推杆(位于中空的驱动轴内)推动柱塞座架向右移动；端面凸轮向左移动时，座架弹簧则推动座架、推杆和推力圈跟随端面凸轮向左移动。

导向管与端面凸轮之间的相对转动，通过步进电动机控制的液压油缸来实现，见图 2-53。步进电动机通过伺服阀控制液压油缸的油路，以控制液压油缸中活塞的上、下移动，再由液压活塞驱动齿杆和端面凸轮外齿圈使端面凸轮转动，从而实现对座架轴向位置的控制，也就是分配泵柱塞行程或分配泵供油量的“位置控制”。端面凸轮位置传感器用来检测端面凸轮转动的实际位置(反应座架位置或泵油柱塞行程)，用以实现分配供油量的闭环控制。

(2)分配转子轴向位置控制。见图 2-54，ECU 通过两个电磁阀控制分配转子尾部油腔内的油压，使分配转子产生轴向移动；当进油电磁阀关闭、回油电磁阀开启时，分配转子在弹簧力的作用下向右移动，由于滚柱座斜面与驱动轴爪形槽斜面的配合关系(与前述柱塞斜面与座架弯臂斜面类似)，使泵油柱塞行程增大，分配泵供油量增加；反之，进油电磁阀开启、回油电磁阀关闭时，分配转子向左移动，泵油柱塞行程减小，分配泵供油量减少。在分配转子的尾部装有转子位置传感器，向 ECU 提供分配转子实际位置的反馈信号，以便对供油量进行闭环控制。

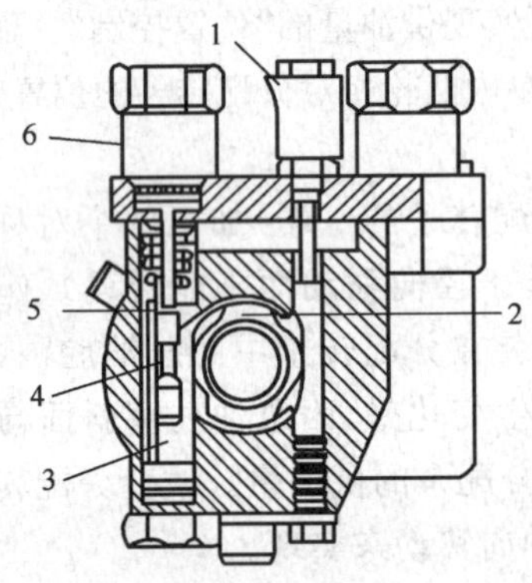

图 2-53　端面凸轮转动位置控制机构

1-端面凸轮位置传感器；2-端面凸轮；3-液压活塞；4-液压油路；5-伺服阀；6-步进电动机

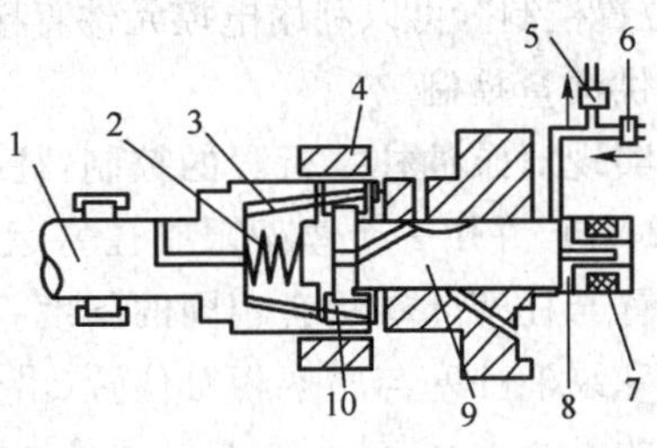

图 2-54　分配转子轴向位置控制

1-驱动轴；2-分配转子复位弹簧；3-驱动轴爪形槽斜面；4-内凸轮；5-回油电磁阀；6-进油电磁阀；7-转子位置传感器；8-油腔；9-分配转子；10-滚柱座

2. 供油正时控制

径向柱塞式分配泵供油正时的“位置控制”与轴向柱塞式分配泵基本相同，通过在供油提前角自动调节器的油道中安装电磁阀或步进电动机来实现。图 2-55 为用步进电动机控制的供油提前角调节器，步进电动机通过伺服活塞控制供油提前角调节器的液压油路，进而控制调节器中正时活塞的位置，从而实现径向柱塞式分配泵供油正时的“位置控制”。

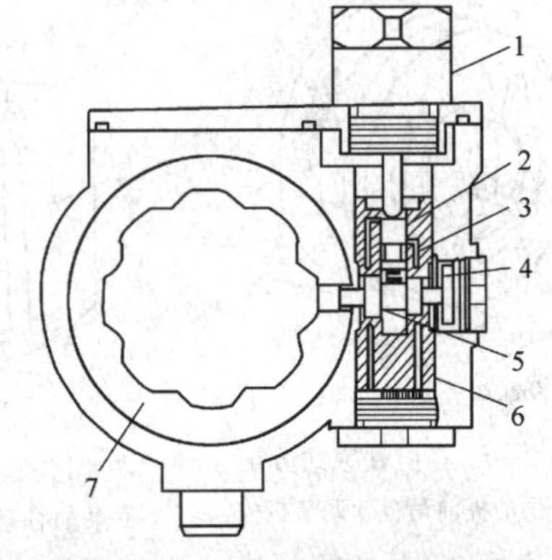

图 2-55　步进电动机控制的供油提前角调节器

1-步进电动机；2-伺服活塞；3-液压油路；4-弹簧；5-传动销；6-正时活塞；7-分配泵内凸轮

三、径向柱塞式分配泵“时间控制”系统

径向柱塞式分配泵“时间控制”系统与轴向柱塞式分配泵“时间控制”系统类似，在分配泵的进油道(也是

回油道）中安装一个由 ECU 控制的电磁阀（取代传统的油量控制阀），在保证分配泵柱塞行程一定的前提下，通过控制电磁的开启和关闭时刻，来实现供油量和供油正时的“时间控制”。

一汽大众奥迪 A6 轿车装用的 2.5LTDI 柴油机采用了径向柱塞式分配泵供油量“时间控制”系统，但供油正时仍采用电磁阀控制的“位置控制”系统，其组成见图 2-56。ECU 主要根据加速踏板位置传感器、柴油机转速传感器、空气流量计、冷却液温度传感器来确定供油量和供油正时。分配泵控制器的功用：一是将 ECU 输出来的控制信号进行转换放大，然后驱动分配泵中供油量控制电磁阀和供油正时控制电磁阀工作；二是将安装在分配泵中的泵角传感器（即凸轮轴/曲轴位置传感器）和柴油温度传感器信号经处理后输送给 ECU。

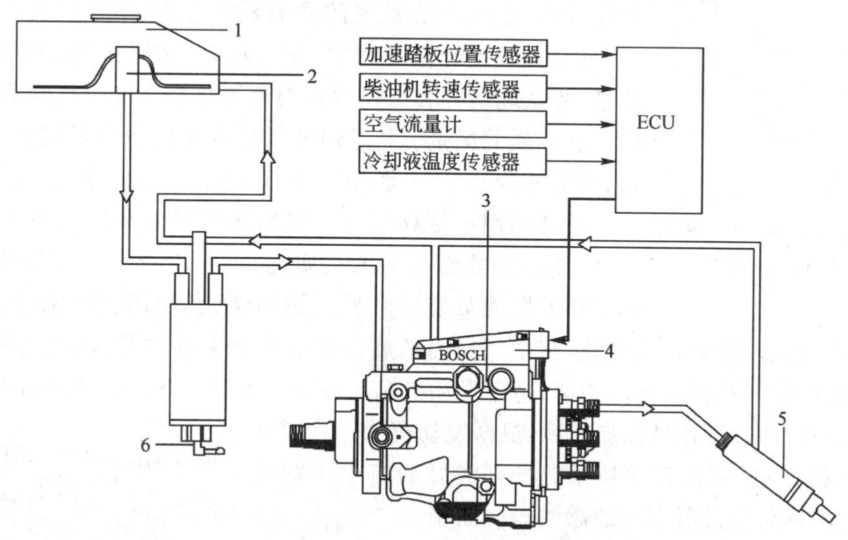

图 2-56　奥迪 A6 轿车 2.5LTDI 柴油机电控燃油喷射系统

1-燃油箱；2-输油泵；3-电控径向柱塞式分配泵；4-分配泵控制器；5-喷油器；6-柴油滤清器

一汽大众奥迪 A6 轿车 2.5L TDI 柴油机电控径向柱塞式分配泵见图 2-57。供油量的“时间控制”与轴向柱塞式分配泵采用“进油控制方式”（见本章第二节）基本相同。供油正时控制与本节前述“位置控制”电控系统基本相同，只是控制供油提前角调节器油路的是电磁阀，而不是步进电动机。

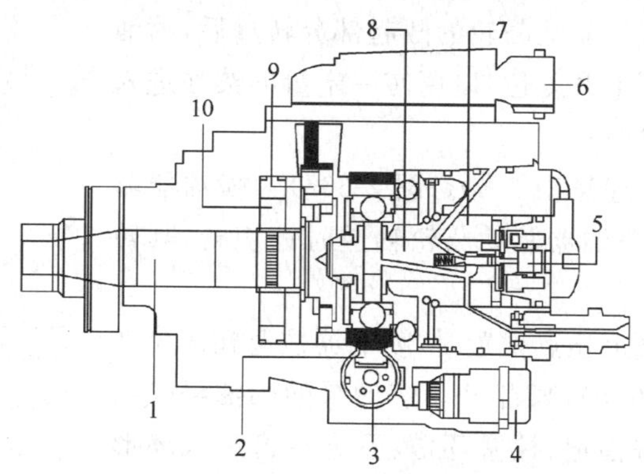

图 2-57　奥迪 A6 轿车柴油机电控径向柱塞式分配泵

1-驱动轴；2-内凸轮；3-供油提前角调节器；4-正时控制电磁阀；5-供油量控制电磁阀；6-分配泵控制器；7-分配套筒；8-分配转子；9-泵角传感器；10-叶片式输油泵

第四节　泵喷嘴电控系统

泵喷嘴电控系统是在柴油机传统 P-T 燃油供给系统的基础上发展而来的。一汽大众宝来轿车装用的 1.9L TDI 柴油机电控燃油喷射系统即属泵喷嘴电控系统。

一、P-T 燃油供给系统的组成

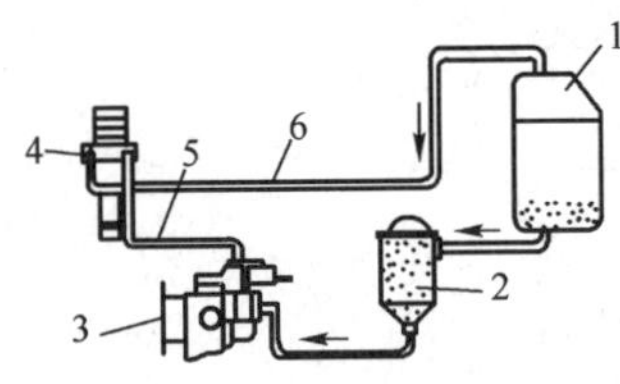

图 2-58　P-T 燃油供给系统的组成
1-油箱；2-柴油滤清器；3-P-T 燃油泵；4-P-T 喷油器；5-进油管；6-回油管

"P"和"T"分别是英语"压力"(Pressure)和"时间"(Time)的缩写，P-T 燃油供给系统的主要特点是利用燃油泵的供油压力"P"和喷油器的计量时间"T"相互配合，来控制发动机每循环的供油量，此系统结构和工作原理与直列柱塞泵和分配泵燃油供给装置均有本质的区别。P-T 燃油供给系统的组成见图 2-58，由主油箱、柴油滤清器、P-T 燃油泵、P-T 喷油器、进油管、回油管等组成。

燃油箱用于储存柴油。燃油滤清器装在油箱与 P-T 燃油泵之间，用以滤除燃油中的杂质，防止 P-T 燃油泵和喷油器发生故障。P-T 燃油泵是一个低压燃油泵，其功用包括输油、调压和调速，即根据柴油机转速和负荷变化，将适当压力的燃油输送给 P-T 喷油器，以得到所需要的循环供油量，并限制发动机的最高转速，稳定发动机怠速或某一转速。P-T 喷油的功用是对来自 P-T 燃油泵的燃油进行计量和加压后，根据发动机的工作需要定时喷入汽缸。进、回油管的功用是分别将燃油自 P-T 燃油泵送往喷油器和将喷油器多余的燃油送回油箱。

二、P-T 喷油器的结构原理

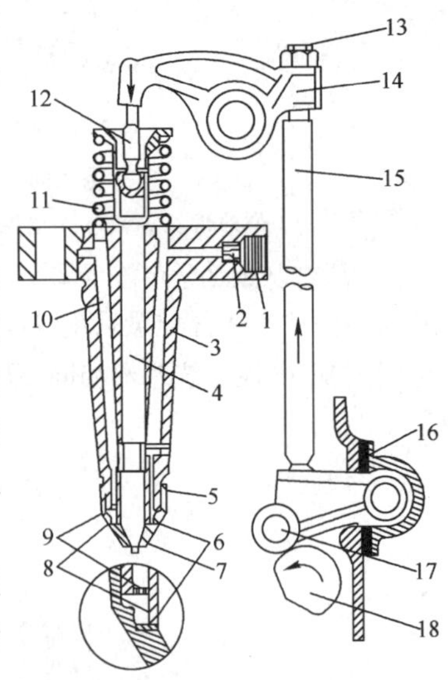

图 2-59　P-T 喷油器及其驱动机构
1-进油口；2-进油量孔；3-喷油器体；4-柱塞；5-O 形密封圈；6-调整垫片；7-喷油器锥体；8-计量量孔；9-回油量孔；10-回油道；11-柱塞复位弹簧；12-柱塞杆头；13-调整螺钉；14-摇臂；15-推杆；16-挺杆调整垫片；17-滚轮；18-驱动凸轮

P-T 喷油器及其驱动机构见图 2-59。喷油器锥体下部加工有 7 个或 8 个直径为 0.2mm 的喷油孔。发动机工作时，通过驱动凸轮、摆动式挺杆、推杆、摇臂来驱动喷油器柱塞向下运动，完成柴油的加压和喷射；驱动凸轮的凸起部分转过后，喷油器柱塞在复位弹簧作用下上升复位，以便使一定量的柴油进入喷油器，为下次喷射做好准备。

P-T 喷油器的工作原理见图 2-60。图 2-60a)为喷油器驱动凸轮外形及转角位置，喷油器驱动凸轮轴逆时针旋转，其转速为曲轴转速的 1/2。

喷油器凸轮转到排气上止点位置时，喷油器柱塞在复位弹簧作用下开始上升(图 2-60b)，来自 P-T 燃油泵的柴油经喷油器进油口、进油量孔、上进油道、柱塞环槽、下进油道进入环形油腔。此时因计量量孔仍被柱塞封闭，环形油腔内的柴油不能经计量量孔流入计量室(柱塞下部与喷油器锥体之间形成的锥形空腔)，而是经回油量孔和回油道流回油箱。

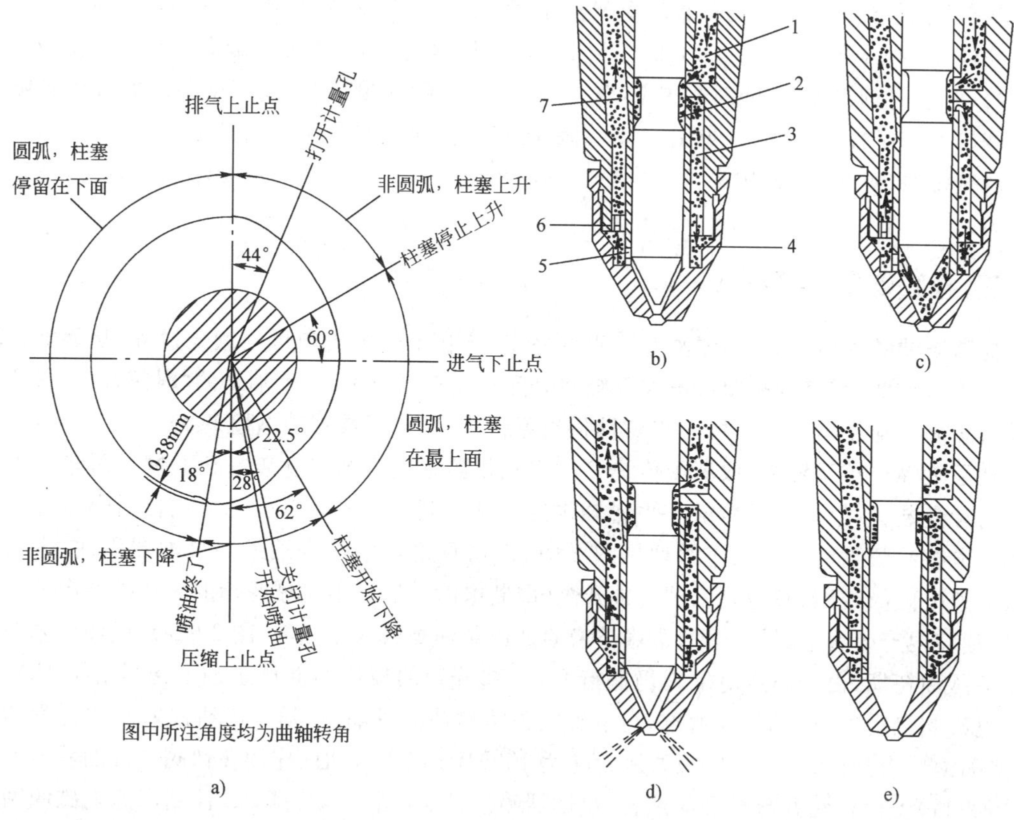

图 2-60　P-T 喷油器工作原理

a)驱动凸轮外形与转角位置；b)柱塞上升；c)计量量孔开启；d)柴油喷入燃烧室；e)喷油结束

1-上进油道；2-柱塞环槽；3-下进油道；4-环形油腔；5-计量量孔；6-回油量孔；7-回油道

当喷油器凸轮转到排气上止点后 44°曲轴转角位置时，随柱塞继续上移，计量量孔逐渐开启，环形油腔内的部分柴油经计量量孔进入计量室(图 2-60c)，喷油器计量开始，多余的柴油仍流回油箱。此时计量室内的油压较低，且喷油器的喷孔很小，所以柴油不会滴入汽缸。

喷油器凸轮转到进气下止点前 60°曲轴转角位置时，柱塞上升到最高点并保持该位置；直到压缩上止点前 62°时，喷油器柱塞又被驱动下行，当柱塞下行到将计量孔关闭的位置(压缩上止点前 28°)时，环形油腔内的柴油不再流入计量室，喷油器计量结束。随柱塞继续下行，计量室内的柴油压力迅速升高，直到压缩上止点前 22.5°时，计量室内的柴油经喷孔以雾状喷入燃烧室(图 2-60d)。

喷油器凸轮转到顶端位置(压缩上止点后 18°)时，喷油器柱塞下行到极限位置，喷油器喷油结束(图 2-60e)。此时柱塞以一定压力与喷油器锥体压紧，以便使计量室内的柴油完全喷出，防止残余柴油形成积炭，影响喷油器正常工作。

柴油机的每一工作循环内，P-T 喷油器都完成一个进油、计量、升压和喷油的全过程。喷油正时由喷油器凸轮轴与曲轴的相对位置来保证。P-T 喷油器每循环的喷油量就是在计量时间内进入计量室的油量，此油量取决于 P-T 燃油泵的供油压力、计量量孔直径和计量时间(即计量室进油时间)。对一定的发动机而言，计量量孔尺寸一定时，计量时间随发动机转速而变化，

P-T 燃油泵的供油压力必须与计量时间配合，以满足发动机在不同工况下对燃油量的需求。

喷油器内的调整垫片(见图 2-59)可用来调整计量时间，调整垫片加厚，计量量孔相对柱塞上移，开启时刻推迟，关闭时刻提前，计量时间缩短，喷油量减少，此调整用于保证各缸喷油量的均匀性。挺杆调整垫片(见图 2-59)用来调整挺杆滚轮与凸轮的相对位置，以调整喷油正时。调整螺钉(见图 2-59)用来调整喷油器(喷油结束后)柱塞与喷油器锥体的压紧力(柱塞落座压力)。

三、泵喷嘴电控系统

提高柴油的喷射压力，使燃油雾化质量提高，有利于改善柴油机的燃烧过程，从而降低排放和噪声。为此，继直列柱塞泵电控系统和分配泵电控系统之后，喷油量的“时间控制”被应用在具有较高喷射压力的柴油机 P-T 燃油供给系统中，形成了泵喷嘴电控系统。

在泵喷嘴电控系统中，取消了传统 P-T 燃油供给系统中结构复杂的 P-T 燃油泵和 P-T 喷油器的计量装置，但保留了传统 P-T 燃油供给系统中利用机械装置驱动喷油器对燃油加压的方式。电控泵喷嘴的基本工作原理见图 2-61，由低压输油泵经进油道向喷油器供油，进油通道由高速电磁阀控制；高速电磁阀为常开阀(即断电时开启)，当机械驱动的压油柱塞向上移动时，压油腔内产生真空，低压输油泵输送来的低压柴油被吸入压油腔(图 2-61a)；压油柱塞向下移动的压油初期，由于高速电磁阀仍保持开启，部分柴油被压回低压进油通道(图 2-61b)；当高速电磁阀接受 ECU 的指令通电时，电磁阀关闭喷油器进油道，随着压油柱塞压油行程的进行，使喷油器内油压迅速升高(喷油压力高达 150MPa 以上)，油压作用在针阀中部的承压锥面(见图 2-11)上使针阀升起打开喷油孔，喷油器喷油开始(图 2-61c)；ECU 控制高速电磁阀断电开启时，喷油器压油腔的柴油回流(图 2-61d)使油压迅速下降，喷油器喷油结束。高速电磁阀关闭的时刻即是喷油开始时刻，高速电磁阀关闭的持续时间决定了喷油量。

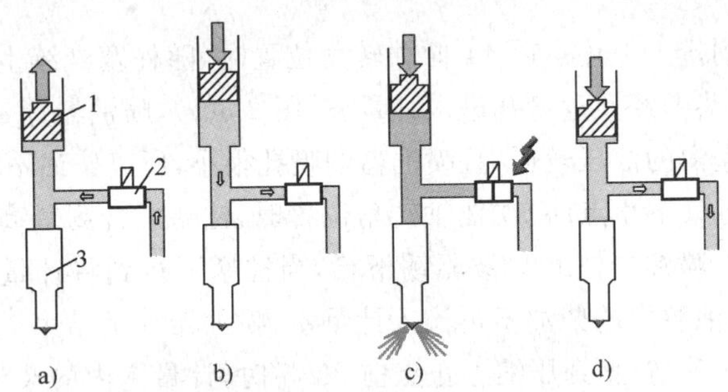

图 2-61　电控泵喷嘴基本工作原理

a)进油过程；b)压油过程；c)喷油过程；d)停油过程

1-压油柱塞；2-高速电磁阀；3-喷油嘴

一汽大众宝来轿车 1.9L TDI 柴油机电控泵喷嘴的结构见图 2-62。泵喷嘴安装在汽缸盖中，进、回油道均在汽缸盖内。泵喷嘴主要由驱动机构、高压泵、控制电磁阀和喷油嘴 4 部分组成；泵喷嘴驱动机构(见图 2-63)包括喷射凸轮、滚柱式摇臂、球销等，其功用是驱动泵喷嘴中的高压泵完成泵油；高压泵由泵油柱塞和高压腔组成，其功用是产生高压油；控制电磁阀的功用是控制泵喷嘴的喷油正时和喷油量；喷油嘴主要由针阀、针阀体、喷嘴弹簧、收缩活塞和针阀

缓冲元件等组成，喷油嘴的针阀和针阀体与普通柴油机喷油器相同（见图 2-11），收缩活塞和针阀缓冲元件用于控制喷油器的喷油规律。

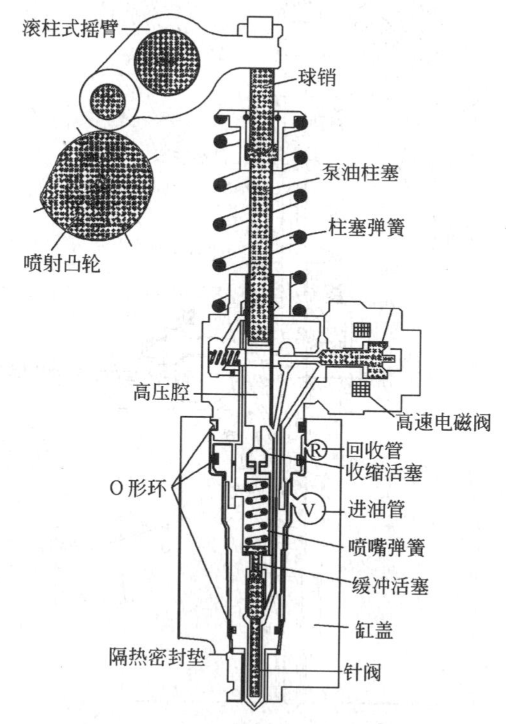

图 2-62　宝来轿车柴油机电控泵喷嘴

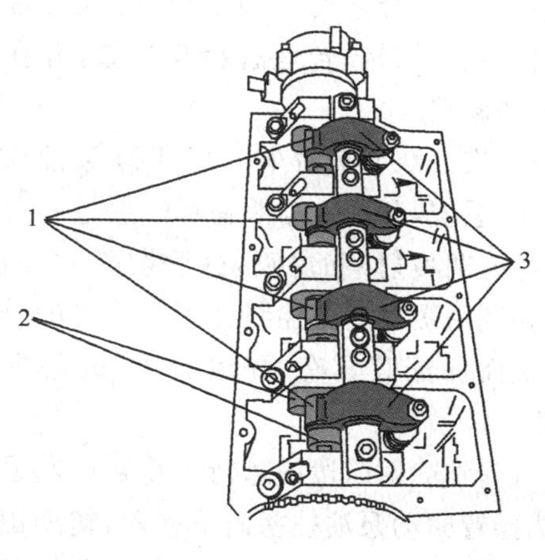

图 2-63　宝来轿车柴油机电控泵喷嘴驱动机构
1-喷射凸轮；2-配气凸轮；3-滚柱式摇臂

泵喷嘴的工作过程分为 3 个阶段：进油阶段、预喷射阶段、主喷射阶段。

1. 进油阶段

喷射凸轮的凸峰转过之后，泵油柱塞在柱塞弹簧压力作用下向上移动，高压腔内容积增大。此时，高速电磁阀处于初始的开启状态，进油管到高压腔的通道打开，使柴油进入高压腔，为喷射做好准备。电控泵喷嘴进油阶段见图 2-64。

2. 预喷射阶段

(1)预喷射阶段的功用。喷油速率和喷油规律对柴油机的动力性、经济性、排放和噪声等均有很大的影响。喷油速率是指喷油器在单位曲轴转角（或单位时间）内的平均喷油量，而喷油规律是指喷油器的喷油速率随曲轴转角（或时间）的变化规律。

图 2-65 为几种典型喷油规律图。喷油规律 a（见图 2-65a）：喷油延续时间短，喷油速率大，曲线变化陡，柴油机经济性和动力性好，但工作粗暴、噪声大。喷油规律 b（见图 2-65b）：开始喷油速率较大，曲线上升陡，柴油机工作粗暴；后期曲线下降平缓，喷油速率过小，使喷油延续时间长，补燃多，柴油机经济性下降。喷油规律 c（见图 2-65c）：开始喷油速率较低，曲线变化平缓，柴油机工作柔和；后期喷油速率加大，对保证燃烧过程在上止点附近进行，以获得良好的动力性、经济性和排放性有利。

保证合适的喷油规律，对改善柴油机的燃烧过程、降低柴油机的排放和噪声、提高柴油机的动力性和经济性非常重要。比较理想的喷油规律是“先缓后急并尽量缩短喷油时间”。喷油规律集中体现了喷油过程中喷油泵供油压力、喷油器喷油压力、缸内气体压力、喷油器喷孔尺寸、喷油器针阀升程等参数之间的相互关系,为保证合适的喷油规律,必须合理设计供油系统的结构、合理选择其参数,并在使用中正确调整。

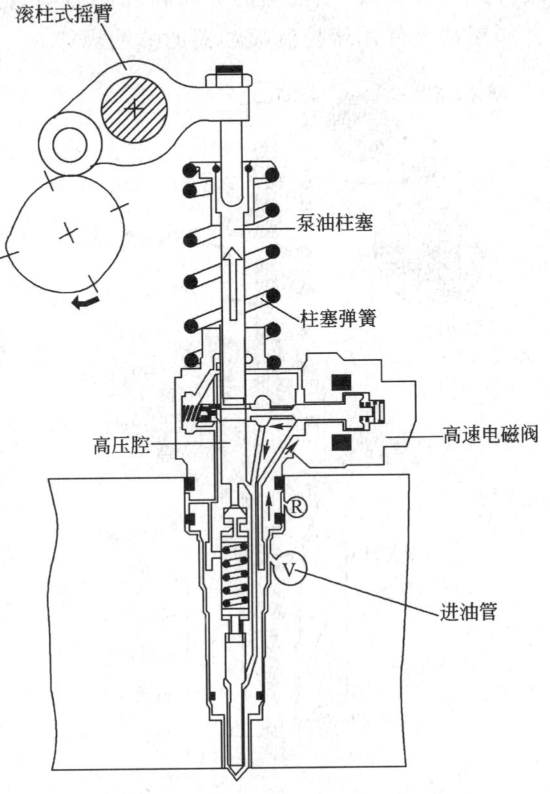

图 2-64　电控泵喷嘴进油阶段

一汽大众宝来轿车 1.9LTDI 柴油机电控泵喷嘴系统,利用收缩活塞将喷射过程分为预喷射(前期喷射)和主喷射(后期喷射)两个阶段,并利用缓冲活塞控制针阀上升时的升程变化,从而保证其具有“先缓后急”的理想喷油规律。

(2)预喷射阶段的进行。喷射凸轮通过滚柱式摇臂驱动泵油柱塞向下移动,初期由于高速电磁阀仍未关闭,高压腔内的部分柴油被压回到进油管,直到 ECU 控制的高速电磁阀通电、高速电磁阀关闭高压腔到进油管的通道为止;然后高压腔内开始产生压力,当压力达到 18MPa 时,针阀承压锥面上承受的上升力(油压分力)高于喷嘴弹簧力,针阀上升开启喷油孔,预喷射开始,见图 2-66。

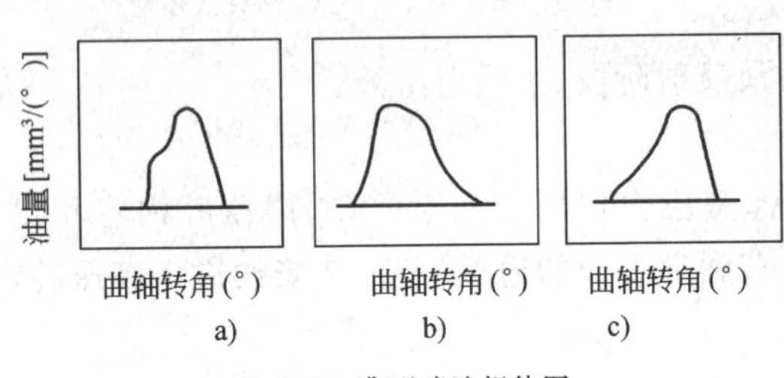

图 2-65　典型喷油规律图

a)喷油规律 a;b)喷油规律 b;c)喷油规律 c

在针阀上升开启喷油孔的过程中,缓冲活塞起到限制针阀上升速度的功用,借以实现理想喷油规律的“先缓”。缓冲活塞作用原理见图 2-67,喷油开始前,喷嘴弹簧将缓冲活塞和针阀压至最下端位置,使针阀关闭喷油孔,此时在针阀室上部充满柴油;开始喷油时,针阀和缓冲活塞一起上升,针阀室上部的柴油被压回喷嘴弹簧室,由于缓冲活塞与喷嘴内孔之间泄油间隙的节流作用,使针阀的上升速度受到阻尼,喷油速率的增长平缓。针阀上升初期(图 2-67a),泄油间隙足够大、节流作用小,缓冲活塞对针阀上升的“阻尼”作用较小,但当缓冲活塞下部开始进入针阀室与喷嘴弹簧室之间直径较小的内孔时(图 2-67b),由于泄油间隙减小、节流作用增强,缓冲活塞对针阀上升的“阻尼”作用明显增大,针阀升程增加更缓慢。

预喷射阶段的喷油量很少,时间很短。收缩活塞的功用就是将喷油分成预喷射和主喷射两个阶段,同时限制预喷射时间,提高主喷射时的喷油压力。收缩活塞作用原理见图 2-68,预喷射开始后,高压腔内的油压作用在收缩活塞上,随着泵油柱塞压油行程的继续进行,高压腔内的油压进一步提高。当达到一定压力时,收缩活塞下移,高压腔内容积增大,使高压腔内的

油压瞬间下降，针阀关闭喷油孔，预喷射结束。此外，由于收缩活塞的下移增加了喷嘴弹簧的预紧力，在预喷射后的主喷射阶段，使针阀上升开启喷油孔所需的油压必然比预喷射过程中的油压高。

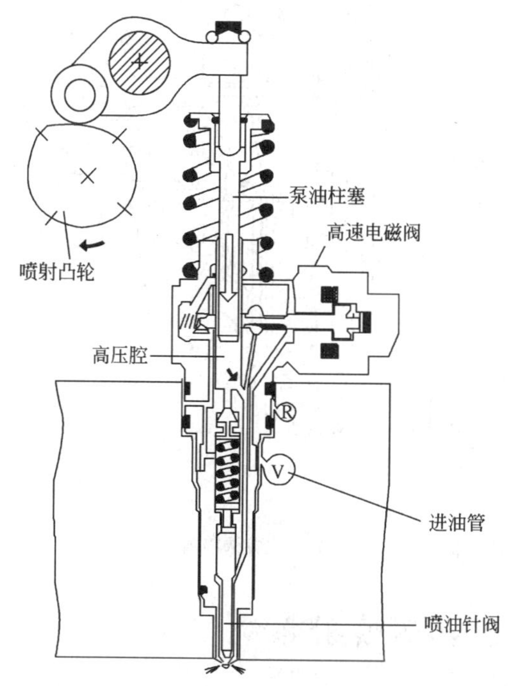

图 2-66　电控泵喷嘴预喷射开始

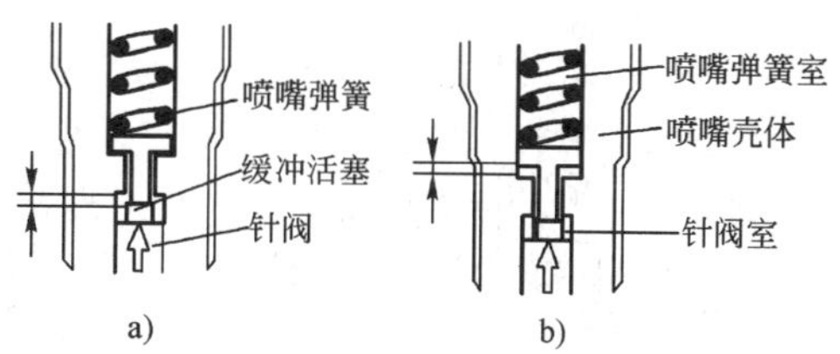

图 2-67　缓冲活塞作用原理

a)针阀上升初期；b)针阀上升后期

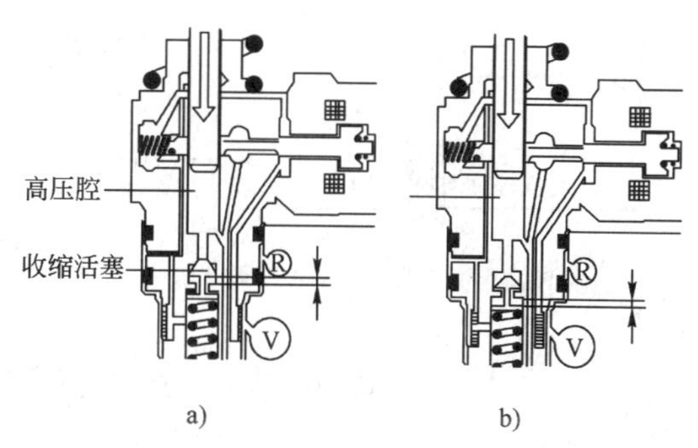

图 2-68　收缩活塞作用原理

a)预喷射开始；b)预喷射结束

3. 主喷射阶段

预喷射结束后，高速电磁阀仍然关闭，随着泵油柱塞继续压油，高压腔内油压立即重新上升，当油压上升到约 30MPa 时，针阀再次上升开启喷油孔，主喷射阶段开始，见图 2-69。在主喷射阶段中，由于喷油孔的节流作用，喷油压力会进一步提高，最高压力可达 205MPa。

当喷油量达到预期控制目标时，ECU 切断高速电磁阀电路，电磁阀开启，高压腔的柴油回流到进油管，压力迅速下降，喷嘴弹簧迅速使针阀关闭喷油孔，同时收缩活塞和缓冲活塞也回到初始位置，主喷射阶段结束。

由泵喷嘴的工作过程可知，高速电磁阀通电时刻即为喷油的开始时刻，其通电时间决定了喷油量。

4. 泵喷嘴回油

泵喷嘴回油线路见图 2-70。泵喷嘴回油的目的除使多余的柴油经回油管流回燃油箱外，还可以冷却泵喷嘴、排除泵油柱塞处泄出的柴油、通过回油管节流孔分离来自进油管内的气泡。

泵喷嘴进油阶段高压腔充满油后，或高速电磁阀关闭进油通道后，来自进油管的柴油全部经回油管流回燃油箱。

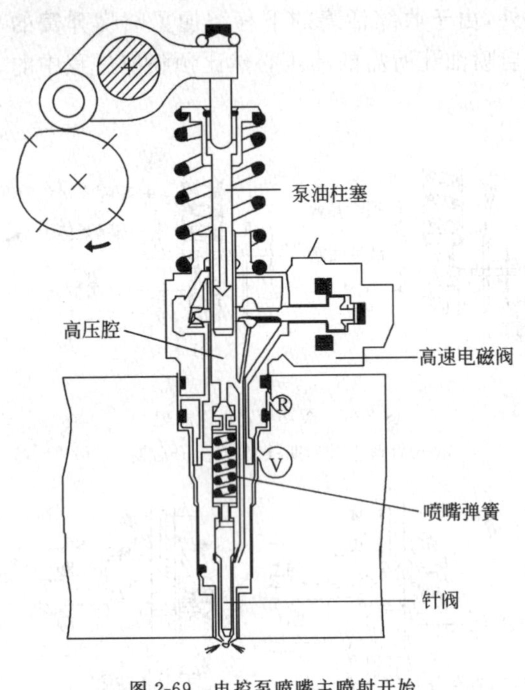

图 2-69　电控泵喷嘴主喷射开始

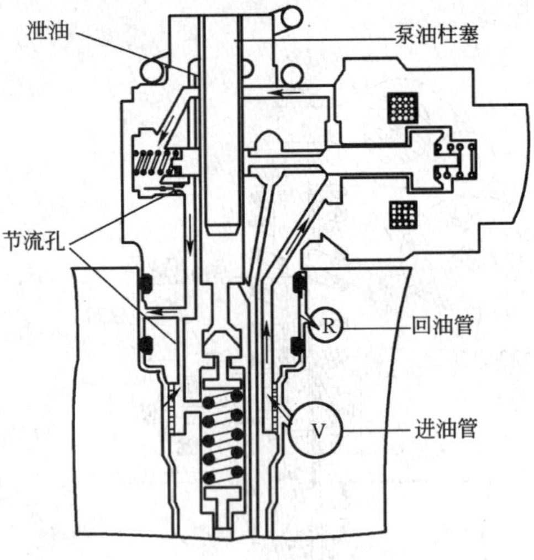

图 2-70　电控泵喷嘴回油

第五节　单体泵电控燃油喷射系统

目前,国外柴油机装用的电控燃油系统主要有 3 种,即电控泵喷嘴系统、电控单体泵系统、共轨燃油喷射系统。单体泵电控系统是在泵喷嘴的基础上衍生出来的,除了压力较泵喷嘴稍低一点外,其他功能基本和泵喷嘴相近,在货车、客车等大功率的中、低速柴油机上应用较普遍。

一、单体泵电控系统的优势

与有泵喷嘴电控系统和共轨系统相比,单体泵电控系统具有成本低、性能可靠、寿命长、故障率低、维修方便等优点。

1. 成本优势

单体泵主要由一个柱塞和柱塞套构成,本身不带凸轮轴,有的甚至不带滚轮传动部件。从成本上讲,由于单体泵系统制造工艺相对简单,所以成本低和产品价格低。此外,国内的发动机从欧Ⅱ向欧Ⅲ升级时,如果采用单体泵,对发动机改动非常小,仅以外挂式的凸轮轴箱代替欧Ⅱ发动机的直列泵。当从欧Ⅲ向欧Ⅳ升级时,发动机机身主体结构仍然不变,只是把欧Ⅲ系统里机械式喷油器改为电控喷油器,形成单体泵电控系统。在发动机整体结构不做大的调整下,就可以达到欧Ⅳ的排放水平。

2. 可靠性和寿命优势

单体泵系统在发动机使用过程中,可以保证排放水平和燃油消耗率水平,这已经在国外得到了 10～15 年的实际使用时间、数百万辆整车使用的证明。目前,这种非常强化、非常可靠的性能和使用寿命,仍然在进一步提高,所以单体泵和泵喷嘴电控系统,必将成为未来几年大型

货车和客车柴油机电控燃油喷射系统的主流。

3. 适应性优势

在性能方面，单体泵电控系统的喷油压力能达到 200～250MPa，而且通过对驱动单体泵的凸轮型线设计，实现较为理想的供油速率和供油规律。在供油控制方面，利用电子控制系统强大功能，不仅可以对压力进行控制，还可以对喷射进行控制，而且可以实现多次喷射。

此外，单体泵精密偶件数量少，对燃料清洁度的敏感性不高，尤其在当前国内油品质量无法满足要求的条件下，使用单体泵具有更好的保障。

二、电控单体泵

在单体泵电控系统中，柴油机每个汽缸均配装一个电控单体泵，燃油喷射由各自的喷射单元来完成。柴油从油箱出来后先经过一个低压输油泵将柴油加压，再经过单体泵加压，最高能够达到 200～250MPa 的高压喷射可使柴油极好地雾化，有利于提高柴油机的动力性、经济性和排放性。

单体泵电控系统的燃油喷射一般由 ECU 通过电磁阀控制，电磁阀的瞬时动作决定喷油的时刻，喷油量则由电磁阀通电时间的长短来确定。早期的电控单体泵见图 2-71，由 ECU 控制的二位二通电磁阀安装在单体泵的出油端，控制其回油通道。当电磁阀开启单体泵回油通道时，单体泵内的柱塞即使进入泵油行程，也不能使柴油加压；只有当电磁阀关闭单体泵回油通道时，油压迅速升高，高压柴油经一段很短的高压油管供给喷油器并使喷油器喷油，直到电磁阀再次开启回油通道时，油压迅速降低，喷油立即停止。电磁阀的关闭时刻即为单体泵供油

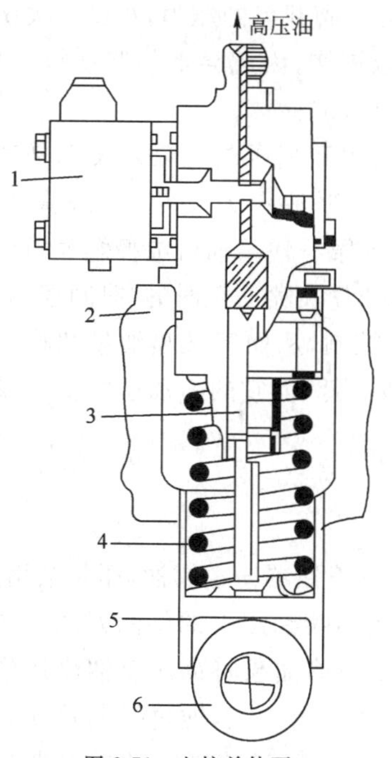

图 2-71　电控单体泵

1-高速电磁阀；2-柴油机；3-泵油柱塞；4-柱塞弹簧；5-滚轮体；6-滚轮

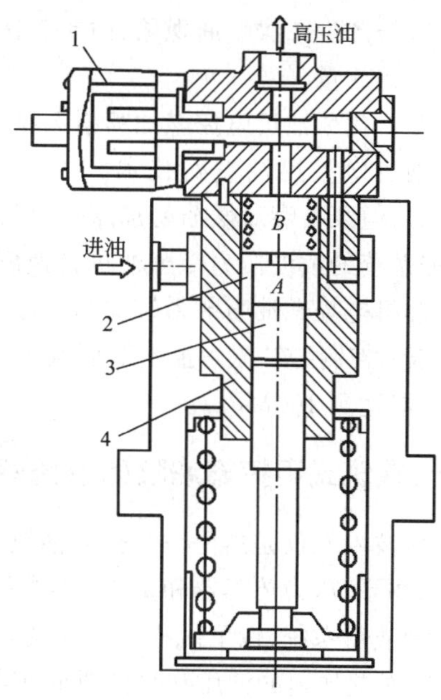

图 2-72　电控变量柱塞单体泵

1-高速电磁阀；2-增压套筒；3-泵油柱塞；4-柱塞套筒

的开始时刻，每次关闭的持续时间决定供油量。

为使单体泵的供油规律符合柴油机的工作需要，有些单体泵电控系统采用了变量柱塞单体泵，见图 2-72。变量柱塞单体泵在泵油柱塞上方增加了一个增压套筒，这样就在单体泵中形成两个泵油腔：一个是柱塞与增压套筒之间形成的较小泵油腔 A，另一个是增压套筒与柱塞套筒之间形成的较大泵油腔 B。在单体泵的泵油行程中，开始阶段是由柱塞压缩较小泵油腔 A 中的柴油，由于柱塞顶部压油面积小，供油量较少；后期柱塞带动增压套筒压缩较大泵油腔 B 中的柴油，由于增压套筒顶部压油面积大，所以供油量也较多，整个供油过程形成了初期供油量小、后期供油量多的供油规律。通过匹配柱塞、增压套筒和柱塞套筒的尺寸，可以改变两个泵油腔 A 和 B 的容积以及两个阶段的供油行程，从而调整单体泵的供油规律。与前述电控单体泵一样，利用高速电磁阀控制变量柱塞泵的回油通道，以控制其供油的开始与结束时刻。

目前，电控单体泵系统主要是由于价格较低和结构简单的优势，才在大功率柴油机中占有一定的地位。随着柴油机电控技术的发展，共轨式电控燃油喷射系统仍是未来柴油机技术的发展方向。

第六节　共轨式电控燃油喷射系统

在第一代柴油机电控燃油喷射系统中，由于直列柱塞泵和分配泵的供油压力受多种因素（尤其是转速）的影响，加之较长的高压油管和柴油的可压缩性，均会导致喷油压力的不稳定，从而使实际的喷油量、喷油正时和喷油规律难以精确控制。高压油管内的压力波动有时还会在主喷射之后，使高压油管内的压力再次达到令喷油器的针阀开启的压力，将已经关闭的针阀又重新打开产生二次喷油现象，由于二次喷油不可能完全燃烧，因此会增加柴油机油耗、烟度及 HC 的排放量。

在第二代柴油机电控燃油喷射系统中，泵喷嘴电控技术和高压共轨喷射技术是现在最主要的柴油机电控燃油喷射技术。尽管泵喷嘴电控系统的喷油压力非常高（最高可以达到 200MPa），但泵喷嘴对燃油的加压是靠机械装置驱动的，与第一代柴油机电控燃油喷射系统一样，电控系统的喷油压力受柴油机转速影响，只能实现喷油量和喷油正时的“时间控制”。而共轨式柴油机电控燃油喷射系统的喷油压力完全可以独立控制，从而实现喷油量和喷油正时的“时间-压力控制”或“压力控制”，而且控制精度高、制造成本低，但它的喷油压力低于泵喷嘴电控系统（能达到 160MPa）。

一、共轨式电控燃油喷射系统的类型

共轨技术不仅是指用一个公共油轨（简称共轨）给各缸喷油器输送燃油，还包括用高压（或中压）输油泵、压力传感器和 ECU 组成的闭环系统独立控制喷油压力的供油方式。在共轨式电控燃油喷射系统（以下简称共轨系统）中，由高压（或中压）输油泵将高压燃油输送到公共油轨，ECU 对共轨内的油压和喷油时间进行控制。保持喷油压力一定，通过控制喷油时间来控制喷油量，即称为“时间-压力控制”方式；保持喷油时间一定，通过控制喷油压力来控制喷油量，即称为“压力控制”方式。

按照共轨中的压力高低，共轨系统可分为高压共轨和中压共轨两种基本类型。按控制喷

油器喷油的电控执行元件不同，共轨系统可分为电磁阀式和压电式两种类型。

1. 高压共轨系统

高压共轨系统是指由高压输油泵（压力在 120MPa 以上）直接产生高压燃油输送至共轨中，经消除压力的脉动后，再分送到各喷油器；ECU 根据柴油机的工作需要控制高速电磁阀迅速打开或关闭，进而控制喷油器按设定的要求开始喷油或停止喷油。此类系统一般采用“时间-压力控制”方式，又称第一代共轨式电控燃油喷射系统。

2. 中压共轨系统

中压共轨系统是指由中压输油泵（压力为 10～13MPa）将中压燃油输送到共轨中，经消除压力的脉动后再分送至带有增压作用的喷油器；ECU 根据柴油机的工作需要通过高速电磁阀控制喷油器开始喷油或停止喷油，与高压共轨系统不同的是在喷油开始前，喷油器内的增压装置先对来自共轨的中压柴油进行增压，使之达到规定的喷油压力（120～150MPa）。此类系统一般通过控制共轨中的油压来控制喷油量，即采用“压力控制”方式，也是第二代共轨式电控燃油喷射系统。

3. 压电式共轨系统

第一代和第二代共轨系统均属电磁阀式共轨系统，即利用电磁阀作为执行元件，通过控制喷油器喷油的开始与结束来实现燃油喷射控制。而在压电式共轨系统中，则是利用压电晶体作为执行元件，通过控制喷油器针阀的升程（或喷油开始与结束）来实现燃油喷射控制。压电式共轨系统也被称为第三代共轨式电控燃油喷射系统。

二、高压共轨系统

1. 高压共轨系统基本组成

高压共轨系统主要由油箱、高压输油泵、共轨、喷油器和各种电子元件组成，见图 2-73。高压输油泵从油箱中吸出柴油并将油压提高到约 120MPa 后输入共轨，高压输油泵的供油量一般几倍于实际喷油量以保证供油的可靠性，多余的燃油经回油管流回油箱。高压输油泵的出口端装有一个用来调节共轨中油压的调压阀，ECU 根据柴油机的转速、负荷等控制调压阀的开度，从而增加或减少高压输油泵输送给共轨的油量，实现对共轨中油压的控制，以保证供油压力稳定在目标值，使喷油压差保持不变。此外，ECU 还根据燃油压力传感器信号对共轨中的油压进行闭环控制。

柴油机高压共轨系统采用的喷油器均为电/液控制式，它主要由高速电磁阀和各种液压伺服机构组成。ECU 通过控制高速电磁阀工作对喷油器喷油的开始时刻和喷油时间进行控制。液压伺服机构的工作油液就是共轨中的高压柴油。

2. 高压共轨喷油器

高压共轨系统中所用的电/液控制式喷油器有两种类型：二位三通电磁阀式、二位二通电磁阀式。

（1）二位三通电磁阀式喷油器。见图 2-74，二位三通电磁阀安装在喷油器顶部，电磁阀主要由阀体、电磁线圈、内阀和外阀组成，内阀和电磁线圈均固定在阀体中，套装在内阀上的外阀与电磁阀的电枢做成一体，电磁阀通电和断电时，外阀则上下移动。内阀下部密封锥面与其阀座（位于外阀下部中心孔的内侧）控制喷油器控制室进油通道，外阀下部密封锥面与其阀座（位于阀体上）控制喷油器控制室回油通道。电磁阀不通电时，外阀在其复位弹簧作用下保持在下端极限位置，此时外阀与其阀座压紧，内阀则离开其阀座，控制室的回油通道关闭、进油通道开启，共轨中的高压柴油进入控制室；尽管喷油器下部的油腔始终与共轨中保持相等的高压(油腔与油轨经油道连通)，但喷油器针阀的承压锥面比控制活塞上部承压面小，加之针阀上作用着复位弹簧弹力。所以电磁阀断电使高压油进入控制室时，喷油器不喷油。当ECU接通电磁阀电路时，产生的电磁力将外阀向上吸起，外阀离开其阀座，内阀则与其阀座压紧，控制室的回油通道开启、进油通道关闭，从而使控制室油压迅速下降，喷油器油腔内的高压油将针阀顶起开始喷油，直到电磁阀再次断电使高压油进入控制室时，喷油器喷油结束。

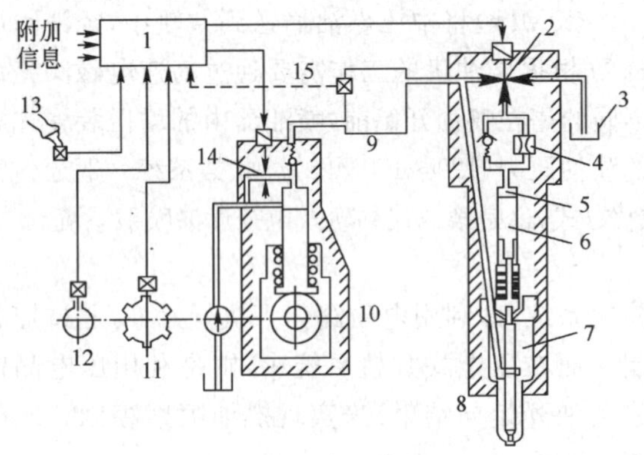

图 2-73　高压共轨系统

1-ECU；2-三通电磁阀；3-油箱；4-节流孔；5-控制室；6-控制活塞；7-喷油器针阀偶件；8-喷油器；9-共轨；10-高压输油泵；11-曲轴位置传感器；12-凸轮轴位置传感器；13-加速踏板位置传感器；14-调压阀；15-燃油压力传感器

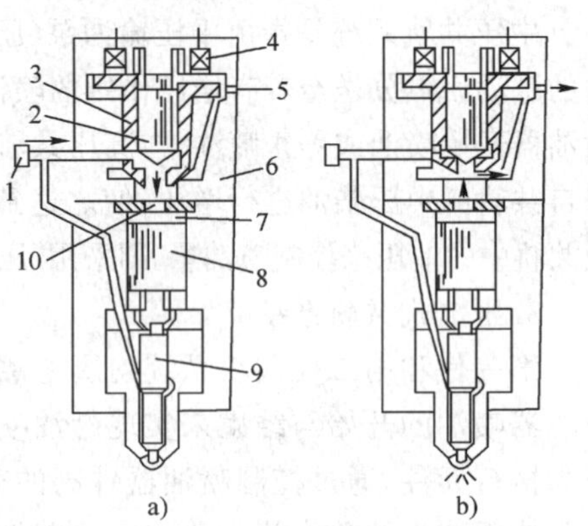

图 2-74　二位三通电磁阀式高压共轨喷油器

a)电磁阀断电不喷油；b)电磁阀通电喷油

1-共轨；2-内阀；3-外阀；4-电磁线圈；5-回油管；6-阀体；7-控制室；8-控制活塞；9-针阀；10-量孔

(2)二位二通电磁阀式喷油器。与二位三通电磁阀相比，二位二通电磁阀的控制灵活性较好，制造成本较低，但在循环供油量较大时，其效率较低。

二位二通电磁阀式喷油器与上述二位三通电磁阀式喷油器的结构原理基本相同。主要区别是只用电磁阀控制喷油器控制室的回油通道，而不控制进油通道，但进油通道中装有节流孔，见图 2-75。来自共轨中的高压柴油进入喷油器后分成两路，一路直接进入喷油器下部的油腔，另一路经过节流孔进入控制室。电磁阀不通电时，控制室回油通道关闭，控制室与喷油器下部油腔内的油压相等，在控制活塞(相当于一个顶杆)上部油压和复位弹簧力作用下，使喷油器针阀关闭，喷油器不喷油；电磁通电时，控制室回油通道开启，作用在液压活塞上部的油压迅速下降，喷油器下部油腔内的高压燃油将针阀顶开，使喷油器开始喷油，直到电磁阀再次断电时喷油结束。

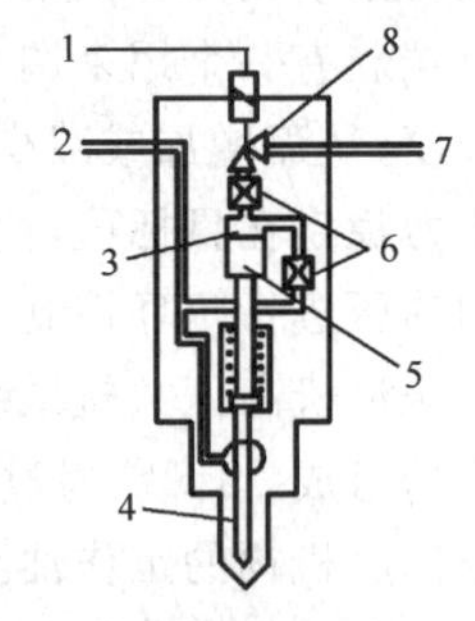

图 2-75　二位二通电磁阀式高压共轨喷油器

1-控制信号线；2-进油通道；3-控制室；4-针阀；5-控制活塞；6-节流孔；7-回油通道；8-电磁阀

在喷油器控制室的进、回油通道中各有一个节流孔，进油通道中的节流孔(图中右侧)比回油通道中的节流孔(图中上部)小，否则即使电磁阀开启回油通道，控制室的油压也不会下降，喷油器也就无法喷油。回油通道中的节流孔主要是控制喷油规律，当电磁阀通电开启控制室回油通道后，节流孔可减缓控制室油压下降的速度，从而减慢针阀上升的速度，满足喷油规律“先缓”的要求。

三、中压共轨系统

在后期开发的柴油机共轨式电控燃油喷射系统中，为降低对供油压力的要求，喷油量控制采用“压力控制”方式的中压共轨系统，见图 2-76。中压共轨系统主要由低压输油泵、蓄压式电/液控制喷油器、调压阀、共轨等组成。ECU 根据各传感器信号控制调压阀，以调节共轨中的油压；ECU 同时通过控制安装在喷油器上的电磁阀工作，使喷油持续时间保持不变，以实现喷油量的“压力控制”。

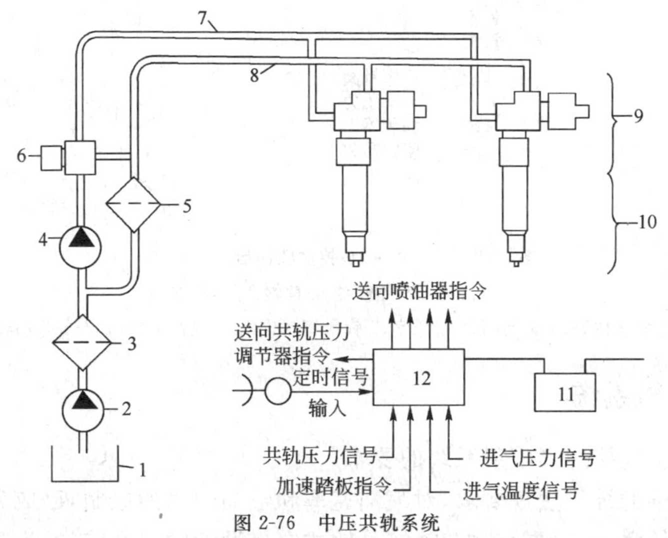

图 2-76　中压共轨系统

1-油箱；2-低压输油泵；3-燃油滤清器；4-中压输油泵；5-热交换器；6-调压阀；7-公共油轨；8-回油管；9-电磁阀和油压增压器；10-喷油器；11-蓄电池；12-ECU

在中压共轨系统中，由于共轨中的油压不能满足柴油机对喷油压力的要求，因此都采用具有增压功能的蓄压式电/液控制喷油器。用于中压共轨系统的蓄压式电/液控制喷油器工作原理见图 2-77。喷油器上部装有一个电控的三通电磁阀，电磁阀通电时，增压活塞上方进油通道开启而回油通道关闭，共轨中的低压油进入喷油器中的增压活塞上方，由于增压活塞上方面积大于柱塞下方的面积，根据液力放大原理，经过止回阀进入柱塞下方蓄压室中的燃油压力提高(提高 10～16 倍，可达 100～160MPa)并充满喷油器柱塞偶件的油腔，但此时由于在针阀上部油压和复位弹簧力作用下，针阀关闭，喷油器不喷油(图 2-77a)；当电磁阀断电时，增压活塞上方回油通道开启而进油通道关闭，针阀上部油压迅速下降，喷油器油腔内的高压燃油将针阀顶开，喷油器开始喷油(图 2-77b)，直到喷油器油腔内的油压下降到一定值时，柱塞上方的燃油压力和弹簧力使针阀关闭，喷油结束。喷油时刻取决于电磁阀断电的时刻，由于针阀复位弹簧的弹力是一定的，停止喷油时喷油器油腔内的压力也一定，所以喷油正时(电磁阀断电的时刻)一定时，喷油器的喷油时间也就固定。

喷油器喷孔尺寸一定，喷油时间一定，控制喷油压力即可控制喷油量；而在增压活塞和柱塞尺寸一定时，喷油压力(即增压压力)取决于共轨中的油压，共轨中的油压是由 ECU 根据各种传感器信号通过燃油调压阀来控制的，所以将此种喷油量控制方式称为“压力控制”方式。在系统中，ECU 根据实际的共轨压力信号对共轨压力进行闭环控制。

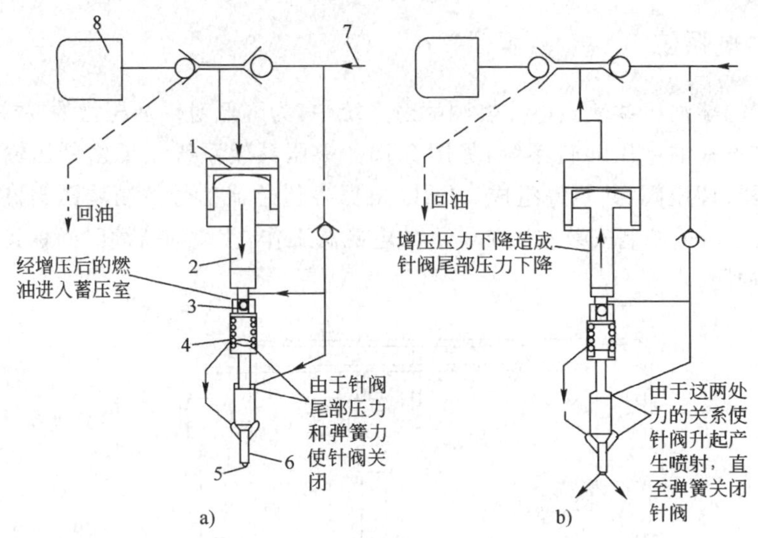

图 2-77　蓄压式电/液控制喷油器工作原理

a)：针阀关闭，不喷油 b)针阀顶开，喷油

1-增压活塞；2-增压柱塞；3-止回阀；4-蓄压室；5-针阀密封锥面；6-喷油器针阀；7-公共油轨；8-电磁阀

四、压电式共轨系统

1. 对现代柴油机电控燃油喷射系统的要求

为满足日益严格的排放法规要求，对喷油速率和喷油规律的控制，已成为柴油机电控燃油喷射系统的重要功能之一。目前，在柴油机共轨式电控燃油喷射系统中，为降低排放污染和噪声，控制喷油速率和喷油规律的主要措施是：实现预喷射、后喷射甚至多次喷射功能。

预喷射是指主喷射前百万分之一秒内向缸内喷射少量柴油。通过对预喷射量的控制来实现对着火延迟期(燃烧过程分着火延迟期、速燃期、缓燃期和补燃期)内混合气形成数量的控制，从而达到防止柴油机工作粗暴、减小噪声的目的。此外，预喷射的柴油喷入汽缸后首先着火燃烧，对燃烧室进行预热后再进行主喷射，使主喷射阶段喷入汽缸的柴油着火更容易，有利于形成边喷射、边形成混合气、边燃烧的平缓燃烧过程，从而防止柴油机在速燃期缸内压力的急剧变化，有利于降低燃烧噪声。

后喷射是指在膨胀过程中进行的喷射。后喷射的柴油燃烧放出的热量，可提高柴油机在缓燃期和补燃期的温度，从而降低 HC 和 CO 的排放量。

多次喷射是指在柴油机的 1 个工作循环内进行若干次(一般多于 3 次)喷射，可以根据柴油机工况对喷油速率和喷油规律进行精确控制。

实现预喷射、后喷射甚至多次喷射功能的关键，就是要求电控系统的执行元件必须有很好的灵敏性(即反应速度)，能在很短的时间内完成多次切换。此外，电控系统对喷油量的控制应有较高的精度，即要求能控制的最小供油量要足够小。

进一步提高喷射压力，提高喷油雾化质量，也是降低排放污染的重要措施。

2. 压电共轨系统的特点

第一代共轨系统中最高压力约 140MPa，由于始终保持很高压力，导致系统密封难度大，

燃油温度高，即使是预喷射和后喷射功能(包括主喷射在内3次喷射)也难以实现。第二代共轨系统中的压力较低，且可根据发动机需求而调节共轨中的压力，利用高速电磁阀的快速开闭可实现预喷射和后喷射功能，但受电磁阀工作特性的限制，也难以实现多次喷射功能。第三代共轨系统——压电式共轨系统具有喷射压力高、控制精度高、切换频率高、响应速度快、节能、寿命长等优点，可使喷油速率、喷射规律以及精确度达到最优。

压电式共轨系统是指采用了压电技术的共轨系统，主要是控制喷油器的执行元件用压电元件取代了电磁阀，用压电元件作为控制执行元件的喷油器称为压电式喷油器。由于压电元件像一个在电压下立即就能充电的电容器，它在施加电压以后的0.1ms以内就会发生形变，所以压电式共轨系统的响应速度快。也正是由于压电元件具有快速的响应性，才能实现高频率切换(切换频率为电磁阀的5倍)和高精度控制，压电式喷油器每个工作循环喷射次数可达5次(电磁阀式喷油器为3次)，最小喷射间隔时间可达0.1ms，最小喷射量可控制在0.5mm^{3}以下。此外，压电式共轨系统压力从20～200MPa弹性调节，最高喷射压力达到180MPa。

新款奥迪A6轿车装用的3.0L TDI柴油机采用了Bosch公司生产的压电式共轨系统(见图2-78)，该系统可降低柴油机废气排放高达20%，提高功率5%，降低油耗3%，降低噪声3dB(A)。柴油机工作时，柴油由低压电动燃油泵输送给具有泵油量调节功能的高压油泵，分配单元将进入的燃油分成两路：一路供给泵油元件，另一路用于冷却传动机构和润滑轴承。高压油泵将燃油压缩至最高压力达160MPa，并将其输入共轨。拧紧在共轨上的燃油压力传感器，用于燃油压力的闭环控制，而安装在共轨上的调压阀则用于调节共轨中的油压。

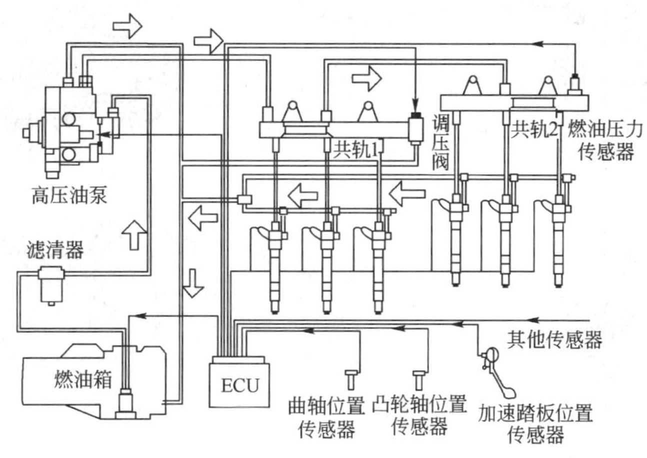

图2-78　Bosch公司压电式共轨系统

3.压电式喷油器

压电元件具有正向和反向压电效应，当压电元件受到外力变形时，会在压电元件两端产生电压，如压电式进气管绝对压力传感器、爆燃传感器即是利用这一原理来产生信号的；反之，当在压电元件两端施加电压时，压电元件就会发生形变，给压电元件施加正向电压时其体积膨胀，给压电元件施加反向电压时则其体积收缩，压电式喷油器就是利用这一原理来使喷油器控制室油道通断或针阀升程改变，从而实现对喷油量和喷油正时的控制。此外，利用压电元件快速响应的能力，通过压电元件通、断电多次切换，即可实现多次喷射，以满足最佳喷油规律的要求。

(1)用压电元件控制油道的喷油器。此类喷油器的结构原理与前述高压共轨、中压共轨系统采用电磁阀控制的喷油器基本相同,只是用压电元件取代了电磁阀,所以高压共轨系统和中压共轨系统均可使用。Bosch 公司生产的压电式共轨系统一般采用此类喷油器。

(2)用压电元件控制针阀升程的喷油器。此类喷油器在直喷式的汽油机和柴油机上均已得到应用,其结构见图 2-79。传统的柴油机喷油器,都是利用燃油压力作用在针阀中部的承压锥面上,来使针阀开启实现喷油,而用压电元件控制针阀升程的喷油器,则是利用压电元件直接控制针阀升程来实现喷油。因此,用压电元件控制针阀升程的喷油器,针阀中部无承压锥面和相应的压力室,称之为无压力室喷油器(VCO 喷油器)。VCO 喷油器无增压功能,只适用高压柴油共轨系统。

VCO 喷油器下部结构见图 2-80。由 ECU 控制给压电元件施加正向电压时,压电元件膨胀而使喷油器针阀关闭,喷油器不喷油;给压电元件施加反向电压时,压电元件收缩而使喷油器针阀开启,喷油器开始喷油。为保证喷油器不喷油时,压电元件能将针阀压紧,依靠给压电元件施加正向电压显然会导致电能损耗。所以在喷油器顶部设有差动螺纹,可通过差动螺纹来调整压电元件的刚度(即预压力),而石英测量垫片则用来精确测量差动螺纹的调整量。

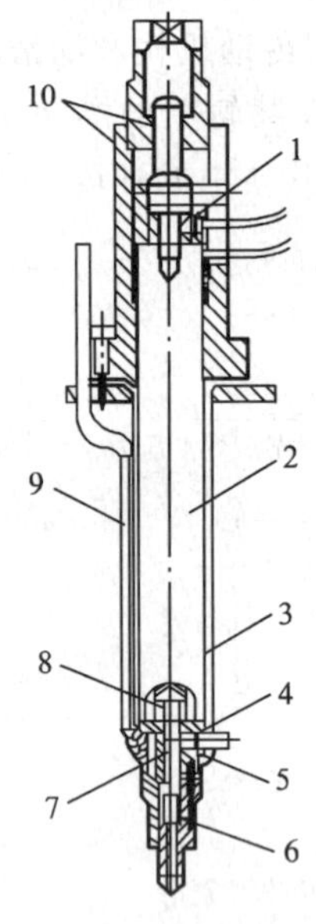

图 2-79 VCO 喷油器

1-石英测量垫片;2-压电执行器;3-外壳;4-密封垫;5-紧固螺套;6-针阀体;7-压杆;8-压帽;9-高压油管;10-差动螺纹

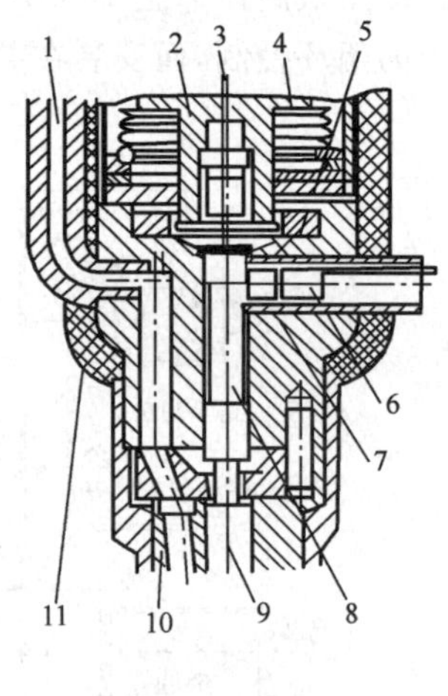

图 2-80 VCO 喷油器下部结构

1-高压油管;2-压电元件;3-压帽;4-碟形弹簧;5-膜片;6-磁铁;7-霍尔式针阀位置传感器;8-压杆;9-针阀;10-针阀体;11-外壳

此外,采用其他喷油器的共轨系统,通过改变共轨中的油压或喷油器喷油时间来控制喷油量,而采用压电元件控制针阀升程式喷油器的共轨系统,则是利用压电元件直接控制针阀升程来改变喷油孔流通截面,从而实现对喷油量的控制。在喷油压力和喷油时间一定的前提下,喷油器的喷油量与喷油器针阀的升程成正比,而喷油器针阀的升程与施加在压电元件两端的反向电压成正比,所以通过控制给压电元件施加的反向电压,即可控制喷油量。

第七节　柴油机电控燃油喷射系统主要附件

一、低压输油泵

低压输油泵的功用是克服油路中的各种阻力，将柴油从油箱内吸出并将足够量和一定压力的柴油输送给高压油泵或共轨。低压输油泵的输出油压一般在1MPa以下，常用的低压输油泵有活塞式输油泵、膜片式输油泵、齿轮式输油泵、封闭叶片式输油泵和电动输油泵。

1.活塞式输油泵

活塞式输油泵的结构见图2-81。活塞式输油泵主要由泵体、活塞、进油阀、出油阀和手油泵等组成。活塞式输油泵一般用配气机构凸轮轴或直列柱塞泵凸轮轴上的偏心轮驱动。

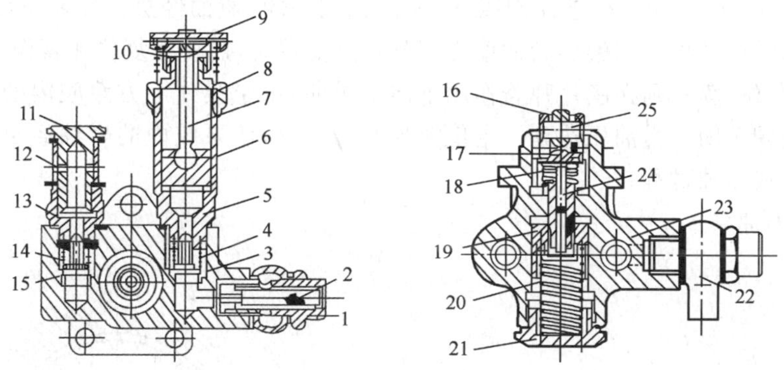

图2-81　活塞式输油泵的结构

1-进油管接头螺栓；2-滤网；3-进油阀；4-进油阀弹簧；5-手泵体；6-手泵活塞；7-手泵杆；8-手泵盖；9-手泵销；10-手泵柄；11-出油管接头螺套；12-保护套；13-油管接头；14-出油阀弹簧；15-出油阀；16-滚轮；17-滚轮架；18-滚轮弹簧；19-活塞；20-活塞弹簧；21-螺塞；22-进油管接头；23-泵体；24-推杆；25-滚轮销

活塞式输油泵的工作原理见图2-82。喷油泵凸轮轴转动时，轴上的偏心轮驱动滚轮、滚轮架、推杆和活塞向下运动，泵腔I内容积减小，油压升高，进油阀被关闭，出油阀被压开，柴油由泵腔I通过出油阀流向泵腔II。当喷油泵凸轮轴上的偏心轮转过时，在活塞弹簧的作用下，推动活塞向上运动，泵腔II内的油压升高，出油阀关闭，泵腔II内的柴油经出油管输出；同时，由于泵腔I内的容积增大，形成一定的真空度，将进油阀吸开，油箱内的柴油经进油管和进油阀被吸入泵腔I。

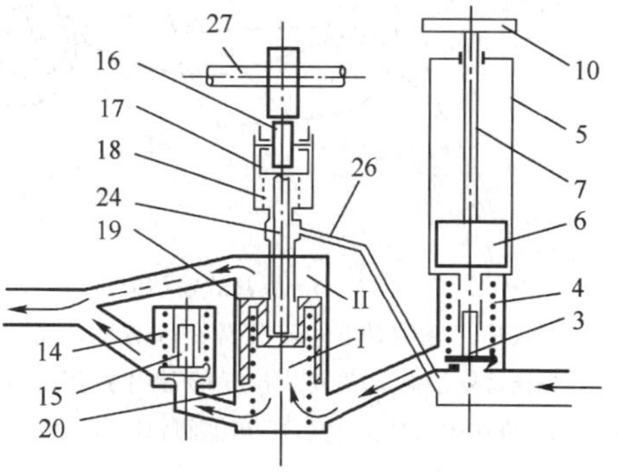

图2-82　活塞式输油泵工作原理(图注同图2-81)

26-回油道；27-喷油泵凸轮轴

活塞式输油泵的输油量取决于活塞的行程，当活塞行程等于偏心轮的偏心距时，输油量最大，一般为发动机全负荷时最大耗油量的3～4倍。输油压力取决于活塞弹簧的弹力，活塞式输油泵的输油压力一般为 0.15～0.30MPa。如果输油泵的输油量大于喷油泵需要的油量或输油泵到喷油泵的油管路阻力增大，泵腔 II 内的油压会升高，此压力与活塞弹簧的弹力平衡时，使活塞不能继续向上运动达到最高位置，活塞与推杆之间产生空行程，活塞的有效行程减小，输油泵输油量也减少。喷油泵需要的油量越少或输油泵到喷油泵的阻力越大，活塞的有效行程也就越小，输油量也越少，这样实现了输油量的自动调节。

手油泵的功用是柴油机长时间停止工作或低压油路中有空气时，可用手油泵输油和排出空气。手油泵主要由手泵体、手泵活塞、手泵杆和手泵柄等组成。使用手油泵泵油时，将手泵柄旋开，用手提、压手泵柄，使手泵活塞上、下运动，完成吸油和输油过程。

2. 膜片式输油泵

膜片式输油泵通常用配气机构凸轮轴或分配泵驱动轴上的偏心轮驱动，它主要由膜片总成和进、出油阀等组成，见图 2-83。发动机工作中，偏心轮驱动摇臂绕摇臂轴逆时针转动时，摇臂通过膜片拉杆使膜片向下拱曲到最低位置，并使膜片弹簧压缩；由于膜片上方的泵腔内容积增大，产生一定的真空度，将进油阀吸开，而出油阀关闭，燃油经进油室和进油阀被吸入泵腔，输油泵完成吸油过程。当偏心轮的偏心部分转过摇臂时，摇臂在复位弹簧作用下紧靠偏心轮顺时针转动复位，膜片则在膜片弹簧作用下向上拱曲；由于膜片上方泵腔内的容积减小，油压增大，使进油阀关闭。当油压达到一定值时顶开出油阀，使泵腔内的燃油经出油阀、出油室泵出，输油泵完成压油过程。

3. 齿轮式输油泵

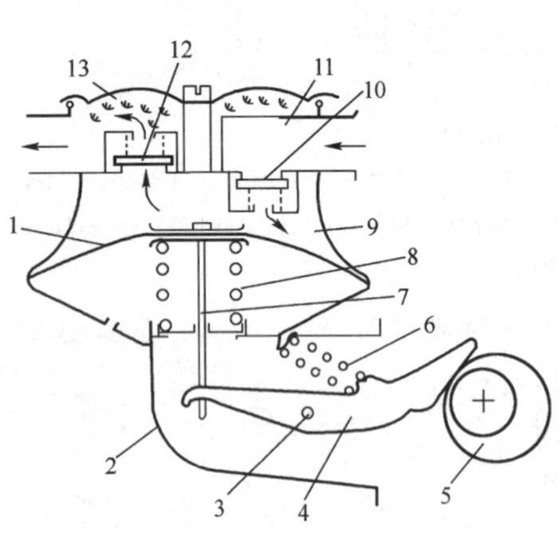

图 2-83　膜片式输油泵

1-膜片；2-输油泵下体；3-摇臂轴；4-摇臂；5-偏心轮；6-摇臂复位弹簧；7-膜片拉杆；8-膜片弹簧；9-泵腔；10-进油阀；11-进油室；12-出油阀；13-出油室

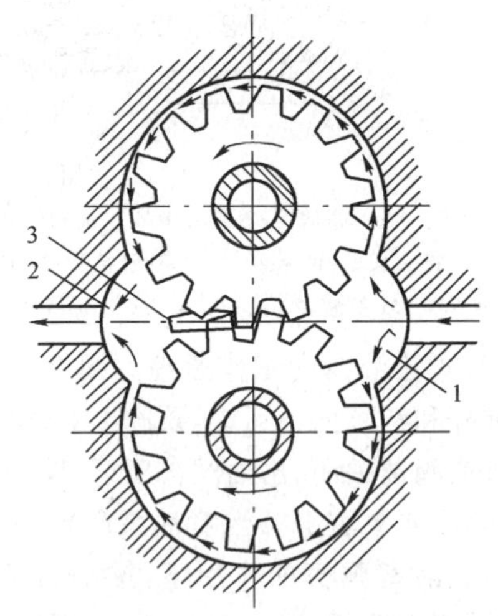

图 2-84　齿轮式输油泵

1-进油腔；2-出油腔；3-泄压槽

齿轮式输油泵一般通过联轴器、齿轮或者齿形皮带由发动机曲轴驱动，而在共轨系统中，经常用齿轮式输油泵作为二级低压输油泵，并将齿轮式低压输油泵与高压输油泵组合成一体

(如奥迪 A6 3.0L TDI 的压电式共轨系统)。齿轮式输油泵主要由泵壳体和一对相互啮合的齿轮组成,其工作原理见图 2-84。发动机工作时,输油泵齿轮按图中箭头所示方向旋转,进油腔的容积因齿轮向脱离啮合的方向转动而增大,进油腔内产生一定的真空度,燃油便从进油口被吸入进油腔。随齿轮旋转,轮齿间的燃油被带到出油腔。由于出油腔内齿轮进入啮合状态使其容积减小,油压升高,燃油便经出油口被压出。

为保证齿轮转动的连续性,当前一对轮齿还未脱离啮合时,后一对轮齿已进入啮合,这样在两对啮合轮齿之间的燃油会因轮齿逐渐啮合而被挤压,产生很高的压力,不仅会增加齿轮转动的阻力,而且此压力通过齿轮作用在输油泵轴上,会加剧输油泵齿轮和轴的磨损。为此,通常在泵壳体上加工有卸压槽,使啮合轮齿间的燃油流回出油腔。

4. 封闭叶片式输油泵

以一汽大众宝来轿车 1.9L TDI 柴油机为例,燃油系统的组成见图 2-85。该系统采用封闭叶片式输油泵,输油泵从油箱中吸出的燃油流经滤清器和止回阀,然后泵送到位于汽缸盖内的泵喷嘴供油道中,多余的燃油经输油泵内的限压阀、燃油温度传感器和燃油冷却器流回油箱。在宝来柴油机轿车上,封闭叶片式输油泵与制动系统的助力器真空泵组合成一体,安装在汽缸盖上(见图 2-86),由发动机凸轮轴驱动。

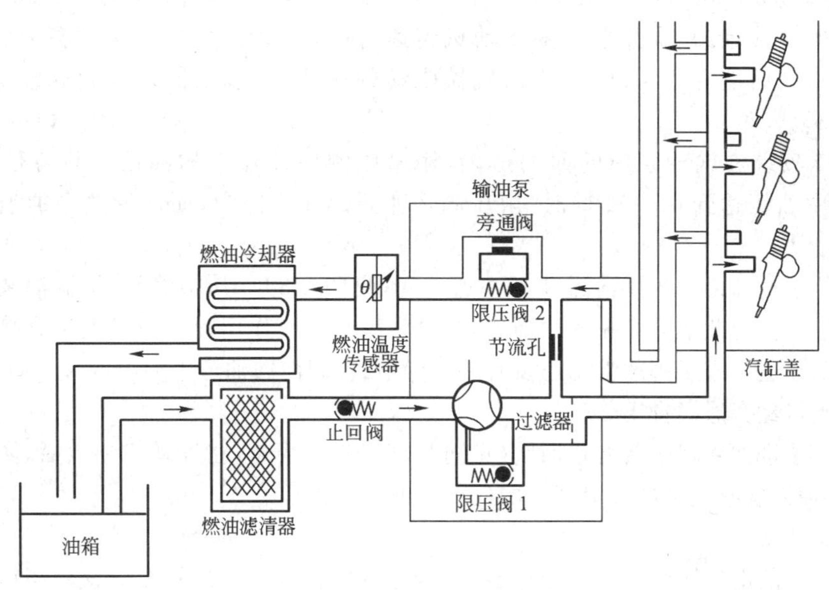

图 2-85　宝来轿车 1.9L TDI 柴油机燃油系统

封闭叶片式输油泵主要由封闭叶片、转子、供油道限压阀、回油道限压阀、过滤器和节流孔等组成,其结构见图 2-87。封闭叶片被弹簧压靠在转子上,转子有 3 个凸齿与泵壳体形成 3 个泵油腔,每个泵油腔转到封闭叶片所处的位置时,转过封闭叶片的部分(位于封闭叶片的转子旋转方向一侧)容积增大便开始吸油,而未转过封闭叶片的部分(位于封闭叶片的转子旋转方向相反一侧)容积减小便开始压油,输油泵的进油口设在泵油腔吸油的一侧,出油口则设在泵油腔压油的一侧,泵油腔完全转过某一封闭叶片吸满油后,转到另一个封闭叶片时将油全部泵出；由于输油泵内有两个封闭叶片，所以每个泵油腔随转子旋转一圈都完成两次泵油过程。

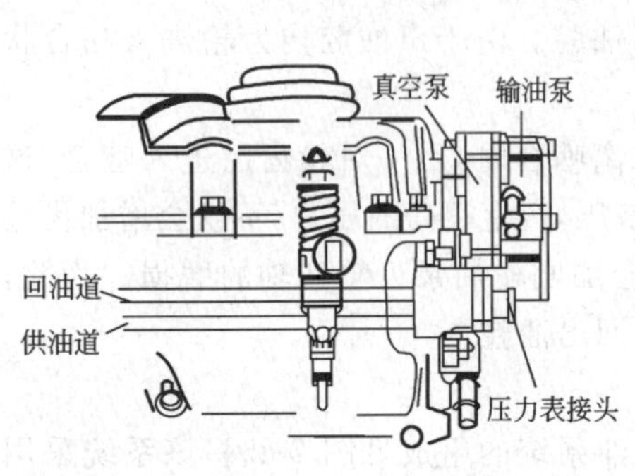

图 2-86　宝来轿车 1.9L TDI 柴油机输油泵位置

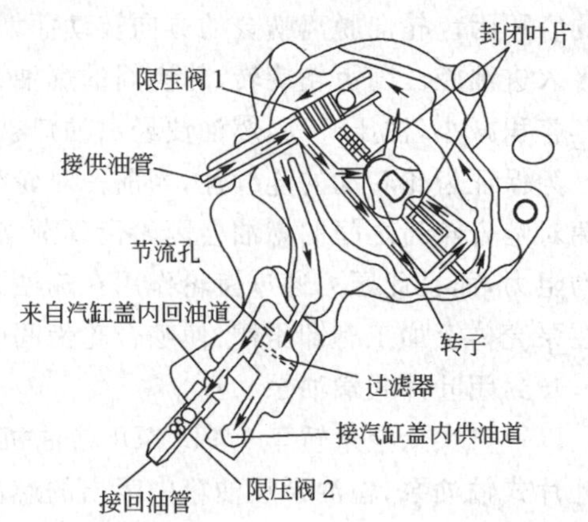

图 2-87　封闭叶片式输油泵

限压阀 1 安装在输油泵进油口和出油口之间，用来限制输油泵的输出油压，当出油口一侧的压力超过 0.75MPa 时，限压阀打开，部分燃油经限压阀流回进油口一侧。因为所有机械驱动的输油泵，其泵油量均随发动机转速升高而增大，而泵油量过多时，会因出油口一侧压力过高而使输油泵过载，所以机械驱动的输油泵（包括前述齿轮式输油泵等）一般均装限压阀。

限压阀 2 安装在输油泵中的回油道内，用来限制回油道中的油压。只有位于汽缸盖内的回油道中油压达到 0.1 MPa 时，限压阀 2 才开启允许回油，而回油道中的油压过低时不允许回油。

节流孔位于输油泵内的供油道和回油道之间（见图 2-86），其功用是：将输油泵泵油过程中产生的燃油蒸汽经此节流孔排入回油道，同时利用其节流作用减少由供油道直接流入回油道的油量。回油道中限压阀的上部还设有一个旁通阀，即使回油道中的限压阀关闭，回油道内的燃油蒸汽也可经旁通阀排出。

位于输油泵进油管路中装有止回阀（见图 2-86），其功用是：在发动机熄火后，防止燃油回流，以保持供油系统有一定（0.02MPa）的残余压力。

5. 电动输油泵

柴油机装用的电动输油泵与汽油机装用的电动汽油泵基本相同，在此仅介绍应用较多的滚柱式电动输油泵。滚柱式电动输油泵主要由油泵电机、滚柱式燃油泵、出油阀、卸压阀等组成，见图 2-88。

滚柱泵的工作原理见图 2-89。装有滚柱的转子呈偏心状，置于泵壳内，由直流电动机驱动。当转子旋转时，位于转子槽内的滚柱在离心力的作用下，紧压在泵体内表面上，对周围起密封作用，在相邻两个滚柱之间形成了工作腔。在燃油泵运转过程中，工作腔转过出油口后，其容积不断增大，形成一定的真空度。当转到与进油口连通时，将燃油吸入；而吸满燃油的工作腔转过进油口后，其容积又不断减小，使燃油压力提高，受压燃油流过电动机，从出油口输出。出油阀和卸压阀的功用与涡轮式电动燃油泵相同。

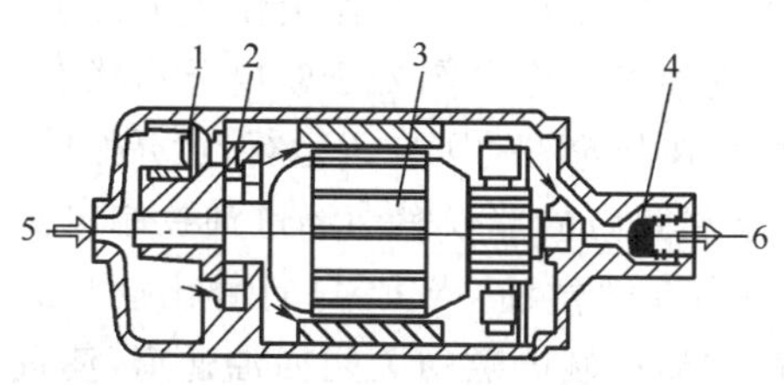

图 2-88 滚柱式电动输油泵

1-卸压阀;2-滚柱泵;3-油泵电机;4-出油阀;5-进油口;6-出油口

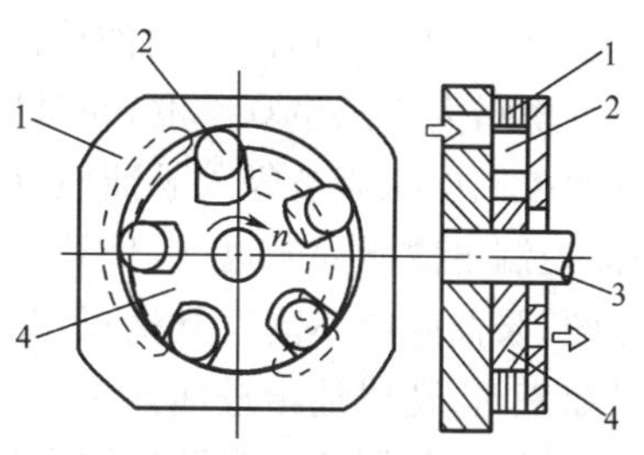

图 2-89 滚柱式电动输油泵工作原理

1-泵壳体;2-滚柱;3-转子轴;4-转子

二、高压输油泵

在共轨式电控燃油喷射系统中,普遍采用高压输油泵将低压输油泵输出的燃油进一步加压,使其达到共轨供油压力的需要。为满足不同共轨系统的需要,高压输油泵除产生高压油的功能外,还可以通过由 ECU 控制的电磁阀(调压阀)来控制向共轨输送的燃油量,最终目的是实现共轨中燃油压力的控制。

高压输油泵通常采用由凸轮轴驱动的带有多个分泵的直列柱塞式油泵(一般用于大型柴油机)或径向柱塞式油泵(一般用于小型柴油机)。驱动高压输油泵的凸轮轴上可布置一个或几个凸轮,按每个凸轮上的凸起数可分为单作用型、双作用型、三作用型和四作用型等多种形式。采用多作用型凸轮,可以实现凸轮每转一圈完成几个(与凸轮凸起数相等)供油过程,因此在要求的输油泵供油量一定时,可以降低输油泵驱动装置的转速或输油泵的分泵数量,从而降低功耗,简化结构,但凸轮的凸起数一般不超过 4 个。

无论是直列柱塞式高压油泵,还是径向柱塞式高压油泵,其分泵的数量、凸轮的凸起数量应与发动机的汽缸数量相匹配。为保证共轨中的压力稳定,一般要求高压油泵的供油频率与喷油频率一致。如:六缸柴油机的喷油频率为每工作循环 6 次,若匹配每循环转一圈的柱塞式高压油泵,采用单作用型凸轮时应有 6 个分泵,若采用双作用型凸轮时应有 3 个分泵,采用三作用型凸轮应有 2 个分泵;若高压油泵由曲轴驱动每循环转两圈,则高压油泵的分泵数可减少一半。

1. 直列柱塞式高压输油泵

以采用三作用型凸轮的直列柱塞泵为例,其结构见图2-90。直列柱塞式高压油泵与直列柱塞泵基本相同,主要由柱塞、柱塞套筒、柱塞复位弹簧、凸轮轴、滚轮体、出油阀(止回阀)、进油控制电磁阀等组成。发动机工作时,凸轮轴每转一圈,凸轮上的 3 个凸起轮流驱动柱塞压油,每个柱塞分泵可完成 3 个泵油过程。每个柱塞分泵的进油口处都安装一个进油控制电磁阀,用来控制分泵供油正时和供油量。高压油泵一般利用发动机润滑油进行强制润滑。

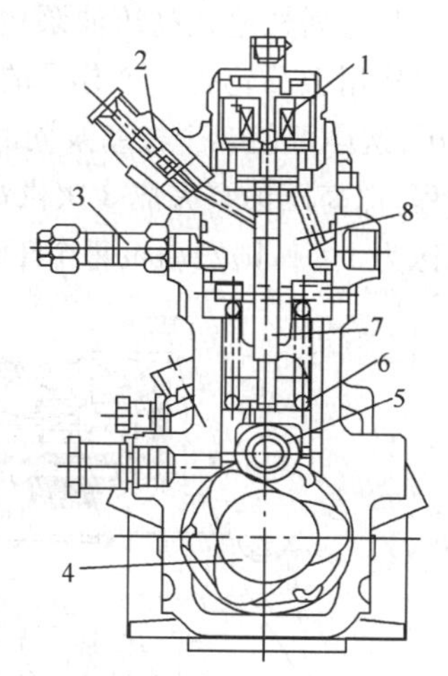

图 2-90 直列柱塞式高压油泵

1-进油控制电磁阀;2-出油阀;3-调压阀;4-凸轮轴;5-滚轮体;6-柱塞复位弹簧;7-柱塞;8-柱塞套筒

直列柱塞式高压输油泵的泵油过程可分为吸油行程和压油

行程，见图 2-91。吸油行程：凸轮的凸起最大升程转过后，柱塞在复位弹簧作用下向下运行，泵油腔内容积增大而产生真空度，此时出油阀关闭，进油控制电磁阀处于断电开启状态，低压燃油经进油控制电磁阀被吸入泵油腔；压油行程：柱塞在凸轮驱动下向上运行，但开始阶段（预行程）进油控制电磁阀尚未通电，仍处于开启状态，泵油腔内的部分燃油经进油控制电磁阀被压回低压腔，泵油腔内不能建立高压，出油阀关闭不向共轨供油，当 ECU 计算出满足必要供油量的供油正时、适时地给进油控制电磁阀通电时，进油控制电磁阀关闭回油通道，使泵油腔内燃油迅速增压，高压燃油顶开出油阀供往共轨，直到柱塞运行到上止点且进油控制电磁阀再次开启为止。进油控制电磁阀通电关闭的时刻即为高压输油泵供油开始时刻，进油控制电磁阀通电关闭的时间（即柱塞有效压油行程）决定供油量。

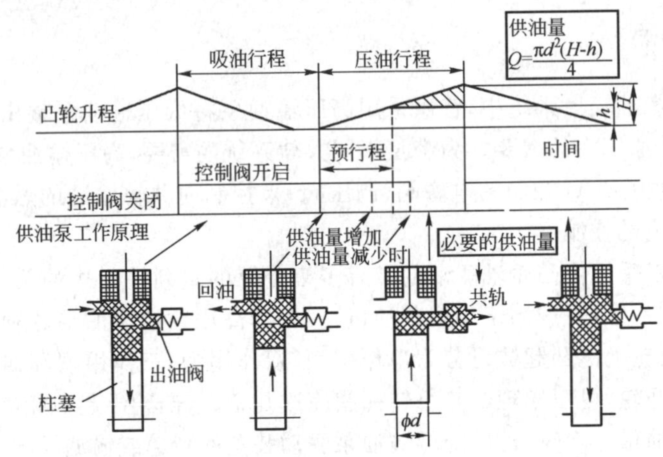

图 2-91　直列柱塞式高压油泵工作原理

2. 径向柱塞式高压油泵

与直列柱塞式高压油泵相比，径向柱塞式高压油泵体积更小、结构更紧凑。图 2-92 为采用三作用型凸轮有 3 个分泵的径向柱塞式高压油泵。3 个分泵及凸轮的 3 个凸起均相互错开 120°，这样可使 3 个柱塞泵同时吸油、同时压油，且凸轮轴每转一圈，3 个分泵各完成 3 次泵油过程，即高压油泵完成 3 次供油。此高压油泵由发动机曲轴通过齿轮、链条或齿带驱动，且传动比为 1∶1，则发动机每个工作循环高压油泵供油 6 次，与六缸柴油机的喷油频率相同。

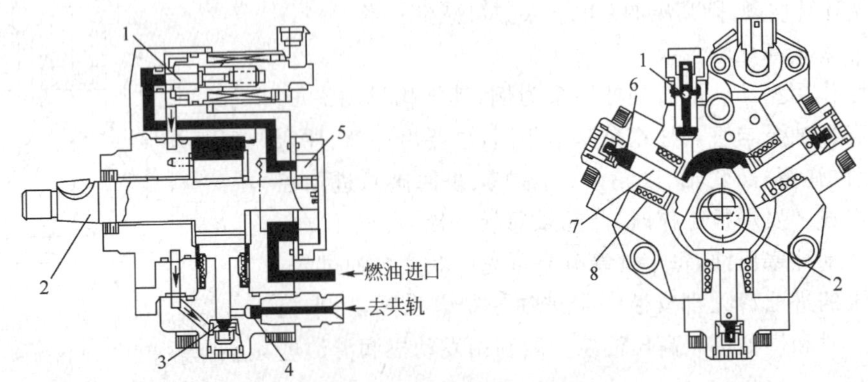

图 2-92　径向柱塞式高压油泵

1-调压阀；2-凸轮轴；3-进油控制电磁阀；4-出油阀；5-输油泵；6-泵油腔；7-柱塞；8-柱塞复位弹簧

径向柱塞式高压油泵的工作原理与直列柱塞式高压油泵基本相同，泵油过程同样分为吸油和压油两个行程。

三、柴油滤清器

滤清器串联安装在燃油系统的低压油路中，其功用是滤除柴油中的杂质和水分。轿车常用的柴油滤清器一般为整体不可拆式，它旋装在滤清器座上，其结构见图 2-93。柴油流经滤清器时，杂质和水分被滤芯滤除，杂质黏附在滤芯上，水分则沉积到壳体下部的集水腔中，清洁的柴油经出油口流出。

在使用中，应定期拧开放水螺塞放出滤清器内的水。目前，有些柴油滤清器带有放水报警装置。当滤清器内的积水达到一定量时，会报警提示放水。

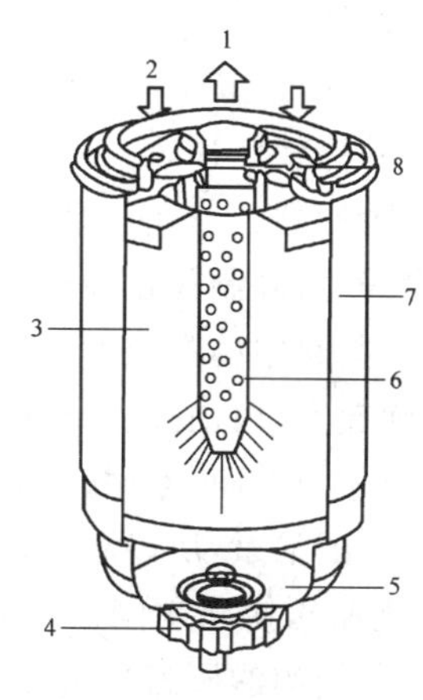

图 2-93 柴油滤清器

1-出油口；2-进油口；3-滤芯；4-放水螺塞；5-集水腔；6-滤芯支管；7-滤清器壳体；8-滤清器盖

四、共轨

共轨的功用是：储存高压输油泵提供的高压燃油，并根据需要分配给各喷油器，即起蓄压器的作用。此外，共轨应能抑制高压油泵供油和喷油器喷油时引起的压力波动，以保持共轨中压力的稳定。共轨必须具有适当的容积，容积过小，不能保持共轨中压力的稳定，而容积过大，共轨中的压力响应速度变慢。

喷油器流量限制器、共轨限压阀一般都安装在共轨上，见图 2-94。在部分共轨系统中，用于电控系统的燃油压力传感器、调压阀也安装在共轨上。

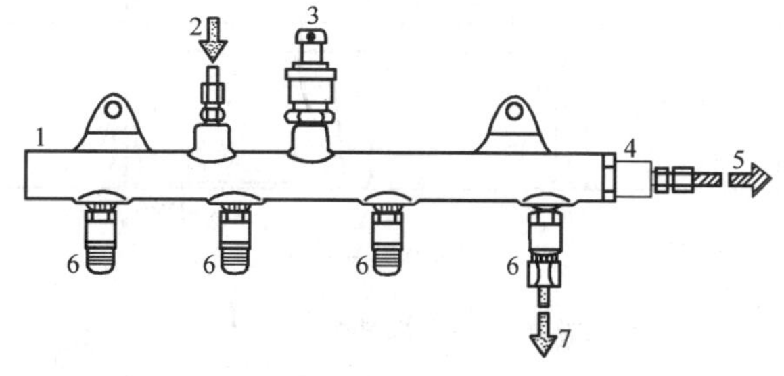

图 2-94 共轨

1-共轨；2-进油管口；3-燃油压力传感器；4-限压阀；5-回油管口；6-流量限制器；7-喷油器供油口

1. 流量限制器

共轨给每个喷油器供油的通道中都安装有 1 个流量限制器，其功用是在非常情况下防止喷油器常开并持续喷油，即一旦某喷油器常开并持续喷油，导致共轨输出的油量超过一定限值，流量限制器则会关闭该喷油器的供油通道。

流量限制器的结构见图 2-95，壳体两端的外螺纹分别用来连接共轨和喷油器的供油管，壳体内部装有一个限制阀和限制阀复位弹簧，壳体两端的进、出油孔与其内部的限制阀腔贯通以便形成供油通道；限制阀上部直径较大的部分与限制器壳体精密配合，其中心油道通过径向节流孔与限制器内腔下部的弹簧室连通。

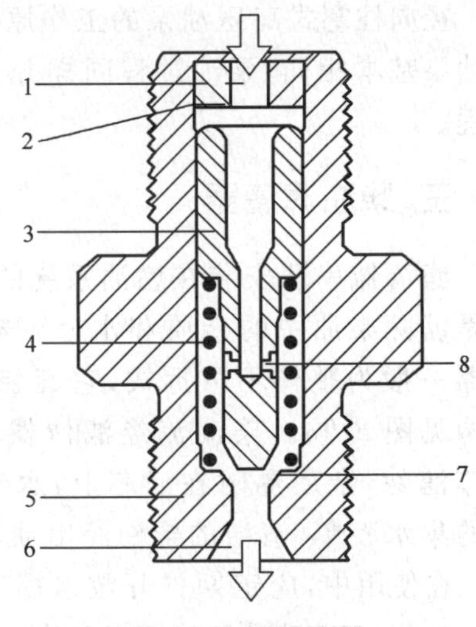

图 2-95　流量限制器

1-进油孔；2-堵头；3-限制阀；4-弹簧；5-壳体；6-出油孔；7-阀座；8-节流孔

流量限制器工作特性见图 2-96。喷油器不喷油且无异常泄漏时，限制阀在弹簧作用下被顶靠在共轨一侧的堵头上，共轨中的高压油经进油孔、限制阀中心油道、节流孔、弹簧室、出油孔供给喷油器；当喷油器正常喷油时，由于喷油速率较高，由节流孔流出的油不足以补偿喷油器喷出的油量，所以限制阀下部(喷油器一侧)油压下降，共轨油压使限制阀压缩弹簧而向下移动，直到限制阀下部承受的油压和弹簧力与共轨油压平衡为止；当喷油器喷油结束后，共轨中的高压油继续经节流孔流出供给喷油器，使限制阀下部(喷油器一侧)的油压逐渐升高，限制阀也逐渐被弹簧推回到初始位置。

流量限制器的弹簧和节流孔都是经过精确计算选定的，喷油器正常喷油时，限制阀向下移动的升程不足以使其落座而关闭；但喷油器若存在异常泄漏现象，限制阀的升程会随泄漏量的增多而增大，即使喷油结束后，限制阀也不能回到初始位置，直到泄漏量超过一定限值时，限制阀完全关闭停止给喷油器供油。

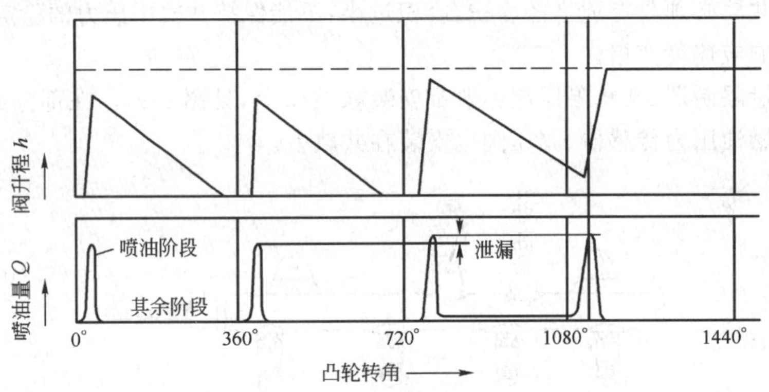

图 2-96　流量限制器工作特性

2. 限压阀

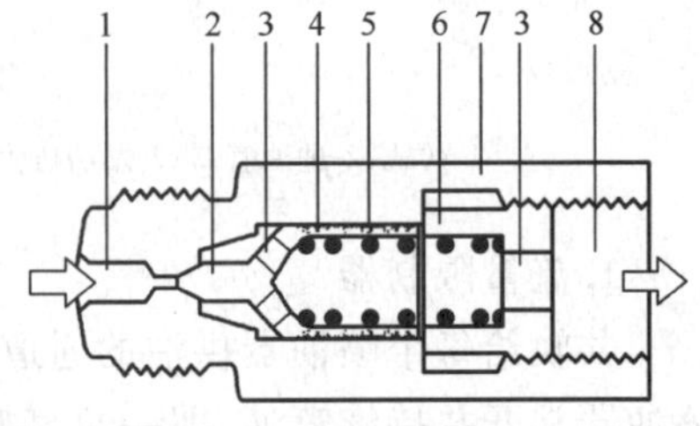

图 2-97　限压阀

1-共轨侧进油口；2-阀头；3-油孔；4-阀；5-弹簧；6-空心螺塞；7-阀体；8-回油口

限压阀一般安装在输油泵内(见图 2-87)或共轨上(见图 2-94)，其功用是限制共轨中的最高压力。限压阀的结构见图 2-97，阀和弹簧被空心螺塞限制在阀体内部的空腔内，弹簧的预紧力根据规定的共轨最高压力调定。通常情况下，阀被弹簧压靠在阀体左侧的阀座上，限压阀处于关闭状态；当共轨压力超过规定值时，阀左侧承受的共轨压力超过右侧的弹簧力，阀向右移动离开阀座，共轨中的燃油经限压阀流回油箱或输油泵进油侧，随共轨中燃油的溢流，共轨压

力下降,阀在弹簧作用下重新复位,限压阀关闭。

五、调压阀

调压阀安装在高压输油泵出油口或共轨上,其功用是根据 ECU 的指令实现对共轨压力的闭环控制。在采用"时间-压力控制"方式的共轨系统中,ECU 主要根据燃油压力传感器的信号控制调压阀工作,通过调压阀保持共轨压力(即喷油压力)不变。在采用"压力控制"方式的共轨系统中,ECU 首先根据各种传感器的信号确定循环喷油量,并根据循环喷油量与共轨压力的函数关系,利用调压阀调节共轨压力,使之达到预定喷油量所需要的目标值。

调压阀为占空比控制型电磁阀,其结构见图 2-98。柴油机工作时,调压阀始终处于通电状态,电磁线圈产生的电磁力和弹簧力通过电枢共同作用在球阀上,共轨的燃油压力则作用在球阀的底部;当共轨压力大于电磁力和弹簧力时,球阀开启共轨回油通道,使共轨压力下降;当共轨压力小于电磁力和弹簧力时,球阀关闭共轨回油通道,使共轨压力升高;当共轨压力与电磁力和弹簧力平衡时,球阀保持一定开度,使共轨压力保持稳定,此稳定的共轨压力取决于电磁力,电磁力越大,共轨压力越高。电磁线圈产生的电磁力与通电占空比成正比,共轨系统对共轨压力的控制就是由 ECU 通过调整电磁线圈的通电占空比来实现的。

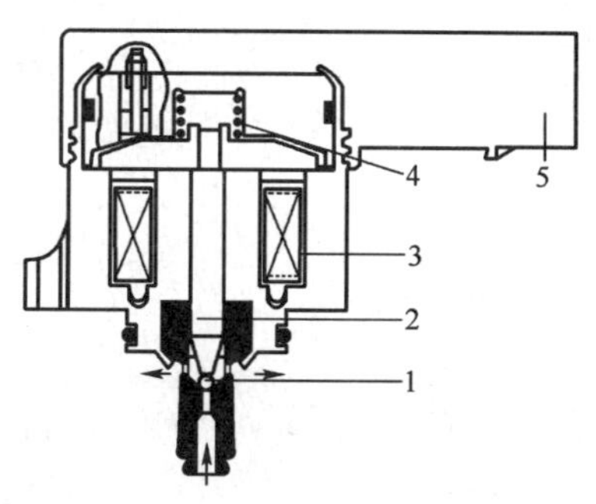

图 2-98　调压阀

1-球阀;2-电枢;3-电磁线圈;4-弹簧;5-线束连接器

调压阀不通电或通电占空比保持不变时,实际就是一个限压阀,调压阀不通电时的限制压力一般为 10MPa。

调压阀与限压阀的主要区别是:响应速度快,调压范围大。限压阀是机械控制阀,不仅响应速度慢,而且只能在其限制的最高压力附近很小的范围内调节压力,使压力保持基本稳定。因此,即使在采用"时间-压力控制"方式的共轨系统中,要保持共轨压力不变,也不能只装用限压阀。在部分共轨系统中,既装有调压阀,也装有限压阀,主要是加强工作可靠性。

复习思考题

1. 直列柱塞泵电控系统如何控制供油量和供油正时?
2. 轴向柱塞分配泵电控系统如何控制供油量和供油正时?
3. 径向柱塞分配泵电控系统如何控制供油量和供油正时?
4. 直列柱塞泵、分配泵电控系统常用的电子调速器有哪些?说明其工作原理。
5. 泵喷嘴电控系统如何控制供油量和供油正时?
6. 单体泵电控系统如何控制供油量和供油正时?
7. 什么是预喷射、主喷射、后喷射和多次喷射?预喷射和后喷射的目的是什么?
8. 一汽大众宝来轿车 1.9L TDI 柴油机是怎样实现预喷射功能的?

9.共轨系统分几种类型？各有何特点？

10.共轨系统常用的电控喷油器有哪些？说明其工作原理。

11.压电式共轨系统有何优点？

12.柴油机电控燃油喷射系统常用的低压输油泵有哪些？说明其工作原理。

13.柴油机电控燃油喷射系统常用的高压输油泵有哪些？说明其工作原理。

14.共轨系统中的流量限制器有何功用？说明其工作原理。

15.共轨系统中的限压阀与调压阀有何区别？说明其工作原理。

第三章　柴油机辅助控制系统

学习目标：

1. 了解柴油机有哪些辅助控制系统；
2. 掌握柴油机各辅助控制系统的组成和基本工作原理；
3. 掌握柴油机各辅助控制系统主要执行元件的结构原理。

第一节　怠速控制系统

一、怠速控制系统的功能

柴油机怠速是指加速踏板完全松开，发动机对外无功率输出并保持最低稳定转速运转的工况。在汽车使用中，发动机怠速运转的时间约占30%，怠速转速的高低直接影响燃油消耗和排放污染。怠速转速过高，燃油消耗增多，且噪声大；怠速转速过低，CO、HC和颗粒的排放量相对较高。因此，必须控制柴油机的怠速转速。

在柴油机工作中，影响怠速转速的因素很多，如空调打开、电器负荷增大、自动变速器挂入挡位、动力转向装置工作等，均增加发动机的负载，若不适当增加循环供(喷)油量，就容易导致发动机运转不稳甚至熄火。此外，随着发动机使用时间的增长、季节的变化、燃油黏度变化等，均会引起燃料供给系统供(喷)油特性的变化，同样会导致柴油机怠速运转不稳甚至熄火。在柴油机的传统燃料供给系统中，由于无法对影响怠速的各种因素作出快速反应，只能靠对机械调速器中怠速弹簧的人工调整，使柴油机保持较高的怠速转速，以避免怠速不稳甚至熄火现象的发生。柴油机的电控系统，必须对影响怠速稳定运转的各种因素作出快速反应，并根据实际的运行工况，对怠速转速进行调节，使其保持在理想的目标转速。

柴油机使用中，由于燃料供给系统调整误差或零部件磨损产生的误差，均会影响各缸供(喷)油量的均匀性，尤其是怠速工况下，由于供油量少、转速低，各缸供(喷)油的不均匀，更容易导致发动机转速不稳，严重时会产生振动和噪声。为此，柴油机怠速时各缸供(喷)油的均匀性控制也非常必要，但这在柴油机的传统燃料供给系统中是无法实现的。

综上所述，柴油机怠速控制应包括两个内容：怠速转速控制和各缸均匀性控制。

二、怠速转速控制

怠速转速控制的目的就是使发动机维持一定转速稳定运转。其控制过程是：当发动机负载增加时，适当增大发动机负荷，使之发出较大功率，以防止怠速转速低于目标转速甚至熄火；

当发动机负载减小时，则适当减小发动机负荷，使之发出功率减小，以防止怠速转速超过目标转速。怠速转速的控制过程是根据发动机负载的变化，通过调节发动机负荷来实现的。由于柴油机与汽油机的负荷调节的方法不同，柴油机为混合气浓度（质）调节，汽油机为混合气量（量）调节，所以柴油机的怠速转速控制与汽油机也有着本质的区别，汽油机怠速转速控制是通过控制其怠速时的进气量来实现的，而柴油机怠速转速控制则是通过控制循环供（喷）油量来实现。

供（喷）油量控制是柴油机电控燃油喷射系统最主要的功能之一。在电控柴油发动机上，怠速控制系统与电控燃油喷射系统合二为一，都是由 ECU 根据发动机转速信号、加速踏板位置信号和内存控制模型来确定基本供（喷）油量，再根据冷却液温度信号、进气温度信号、起动开关信号、空调开关信号、供（喷）油量反馈信号等对供（喷）油量进行修正，怠速控制模型见图 1-5 中"加速踏板行程为 0%"所对应的曲线。

三、各缸均匀性控制

各缸均匀性控制的目的是尽量缩小同一工作循环各缸供（喷）油量的差值，以保持发动机怠速运转稳定和减轻振动。有、无各缸均匀性控制时，柴油机怠速转速和振动的变化情况见图 3-1 和图 3-2。显然采用各缸均匀性控制后，怠速转速的稳定性较好，振动较轻。

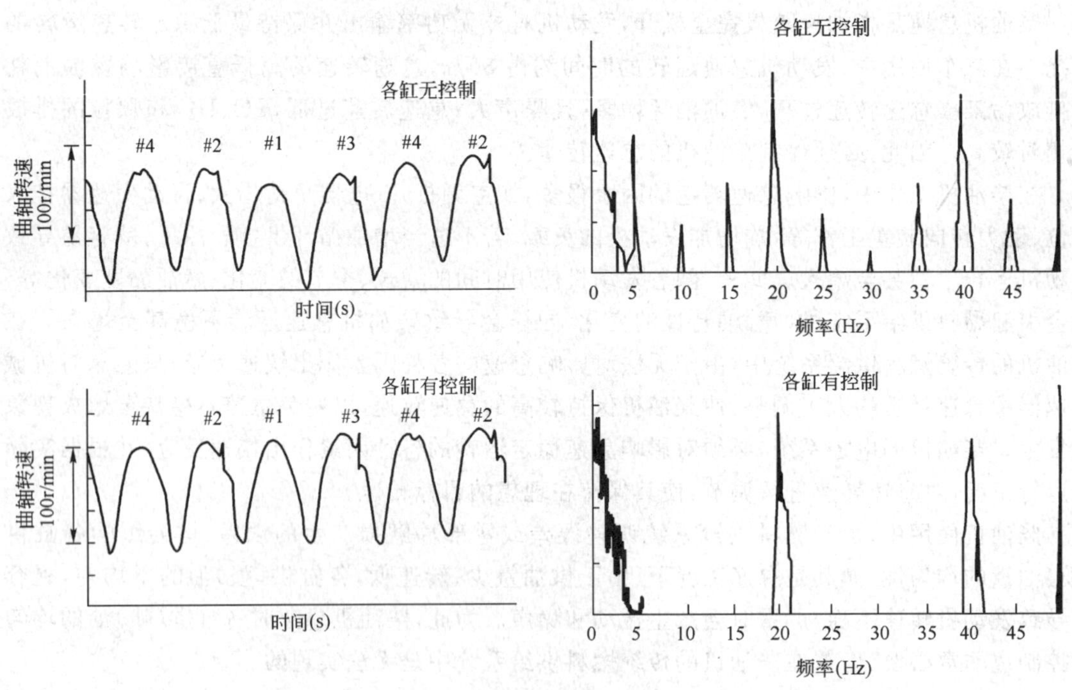

图 3-1 怠速转速的变化

图 3-2 怠速时汽缸盖处测得的振动频谱

各缸均匀性控制是通过对各缸供（喷）油量的瞬时调节来实现的。柴油机怠速工况时，ECU 根据各缸作功行程时的转速传感器信号，确定各缸供（喷）油量的偏差，然后进行补偿调节。除采用"位置控制"方式的电控燃油喷射系统外，均可实现各缸均匀性控制的功能。

第二节　进气控制系统

汽油机的充气效率和燃烧速度对其性能影响很大，为改善汽油机的性能，进气控制技术和四气门技术最早应用在汽油机上。近年来，这些先进技术在柴油机上的应用也日益增多。应用在柴油机上的进气控制系统包括：进气节流控制系统、进气涡流控制系统和气门驱动控制系统。

一、进气节流控制系统

1. 进气节流控制系统的功能

发动机的进气系统一般是按高速大负荷时的工作需要设计的，而在传统的柴油机进气系统中，没有进气量控制装置，柴油机负荷较小时，就会因循环供（喷）油量小而导致混合气过稀，影响发动机的性能。此外，装有废气再循环装置的柴油机，在低速工况下，若没有进气节流装置，会因进气管压力较高（真空度较小）而导致废气再循环系统无法正常工作。因此，在现代汽车电控柴油机上，根据发动机的不同工况的需要，利用进气节流控制系统实现对进气量和进气管压力的调节，一方面要保证混合气浓度符合不同负荷时的要求，另一方面也可保证低转速时能够正常进行废气再循环。

2. 进气节流控制的方法

柴油机实现进气节流控制的方法就是在进气道中安装一个节气门，并由电控执行元件根据 ECU 的指令控制节气门的开度，以控制进气量和进气管压力。进气节流控制系统一般只在低速小负荷工况时才工作，节气门的开度一般利用直流电动机或电控气动装置来控制。

图 3-3 所示为直流电动机型进气节流控制系统。ECU 根据加速踏板位置传感器和发动机转速传感器信号，通过直流电动机直接开启或关闭节气门。一汽大众捷达轿车电控柴油机即采用此类型进气节流控制系统。

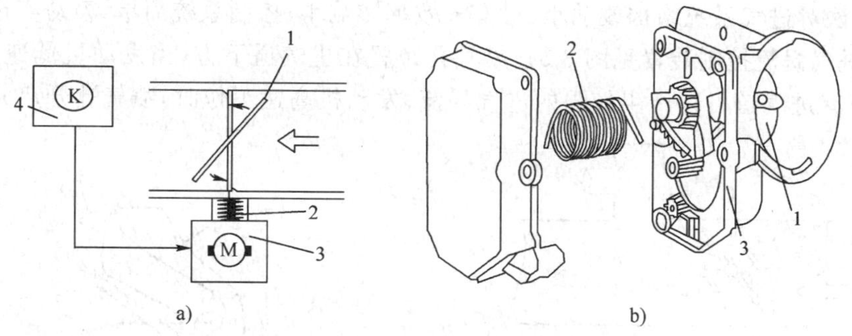

图 3-3　直流电动机型进气节流控制系统

a)控制原理；b)执行元件

1-节气门；2-节气门复位弹簧；3-直流电动机；4-ECU

图 3-4 所示为电控气动型进气节流控制系统。通常情况下，进气控制电磁阀不通电，真空膜片阀的真空通道被电磁阀关闭，节气门处于开启状态；当进气控制电磁阀通电时，电磁阀开启真空膜片阀的真空通道，真空膜片阀通过拉杆驱动节气门关闭。一汽大众宝来轿车电控柴

油机即采用此类型进气节流控制系统，节气门只在发动机熄火时关闭约 3s，然后再开启，目的是停止空气供给，使发动机熄火更柔和。

二、进气涡流控制系统

1. 进气涡流控制系统的功能

由于柴油的性质和柴油机直接喷射的工作特点，决定了柴油机对汽缸内空气涡流有较高要求，以改善其混合气形成和燃烧的条件。柴油机汽缸内的空气涡流主要包括进气道产生的进气涡流、燃烧过程产生的燃烧涡流和压缩过程产生的挤压涡流，进气涡流的强弱对混合气的形成和燃烧具有很大的影响，因而对柴油机的动力性、经济性、排放和噪声等有很大的影响。

与汽油机相比，柴油机需要较强的涡流，但也并不是涡流越强、性能越好。在进气道结构一定的情况下，由进气道产生的进气涡流随柴油机转速升高而增强，当转速升高到一定程度时，由于进气涡流过强，反而会使充气效率降低，燃烧速度过快，导致柴油机的动力性和经济性下降，排放污染增加，噪声增大；柴油机在低速运转时，由于进气涡流较弱，会使混合气形成不良，燃烧速度过慢，导致柴油机热效率降低，排气烟度增加。由此可见，为改善柴油机的性能，根据柴油机转速的变化适当调节进气涡流的强度非常必要。

在一定转速下，进气涡流的强度主要取决于进气道的结构，一定结构的进气道，只能适应某一转速对进气涡流强度的要求。柴油机工作中，转速变化的范围非常大，仅用机械控制方法很难实现随转速变化调节进气涡流强度。为优化柴油机的混合气形成和燃烧过程，现代汽车柴油机的进气涡流控制系统，就是利用电控装置来改变进气道结构或干扰进气道中的气流运动，从而实现进气涡流控制的。

2. 进气涡流控制方法

进气涡流的控制方法有多种，但无论采用哪一种方法，都应保证在不降低进气流量的前提下，能在较大范围内调节进气涡流强度，并尽量减少对进气系统结构的改变。

(1)喷气式进气涡流控制。通过向进气道喷入空气对进气流进行干扰来降低进气涡流强度，采用此方法对进气系统结构改动小，对充气效率影响小，控制系统简单，容易实现。

喷气式进气涡流控制装置见图 3-5。喷气孔布置在进气道下方，当发动机低速工作时，喷气孔关闭，原有进气道可以产生较强的进气涡流；发动机高速工作时，喷气孔开启并向进气道

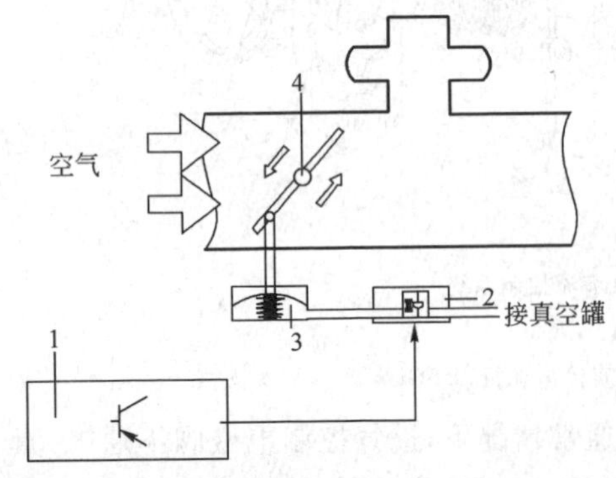

图 3-4 电控气动型进气节流控制系统

1-ECU；2-进气控制电磁阀；3-真空膜片阀；4-节气门

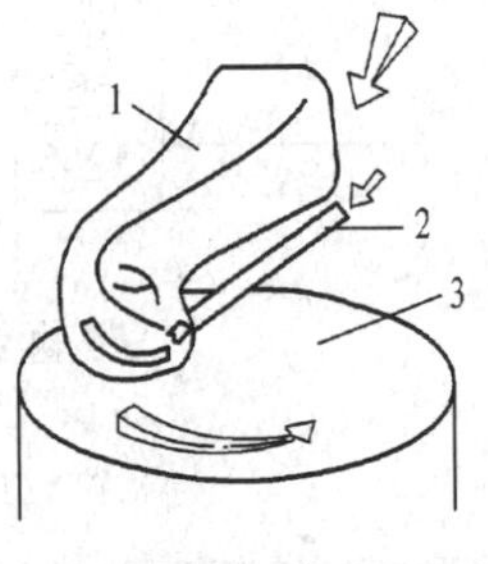

图 3-5 喷气式进气涡流控制装置

1-进气道；2-喷气孔；3-汽缸

喷入空气，喷入的空气与进气道的空气流相撞，使进气涡流强度降低。通过改变由喷气孔向进气道喷气的角度或速度，可增大控制涡流强度的变化范围。通过喷气孔向进气道喷入的空气，一般来源于储气筒。

(2)双气道式进气涡流控制。双气道式进气涡流控制装置的结构见图3-6，设有主、副两个进气道，副进气道以一定的角度与主进气道相连，主进气道能够产生低速时所需强进气涡流，副进气道用于控制主进气道的进气涡流。当发动机低速运转时，利用转换阀关闭副进气道，利用主进气道产生强度较大的主涡流；而当发动机高速运转时，利用转换阀开启副进气道，主、副两个气道进气，既能保证较高充气效率，又能利用副进气道产生的反向涡流降低主进气道进气涡流的强度。

采用双气道式进气涡流控制装置，通过改变转换阀的开度，即可实现对进气涡流强度控制的连续性。其缺点是进气系统结构改动大。

(3)气道分隔式进气涡流控制。它是利用水平放置的隔板将进气道分成上、下两层，类似汽油机的动力阀控制系统，通过改变进气道流通截面的方法，来调节进气流的速度，从而改变进气涡流的强度。这种方法虽然简单，但对充气效率影响大。

气道分隔式进气涡流控制装置见图3-7。发动机低速运转时，控制阀关闭上层进气道，进气道流通截面变小，进气流速度提高，进气涡流增强；发动机高速运转时，控制阀则开启上层进气道，两层气道进气使进气道流通截面增大，进气流速度降低，进气涡流减弱。此种方法虽然简单，但低速时对充气效率影响大。

(4)导气屏式进气涡流控制。导气屏实际就是导向叶片，它安装在进气门上，并可绕气门旋转，见图3-8。汽缸进气时，利用导向叶片对进气流的导向作用，在汽缸内产生绕汽缸轴线旋转的进气涡流，进气涡流的强度取决于导向叶片的包角和方位角，改变导向叶片的包角或方位角，均可调节进气涡流的强度。

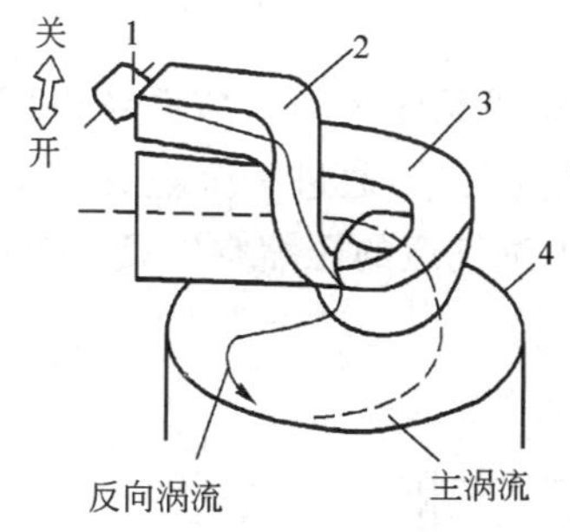

图3-6　双气道式进气涡流控制装置
1-转换阀；2-副进气道；3-主进气道；4-汽缸

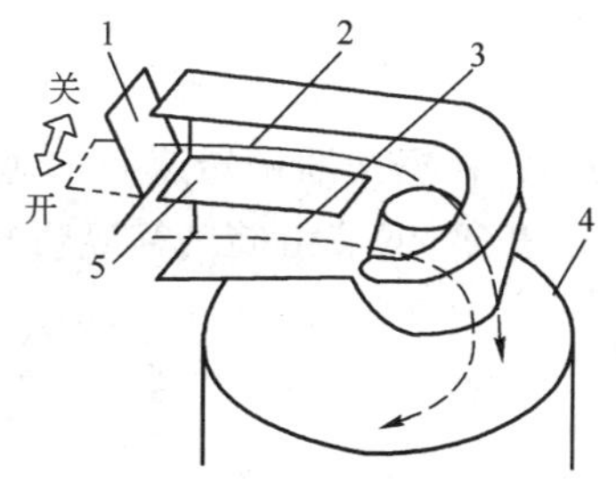

图3-7　气道分隔式进气涡流控制装置
1-控制阀；2-上层进气道；3-下层进气道；4-汽缸；5-隔板

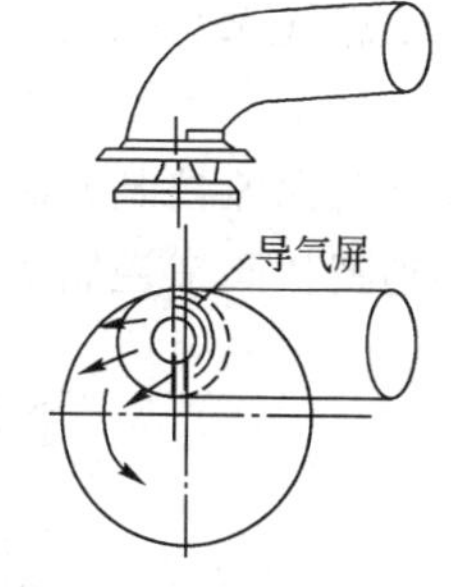

图3-8　导气屏式进气涡流控制装置

导气屏式进气涡流控制装置的结构复杂，制造成本高，气门容易磨损，且会增大进气阻力，但调整比较方便，常用在试验单缸机上，为新气道的设计提供参考数据。

(5)旁通气道式进气涡流控制。此方法与气道分隔式基本相同，它是利用从气道上部凸出到下部的隔板将气道分为螺旋气道和旁通气道，并利用旁通阀关闭或开启旁通气道，来改变进气流通截面大小，从而实现对进气涡流的控制。旁通气道式进气涡流控制装置见图3-9。采用此方法控制进气涡流，缺点是气道内隔板固定困难，而且由于隔板和旁通阀的存在，会影响充气效率。

(6)气道转换式进气涡流控制装置。见图 3-10,挡块将进气道分为螺旋气道(左侧)和直气道(右侧),在两气道下部会合处设有气道转换阀,在螺旋气道内装有一个节流阀。发动机高速运转时,利用转换阀关闭能产生较强涡流的螺旋气道,由直气道进气,进气涡流较弱;中等转速时,利用转换阀关闭直气道,由能产生较强涡流的螺旋气道进气,进气涡流较强;低速运转时,利用转换阀关闭直气道,节流阀也部分关闭,由于节流阀使进气流通截面变小,且由能产生较强涡流的螺旋气道进气,所以能产生很强的进气涡流。

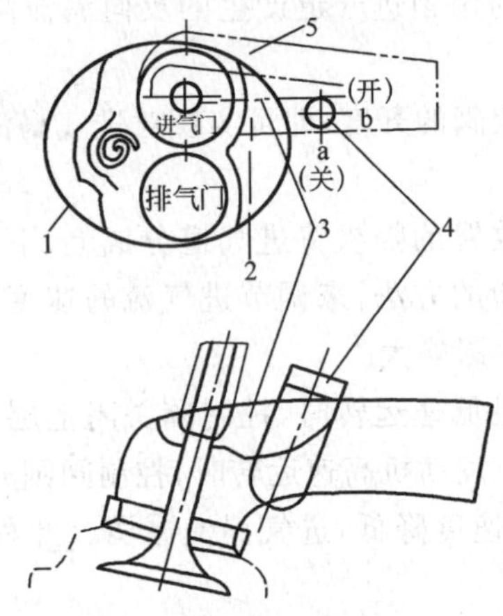

图 3-9 旁通气道式进气涡流控制装置

1-汽缸;2-旁通气道;3-隔板;4-旁通阀;5-螺旋气道

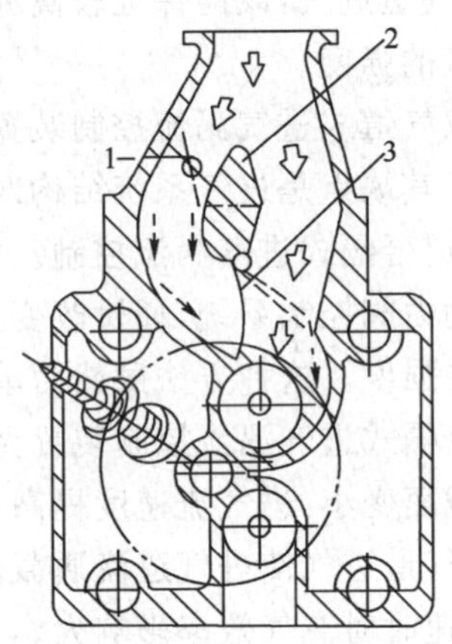

图 3-10 气道转换式进气涡流控制装置

1-节流阀;2-挡块;3-气道转换阀

气道转换式进气涡流控制:此方法是在不同转速下,通过不同的气道进气实现进气涡流控制的。

3. 进气涡流控制系统的组成

以日本五十铃 6SDI-TC 柴油机为例,进气涡流控制系统的组成见图 3-11。该系统采用喷气式进气涡流控制方法,由 ECU 根据柴油机转速和加速踏板位置信号,通过一个电磁阀和一个气动膜片阀来控制喷气孔的开闭,调节由储气筒经喷气孔喷入进气道的压缩空气量,实现对

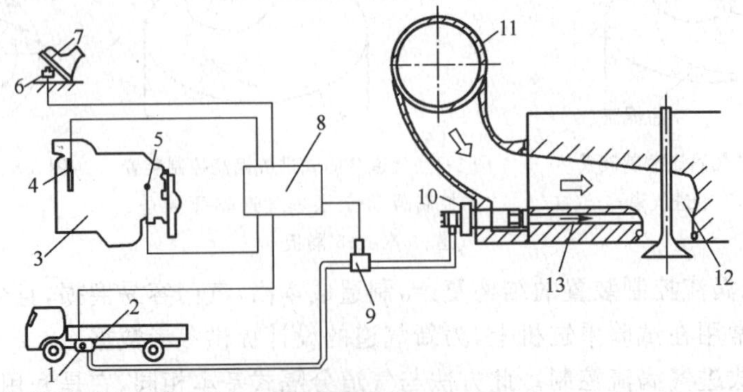

图 3-11 进气涡流控制系统的组成

1-空气压力传感器;2-储气筒;3-发动机;4-转速传感器;5-冷却液温度传感器;6-加速踏板位置传感器;7-加速踏板;8-ECU;9-电磁阀;10-气动膜片阀;11-进气管;12-进气道;13-喷气孔

进气涡流强度的控制。柴油机转速较高，进气涡流过强时，ECU发出指令，电磁阀通电接通气动膜片阀的气压通道，使气动膜片阀开启喷气孔，同时来自储气筒的压缩空气经喷气孔喷入进气道，以抑制进气涡流强度；反之，柴油机转速较低，进气涡流较弱时，气动膜片阀则关闭喷气孔，停止向进气道喷气，以增强进气涡流。

当ECU根据冷却液温度传感器信号确定柴油机的温度低于正常工作温度时，即使发动机处于起动或怠速这样的低速工况，进气涡流控制系统也保持向进气道喷气，以降低进气涡流强度的工作状态，这样可减少由于汽缸内气流运动引起的散热损失，从而改善柴油冷起动性能和缩短暖机时间，也有利于减轻柴油机低温时冒白烟的现象。

日本五十铃6SDI-TC柴油机进气涡流控制系统中，采用的电磁阀为二位二通开关型电磁阀，只有开或关两种状态，这使其对进气涡流的控制也只有强、弱两个变化。若采用占空比控制型电磁阀或步进电动机控制，即可实现气动膜片阀开度由最小到最大开度的连续变化，从而实现对进气涡流强度的连续控制。

三、气门驱动控制系统

实际发动机的工作中，为使进气充分、排气干净，进气门和排气门均存在早开晚关的情况，进气门和排气门的开启持续时间也大于180°曲轴转角。发动机进气门、排气门实际开启或关闭的时刻和开启持续时间，称为配气相位，通常用曲轴转角来表示。

配气相位和气门升程对发动机性能有很大影响，即使同一台发动机，随转速和负荷的不同，对配气相位和气门升程的要求也不同。随发动机转速和负荷提高，气门提前开启角、气门迟后关闭角、气门持续开启角和气门升程均应增大，反之则应减小。但在传统发动机的配气机构中，气门驱动凸轮的形状、凸轮轴与曲轴的相对位置是固定的，在发动机使用中，配气相位和气门升程不能改变，自然发动机性能就不能在各种工况下均能得到优化。为解决上述问题，气门可变驱动技术应运而生。

气门驱动控制系统的功能就是：根据发动机转速和负荷的变化，适时调整配气相位和气门升程。

目前，由于进气门配气相位和气门升程对发动机性能的影响比排气门大，为简化发动机结构和降低成本，气门驱动控制系统一般只控制进气门配气相位和升程。气门驱动控制系统对柴油机和汽油机均可使用，以下介绍几种比较典型的气门驱动控制系统。

1. 日本本田公司VTEC

本田公司VTEC（可变配气正时及气门升程电子控制机构）的功能：根据发动机运行工况的变化，通过变换驱动进气门工作的凸轮，来实现对进气相位及进气门升程的控制，并完成单进气门工作和双进气门工作的切换。

本田公司VTEC的组成见图3-12。同一缸的两个进气门有主、次之分，即主进气门和次进气门。每个进气门通过单独的摇臂驱动，驱动主进气门的摇臂称为主摇臂，驱动次进气门的摇臂称为次摇臂，在主摇臂、次摇臂之间装有一个中间摇臂，中间摇臂不与任何气门直接接触，3个摇臂并列在一起组成进气摇臂总成。凸轮轴上相应有3个不同升程的凸轮分别驱动主摇臂、中间摇臂和次摇臂，凸轮轴上的凸轮也相应分为主凸轮、中间凸轮和次凸轮；在凸轮形状设计上，中间凸轮的升程最大，次凸轮的升程最小，主凸轮的形状适合发动机低速时主进气门单独工作时的配气相位要求，中间凸轮的形状适合发动机高速运转时主、次双进气门工作时的配气相位要求。正时片是在正时活塞处于初始位置和工作位置时，靠复位弹簧使其插入正时活塞相应的槽中，使正时活塞定位。

本田公司 VTEC 的工作原理见图 3-13。驱动 2 个进气门的 3 个摇臂内有油缸孔，油缸孔中装有靠液压控制的正时活塞、同步活塞、阻挡活塞及弹簧。正时活塞一端的油缸孔通过摇臂轴内腔与发动机的润滑油道连通，ECU 通过电磁阀控制油道的通、断。发动机低速小负荷运转时(图 3-13a)，VTEC 电磁阀不通电而关闭油道，机油压力不能作用在正时活塞上，在次摇臂油缸孔内的弹簧和阻挡活塞作用下，正时活塞和同步活塞 A 回到主摇臂油缸孔内，与中间摇臂等宽的同步活塞 B 停留在中间摇臂的油缸孔内，3 个摇臂彼此独立。此时，主凸轮通过主摇臂驱动主进气门，中间凸轮驱动中间摇臂空摆，次凸轮通过次摇臂驱动次进气门微量开启，配气机构处于单进、双排气门工作状态；次进气门微量开启的主要目的是防止次进气门附近积聚燃油。发动机高速大负荷运转时(图 3-13b)，ECU 接通 VTEC 电磁阀电路，使电磁阀开启，来自润滑油道的机油压力作用在正时活塞一侧，由正时活塞推动两同步活塞和阻挡活塞移动，两同步活塞分别将主摇臂与中间摇臂、次摇臂与中间摇臂插接成一体，成为一个同步工作的组合摇臂。此时，由于中间凸轮升程最大，组合摇臂受中间凸轮驱动，2 个进气门同步工作，进气门的配气相位和升程与发动机低速时相比，其升程、提前开启角和迟后关闭角均增大。

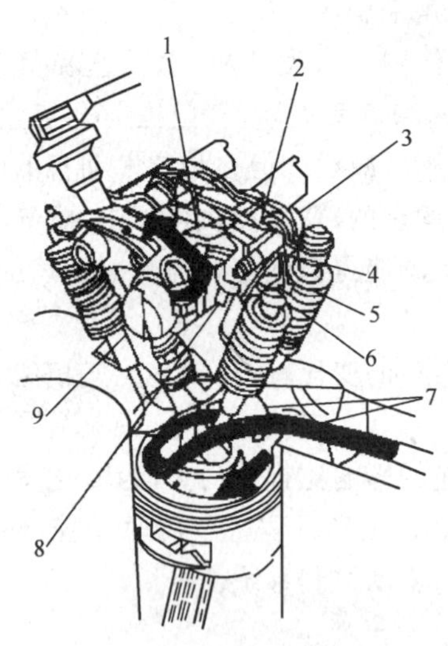

图 3-12　本田公司 VTEC 的组成

1-正时片；2-中间摇臂；3-次摇臂；4-同步活塞 B；5-同步活塞 A；6-正时活塞；7-进气门；8-主摇臂；9-凸轮轴

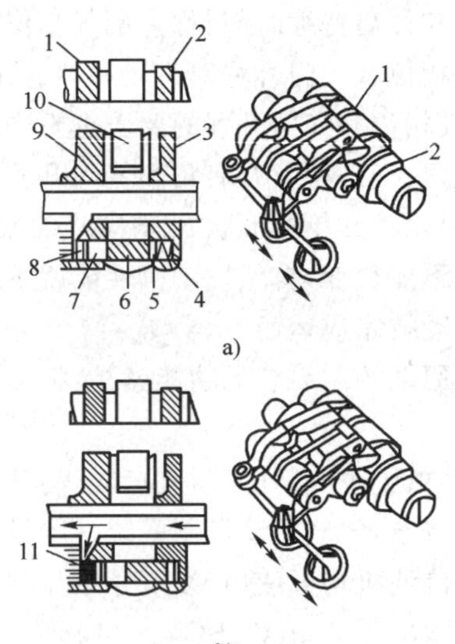

图 3-13　VTEC 工作原理

a)低速小负荷时；b)高速大负荷时

1-主凸轮；2-次凸轮；3-次摇臂；4-复位弹簧；5-阻挡活塞；6-同步活塞 B；7-同步活塞 A；8-正时活塞；9-主摇臂；10-中间摇臂；11-油液

2. 德国大众公司可变进气相位控制系统

大众公司可变进气相位控制系统功能：根据发动机运行工况的变化，使进气凸轮轴相对曲轴转动，来实现对进气相位的控制。

大众公司可变进气相位控制机构见图 3-14。发动机每列汽缸的汽缸盖上，排气凸轮轴安

装在外侧，进气凸轮轴安装在内侧。曲轴通过齿形皮带驱动排气凸轮轴，排气凸轮轴通过链条驱动进气凸轮轴。发动机工作时，ECU根据发动机转速信号控制正时电磁阀动作，以此改变通向液压缸的油路，而液压缸则带动正时调节器向上或向下移动。当正时调节器向上或向下移动时，进气凸轮轴与排气凸轮轴间传动链条紧边的位置随之改变。由于排气凸轮轴与曲轴间采用齿形皮带传动，排气门的配气相位不变，所以进气凸轮轴与排气凸轮轴间传动链条紧边的变化，会改变进气凸轮轴与曲轴间的相对位置，从而调节进气门的配气相位。发动机转速较低时，进气相位提前；发动机转速较高时，进气相位推迟。

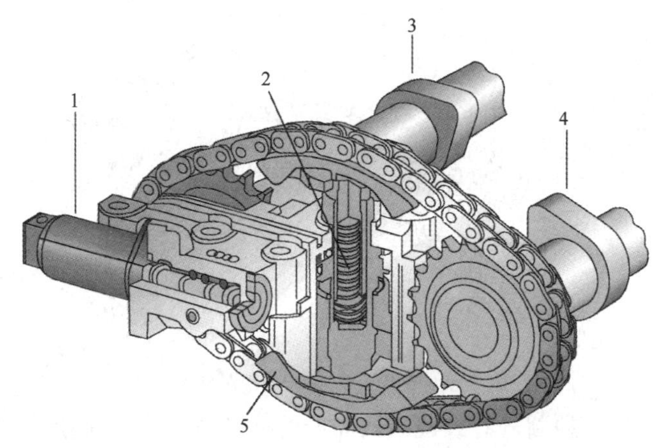

图3-14　大众公司可变进气相位控制机构

1-正时电磁阀；2-液压缸；3-排气凸轮轴；4-进气凸轮轴；5-正时调节器

3. 德国宝马公司VCC系统

宝马公司VCC(可变凸轮轴控制)系统的功能：根据发动机运行工况的变化，在一定范围(0～9.7mm)内对气门升程进行连续控制。

宝马公司VCC装置的组成见图3-15。该装置主要是在传统配气机构的基础上，增加了齿扇和中置摇臂，齿扇由ECU控制的步进电动机驱动，步进电动机的轴上有螺杆与齿扇啮合；中置摇臂可以齿扇上的中置摇臂轴为支点摆动，凸轮通过中置摇臂驱动气门摇臂，再驱动气门工作。发动机工作时，ECU根据发动机的运行工况确定最佳的气门升程，并通过步进电动机驱动齿扇绕其偏心轴转动，使中置摇臂的摆动支点(即中置摇臂轴)与驱动凸轮的相对位置改变，在驱动凸轮的升程一定时，中置摇臂下端驱动气门摇臂的摆动量变化，所以气门升程也随之变化。

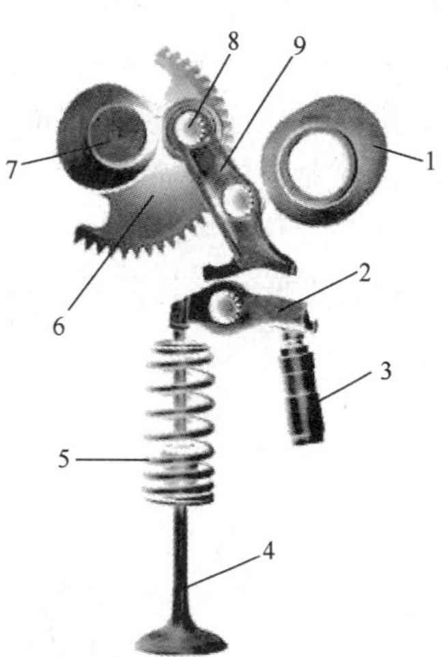

图3-15　宝马公司VCC装置

1-凸轮；2-气门摇臂；3-挺杆；4-气门；5-气门弹簧；6-齿扇；7-偏心轴；8-中置摇臂轴；9-中置摇臂

4. 日本丰田公司VVTL-i控制系统

丰田公司VVTL-i(智慧型可变进气门正时及升程)控制系统功能：根据发动机运行工况的变化，通过使进气凸轮轴相对曲轴转动实现对进气相位的控制，通过变换驱动进气门的凸轮来改变气门升程。

丰田公司VVTL-i控制机构的组成见图3-16。该机构可分为两部分:一部分由VVT-i液压控制器和液压控制阀组成,用来改变进气凸轮轴与其皮带轮的相对位置,控制进气相位;另一部分主要由VVTL-i液压控制阀、进气凸轮轴和摇臂总成等组成,用来变换驱动进气门的凸轮,改变进气门升程。两个液压控制阀为电液比例阀,用于执行ECU的指令控制液压油路,系统所用液压油为发动机润滑油。

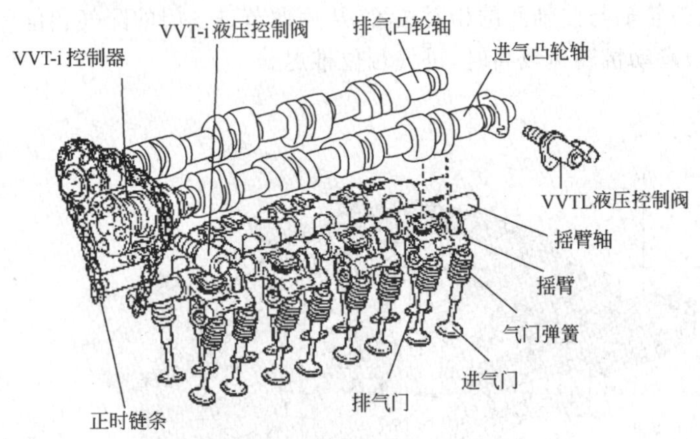

图3-16 丰田公司VVTL-i控制机构

丰田公司VVT-i液压控制器有螺旋槽式和叶片式两种类型。螺旋槽式液压控制器主要由内、外表面均有螺旋槽的套筒和液压活塞组成,套筒内螺旋槽与进气凸轮轴前端相应的外螺旋槽啮合,套筒外螺旋槽则与进气凸轮轴正时皮带轮相应的内螺旋槽啮合,当液压活塞推动套筒轴向移动时,进气凸轮轴与其正时皮带轮就会相对转动。因为正时皮带轮与曲轴的相对位置是固定的,所以当进气凸轮轴相对其正时皮带轮转动时,进气相位就会改变;液压活塞的移动量不同,进气相位的变化量就不同,进气相位可以连续变化。叶片式液压控制器主要由与进气凸轮轴连接的叶轮和与正时皮带轮制成一体的管壳组成,叶轮的叶片两侧均有液压油腔,当叶片某一侧的液压油腔充油时,在液压力作用下,叶轮带动进气凸轮轴沿相应方向相对其正时皮带轮转动,从而使进气相位提前或推迟;通过控制液压油腔的油压,即可控制进气凸轮轴相对其正时皮带轮转动的角度,从而实现进气相位的连续控制。

进气门升程控制机构见图3-17。驱动进气门的凸轮分为高速凸轮和低速凸轮,高速凸轮的升程大于低速凸轮升程。对应每个汽缸2进气门的有1个摇臂和高、低速2个凸轮,在摇臂

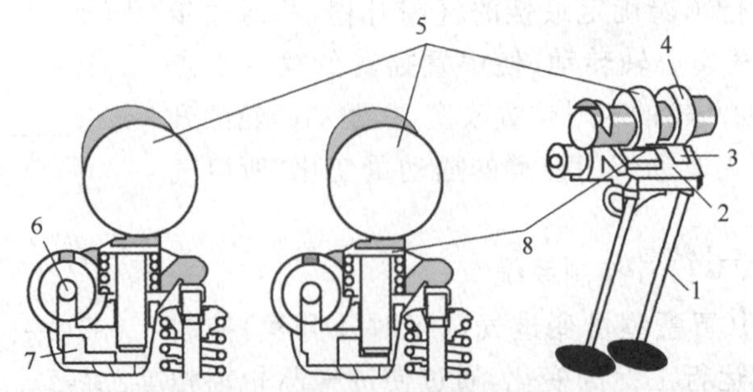

图3-17 丰田公司进气门升程控制机构

1-进气门;2-摇臂;3-滚轮;4-低速凸轮;5-高速凸轮;6-油道;7-滑销;8-滑块

高速凸轮的位置装有滑块，摇臂内空腔装有液压滑销。发动机低速小负荷运转时，摇臂内的滑销在初始位置(见图 3-17 左图)，高速凸轮顶动滑块时，滑块空动无法将力传递给摇臂，此时由低速凸轮通过滚轮和摇臂驱动 2 个进气门工作。发动机高速大负荷运转时，由 ECU 控制的液压控制阀开启通向摇臂内腔的液压通道，进入摇臂内腔的液压油将滑销推至滑块底部(见图 3-17 中图)，以消除滑块底部与摇臂的间隙，由于高速凸轮的升程比低速凸轮大，所以此时高速凸轮通过滑块、滑销和摇臂驱动 2 个进气门工作，而低速凸轮无法起作用。

目前，汽车发动机上采用的气门驱动控制系统中，仍以凸轮驱动气门为主，虽然在改善发动机性能方面取得了良好效果，但也存在不足，如响应速度较慢、各气门不能实现独立控制等。为此，世界各大汽车公司已开始研制无凸轮的气门驱动控制系统，如利用电磁线圈直接控制气门的电磁式气门驱动系统、利用电控液压装置驱动气门的电液式气门驱动系统等。有些已进入试用阶段，气门驱动新技术必将为改善发动机性能做出更大贡献。

第三节　增压控制系统

柴油机增压就是利用专门的装置将空气预先进行压缩，再送入汽缸的过程，虽然汽缸的工作容积不变，但因增压后每个循环进入汽缸的气体密度增大，使实际充气量增加，这样可以向缸内喷入更多的燃料并保证充分地燃烧。增压技术在汽车发动机上应用已相当广泛，采用增压的目的不仅是提高发动机的升功率或进行高压补偿，更重要的是还能降低燃油消耗率、降低排放污染和减小噪声。增压的方式很多，如废气涡轮增压、机械增压、气波增压、复合增压等。现代汽车发动机以废气涡轮增压为主，这是由于采用废气涡轮增压，不仅能够充分利用废气能量，提高发动机热效率，同时由于废气涡轮使排气背压提高，有利于降低排气噪声，也有利于废气中 HC 和 CO 在排气管内的继续燃烧。

一、废气涡轮增压系统

1. 基本工作原理

常用废气涡轮增压系统主要由空气滤清器、废气涡轮增压器、中冷器等组成，见图 3-18。废气涡轮增压器主要由涡轮和压气机两部分组成，涡轮与压气机的叶轮安装在同一轴上；涡轮的进气口与柴油机排气管相连，出气口与排气消声器相连；压气机的进气口前端装有空气滤清器，出气口则经中冷器与进气管相连。

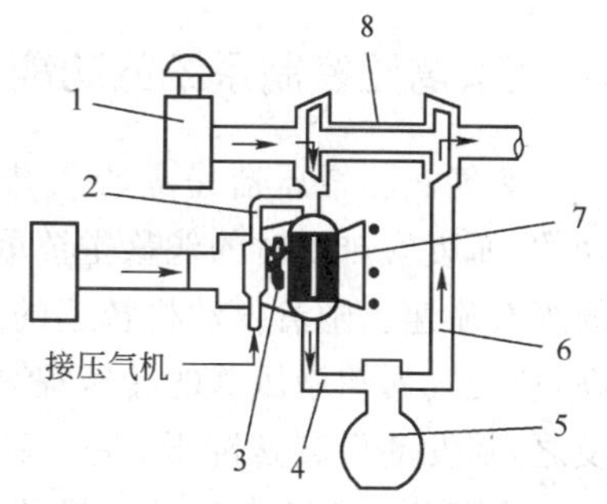

图 3-18　废气涡轮增压系统的组成

1-空气滤清器；2-抽气管；3-中冷器风扇；4-进气管；5-发动机；6-排气管；7-中冷器；8-增压器

发动机工作时，由排气管排出的高温、高压废气流经增压器的涡轮壳，在废气进入涡轮壳时利用废气通道截面的变化(由大到小)来提高废气的流速，使高速流动的废气按一定方向冲击涡轮，并带动压气机叶轮一起旋转。同时，经空气滤清器滤清后的空气被吸入压气机壳，旋转的压气机叶轮将进入压气机壳的空气甩向叶轮边缘出气口，使空气的压力和流速升高，并利用压气机出气口处通道截面的变化(由小到大)进一步提高空气压力，增压后的空气经中冷器和进气管进入汽缸。

中冷器全称为中间冷却器，其功用是使增压后的空气进入汽缸前进行中间冷却，以降低进气温度。这是因为空气经增压后温度会升高，空气的密度并不能随其压力成正比增加，适当对增压后的空气进行冷却，可进一步提高发动机的进气量。中冷器风扇的驱动，一般是从压气机一端引出5%～10%的增压空气经抽气管流至与风扇制成一体的涡轮，通过涡轮带动风扇转动。

2.废气涡轮增压器

废气涡轮增压器的结构见图3-19，其组成可分为五部分：涡轮、压气机、支承装置、密封装置、润滑与冷却装置。涡轮部分由涡轮、涡轮及叶轮轴和涡轮壳等零件组成，该部分主要利用废气能量产生驱动压气机的动力。压气机部分由叶轮、压气机壳等零件组成。其功用是在废气涡轮驱动下，利用离心原理压缩即将进入汽缸的空气。支承部分由轴承、护板、止推盘等零件组成。其功用是使转子可靠地定位在中间壳上，限制转子工作时的轴向和径向活动范围。密封装置由油封和气封环等零件组成，在压气机端的密封装置主要防止润滑油进入压气机，在涡轮端的密封装置主要是防止废气进入油腔，污染润滑油。润滑与冷却装置主要由轴承壳和进、出油管等零件组成，其功用是使发动机润滑油经油管和增压器轴承壳进行循环，对增压器进行润滑和冷却。

增压器中采用的支承轴承为浮动轴承，因为增压器转子的转速很高，每分钟上万转甚至数十万转，若采用普通的非浮动轴，轴承磨损很快，使用寿命很短。浮动轴承是指轴与轴承及轴承与轴承座孔之间均有一定的间隙，增压器工作时，具有一定压力的润滑油进入轴承的内外间隙，使轴承在内外两层油膜之间随转子转动，但轴承的转速比转子低得多，从而使轴承与轴和轴承孔的相对速度大大降低。与普通的滑动轴承相比，浮动轴承具有工作温度低、摩擦损失少、工作可靠及拆装方便等优点。

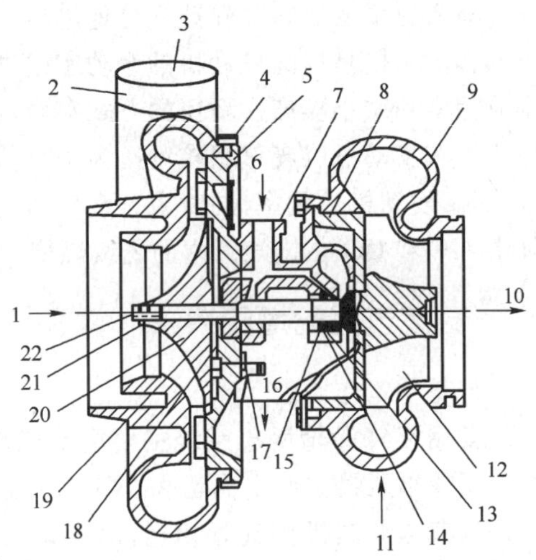

图3-19　废气涡轮增压器

1-空气入口；2-压气机壳；3-空气出口；4-V形卡环；5-后板；6-机油进口；7-中间壳；8-护板；9-涡轮壳；10-排气出口；11-排气进口；12-涡轮；13-增压器浮动轴承；14-轴承壳；15-卡环；16-机油出口；17-止推盘；18-止推环；19-油封；20-压气机叶轮；21-固定螺母；22-涡轮及叶轮轴

二、增压控制系统的功能

废气涡轮增压器是靠废气排出时的能量来驱动的，而废气排出时的能量主要取决于发动机排出的废气流速。随着发动机转速的提高，废气流速提高，使废气涡轮增压器的转速提高，增压压力增高；反之，随发动机转速降低，废气涡轮增压器的增压压力会减低。由于汽车发动机的转速变化范围大，废气涡轮增压器的工作特性难以在各种工况下均与发动机实现良好的匹配，如发动机低速且大负荷运转时，会因增压压力低导致进气量不足，造成发动机燃烧不完全、冒黑烟、动力性和经

济性下降等后果；反之，当发动机高速大负荷运转时，容易造成增压器超速、燃烧压力过高等不良后果。

由此可见，根据发动机工况变化，控制增压压力非常重要。增压控制系统的功能就是根据发动机工况变化，通过调节增压压力，进一步优化发动机的性能。此外，部分发动机还设有增压空气循环控制系统。该系统是通过将压气机出气口与进气口连通使增压空气循环的方法，控制供给发动机的增压空气量，以避免发动机在急减速工况时，废气涡轮增压器内部产生气体冲击，同时也可在转速过高（超过规定转速）或小负荷时，降低进气噪声和燃油消耗。

三、增压压力控制系统

增压器的增压压力取决于其转速，而在发动机转速和负荷一定时，废气涡轮增压器的转速与废气流经涡轮的速度有关。因此，改变废气流经涡轮的速度即可实现对增压压力的控制。

控制增压压力的方法主要有三种：旁通阀式、节流阀式和可调叶片式。旁通阀式增压控制是利用旁通阀控制流经涡轮的废气量；节流阀式增压控制是利用节流阀控制涡轮进气口流通截面；可调叶片式增压控制是利用可调叶片控制涡轮受力有效截面。最终都是通过改变废气流经涡轮速度，实现对增压压力的控制。

1. 旁通阀式增压控制

以一汽大众宝来电控柴油机为例，旁通阀式增压压力控制系统见图 3-20。旁通阀受驱动气室的控制，ECU 控制的电磁阀安装在增压器压气机出口与驱动气室之间高压空气管中，电磁阀控制进入驱动气室的气体压力。ECU 将增压压力传感器检测到的实际增压压力与内存的目标值进行比较，当实际增压压力低于目标时，ECU 控制的电磁阀搭铁回路断开，电磁阀关闭通往驱动气室的高压空气管路，驱动气室驱动旁通阀关闭废气旁通口，使废气流经增压器，

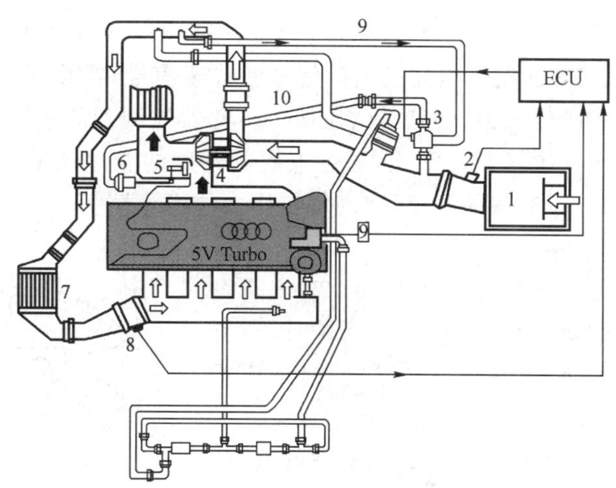

图 3-20　旁通阀式增压压力控制系统

1-空气滤清器；2-空气流量计；3-增压压力控制电磁阀；4-废气涡轮增压器；5-旁通阀；6-驱动气室；7-中冷器；8-增压压力传感器；9、10-高压空气管

废气涡轮增压器工作;当实际增压压力高于目标时,ECU 控制的电磁阀搭铁回路接通,电磁阀开启通往驱动气室的高压空气管路,驱动气室驱动旁通阀开启废气旁通口,由于废气经旁通口排出,废气涡轮增压器停止工作。

旁通阀式增压压力控制装置见图 3-21。当电磁阀关闭高压空气管路时,膜片左侧无空气压力,弹簧推动膜片向左移动,并通过膜片拉杆和控制杆驱动旁通阀向右关闭废气旁通口;当电磁阀开启高压空气管路时,来自压气机出口的高压空气作用在膜片上,使膜片压缩膜片弹簧向右移动,并通过膜片拉杆和控制杆驱动旁通阀向左开启废气旁通口。

增压压力控制电磁阀的结构见图 3-22。电磁阀断电时,阀被弹簧推至下端,低压空气侧管口被关闭,而高压空气侧管口与通驱动气室管口连通;电磁阀通电时,阀被电磁力吸起,高压空气侧管口被关闭,而低压空气侧管口与通驱动气室管口连通。

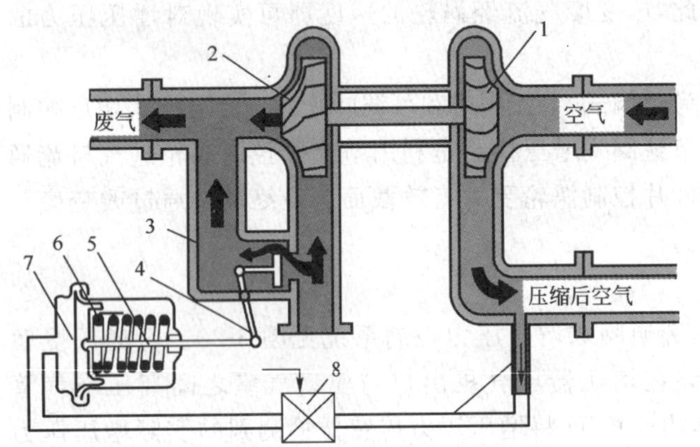

图 3-21 旁通阀式增压压力控制装置

1-压气机;2-涡轮;3-旁通阀;4-控制杆;5-膜片拉杆;6-膜片弹簧;7-膜片;8-增压压力控制电磁阀

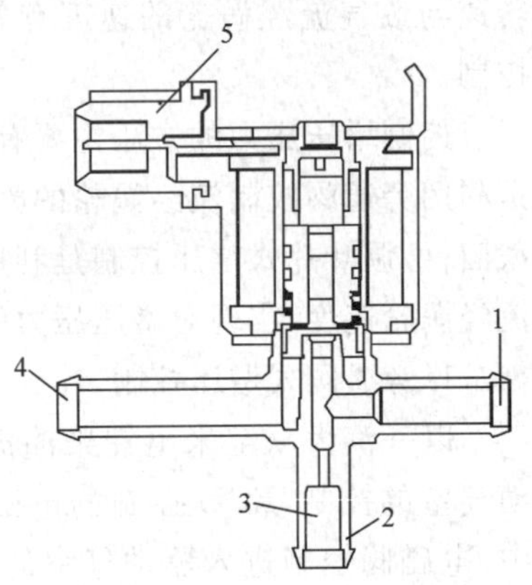

图 3-22 增压压力控制电磁阀

1-通驱动气室管口;2-低压空气侧管口;3-阀;4-高压空气侧管口;5-线束连接器

在旁通阀式增压压力控制系统中,可采用占空比控制型电磁阀取代开关型电磁阀,实现增压压力的连续控制。ECU 根据柴油机负荷信号和转速信号,按预存的增压压力控制模型确定此负荷和转速下的增压压力,将其与增压压力传感器检测到的实际增压压力进行比较,并根据比较结果调节电磁阀通电占空比,通过电磁阀开度的变化调节作用在驱动气室膜片上的空气压力,从而调节旁通阀的开度,实现增压压力的连续控制。

2. 节流阀式增压压力控制

节流阀式增压压力控制装置见图 3-23。节流阀安装在增压器的涡轮进口处,当发动机低速运转时,节流阀关闭以减小涡轮进口截面,使废气流速加快,增压器转速提高,以避免低速运转时增压压力不足的现象。当发动机转速较高时,节流阀开启以增大涡轮进口截面,使废气流速减慢,以防止高速时增压器超速现象。节流阀的开启或关闭,由电磁阀和驱动气室来控制,其控制原理与前述旁通阀控制基本相同。

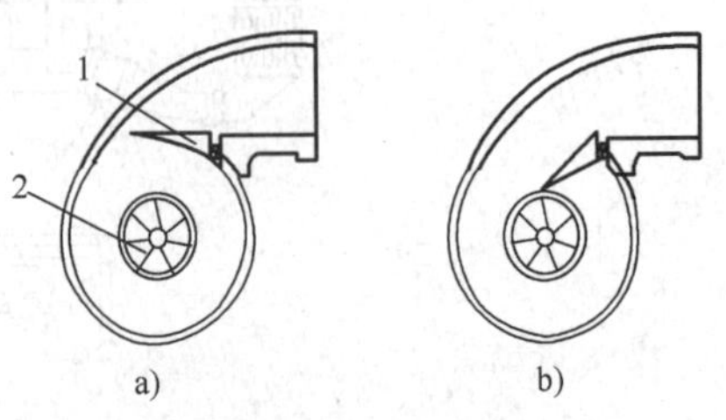

图 3-23 节流阀式增压压力控制装置

a)低速时节流阀关闭;b)高速时节流阀开启

1-增压器涡轮;2-节流阀

3.可调叶片式增压压力控制

可调叶片式增压压力控制系统见图3-24。调整环安装在增压器的涡轮壳上，与可调叶片和轴制成一体的叶片拨销位于调整环相应的卡槽内，叶片轴由支撑环支撑，调整环转动时，即可通过相应的卡槽驱动叶片拨销和叶片一起转动，从而改变叶片角度。控制连杆通过调整环拨销相应的卡槽驱动调整环转动，而控制连杆的转动则由ECU通过电磁阀和驱动气室来控制。控制电磁阀采用占空比控制型，但只有4个位置变化，相应的可调叶片也有4个角度位置，能够对废气涡轮增压器实现四级转换控制。

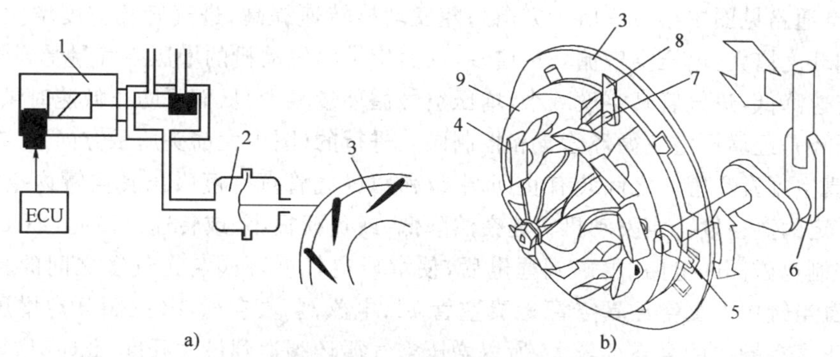

图3-24　可调叶片式增压压力控制系统

a)系统组成；b)控制装置结构

1-控制电磁阀；2-驱动气室；3-调整环；4-可调叶片；5-调整环拨销；6-控制连杆；7-叶片轴；8-叶片拨销；9-支撑环

可调叶片式增压压力控制原理见图3-25。发动机低速运转时，ECU通过电磁阀和驱动气室控制调整环转动，使可调叶片角度减小，由于废气经过可调叶片流向涡轮时的通道截面变小，使废气流速加快，而且废气冲击涡轮叶片的外边缘，也增大了涡轮驱动力矩，所以废气涡轮增压器转速较高，增压压力相对提高。反之，可调叶片角度增大时，增压压力则相对减小。

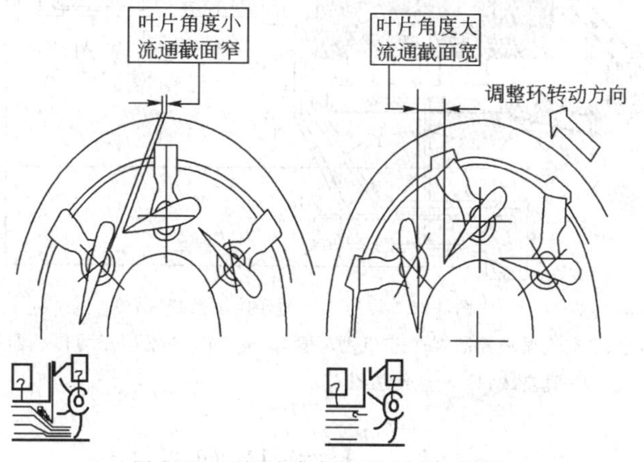

图3-25　可调叶片式增压压力控制原理

四、增压空气循环控制系统

增压空气循环是指将压气机压缩后的空气重新引回到压气机进气口，增压空气循环控制系统主要是根据发动机转速和负荷的变化，控制增压空气循环量，以调节供给发动机的增压空气量。在发动机转速突然降低时，增压空气循环可避免废气涡轮增压器产生气体冲击；发动机小负荷工况运转时，增压空气循环可防止供气量过多，并可降低进气噪声；在发动机高速运转时，增压空气循环可防止发动机超速。

增压空气循环控制系统见图 3-26。增压空气循环控制电磁阀为三通阀，左侧经真空管 14 和真空管 9 与真空罐相通，右侧经真空管 13 与进气管连通，下部则经真空管 12 与增压空气循环阀膜片气室连通，电磁阀用于控制增压空气循环阀膜片气室与真空罐或进气管相通。发动机在正常工况下工作时，增压空气循环控制电磁阀不通电，增压空气循环阀膜片气室与真空罐之间的真空管路不通，此时，利用进气管真空度通过真空管 13、电磁阀、真空管 12 控制增压空气循环（真空通路见图中小箭头所示方向）；随发动机转速提高，进气管真空度增大，增压空气循环控制阀开度增大，增压空气循环量增多，从而使供给发动机的增压空气量受到限制；反之，随发动机转速降低，进气管真空度减小，增压空气循环量减少，从而可防止低速时供气量不足。增压空气循环是经增压空气循环管 4 和控制阀 3 进行的（图中大箭头所示方向）。在进气管真空管 13 与真空罐真空管 9 之间装有止回阀 8，利用进气管真空度吸出真空罐内空气，使真空罐内保持一定的真空度。当发动机转速突然降低、或负荷很小、或转速过高时，ECU 接通增压空气循环控制电磁阀的电路，电磁阀通电后，使增压空气循环阀与进气管之间的真空通路关闭，而利用真空罐中的真空经真空管 9、真空管 14、电磁阀、真空管 12 强制开启增压空气循环阀，此时由于真空罐中的真空度较大，所以增压空气循环阀达到最大开度；此时，增压后的空气压力因循环而得到全部释放，供往发动机汽缸的空气几乎没有增压效果。

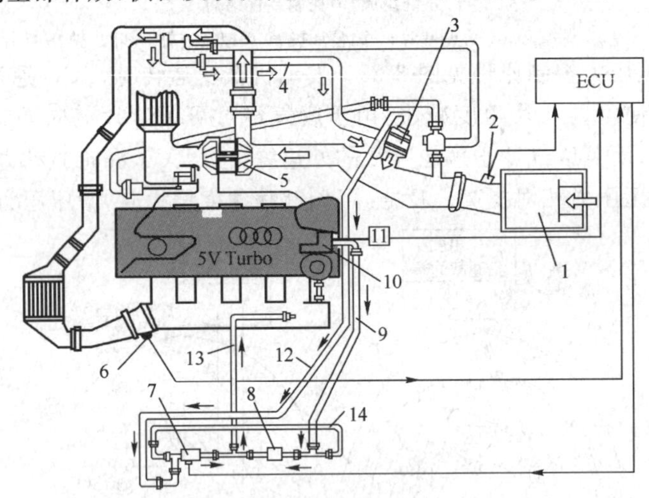

图 3-26　增压空气循环控制系统

1-空气滤清器；2-空气流量计；3-空气循环控制阀；4-空气循环管；5-压气机；6-增压压力传感器；7-空气循环控制电磁阀；8-止回阀；9、12、13、14-真空管；10-真空罐；11-转速传感器

第四节　起动控制系统

一、起动控制系统的功能

起动是发动机能否正常工作的必要条件。在规定的使用条件下，发动机能否迅速而可靠地起动，是评价发动机工作可靠性的重要指标。

与汽油机相比，柴油机燃料蒸发性差、运动件惯性大、无强制点火装置，尤其在低温条件下。由于起动时的阻力大、混合气形成质量差、不易着火等，导致柴油机比汽油机起动困难。因此，为改善柴油机的低温起动性能，在现代汽车柴油机上采用辅助起动装置已较为普遍。

起动控制系统的功能包括起动时的燃油喷射控制、进气控制、增压控制和辅助起动装置控制等，在此主要介绍柴油机特有的辅助起动装置控制，其他控制都是按预存程序和与其他工况下相同的控制方法进行。

二、柴油机起动预热装置

导致柴油机低温起动困难的原因主要是：起动阻力大、着火条件差。减小低温时起动阻力的措施主要有预热润滑油、稀释润滑油、选用低黏度润滑油、减压起动等。改善低温时着火条件的主要措施有进气预热、燃烧室预热、柴油预热、冷却液预热、选用着火性能好的柴油等。

目前，柴油机应用最广泛的辅助起动措施是进气预热（见图 3-27）和燃烧室预热（见图 3-28），其次是冷却液预热。三者不同的只是预热装置的安装位置和加热对象：进气预热装置安装在进气管内，对进入汽缸前的空气进行预热；燃烧室预热装置安装在燃烧室内，对进入汽缸的空气和燃油进行预热；而冷却液预热装置则安装在冷却系统中，对冷却液进行预热。

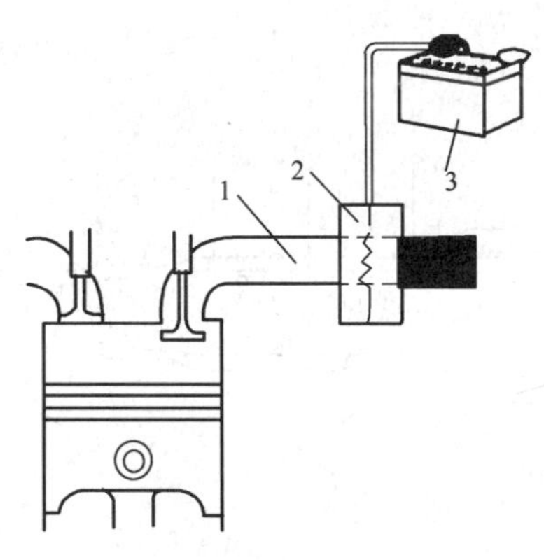

图 3-27　进气预热系统

1-进气管；2-预热塞；3-蓄电池

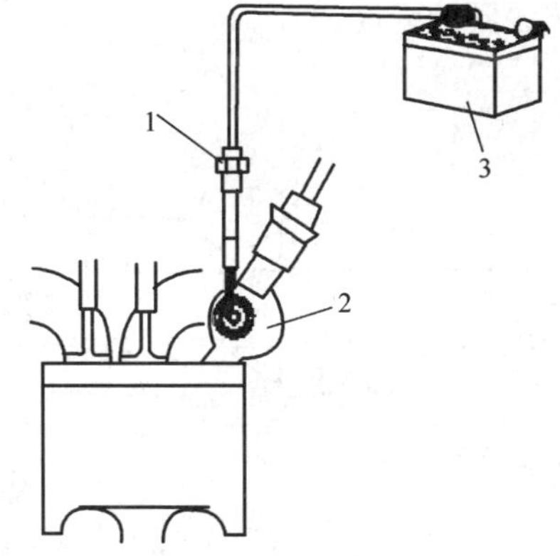

图 3-28　燃烧室预热系统

1-预热塞；2-燃烧室；3-蓄电池

在进气预热、燃烧室预热和冷却液预热系统中，按预热装置结构原理不同，可分为火焰预热和电预热两种类型。

1. 火焰预热装置

火焰预热装置只适用于进气预热，它安装在柴油机进气管中，利用燃料燃烧放出的热量对进气管中的空气进行加热。

火焰预热装置通常称为火焰预热器，其结构见图 3-29。火焰预热器所需的燃油通常由燃油喷射系统中的低压输油泵供给，并用电磁阀控制向火焰预热器供油的油路，电磁阀电路则由 ECU 或温控开关控制。在预热器进油口中装有滤网和计量孔，滤网可防止燃油中的杂质进入预热器，计量孔用来限制供给预热器的油量。炽热塞位于火焰预热器的中部，通电 60～90s，炽热塞头部的温度就可达到 1 000℃以上。蒸发管围绕在炽热管外部，供给预热器的燃油经计量孔流入蒸发管，进气管中的部分空气则经蒸发管滤网进入蒸发管，在蒸发管中燃油与空气混合，并在炽热管头部被点燃，燃烧放出的热量对进气管中的空气加热。

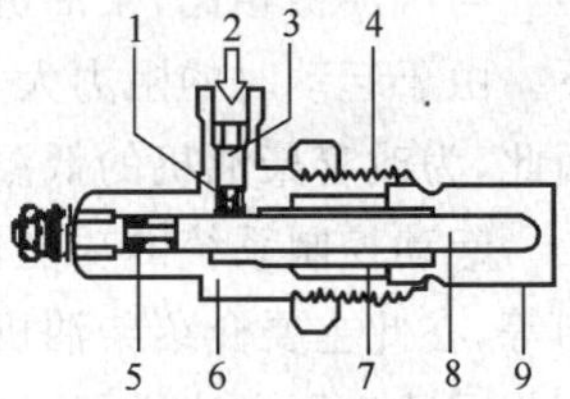

柴油机低温起动后，或起动时的温度较高时，由温控开关或 ECU 切断火焰预热器供油油路中的电磁阀电路及炽热管电路。

图 3-29　火焰预热器

1-计量孔；2-进油口；3-进油滤网；4-螺纹；5-密封圈；6-壳体；7-蒸发管；8-炽热管；9-火焰罩

2. 电预热装置

由于火焰预热器工作时，消耗发动机进气管中的氧气并产生废气，其预热效果必然受到限制。因此，既适用进气预热，又适用燃烧室预热的电预热装置，作为柴油机辅助起动装置应用更广泛。

电预热装置通常称为电热塞，其结构见图 3-30。电热塞的线圈和绝缘的氧化镁填料一起封装在耐高温、耐腐蚀的散热钢套内，散热钢套则压装在电热塞壳体中。电热塞的线圈由两部分构成，一个是位于电热塞头部的加热线圈，另一个则是与加热线圈串联的控制线圈。控制线圈具有正温度系数特性，即其电阻值随温度的升高而增大，随温度的降低而减小；电热塞电源电压一定时，温度越低，控制线圈电阻值越小，流过控制线圈和加热线圈的电流就越大，加热线圈的温度升高快；而温度较高时，由于控制线圈电阻值大，减小了流过加热线圈的电流，从而限制了加热线圈的温度。

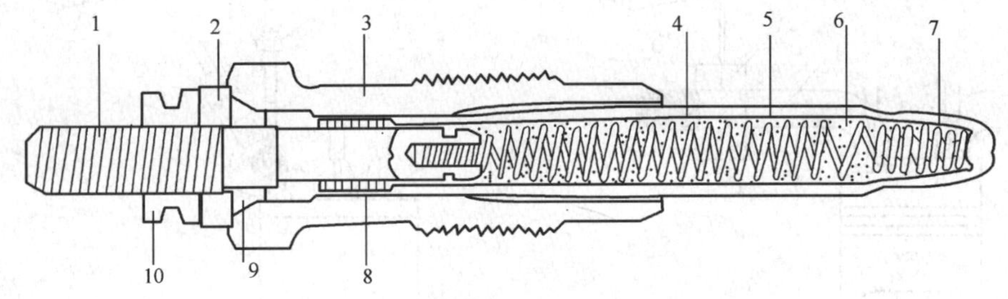

图 3-30　电热塞

1-线束连接器；2-绝缘垫片；3-壳体；4-散热钢套；5-控制线圈；6-填料；7-加热线圈；8-绝缘垫；9-密封垫；10-固定螺母

有些电热塞只有加热线圈，而没有控制线圈。二者相比，带控制线圈的电热塞预热速度快，通电 4s 后，温度即可达到 850℃以上，而不带控制线圈的电热塞需要约 1min。

三、柴油机起动预热控制系统

以采用电热塞预热的起动预热控制系统为例，其组成见图 3-31。ECU 根据发动机转速信号、冷却液温度信号和点火开关信号，通过继电器控制电热塞是否通电及通电时间的长短。以一汽大众宝来电控柴油机为例，当冷却液温度低于 9℃，且点火开关位于“点火接通”位置时，ECU 通过控制线使起动预热控制系统进入工作状态；当点火开关不在“点火接通”

位置，或冷却液温度高于9℃，或发动机转速高于2 500r/min时，起动预热控制系统将停止工作。预热指示灯位于仪表盘上，点亮或熄灭由ECU控制：起动系统处于工作状态时，指示灯持续点亮；起动系统不工作时，指示灯持续熄灭；ECU接收到反馈信号线返回的故障信号时，指示灯闪亮。

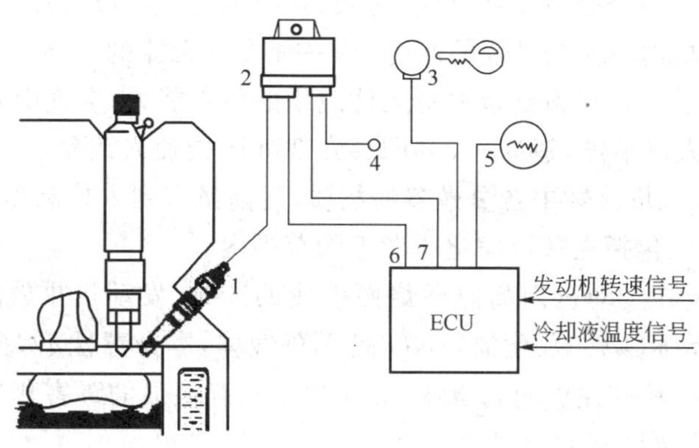

图3-31　起动预热控制系统

1-电热塞；2-电热塞继电器；3-点火开关；4-蓄电池正极线；5-预热指示灯；6-控制线；7-反馈信号线

起动预热过程各元件通断见图3-32。当点火开关接通后，若冷却液温度低于设定值，电热塞通电进行预热，同时预热指示灯点亮；当预热指示灯熄灭时，说明电热塞温度已足够，允许起动。当发动机起动着火后，电热塞仍保持通电状态，此阶段的预热称为后预热；后预热有利于柴油机怠速稳定、缩短暖机时间、降低噪声、降低HC和CO排放量，后预热的时间一般少于4min；在后预热阶段，若柴油机负荷超过规定值（或转速超过2 500r/min），后预热也会立即终止。

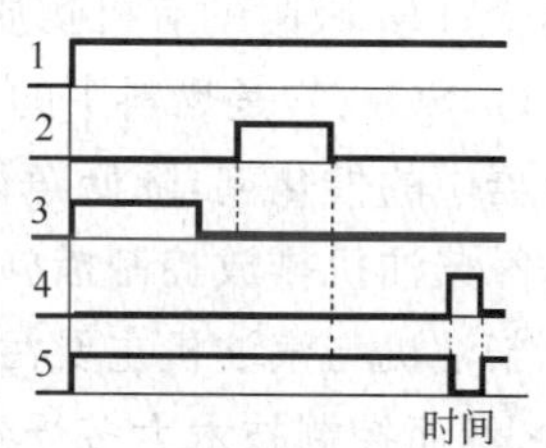

图3-32　起动预热过程各元件通断

1-点火开关；2-起动机；3-预热指示灯；4-负荷或转速；5-电热塞

第五节　排放控制系统

随着汽车工业的飞速发展，汽车保有量急剧膨胀，汽车排放问题受到极大关注，因为汽车排放严重影响着生态环境、人身健康，制约着经济的发展。所以世界上各发达国家相继投入大量的人力、物力和财力控制环境污染，保护生态平衡。为了能更好地治理环境污染，美国、日本和欧洲等国家相继颁布了愈来愈严格的排放法规。随着汽车柴油化进程的不断加快，对车用柴油机的低污染要求越来越突出。

一、柴油机排放控制技术

1. 柴油机排放污染物

汽车柴油机排放污染物主要有HC（碳氢化合物）、CO（一氧化碳）、CO_2（二氧化碳）、NO_X（氮氧化物）、PM（颗粒物）和SO_X（硫氧化物）。

(1)HC:它是未燃和未完全燃烧的燃油、润滑油及其裂解和部分氧化的产物,如烷烃、烯烃、芳香烃、醛等。烷烃基本上无味,对人体健康不产生直接影响;烯烃略带甜味,有麻醉作用,对黏膜有刺激,经代谢会转化成对基因有毒的环氧衍生物,烯烃还会与氮氧化物一起在太阳光的紫外线作用下形成有毒的"光化学烟雾";芳香烃对血液和神经系统有害,特别是多环芳香烃及其衍生物有致癌作用;醛类是刺激性物质,对眼、呼吸道、血液有毒害。

(2)CO:它是发动机内不完全燃烧的产物,是一种无色无味的气体。CO 和血液中输送氧的载体血红蛋白结合,就会破坏血红蛋白对人体组织的供养能力;空气中 CO 的体积百分数超过 0.1%时,就会导致人体中毒,超过 0.3%则会在 30min 内使人致命。

(3)CO_2:它是发动机排放物中含量最多的物质,目前虽未列入控制项目,但由于它是导致全球温室效应的物质,已包括在环境净化所考虑的范围内。

(4)NO_X:它是燃料在发动机内高温燃烧而生成的产物,发动机排放的 NO_X 绝大部分是 NO(一氧化氮),少量是 NO_2(二氧化氮);NO 是无色气体,本身毒性不大,但在大气中缓慢氧化成 NO_2;NO_2 呈褐色,具有强烈的刺激味,对肺和心肌有很强的毒害作用,NO_X 也是形成有毒的"光化学烟雾"的主要因素之一。

(5)PM:它是在燃烧过程中生成的颗粒状炭(干炭烟)、硫酸盐及其吸附的可溶性有机物质,直径在 5 μm以下的 PM 可进入呼吸道,直径在 3 μm 以下的 PM 可沉积在肺细胞内,引起肺病变;PM 吸附的有机物质具有不同程度的致癌作用。

(6)SO_X:它是燃料中的 S 燃烧后生成 SO_2 和 SO_3,能形成污染环境的酸雾,还会毒化催化转换器中的催化剂,降低净化效果。

2.柴油机排放控制措施

柴油机与汽油机主要污染物排放比较见表 3-1。柴油机排放控制主要是降低 NO_X 和 PM 排放,然而控制技术大多受到 NO_X 和 PM 排放量与油耗成反比关系的束缚,发动机研究者采用各种技术,如直喷化、增压中冷、高压喷射、废气再循环、电子控制、低润滑油耗等,取得了一定的效果。从降低排放的措施的发展来看,依靠单一技术同时控制几种污染物是很难实现的,目前主要是将积累的技术集结起来,在发动机功率、耐久性、紧凑型等基本性能提高的基础上,实施排放控制措施。

柴油机与汽油机污染物排放比较 表 3-1

污染物种类	柴油机	汽油机	备注
CO(%)	<0.5	<10	汽油机为柴油机的 20 倍以上
HC(%)	<0.05	<0.3	汽油机为柴油机的 5 倍以上
NO_X(%)	0.1~0.4	0.2~0.4	二者相当
PM(g/km)	0.5	0.01	柴油机为汽油机的 50 倍以上

控制柴油机 NO_X 排放的措施及其相应的技术见表 3-2。控制的方法可分为两类,一是抑制它的生成,二是对排出的污染物进行后处理。NO_X 的生成速率受燃烧温度和氧浓度的影响,为了减少 NO_X 的生成,就要采取使燃烧室内温度和氧浓度降低的方法,如推迟喷油、冷却进气、废气再循环、控制喷射率、采用小喷口喷油器、延长喷射时间、引燃喷射、提高压缩比等。后处理的典型方法是采用催化净化剂使 NO_X 分解还原,常用的还原剂有氨、尿素等。

控制 NO_X 排放的技术措施　　表 3-2

控制措施			控制技术
抑制生成措施	降低燃烧温度	推迟喷油 控制燃烧率 进气冷却 添加非活性物质	控制喷射时间、控制喷油规律 引燃喷射、小喷孔喷油器、高压缩比 中冷 EGR、水喷射
	降低氧浓度	添加非活性物质	EGR、水喷射
	消除生成区	控制稀薄混合气区	控制涡流、喷油器布置在中心
后处理措施	化学处理	催化剂 其他	催化还原 氨基酸、氨化合物
	电化学处理	电化学处理	等离子处理

控制柴油机 PM 排放的措施及其相应的技术见表 3-3。PM 主要由干炭烟、可溶性有机物(SOF)、燃料中的硫分生成的硫酸盐及其结合水构成。硫酸盐的形成起因于燃料中的硫分，所以控制 PM 排放的措施主要是减少干炭烟和 SOF。抑制干炭烟生成的措施有采用增压和多气门技术增加吸入空气量、采用小喷孔喷油器和增加向油雾内导入的空气量、缩小燃烧室内的无效容积提高空气利用率、采用高压喷射和改进燃烧室形状从而加强紊流的形成等。此外，喷油嘴布置在燃烧室中心，使燃料均匀分散，防止局部混合气过浓，对抑制 PM 的生成非常有效。SOF 由未燃烧的燃料和润滑油产生的一些成分构成，抑制 SOF 生成措施主要是改进燃油供给系统以防止液体燃油直接进入汽缸、改进曲柄连杆机构以防止润滑油窜入汽缸等。

控制 PM 排放的技术措施　　表 3-3

控制措施			控制技术
减少干炭烟	抑制干炭烟生成	促使空气进入喷雾内 增加吸入空气 提高空气利用率 加强紊流 使燃料均匀分布 使喷雾微粒化	小喷孔喷油器、控制涡流、增压 多气门、增压、改进进气系统 减少无效容积、改进燃烧室、高压喷射 高紊流燃烧室、控制涡流 喷油器布置在中心位置 小喷孔喷油器、高压喷射
	促进干炭烟氧化	促使空气进入喷雾内 增加吸入空气 提高空气利用率 加强紊流	小喷孔喷油器、控制涡流、增压 多气门、增压、改进进气系统 减少无效容积、改进燃烧室、高压喷射 高紊流燃烧室、控制涡流
	后处理	过滤 氧化转换	颗粒过滤器(DPF) 氧化转换器
减少 SOF	抑制 SOF 生成	促进燃油雾化 防止喷油器滴油 防止润滑油窜入汽缸	小喷孔喷油器、高压喷射 小压力室喷油器、VCO 喷油器 改进活塞环、缸套
	后处理	过滤 氧化转换	颗粒过滤器(DPF) 氧化转换器

尽管控制柴油机 NO_X 和 PM 排放的措施很多，但在现代汽车柴油机上，主要以 EGR 技术、催化转换技术和过滤技术作为降低 NO_X 和 PM 排放的主要技术。此外，集催化转换技术与过滤技术于一体，同时降低柴油机 NO_X 和 PM 排放的新技术，在柴油机上的应用也越来越多。

二、废气再循环控制系统

1. EGR 系统基本原理

废气再循环(EGR)就是将废气中的一部分引入燃烧室中,参与燃烧过程。由于废气的主要成分是惰性气体(CO_2、H_2O、N_2等),它们具有较高的比热,废气与新鲜混合气混合后,热容量增大,可降低最高的燃烧温度,同时再循环的废气对新鲜混合气的稀释,也相应地降低了氧的浓度,从而使 NO_X 在燃烧过程中生成量受到抑制。

废气再循环量的多少可用 EGR 率表示,它是指再循环的废气量在进入汽缸内的气体中所占的比率,即

$$EGR率=[EGR量/(进气量+EGR量)]\times 100\%$$

2. EGR 的实现方式

非增压柴油机的进、排气管存在足够的压力差,实现 EGR 很容易。增压柴油机实现 EGR 比较困难,因为在发动机运行工况下,排气管内的压力低于进气管内的压力,这意味着废气不会自动从排气管流向进气管,为此必须采取一定的措施。

按增压柴油机实现 EGR 的途径不同,可分为内部 EGR 和外部 EGR 两种类型。

(1)内部 EGR。指通过排气门或者特殊设置阀门的开启来实现废气再循环,如日本日野公司开发的内部 EGR 装置示意图见 3-33,就是通过修改排气凸轮的形状,使排气门在进气行程中稍有提升,让部分高压废气回流到汽缸内,从而实现废气再循环。

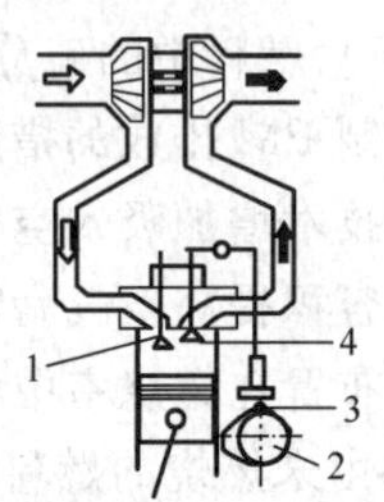

图 3-33　内部 EGR 示意图
1-进气门;2-排气凸轮;3-EGR 凸起;4-排气门

(2)外部 EGR。指将部分废气经由外部管路引入进气系统来实现废气再循环。按将废气引到进气系统的位置不同,外部 EGR 又可分为低压回路 EGR 和高压回路 EGR 两种类型。

低压回路 EGR 是将废气引到压气机进口前的低压进气系统中,见图 3-34。低压回路 EGR 系统很容易获得所需要的压力差,但再循环的废气流经压气机和中冷器,使得压气机的进气温度高于设计温度,而且中冷器容易阻塞而导致压力损失增加。

高压回路 EGR 是将废气引到压气机出口后的高压进气系统中,见图 3-35。高压回路 EGR 系统的再循环废气不经过压气机和中冷器,不存在影响增压装置耐久性和可靠性的问题,目前应用较普遍。但高压回路 EGR 获得所需要的压力差比较困难。

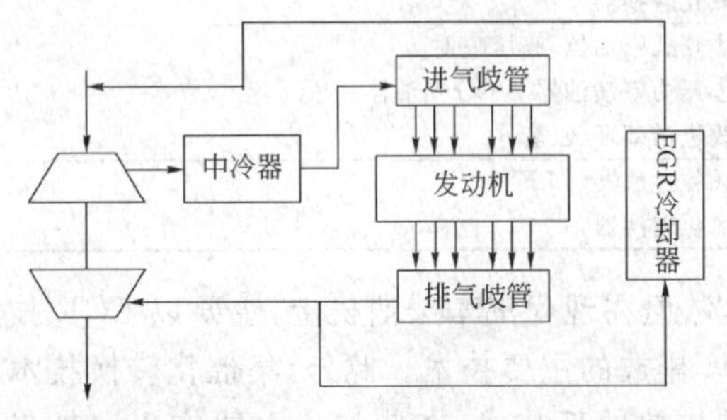

图 3-34　增压发动机低压回路 EGR 系统

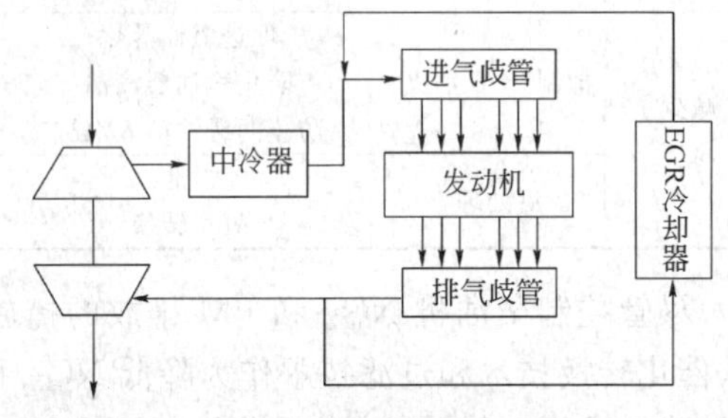

图 3-35　增压发动机高压回路 EGR 系统

为保证 EGR 的顺利实现，高压回路 EGR 通常采用的技术措施见图 3-36。图 3-36a)是在 EGR 阀前(有些在后)安装一个防逆流阀，以防止 EGR 阀开启时增压空气逆流，利用排气压力脉动只能将部分废气压入高压进气系统。图 3-36b)是利用节流阀对增压空气进行节流的方法，降低进气管内的压力，但显然会增加柴油机的进气阻力。图 3-36c)是在进气系统中，安装一个文丘里管，利用文丘里管喉口的压降，获得 EGR 所需要的压力差，并可通过调节文丘里管旁通阀的开度，来改变 EGR 的有效压差。图 3-36d)是利用专门的 ECR 泵强制进行 EGR，此方法虽然具有较好的灵活性，但由于泵的流量要求很大，采用机械驱动泵又过于庞大昂贵，所以常采用由增压器驱动的 EGR 泵。此外，采用可调叶片式增压压力控制系统，通过调整叶片角度减小废气流经涡轮的有效截面，提高增压器涡轮前排气管内的压力，也是增压柴油机实现 EGR 的有效途径。

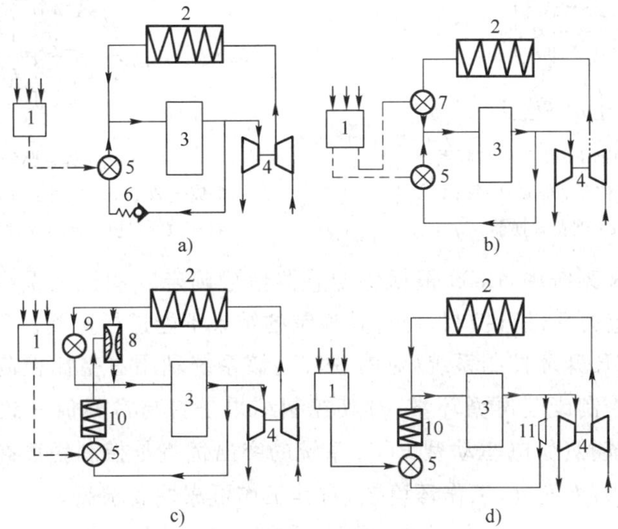

图 3-36　增压柴油机高压回路 EGR 措施

a)防逆流方式；b)进气节流方式；c) 文丘里管方式；d)EGR 泵方式

1-ECU；2-中冷器；3-柴油机；4-废气涡轮增压器；5-EGR 阀；6-防逆流阀；7-进气节流阀；8-文丘里管；9-文丘里管旁通阀；10-EGR 冷却器；11-EGR 泵

3. EGR 电控系统的组成

EGR 电控系统的功能主要是根据柴油机的运行工况控制 EGR 率，各种工况下的最佳 EGR 率预先储存在 ECU 中。在大负荷(一般 90%以上)或低转速(一般 750r/min 以下)时，柴油机不进行废气再循环，而在其他工况下，随进气量的增多，废气再循环量也增加。

按控制模式不同：EGR 电控系统可分开环控制系统和闭环控制系统两种类型。

按 EGR 阀的驱动方式不同：EGR 电控系统可分为真空驱动型和电驱动型两种类型。

(1)真空驱动型 EGR 开环控制系统(见图 3-37)：该控制系统主要由 EGR 阀和 EGR 电磁阀等组成，EGR 阀安装在废气再循环通道中，用以控制废气再循环量。EGR 电磁阀安装在通向 EGR 阀的真空通道中，ECU 根据发动机转速、负荷和冷却液温度等信号来控制电磁阀的通电或断电。EGR 电磁阀不通电时，控制 EGR 阀的真空通道接通，EGR 阀开启，进行废气再循环；EGR 电磁阀通电时，控制 EGR 阀的真空通道被切断，EGR 阀关闭，停止废气再循环。

EGR电磁阀采用占空比控制型,ECU通过控制电磁阀的开度,调节作用在EGR阀上的真空度,以控制EGR阀的开度,实现对EGR率的控制。

EGR阀为气动膜片式,其结构见图3-38。EGR阀的真空室可在膜片上方,也可在膜片下方,视具体需要而定;真空驱动膜片动作时,由膜片拉杆带动阀移动,以控制废气再循环,废气再循环量取决于EGR阀的开度、排气管压力和进气管真空度。采用真空驱动型EGR阀,虽然系统结构复杂、响应速度慢,但EGR电磁阀远离高温废气,且真空驱动力比较大。

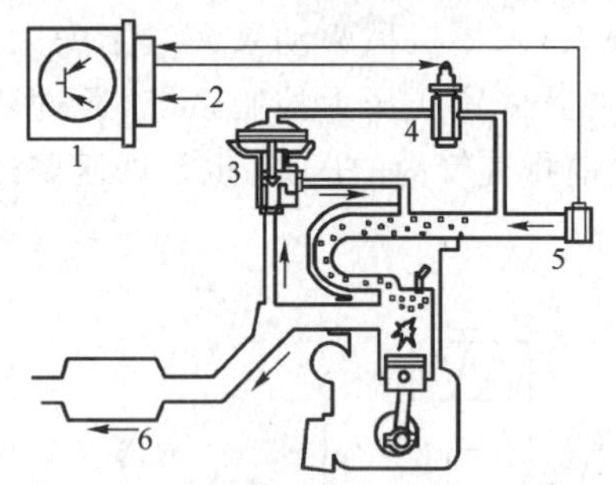

图3-37 真空驱动型EGR开环控制系统
1-ECU;2-柴油机转速信号;3- EGR阀;4- EGR电磁阀;5-空气流量计;6-催化转换器

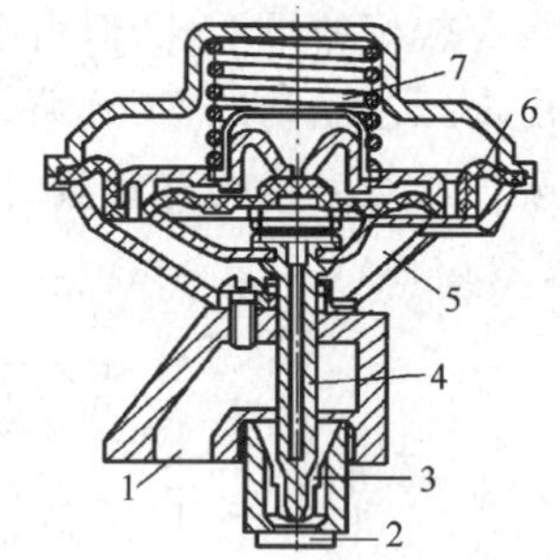

图3-38 真空驱动型EGR阀
1-废气进口;2-废气出口;3-阀;4-膜片拉杆;5-真空进口;6-膜片;7-复位弹簧

在开环控制EGR系统中,ECU根据各传感器信号确定发动机工况,并按其内存的EGR率与转速、负荷的对应关系进行控制,而对其控制的结果不能进行监测。

(2)电驱动型EGR开环控制系统(见图3-39):该系统利用占空比控制型电磁阀或步进电动机型EGR阀直接控制废气再循环量,对其控制结果是否与目标值一致并不进行监测。与真空驱动型EGR系统相比,电驱动型EGR系统的突出优点是控制精度高、响应速度快,但由于电驱动装置距离高温废气近,工作环境差,对其工作可靠性要求高。

(3)真空驱动型EGR闭环控制系统:用EGR阀开度(位置)作为反馈信号的真空驱动型EGR闭环控制系统见图3-40。与前述真空驱动型EGR开环控制系统相比,只是在EGR阀上

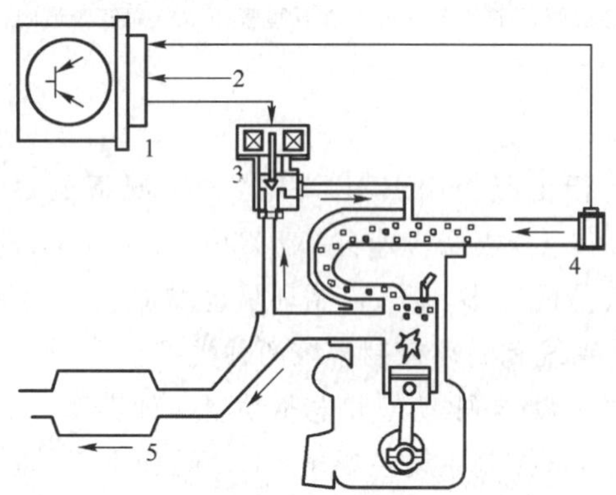

图3-39 电驱动型EGR开环控制系统
1-ECU;2-柴油机转速信号;3-电驱动EGR阀;4-空气流量计;5-催化转换器

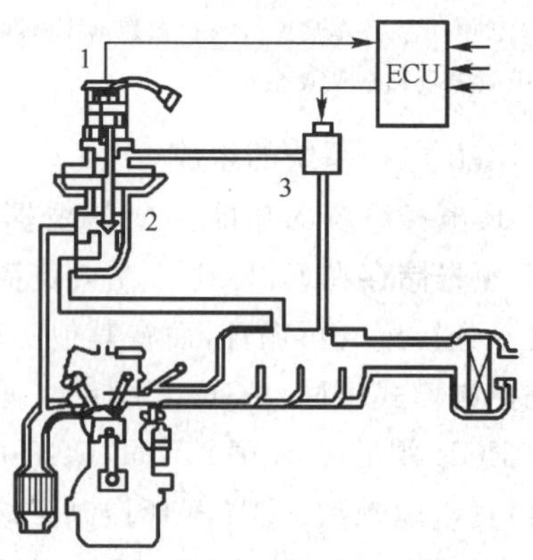

图3-40 真空驱动型EGR闭环控制系统
1-EGR开度传感器;2-EGR阀;3-EGR控制电磁阀

增设了一个 EGR 阀开度传感器。闭环控制 EGR 系统工作时，ECU 可根据 EGR 阀开度传感器的反馈信号修正电磁阀的开度，使 EGR 率控制精度更高。EGR 阀开度传感器为电位计式或差动电感式。

(4)电驱动型 EGR 闭环控制系统：用 EGR 率作为反馈信号的电驱动型 EGR 闭环控制系统原理见图 3-41。EGR 率传感器安装在进气总管中的稳压箱上，新鲜空气经节气门进入稳压箱，参与再循环的废气经电驱动 EGR 阀进入稳压箱，传感器检测稳压箱内气体中的氧浓度(氧浓度随 EGR 率的增加而降低)，并转换成电信号输送给 ECU，ECU 根据此反馈信号修正电驱动 EGR 阀的开度，使 EGR 率保持在最佳值。

目前，由于电驱动型 EGR 闭环控制系统的响应速度快，控制精度更高，所以在现代汽车柴油机上应用已越来越广泛。在电驱动型 EGR 系统中，应用较多的电驱动 EGR 阀为电磁阀型，其结构见图 3-42，ECU 通过控制其通电占空比来改变阀的开度，对 EGR 率进行控制；阀开度传感器检测阀杆的实际位置，并将信号输送给 ECU，以实现 EGR 率的闭环控制。

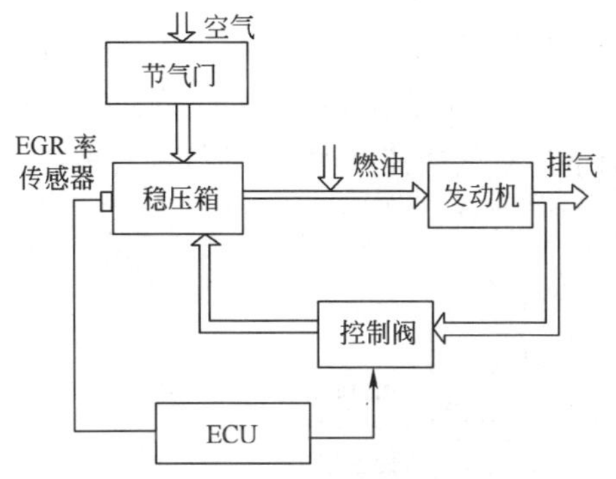

图 3-41　电驱动型 EGR 闭环控制系统

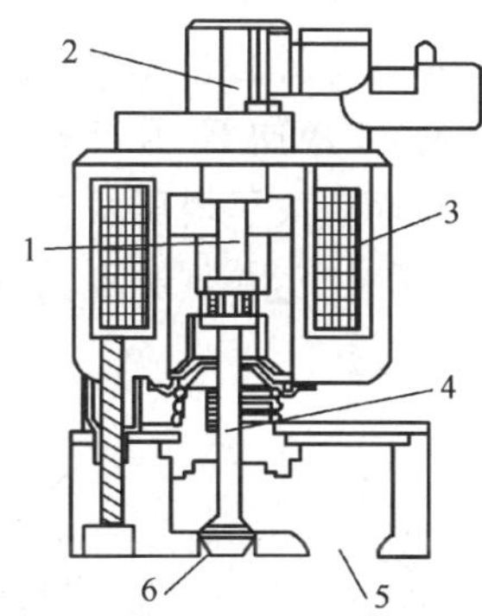

图 3-42　电磁阀型 EGR 阀

1-电枢；2-阀开度传感器；3-电磁线圈；4-阀杆；5-废气进口；6-废气出口

4. EGR 冷却系统

众所周知，EGR 在降低 NO_X 排放方面取得了很大的成功，但它在降低 NO_X 排放的同时，也会因高温废气引入进气系统，对进气加热并占据一定的汽缸空间，使实际进气量减少，从而导致燃烧不完全，HC、CO 和 PM 的排放增加，PM 增加尤其明显，NO_X 和 PM 的同时控制是一个亟待解决的问题。

EGR 冷却系统的功用就是对 EGR 气体进行冷却，这不仅使发动机的燃烧温度比用通常 EGR 的更低，从而进一步减少 NO_X 的排放，而且还能有效地提高进气密度，使燃烧更完全，对减少 PM 等污染物排放也非常有利。在一定工况下，EGR 冷却系统对排放的影响见图 3-43，图中的百分数表示 EGR 率，横坐标为单位时间的 NO_X 排放量，纵坐标为单位时间的 PM 排放量，0%、10%、20%等为 EGR 率，实线表示采用 EGR 冷却时的排放值，虚线表示无 EGR 冷却时的排放值。

日本五十铃公司 EGR 冷却系统见图 3-44。在 EGR 气体回路中加装一个 EGR 冷却器，冷却器的结构类似机油散热器，高温的 EGR 气体流经冷却器的芯管时，被在芯管外部循环流动的冷却液冷却，被冷却后的废气再经 EGR 阀流入进气管进行循环。利用柴油机的冷却液对再循环废气进行冷却，效果不理想，有些采用空气直接冷却。

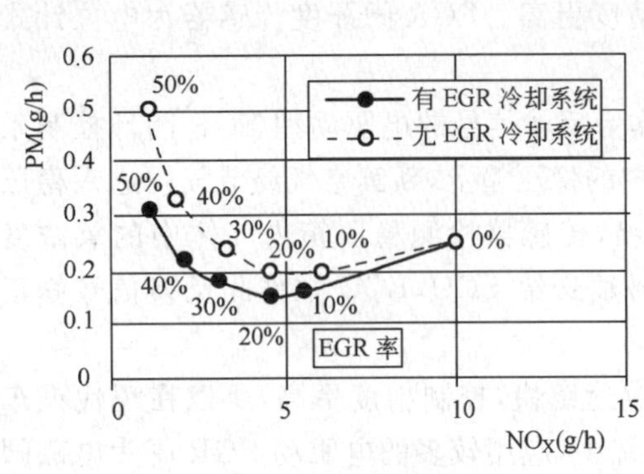

图 3-43　EGR 冷却系统对排放的影响

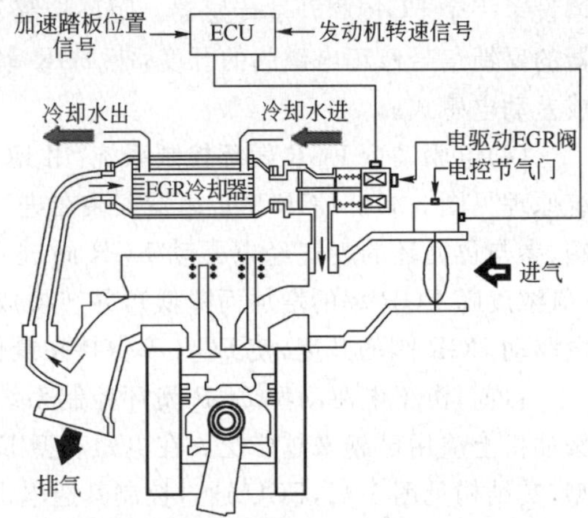

图 3-44　EGR 冷却系统

此外，日本五十铃公司在原有的 EGR 冷却系统基础上，在世界上首先运用了防逆流阀技术，该系统被称为“单向 EGR 冷却系统”，见图 3-45。其特点主要是在 EGR 气体回路中加装了防逆流阀，从而解决了增压发动机曾经很难解决的增压空气逆流问题，这项技术对燃料完全燃烧技术进行了补充，并且对降低颗粒物和黑烟排放有所贡献。

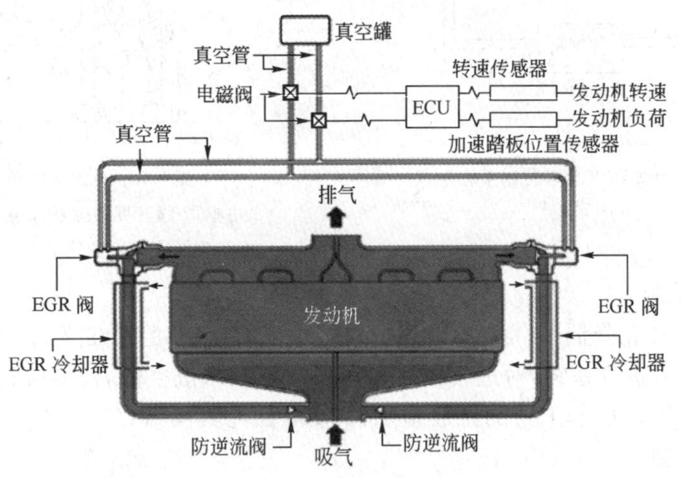

图 3-45　单向 EGR 冷却系统

三、催化转换系统

与汽油机类似，为满足日益严格的排放法规要求，柴油机除采用更高压力的电控燃油喷射、可变几何的增压中冷、冷却式废气再循环、多气阀技术、可变进气涡流等技术外，配套相应的排气后处理技术的综合治理技术路线已形成共识。

催化转换系统是柴油机排气后处理系统的重要组成部分，它利用安装在柴油机排气系统中的催化转换器，使柴油机排出的 HC、CO、PM 氧化，或使 NO_X 还原，以达到降低排放污染的目的。因此，柴油机装用的催化转换器分两大类：氧化催化转换器和还原催化转换器。

1. 催化转换器关键技术

柴油机与汽油机相比，由于使用的燃料不同、工作特点不同等，导致其排放也有不同的特性。虽然柴油机 HC、CO、CO_2 的排量远比汽油机低，NO_X 的排量也与汽油机相当，但柴油机排气温度低、排放特性随发动机变化较大、排气中氧浓度大、SO_X 排量大、PM 排量大的特性给机外净化带来了不便。

(1)排气温度低的影响。催化转换技术本身就是利用催化剂的催化作用，加速污染物转换成污染小或无污染物质的化学反应，从而降低排放污染的，较低的排气温度显然不利于化学反应的进行。

(2)排放特性随发动机变化较大的影响。众所周知，汽油机催化转换器也仅在理论空燃比(14.7∶1)附近时转换效率最高，而柴油机由于采用“质”(即混合气浓度)调节负荷，工作时的混合气浓度随工况变化范围很大，如何在宽广工况范围保持转换器较高的转换效率，成为柴油机采用催化转换技术要解决的问题之一。

催化转换器的转换效率是指试验车辆或发动机按照某种指定的工况运行时，催化转换器前后某种污染物排放量的变化率，即

$$\text{转换器转换效率}=\frac{\text{转换器前污染物排放量}-\text{转换器后污染物排放量}}{\text{转换器前污染物排放量}}\times 100\%$$

(3)排气中氧浓度大的影响。由于柴油机大部分工况下的混合气浓度都较稀，排出的废气中氧浓度可达 10%，较大的氧浓度增加了 NO_X 还原的难度。

(4)SO_X 排量大的影响。由于柴油中一般含有微量硫化物，因此柴油燃烧时硫化物与氧反应生成 SO_X；用氧化催化器时，由于 SO_X 比 CO 和 HC 都容易氧化，所以 SO_X 首先被氧化会生成 SO_3，SO_3 又与水分等反应生成 H_2SO_4 和硫酸盐，不仅增加了 PM 排放而且会导致催化剂中毒，研究针对抗硫的催化剂就是难点之一。

(5)PM 排量大的影响。由于柴油机 PM 排放量是汽油机的 50～70 倍，由 PM 的组成(干炭烟、可溶性有机物、硫酸盐)不难看出，柴油机排气中占 40%～50%的干炭烟、占 5%～10%的固态硫酸盐是很难通过催化转换措施来消除的，目前多是采用过滤的方法解决。

2. 氧化催化转换器(DOC)

氧化催化转换器(Diesel Oxidation Catalyst，简称 DOC)指安装在柴油汽车排气系统中，通过催化剂进行氧化反应，能同时降低排气中一氧化碳(CO)、总碳氢化合物(THC)和柴油颗粒物中可溶性有机物组分(SOF)的催化转换器。

柴油机加装氧化催化转换器是一种有效的机外净化可燃污染物常用措施，它是在蜂窝陶瓷载体上负载贵重金属铂、钯作为催化剂，在一定温度及催化剂的作用下，使排气中可溶性有机物氧化，同时排气中 CO 和 HC 也被氧化成 CO_2 和 H_2O，从而降低 HC、CO 和 PM 的排放量。采用氧化催化转换器，能够使柴油机 HC 和 CO 排放减少 50%，使 PM 排放减少 50%～70%。

氧化催化器的主要缺点是会将排气中的 SO_2 氧化成 SO_3，生成危害更大的硫酸雾或固态硫酸盐颗粒。所以，目前世界各国投入巨资开发低硫柴油，如美国 1993 年、欧洲 1996 年、日本 1997 年已将柴油中硫含量从 0.2%～0.3%降低到 0.05%以下，目前美国甚至将柴油的硫含量已降低到 0.0015%，我国现行柴油质量规格规定轻柴油优等品含硫量为 0.2%，国家有关部门已开始重视油品的质量问题，并提出了大中城市车用轻柴油含硫量降低至 0.05%的近期发展目标。

氧化催化转换器的作用原理见图 3-46。单纯的氧化催化转换器，只能减少排气中可燃烧的污染物(HC、CO 和 PM)排放量。随其转化效率的提高，固态硫酸盐颗粒的生成量也增多，甚至可达到无氧化催化转换器时的 8～9 倍，这种负面影响必然会降低使用氧化催化转换器所产生的环境效益。

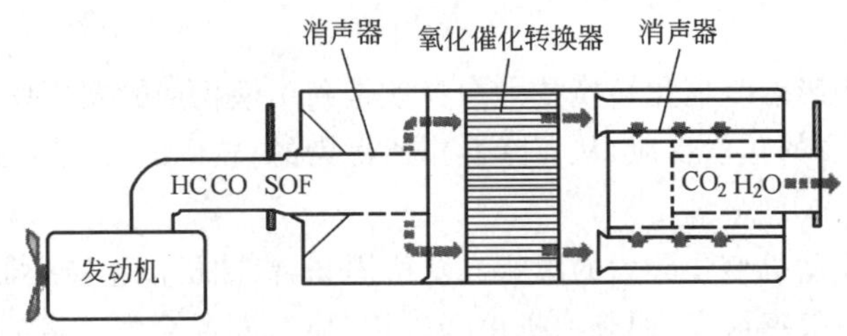

图 3-46 氧化催化转换器的作用原理

3. 还原催化转换器

(1)传统技术：还原催化转换器是对发动机排气中的 NO_X 进行后处理的装置。目前应用在柴油机上的还原催化转换器与汽油机基本相同，也是将氧化催化转换技术与还原催化转换技术集成一体，如一汽大众柴油机轿车上装用的三元催化转换器(见图 3-47)，它由金属壳体、陶瓷格栅底板及催化剂涂层组成，催化剂为贵重金属铂和铑，当含有 HC、CO 和 NO_X 的废气流经转换器时，这些污染物被转化为 N_2、CO 和 H_2O。

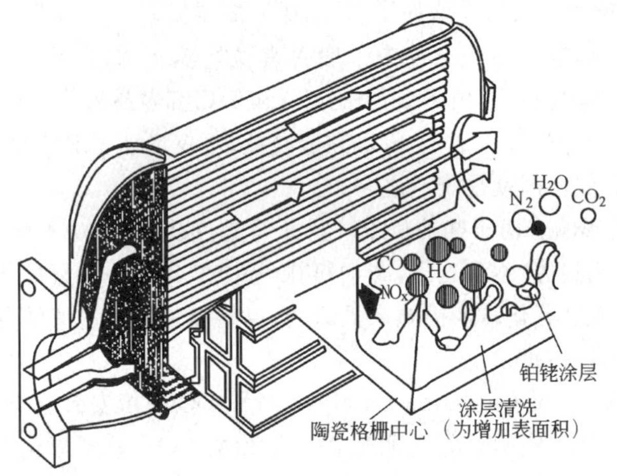

图 3-47 三元催化转换器

在柴油机上使用三元催化转换器，除完成纯氧化催化转换器的功能外，对 NO_X 的转换效果非常不理想。这主要是因为柴油机(包括采用稀燃技术的汽油机)排气中含氧丰富、潜在的 NO_X 还原剂 CO 和 HC 缺乏、温度达不到理想范围(400～800℃)。随着柴油机在汽车上应用的日益广泛，为进一步提高转换器还原 NO_X 的效果，各国的柴油机制造商和科研机构，都在研究开发新的 NO_X 还原技术。

(2)选择性催化还原技术(SCR)："选择性"是指在催化还原转换过程中，利用还原剂的特性优先选择 NO_X 在催化剂作用下一起被氧化，而不是按自然规律先是比较容易氧化的 HC 和 CO 被氧化，从而大大提高转换效率(可达 99%)，它是近年来比较成功的 NO_X 催化还原技术。

目前适用柴油机的 NO_X 催化还原技术主要有：选择性非催化还原（SNCR）、非选择性催化还原（NSCR）和选择性催化还原（SCR）。选择性非催化还原是指即只利用具有选择性的还原剂，而不用催化剂，它只能在一定的温度区间（800～1 000℃）使用，而柴油机排气不可能达到这样高的温度，只能通过在柴油机膨胀过程中，向汽缸中喷入还原剂来实现，但效果不很理想。非选择性催化还原指采用的还原剂无选择性，也用催化剂，它是将还原剂喷入排气管中的催化转换器中，由于废气中含氧量较高，还原剂很容易被氧化，所以还原剂的消耗量极大。选择性催化还原技术与非选择催化还原技术相似，采用的还原剂不同。

选择性催化还原系统主要由催化转换器和还原剂供给装置组成。选择性催化还原系统所用的催化转换器与传统转换器基本相同，主要有铂（钯或铑）催化转换器、铜-沸石催化转换器、钒-钛催化转换器等。实验证明，采用铂、钯或铑金属作催化剂的转换器，能依靠丙烯、丙烷在160～260℃的温度区间，在氧气富余的情况下把 NO_X 降至原来的 40%～50%；采用铜-沸石（Cu/ZSM-5）作催化剂的转换器能依靠丙烯、丙烷在 260～460℃的温度区间，在氧气富余的情况下将 NO_X 降至原来的 40%，但工作不稳定；同时采用上述两类催化剂的转换器，能够在160～460℃的温度区间将转换效率提高到 50%～70%。采用钒-钛催化转换器，能够在 500～550℃的温度区间仍具有较好的活性，转换效率能达到 50%～60%。

采用选择性催化还原技术的转换器一般称为选择性还原催化转换器（Selective Catalytic Reduction，简称 SCR），它是指安装在柴油汽车排气系统中，用于将柴油机排气中的氮氧化物（NO_X）催化还原成 N_2 和 O_2 的催化转换系统。该系统需要外加还原剂，例如，能产生 NH_3 的化合物（如尿素）。

在选择性催化还原系统中，采用的还原剂主要有氨（NH_3）、尿素（Urea）及碳氢化物（如柴油等）。使用氨作为催化剂，由于氨本身是一种有毒物质，必须增加精密的附加电控系统，将其水解成一定浓度（一般 32.5%）的氨水并喷入废气流中；此外，气态氨的储存和运输都不方便。使用尿素作为还原催化剂，其水溶性好，储存运输很方便，而且价格低廉，使用安全；一般选用浓度为 30%～40% 的尿素水溶液作催化剂，因为在此浓度尿素水溶液的凝固点最低（－11℃）；采用尿素作为催化剂，只是利用尿素产生氨，再用氨来还原 NO_X，因此同样需要附加的电控系统。碳氢化合物用作还原剂的好处在于它比较容易获得，不需要附加的电控系统，但是它的还原催化能力并不是很强。

为满足更加严格的排放法规要求，在现代汽车柴油机上，大家比较认可的 NO_X 还原技术是以尿素作催化剂的选择性催化还原技术（表示为 SCR-NO-NH_3），该技术的转换效率可以达到 90%以上。尿素的催化作用机理是：在水溶液中，尿素与水分子相结合并水解为 NH_3 和 CO_2，在低温区间 NH_3 和 NO 被氧化，在高温区间 NH_3 和 NO 直接反应，过程方程式为：

尿素水解 $CO(NH_2)_2 + H_2O = 2NH_3 + CO_2$

在低温区 $4NH_3 + 4NO + O_2 = 4N_2 + 6H_2O$

在高温区 $4NH_3 + 6NO = 5N_2 + 6H_2O$

德国 BOSCH 公司 SCR-NO-NH_3 催化转换电控系统见图 3-48。该系统集氧化催化转换技术、SCR-NO-NH_3 选择性还原催化转换技术于一体。由 ECU 控制的尿素还原剂供给系统主要由排放传感器、尿素溶液温度传感器、排气温度传感器、空气滤清器、尿素溶液箱、尿素溶液供给模块（电控泵）、喷雾器（电控喷射器）等组成，来自空气滤清器的清洁空气与尿素溶液在尿素溶液供给模块中混合，ECU 则根据柴油负荷、排气温度等传感器信号按内存确定最佳喷射量，并通过喷雾器将适量的尿素溶液与空气的混合物喷入 SCR 催化转换器中。由于转换器的转换效率取决于尿素溶液的质量和温度以及排气温度，所以在尿素溶液箱和排气管上安装有温度传感器，以检测尿素溶液和排气的实际温度，并将信号输送给 ECU。此外，在柴油机不同负荷下，NO_X 的排放量不同，对尿素溶液的需要量也不同，为精确控制尿素溶液的供给量，在排气管上还安装有排放传感器或称氧化氮传感器，用来检测并向 ECU 反馈处理后的废气中 NO_X 含量，以实现对尿素溶液供给量的闭环控制。安装在 SCR 催化转换器前部的氧化催化转换器，可有效降低 HC、CO 和 PM 的排放量。

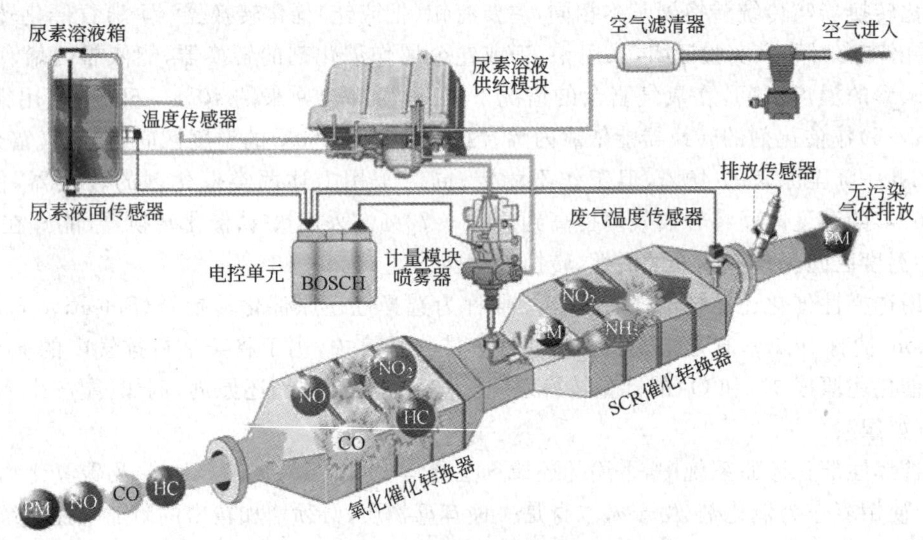

图 3-48　SCR-NO-NH_3 催化转换电控系统

4. 吸附-催化还原技术（NAC）

吸附-催化还原技术包括吸附和催化还原两项技术，其关键技术是吸附技术。该项技术几乎与选择性催化还原技术同时出现，由于成本低、结构相对简单，所以发展速度也很快，但其转换效率略低，一般可达到 70%～90%。

（1）吸附技术：吸附是一种固体表面现象。它是利用多孔性固体吸附剂处理气态污染物，使其中的一种或几种组分，在固体吸附剂表面，在分子引力或化学键力的作用下，被吸附在固体表面，从而达到分离的目的。

在汽车排放物 NO_X 后处理中采用吸附技术，主要是利用充填有 NO_X 吸附剂的吸附器，在富氧条件下将难以催化还原的 NO_X 首先储存起来，再用其他方法进行处理。吸附器类似一个过滤器，但它过滤的是发动机排气中的 NO_X。常用的吸附剂为贵金属、碱金属或碱土金属氧化物，如碳酸钾（K_2CO_3）和金属钡（Ba）等，吸附剂的耐硫性能和高温稳定性也比较差。

（2）催化还原技术：吸附技术通常与催化还原技术集成使用，形成吸附-催化还原技术。因为当吸附剂吸附的 NO_X 到一定量后，必须采取使吸附剂“再生”，否则因吸附剂失去活性而不能继续发挥其作用。“再生”是指通过去除吸附剂吸附的 NO_X，使吸附剂恢复其原有的活性（即吸附能力）。

在吸附-催化转换器中，吸附剂再生的方法一般是在转换器上配置预热空气鼓风机和预热器,当吸附剂中吸附了规定量的 NO_X 后,利用热风使 NO_X 从吸附剂中分离出来,而后在催化剂(如铂等)作用下,使 NO_X 与还原剂(如 HC、CO、H_2)发生反应,生成无害的 N_2、CO_2 和 H_2O。还原剂一般是利用柴油机排出的 HC 和 CO,由于柴油机在一般工况下的 HC 和 CO 排放低,不能满足 NO_X 还原的需要,因此柴油机的电控系统必须具有与其相适应的功能,即每隔一定时间(一般约 1min),通过加大废气再循环量或推迟喷油正时,来增加 HC 和 CO 排放,以保持较高的 NO_X 转换效率。毫无疑问,采用此措施控制排放污染,会使柴油机的燃油经济性受到影响,据资料表明将使燃油消耗增加 5%左右。

5.其他催化转换技术

我国主要采用了欧洲的排放法规体系,2005 年欧洲各国实施欧 IV 排放标准,2008 年将执行更为严格的欧 V 排放标准。我国 2004 年开始实施了相当于欧 II 的国家第二阶段标准(国 II)——轻型机动车污染物排放标准(GB 18352.2),预计 2007 年将实施国 III(相当于欧 III)标准,2008 年实施国 IV(相当于欧 IV)标准,2010 年实施国 V(相当于欧 V)标准。随着我国车用柴油机排放法规升级速度的加快,目前柴油机几乎所有的重大发展和改进工作都是围绕降低排放、噪声进行。借鉴国外柴油机技术的发展经验,应对欧Ⅳ、欧 V 排放标准,柴油机除了采用先进的控制排放主动技术外,还必须采用各种必要的尾气后处理措施。为此,近年来,针对柴油机、稀燃直喷汽油机、燃气发动机的尾气后处理技术研究,一直是世界各大汽车公司、发动机制造商和科研机构的热门课题,在此仅介绍几种被认为具有发展潜力的新技术。

(1)四效催化转换器。通过催化剂进行化学反应,能同时降低排气中 CO、HC、NO_X 和 PM 的催化转换器。关键技术是催化剂和提高的转换效率。

(2)$DeNO_X$ 催化技术。$DeNO_X$(净化氮氧化合物,又称脱硝或脱氮)催化技术主要是催化 NO_X 热裂变为 N_2 和 O_2,该技术比 SCR 相对简单,无有害生成物,目前认为最具发展潜力。目前常用的 $DeNO_x$ 催化剂有贵金属、分子筛和过渡金属氧化物,其中贵金属催化剂是目前唯一商业化的催化剂,但其价格昂贵,抗高温烧结性能、抗硫中毒能力差。因此非贵金属催化剂和过渡金属氧化物的研究和开发日益受到人们的关注。

(3)DPNR(颗粒和 NO_X 净化)。它集氧化催化技术(DOC)、净化氮氧化合物技术(DeNOx)和颗粒物过滤技术(DPF)于一体,通过三项技术的不同组合,针对不同发动机的特性选择最佳匹配方案,最大限度的同时兼顾降低排放及燃油经济性。

(4)碳素纤维加载低电压技术。碳素纤维具有催化活性,能促进废气中的 NO_X 与 CO 或 HC 进行氧化还原反应,随着电压的升高,可使 NO_X 排放明显降低。该技术以采用硝酸浸渍的不同基材(如沥青基、黏胶基、聚丙稀晴基等)活性碳素纤维作为直接还原剂,以达到脱除 NO_X 的目的。

(5)臭氧消除氮氧化物。用臭氧消除氮氧化物技术被认为是不采用氨的选择性催化还原技术,系统主要包括臭氧发生器、反应器、输送管和湿洗涤器。采用该技术先将烟道气冷却到 121℃,然后与臭氧接触,NO 与 NO_2 都不溶于水,它们与臭氧反应生成水溶性的五氧化二氮,可通过湿洗涤器使之生成稀硝酸。据称,采用此技术的费用比选择性催化还原低 10%~30%,转换效率可达 95%。

(6)均质充量压缩点燃技术(HCCI)。这是一种新型发动机燃烧方式,英文全称"Homogeneous Charge Compression Ignition"(简称 HCCI))。它借鉴了汽油发动机的燃料进气和柴油机通过高压自行点火的特点，但省略了火花塞和喷射系统，这是其与各种类型的喷射系统最大的不同之处。这种方式几乎不会产生颗粒物和氮氧化物，因为在这种燃烧方式下形成的混合气比任何形式的喷射所形成的都要均匀得多。

但 HCCI 燃烧存在着燃烧相位、燃烧速率难以控制和 UHC(未燃碳氢化合物)排放较高的难题。随着负荷增加，循环喷油量增加时上述问题越来越严重。因此，目前 HCCI 燃烧的应用仍主要局限于中低负荷。尽管 HCCI 现在还面临着许多难题需要克服，但相信随着研究的不断深入，HCCI 技术一定越来越成熟，在不久的将来，HCCI 必将成为一项广泛使用的发动机新技术。

四、颗粒过滤系统

颗粒过滤是有效降低柴油机颗粒物排放的主要措施之一。颗粒过滤系统的主要装置就是颗粒过滤器(Diesel Particulate Filter，简称 DPF)，它是安装在柴油汽车排气系统中，通过过滤来降低排气中颗粒物(PM)的装置。

颗粒过滤器的过滤效率可达 50%～90%。过滤效率是指试验车辆或发动机按照某种指定的工况运行时，柴油颗粒过滤器前后的颗粒物排放量的变化率，即

$$过滤器过滤效率=\frac{过滤器前颗粒物排放量-过滤器后颗粒物排放量}{过滤器前颗粒物排放量}\times 100\%$$

1. 颗粒过滤器

颗粒过滤器的结构见图 3-49。当废气流经颗粒过滤器时，利用有极小孔隙的滤芯将废气中直径较大的颗粒物过滤下来。滤芯是颗粒过滤器的主体，除应保证过滤器有较高的过滤效率外，还应具有较高的机械性能、热稳定性能和耐热性能，具有较小的热膨胀系数、流通阻力和质量。目前，最常使用的过滤材料有：金属丝网、陶瓷纤维、泡沫陶瓷和壁流式蜂窝陶瓷等。

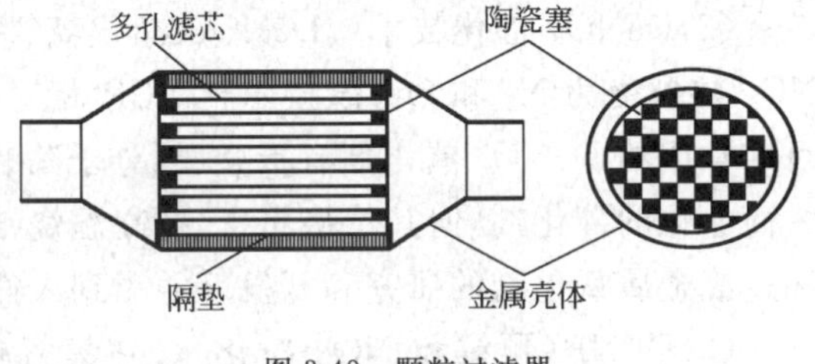

图 3-49　颗粒过滤器

颗粒过滤器除采用传统的类似滤清器的方式捕集排气中颗粒外，近年来又研究出一些新的捕集方式，如静电吸附捕集、旋流分离捕集、电压捕集等。这些技术大多仍处于研究阶段，在此仅作简单介绍。

(1)静电吸附捕集技术。柴油机排气颗粒中有 70%～80%呈带电状态，每个带电颗粒约带 1～5 个基本正电荷或负电荷，整体呈电中性。目前利用静电除尘技术，即利用附加高压静电场对呈带电特性的颗粒进行静电吸附，并取得了一定的试验成果。目前的问题是设备体积过大，成本太高，在车辆上使用最困难的是高压电的供给及收集中防止二次分散及反电晕等问题。但是随着技术的发展也是极有前景的。

(2)旋流分离捕集技术。利用离心除尘原理分离并捕集颗粒物，试验表明对直径为 0.5μm 和 1μm的颗粒物过滤效率分别达到 50%和 70%，但对直径小于 0.5μm 颗粒物捕集效率则较低。目前的问题是过滤效率低，仅能达到 25%～49%。

(3)静电旋风捕集技术。利用离心除尘技术和静电除尘技术相结合的方法，对柴油机排气

进行后处理。如何将两种技术有机地结合并发挥各自的优势，是目前研究的主要问题。静电旋风捕集器具有排气阻力小、结构简单等优势。

(4)电压捕集技术。在柴油机排气管的上下游分别装金属网，网间加约50V直流电压。一般上游的金属网网格较大，加负电压；下游的金属网网格较密，加正电压。当颗粒经过上游金属网时带上负电，经过下游带正电的金属网时被吸附，从而达到颗粒净化的目的，过滤效率较高。

(5)高压脉冲电晕等离子体技术：它是利用脉冲电晕所产生等离子体中的高能电子、离子轰击排气中污染物的分子，使其分子内化学键断裂，继而发生反应，达到清除排气中 NO_X 和 PM 等污染物的目的。但由于会产生新的盐类和其他化学成分，有可能形成二次污染，目前尚处于理论研究和实验室内的应用。

2. 过滤器再生技术

颗粒过滤器对炭的过滤效率较高，可达到60%。简单的过滤器只能物理性的降低颗粒排放，随着过滤下来的颗粒积累，会造成柴油机排气背压增加。当排气背压达到16～20kPa时，柴油机性能开始恶化。因此必须定期除去过滤器中的颗粒，使过滤器恢复到原来的工作状态，即过滤器再生。

再生技术是研制颗粒过滤器的关键。过滤器再生方式可分为被动再生和主动再生。

(1)被动再生。指集催化转换技术和颗粒过滤技术于一体，利用柴油机排气本身所具有的能量(热量)进行再生。但在正常工作条件下，柴油机排气温度一般在200～500℃，而颗粒物的燃点一般在500～600℃，可见依靠柴油机的排气的温度很难使过滤器再生。为能在多种工况下提高过滤器的“再生效率”，使颗粒物的温度高于其最低氧化温度十分必要，通常采用降低颗粒着火最低温度或者提高排气温度的方法来实现。

颗粒过滤器再生的效果通常用再生效率来表示。过滤器再生效率是指在规定的颗粒物加载水平(指过滤器加载后和加载前的重量增加量)下进行再生，其再生前后的重量变化率，即

$$\text{过滤器再生效率}=\frac{\text{过滤器再生前的重量}-\text{过滤器再生后的重量}}{\text{过滤器再生前的重量}}\times 100\%$$

利用催化剂降低颗粒着火最低温度的过滤器称为催化型柴油颗粒过滤器(Catalyzed Diesel Particulate Filter，简称CDPF)，其结构与简单的过滤器基本相同，只是在过滤器的滤芯上负载催化剂，催化剂具有降低颗粒物氧化反应所需的温度的作用。

采用提高排气温度的方法来实现过滤器再生，实际是将氧化催化转换器(DOC)与颗粒过滤器(DPF)集成一体。通常为提高再生效率，将DOC与CDPF集成一体，它利用安装在滤芯前的氧化催化剂，使排气中的HC、CO等可燃成分加速氧化提高排气温度，为颗粒物氧化创造有利的温度环境，并利用负载在滤芯上的催化剂降低颗粒物氧化反应所需的温度，温度一增一减都有利于实现过滤器的被动再生。DOC＋DPF的结构见图3-50。

采用被动再生技术的颗粒过滤器，在柴油机工作中，在降低颗粒物排放的同时，也在连续不断地进行着再生，故又称为“连续再生式颗粒过滤器”。

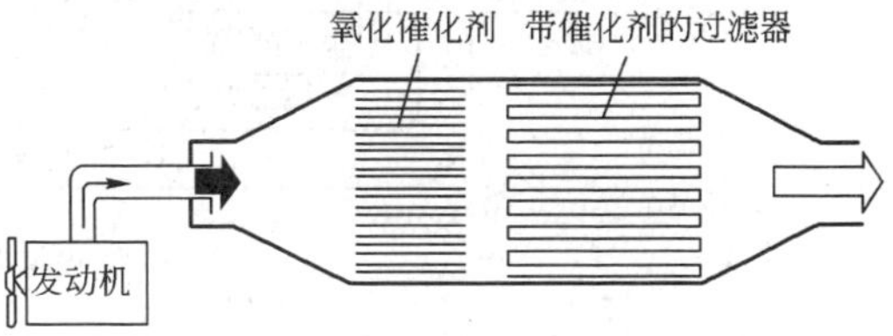

图3-50　DOC＋CDPF型过滤器

(2)主动再生。指利用外加能源(如电加热器、燃烧器或发动机操作条件的改变以提高排气温度)使颗粒物过滤器(DPF)内部温度达到颗粒物的氧化燃烧温度而进行的再生。

电加热主动再生系统见图 3-51。在过滤器的前面加装一个电加热器,后面加装一个压缩空气罐,由 ECU 根据排气压力传感器信号(反应过滤器堵塞情况)确定过滤器是否需要再生,并通过控制各电磁阀和加热器的工作,来完成过滤器再生。排气压力未达到设定值时,说明过滤器内的颗粒积累不多,加热器不通电,电磁阀 1、3、5 关闭,电磁阀 2 和 4 开启,废气经电磁阀 2、过滤器和电磁阀 4 排入大气。当排气压力达到设定值时,ECU 发出指令将电磁阀 2 和 4 关闭,并开启电磁阀 5 使废气不经过滤器直接排入大气;同时,利用脉冲指令控制电磁阀 1 和 3 使压缩空气罐放出高压脉冲气流,气流将过滤器中的颗粒反吹进电加热器中燃烧掉,从而实现过滤器的再生。在上述电加热主动再生系统中,以用微波加热器取代电加热器,形成微波加热主动再生系统。

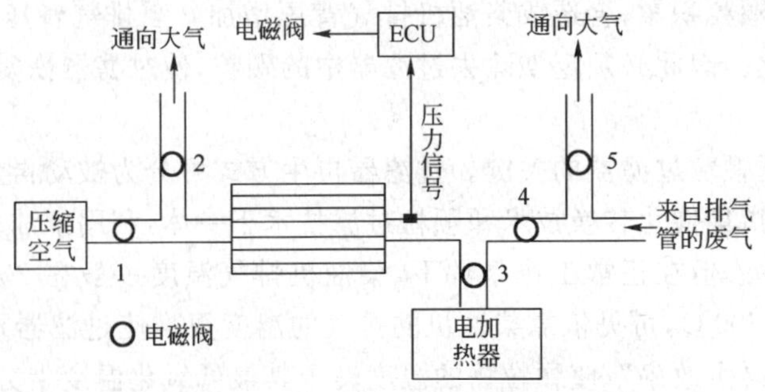

图 3-51 电加热主动再生系统

有些电加热主动再生系统,将加热器置于过滤器内,见图 3-52。其工作原理与外置加热器式基本相同,但内置加热器使颗粒物燃烧在过滤器内进行,容易导致过滤器因高温而损坏,而且颗粒物燃烧后的灰烬不易排出。

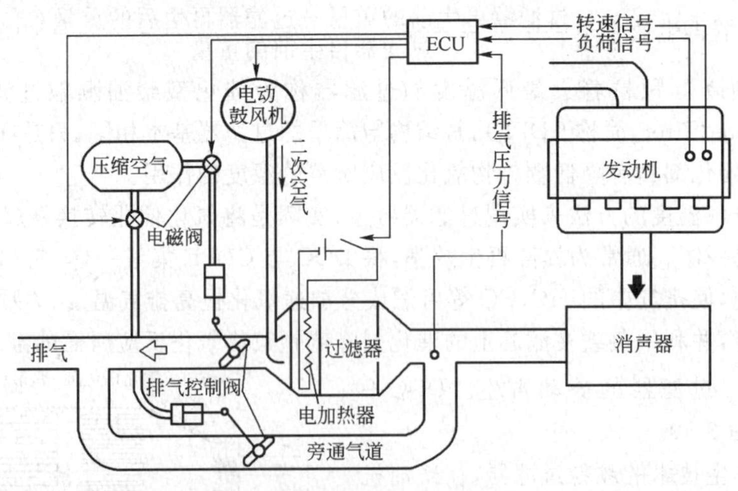

图 3-52 内置电加热主动再生系统

燃烧器加热主动再生系统见图 3-53。在过滤器前安装一个燃烧器,当过滤器需要再生时,用喷油器向燃烧器喷入少量燃油,并通过空气压缩机向燃烧器供给二次空气,利用火花塞点燃燃油，燃烧所产生的热量使过滤器中沉积的颗粒物快速燃烧掉，实现过滤器的再生。再生过程一般需 1～2min。

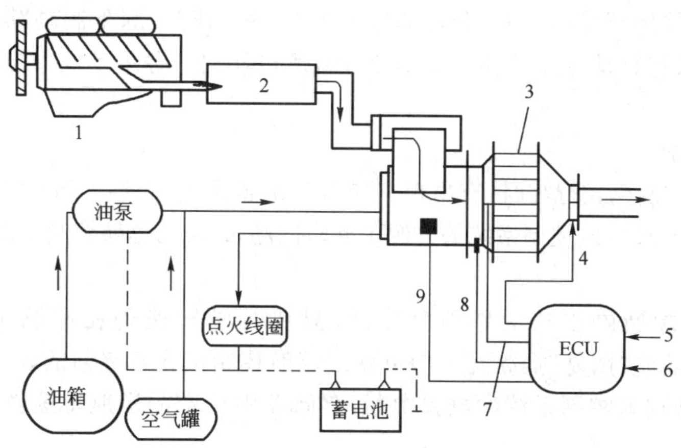

图 3-53　燃烧器主动再生系统

1-柴油机；2-消声器；3-过滤器；4-出口温度信号；5-转速信号；6-负荷信号；7-排气压力信号；8-进口温度信号；9-燃烧器温度信号

第六节　巡航控制系统

一、巡航控制系统的功能

巡航控制系统(CCS)是 20 世纪 60 年发展起来的，又称恒速行驶系统。汽车在良好路面上长时间行驶时，启动巡航控制系统并设定行驶速度，不需驾驶员操纵加速踏板，巡航控制系统即可自动保持汽车按设定的车速行驶，可减轻驾驶员的劳动强度。在巡航控制模式下，ECU 根据各种传感器输送来的信号判断汽车的运行工况，通过柴油机电控燃油喷射系统控制喷油量，使汽车的行驶速度与设定的车速保持一致。

巡航控制系统的功能主要包括车速设定、匀速控制、加速、减速、解除等。

1. 车速设定功能

汽车在巡航车速范围(一般 40～200km/h)内行驶时，通过巡航“设置”操纵开关设定巡航车速，巡航控制 ECU 将设定车速存储于 ECU 内，并使汽车保持这个速度行驶。

2. 匀速控制功能

在巡航控制过程中，ECU 对车速传感器的信号与设定的巡航车速进行比较，并根据比较结果反馈控制柴油机的供(喷)油量，使汽车以设定的巡航车速匀速行驶。

3. 加速功能

当汽车以巡航控制模式行驶时，若想提高巡航行驶速度，可通过巡航“加速”操纵开关自动加速或利用加速踏板加速，重新设定一个较高的巡航车速。

4. 减速功能

当汽车以巡航控制模式行驶时，若想降低巡航行驶速度，可通过巡航“减速”操纵开关，利用滑行或制动使汽车达到预定车速后，设定一个较低的巡航车速。

5. 手动解除功能

当汽车以巡航控制模式行驶时，利用巡航操纵“解除”开关、踩下制动踏板、踩下离合器踏板（手动变速器车）、将自动变速器挂入P或N挡，通过任何一种手动操作方法，均可解除巡航控制模式。

6. 自动解除功能

当汽车以巡航控制模式行驶时，若出现车速低于最低限定车速（40km/h），或车速高于最高限定车速（200km/h），或巡航控制系统的电源中断时间超过5ms，巡航控制模式会自动解除。

7. 恢复功能

巡航控制模式除断电以外的原因解除后，只要行驶车速仍在巡航车辆范围内（40～200km/h）内，通过巡航“恢复”操纵开关即可恢复巡航控制模式解除前的设定车速。但若车速超过其控制范围，或巡航控制系统的电源中断，存储器中设定的巡航车速就会被清除，原设定车速也就不能恢复。

8. 自诊断功能

巡航控制ECU对系统进行监控，当发生故障时，ECU接通组合仪表上故障指示灯电路，以提示驾驶员。同时，ECU存储相应的故障代码，故障代码可通过故障指示灯读取。

二、巡航控制系统的组成

巡航控制系统主要由操纵开关、安全开关、传感器、巡航控制ECU等组成。汽车处于巡航控制模式行驶时，ECU根据各传感器的信号确定维持或解除巡航控制模式，如维持巡航控制模式，则根据相关传感器信号和设定的巡航车速，确定并调节供（喷）油量，使汽车自动以设定的巡航车速行驶。

1. 操纵开关

以一汽大众柴油机轿车为例，巡航操纵开关与转向灯/前照灯变光组合开关组合成一体，主要包括主开关和巡航控制手柄，见图3-54。驾驶员通过操纵开关给ECU输入巡航控制命令，主要用于选择巡航控制模式、设置或修改巡航控制车速等。

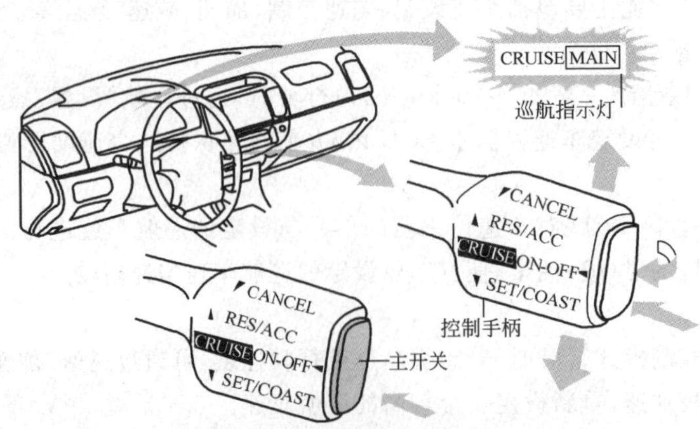

图3-54　大众柴油机轿车巡航操纵开关

按键式主开关位于巡航控制手柄的尾部,用于启动或关闭巡航控制系统。先按下主开关后松开,仪表盘上的指示灯亮,说明已启动巡航控制系统;再按下主开关后松开,仪表盘上的指示灯熄灭,说明已关闭巡航控制系统。

巡航控制手柄可向上、下、内 3 个方向扳动,以接通不同开关实现不同功能。向上扳动控制手柄,RES/ACC(恢复/加速)开关接通;向下扳动控制手柄,SET/COAST(设置/滑行)开关接通;向内扳动控制手柄,CANCEL(解除)开关接通。巡航控制手柄向某一方向扳动后松开,即自动回位,相应开关即向 ECU 输送 1 个脉冲信号。

一汽大众柴油机轿车巡航操纵开关的使用方法如下:

(1)启动巡航控制系统(CRUISE ON):按下主开关后松开,主开关处于压下状态,仪表盘上的指示灯亮起即可。

(2)设定巡航车速:系统启动后,踩加速踏板使汽车加速,当车速达到预定目标时,向下扳动 1 次控制手柄(见图 3-55)后,松开加速踏板,汽车即自动维持设定的车辆行驶。设定巡航车速后,仍可按常规方法使用加速踏板进行加速。但若加速后车速超过设定巡航车速 10km/h 以上,并以此车速持续行驶 5min 以上,则必须重新设定巡航车速;若加速后的车速和持续行驶时间在上述范围内,系统可自动恢复设定巡航车速。

(3)提高巡航车速:可通过两种途径提高巡航车速,见图 3-56。若不踩加速踏板,向上扳动控制手柄并保持(图 3-56a),汽车将自动加速行驶,到预定车速时松开控制手柄即可将此时的车速设定为巡航车速;若不踩加速踏板,向上扳动控制手柄后立即松开,每扳动 1 次控制手柄,只能使巡航车速提高1.5km/h。踩下加速踏板使汽车加速到预定车速后,向下扳动 1 次控制手柄,松开加速踏板,即可重新设定此时的车速为巡航车速。

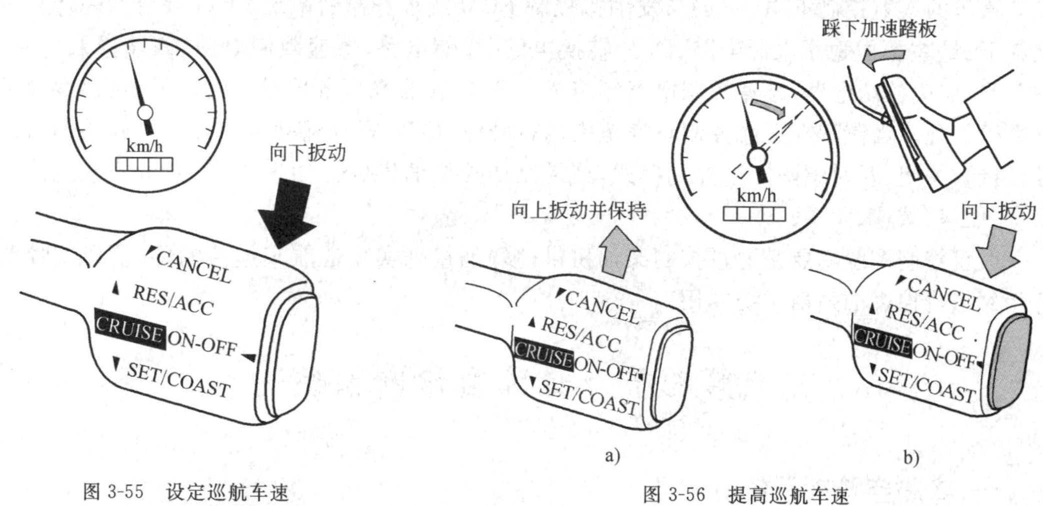

图 3-55 设定巡航车速

图 3-56 提高巡航车速

(4)降低巡航车速:与提高巡航车速的方法类似,向下扳动控制手柄并保持,汽车滑行减速到预定车速时松开控制手柄即可;若间歇向下扳动控制手柄,每扳动 1 次可使巡航车速降低 1.5km/h。也可以踩下制动踏板,强制使汽车减速至预定车速后,向下扳动 1 次控制手柄来降低巡航车速。

(5)暂时解除巡航控制:向内扳动 1 次控制手柄,向下扳动控制手柄并保持使汽车滑行减速到 40km/h 以下，手动变速器车踩下制动踏板或离合器踏板，自动变速器车踩下制动踏板或换挡手柄置于 P、R、N、1 位置，均可暂时解除巡航控制。若需要恢复设定的巡航车速，重新向上扳动 1 次控制手柄即可。

(6)关闭巡航控制系统(CRUISE OFF)：按压主开关使其处于弹起状态，或汽车处于静止状态时关闭点火开关，则巡航控制被彻底解除(完全关闭)。若想再次启动巡航控制系统，车速必须在高于 40km/h 的情况下才能启动。

2. 安全开关

安全开关的功用是向 ECU 提供解除巡航控制的信号，以免巡航控制系统的工作与驾驶员的操作目的发生冲突，导致系统损坏或发生事故。如汽车在巡航控制模式行驶时，紧急情况下，驾驶员不可能先通过其他操作解除巡航控制模式，然后再踩制动踏板；为防止紧急制动时，巡航控制系统继续工作而导致系统损坏或发生事故，ECU 接收到制动开关信号时会自动解除巡航控制模式。

安全开关包括制动灯开关、驻车制动开关、离合器开关(手动变速器车)和挡位开关(自动变速器车)。汽车在巡航控制模式下行驶时，ECU 接到任一安全开关信号，或 ECU 检测到系统发生故障，都将暂时解除巡航控制。

3. 传感器

巡航控制系统工作时，除上述开关给 ECU 的输送信号外，还必须由车速传感器、加速踏板位置传感器、供(喷)油量反馈信号传感器等向 ECU 提供信号。这些传感器与其他控制系统共用。

4. 巡航控制 ECU 和执行元件

汽车的巡航控制 ECU 一般与发动机控制 ECU 或车身控制系统 ECU 等合为一体。巡航控制 ECU 主要由稳压电源电路、D/A 转换电路、存储电路、低速限制电路、高速限制电路、保护电路、加速控制电路、减速控制电路等组成。ECU 接收来自各传感器的信号，按照存储的程序进行处理。当汽车在巡航控制车速范围内行驶时，ECU 根据驾驶员通过操纵开关输入的信号，启动、关闭、暂时解除巡航控制模式，或控制柴油机的供(喷)油量，随驾驶员的意愿使车速保持、加速、减速。

巡航控制系统主要是通过控制柴油机供(喷)油量来实现巡航车速控制的，所以其控制执行元件与电控燃油喷射系统共用。

第七节　故障自诊断系统

一、故障自诊断系统的功能

现代汽车电子控制系统中，一般都设有故障自诊断系统。故障自诊断系统主要由 ECU 中的部分软件和“故障指示灯”等组成，不需要专门的传感器。电控系统工作时，自诊断系统对电控系统各种输入、输出信号进行监测，并运用程序进行推理、判断，将结果迅速反馈到主控系统，改变控制状态；此外，还根据自诊断结果控制“故障指示灯”工作。

故障自诊断系统的功能主要包括：

(1)通过自诊断测试判断电控系统有无故障,当出现故障时,点亮故障指示灯发出报警信号,并将诊断结果以代码(故障码)的形式进行存储。但自诊断系统对机械装置、真空装置等无法对其进行监测,对这些装置的故障只能采取传统的检测诊断方法。

(2)在维修时,通过一定的操作程序可将代码调出,以便维修人员迅速、准确地确定故障的性质和部位,有针对性地检查有关元件、线路,排除故障。故障排除后,还应能将存储的故障码清除,否则会给下一次维修带来不必要的麻烦。

(3)当电控元件发生故障时,自动启动失效保护系统,以便对柴油机进行简单控制维持基本的运转功能,或强制中断燃油喷射使发动机停止运转。

二、自诊断系统工作原理

电控系统工作时,ECU不断收到各种传感器输入的信号,也不断向执行机构输出指令信号,自我诊断系统就是根据这些信号来判断有无故障的。

1.传感器故障自诊断

传感器是向ECU输送信号的电控系统元件,自诊断系统根据传感器在一定时间内是否有信号输入、信号有无变化、信号是否在正常范围来确定某传感器工作是否正常,若某传感器向ECU输送的"故障信号"持续出现超过一定时间或多次出现,自诊断系统即判定有故障,并将此故障以故障码的形式输入到ECU的存储器中,同时接通故障指示灯电路警告驾驶员。此外,自诊断系统还会根据故障性质,自动启动失效保护系统。

故障信号的产生原因除传感器自身的故障外,传感器电路接触断路或短路,也会导致故障信号的产生。自诊断系统只能根据传感器输入信号来判定有无故障,但不能确定故障的具体部位。因此,在进行故障诊断时,除按调取的故障码含义对相应传感器进行检查外,还应检查与传感器相关的线路,甚至还应检查ECU。

以冷却液温度传感器为例,其自诊断原理如图3-57所示。正常工作时向ECU输送的信号电压应为0.3～4.7V,对应发动机冷却液的温度为-30～120℃。发动机正常工作时,若冷却液温度传感器向ECU输送的信号电压低于0.3V或高于4.7V,自诊断系统则会判定为故障信号。此故障信号只是偶然出现,自诊断系统不会认为有故障,但若此故障信号持续出现超过一定时间或多次出现,自诊断系统即判定水温传感器或其电路有故障。

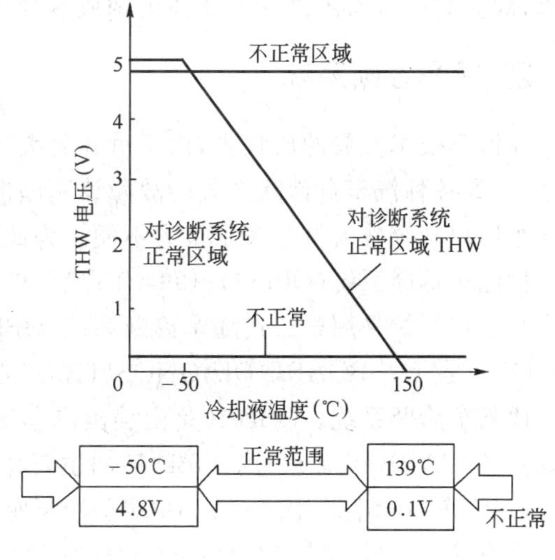

图3-57 水温传感器故障自诊断原理

2.执行元件故障自诊断原理

在开环控制系统,执行元件一般只接收ECU的指令信号,所以执行元件或其电路是否有故障,自诊断系统只能根据ECU输出的指令信号来判断,其自诊断原理与传感器类似。在闭环控制系统(如喷油正时、共轨压力控制系统等)工作时,自诊断系统还可根据反馈信号判别故障。

三、自诊断系统的使用

1.故障指示灯

在自诊断系统检测到故障时,仪表盘上的故障指示灯"CHECK ENGINE"点亮,以警告驾驶员或维修人员。故障指示灯控制电路见图3-58,蓄电池经点火开关和熔断丝给故障指示灯提供电源,ECU通过"W"端子控制故障指示灯搭铁回路。

在汽车使用中,点火开关接通,发动机没有起动或起动后的短时间内,"故障指示灯"点亮是正常现象,但起动后几秒钟(一般3～5s)内或发动机达到一定转速(一般为500r/min)后,"故障指示灯"应熄灭。否则说明自诊断系统检测到故障,若系统无故障(调不出故障码),而"故障指示灯"点亮,应检查其控制电路是否搭铁。

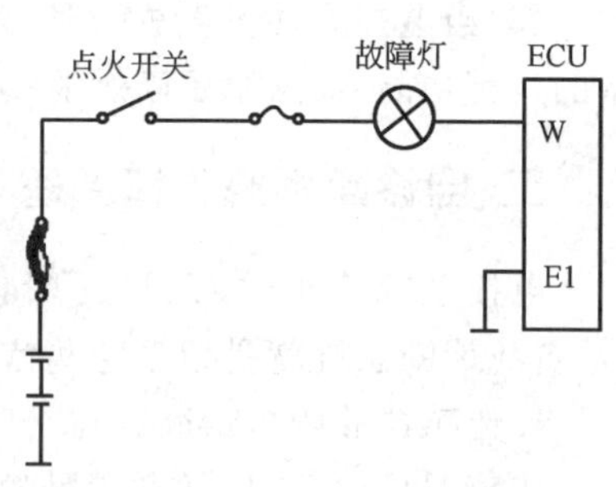

图3-58 故障指示灯控制电路

2.故障码调取与清除方法

调取故障码的基本方法可分两种:一是使用随车自诊断系统调取;二是使用故障诊断仪调取。

装用第一代随车诊断系统(OBD-I)的汽车,可利用随车自诊断系统调取故障码,但必须掌握相关资料,如故障码调取与清除的操作程序和故障码含义等,否则无法进行故障诊断和检修。装用OBD-I的汽车,故障码读取方法很多,常见的有:利用仪表板盘上"故障指示灯"的闪烁规律读取故障码,利用指针式万用表的指针摆动规律或自制二极管灯的闪烁规律读取故障码,利用ECU上的二极管灯的闪烁规律读取故障码,利用车上显示器读取故障码,使用专用仪器和专用传输线调取故障码等。

对装用第二代随车诊断系统(OBD-II)的汽车,它们具有统一的故障诊断座和统一的故障代码,故只需一台通用诊断仪器即可调取各种汽车故障码。

四、随车诊断系统

在汽车技术发展的历程中,由于世界各大汽车制造公司的技术特点各不相同,缺乏统一的标准,导致各种汽车自诊断系统的故障诊断座形式和位置、读取与清除故障码的方法各异,这给汽车用户和维修人员带来了很大不便。为此,20世纪70年代,汽车电控系统中开始采用了第一代随车诊断系统(OBD-I);1994年以后,美国、日本和欧洲的主要汽车制造厂家生产的电控汽车逐步开始采用第二代随车诊断系统(OBD-II)。

OBD是"ON-BOARD DIAGNOSITICS"的英文缩写,即随车诊断系统。OBD-II则是指第二代随车诊断系统。OBD-II是由美国汽车工程学会(SAE)提出,经环保机构(EPA)和加州资源协会(CARB)认证通过。OBD-II的主要特点如下:

(1)汽车按标准装用统一的16端子诊断座(见图3-59),并将诊断座统一安装在驾驶室仪表盘下方。

(2)OBD-II具有数据传输功能,并规定了两个传输线标准:欧洲统一标准(ISO-II)规定数据传输用"7"号和"15"号端子,美国统一标准(SAE-J1850)规定数据传输用"2"号和"10"号端子。

(3)OBD-II 具有行车记录功能，能记录车辆行驶过程的有关数据资料；能记忆和重新显示故障码的功能，可利用仪器方便、快速地调取或清除故障码。

(4)装用 OBD-II 的汽车，采用相同的故障码代号及故障码意义统一。故障码由 1 个英文字母和 4 个数字组成(见图 3-60)，故障码说明见表 3-4。

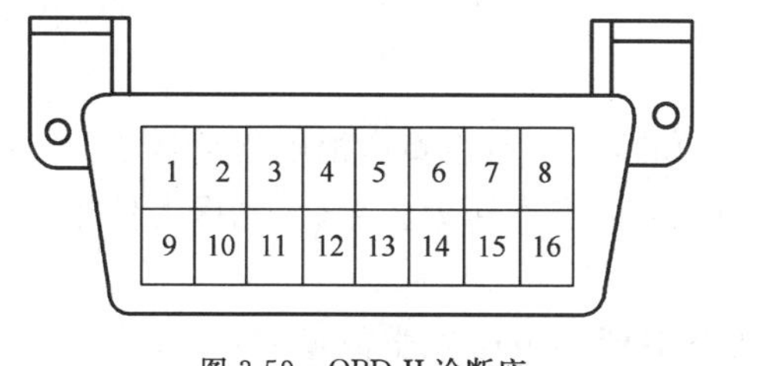

图 3-59　OBD-II 诊断座

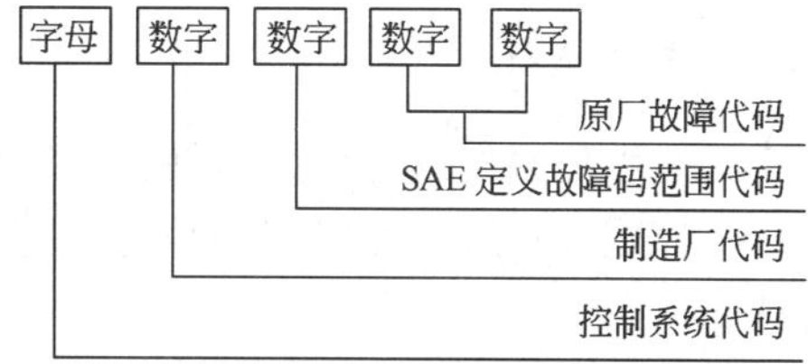

图 3-60　OBD-II 故障码组成

OBD-II 故障码说明　　表 3-4

代码性质	代　码	代码含义
控制系统代码 (英文字母)	P	汽车发动机和自动变速器控制系统
	C	汽车底盘控制系统
	B	汽车车身控制系统
制造厂代码 (1 位数字)	0	SAE 定义的故障码
	其他 1、2、3、…、9	汽车制造厂自定义的故障码
SAE 定义故障码范围代码 (1 位数字)	1	燃油或进气测量系统故障
	2	燃油或进气测量系统故障
	3	点火系统故障或发动机间歇熄火故障
	4	废气控制系统故障
	5	怠速控制系统故障
	6	ECU 或执行元件控制系统故障
	7	自动变速器控制系统故障
	8	自动变速器控制系统故障
原厂故障代码 (2 位数字)	——	由原厂规定的具体元件故障码，不同代码有不同的含义

第八节　失效保护系统

一、失效保护系统的功能

失效保护系统的组成主要是设在 ECU 内的部分程序，其功能是：当自诊断系统确定某传感器或其电路出现故障(即失效)时，给 ECU 提供预先设定的该传感器信号来替代故障信号，以保证控制系统的正常运行，使发动机仍能继续运转。此外，当 ECU 或重要传感器(如凸轮轴位置传感器、加速踏板位置传感器)发生故障时，失效保护系统则会按设定程序控制柴油机运转，除起动或熄火外，一般无法改变柴油机工况，以免发生严重事故。

当控制系统发生故障时，失效保护系统只能按设定的传感器信号或程序维持柴油机的运转，给ECU提供的设定信号不可能与实际工作情况一致，设定程序也不可能具有强大的控制功能，因此失效保护系统只能维持发动机运转，但不能保证发动机的性能。

二、信号设定

标准信号是预先设定好并存储在失效保护系统中的，一般包括蓄电池电压信号、冷却温度信号、进气温度信号、燃油温度信号、润滑油温度信号、增压空气压力信号、大气压力信号、进气量信号等。

以冷却液温度信号设定为例，当冷却液温度传感器或其电路发生故障时，ECU可能会收到超过正常范围（低于−40℃或高于150℃）的温度信号，若电控燃油喷射系统仍按通常的方式控制喷油量，必然会引起空燃比过小或过大，导致发动机性能下降。此时，失效保护系统给ECU提供设定的冷却液温度信号，通常按冷却液温度为80℃控制发动机工作。

三、安全保护

当重要传感器失效无法确定喷油正时和喷油量时，或ECU内部发生故障无法按正常控制程序工作时，失效保护系统将按设定的程序控制喷油正时和喷油量，使柴油机维持基本运转功能，以便驾驶员能够将车开到最近的维修站（厂）检修。在此情况下，失效保护系统一般只能根据起动开关和怠速触点（加速踏板位置传感器内）信号，将柴油机的工况简单分为起动、怠速、非起动怠速3种工况，每一工况对应的喷油正时和喷油量都是设定的，无法改变。为防止重大事故发生，减少燃油消耗和排放污染，柴油机在失效保护系统控制下工作，循环喷油量和转速不可能高，汽车也只能维持基本的行驶能力。

复习思考题

1. 怠速控制系统有何功能？如何实现？
2. 进气节流控制系统有何功能？如何实现？
3. 进气涡流控制系统有何功能？如何实现？
4. 气门驱动控制系统有何功能？主要有哪些类型？
5. 为什么要进行增压控制？控制的内容有哪些？如何实现？
6. 柴油机的起动预热装置有几种类型？说明其基本原理。
7. 柴油机的主要排放污染物是什么？主要控制方法有哪些？
8. 为什么要对EGR进行冷却？如何冷却？
9. 应用在柴油机上的催化转换技术主要有几种？说明其基本原理。
10. 颗粒物过滤器的作用是什么？再生的方法有几种？
11. 以一汽大众宝来轿车为例，说明其巡航控制系统的组成和功能。
12. 失效保护系统有何功能？

第四章 柴油机电控系统传感器

学习目标：

1. 掌握柴油机电控系统常用传感器的功用；
2. 掌握柴油机电控系统常用传感器的结构原理。

第一节 加速踏板位置传感器

在装用传统柴油机的汽车上，驾驶员通过加速踏板由机械装置直接控制高压油泵来实现循环供油量控制，而在装用电控柴油机的汽车上，利用加速踏板位置传感器来检测加速踏板被驾驶员踩下的位置，并将加速踏板位置信号输送给 ECU，再由 ECU 通过控制供(喷)油量的执行元件来控制循环供(喷)油量。

加速踏板位置传感器又称柴油机负荷传感器，常用的有 3 种类型：电位计式、差动电感式和霍尔式。

一、电位计式加速踏板位置传感器

电位计式加速踏板位置传感器一般由电位计和怠速开关组成，见图 4-1。利用怠速开关精确地检测加速踏板是否处于完全放松位置(怠速位置)。

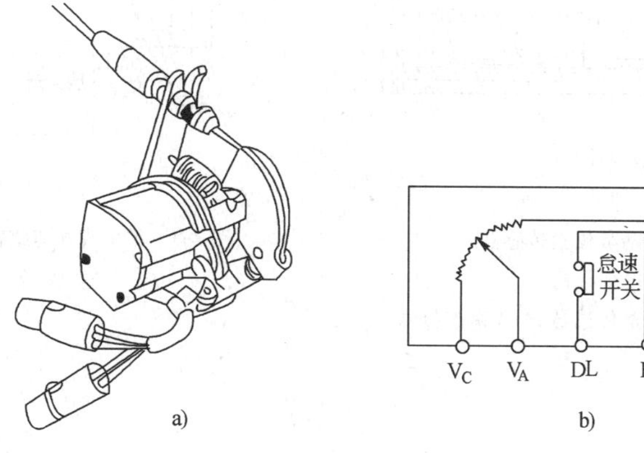

图 4-1 电位计式加速踏板位置传感器

a)传感器外形；b)内部电路

电位计用于连续测量加速踏板的位置及其位置变化。电位计的滑动臂由加速踏板通过轴或拉线驱动，点火开关接通后，ECU 即通过 V_C 端子给传感器提供 5V 标准电压，使通过电位计的电流保持不变。在不同的加速踏板位置时，电位计滑动臂（信号端子 V_A）与搭铁端子（经 ECU 内部搭铁的 E_2 端子）之间的电阻不同，由于发动机工作时流经电位计的电流不变，所以两端子（V_A 端子与 E_2 端子）之间的电压与加速踏板的位置成正比，ECU 即根据这一电压信号确定加速踏板位置及其位置变化的。怠速触点为一个常开触点，只有当加速踏板处于完全松开位置（即怠速位置）时，怠速触点闭合，DL 端子与 E_1 端子接通，向 ECU 输送加速踏板处于完全松开位置（即怠速位置）的信号。

二、差动电感式加速踏板位置传感器

差动电感式加速踏板位置传感器主要由铁芯、感应线圈和线束连接器等组成，见图 4-2。推杆与加速踏板联动，衔铁与推杆做成一体。当加速踏板的位置发生变化时，在两个线圈中移动，使两个线圈内的自感电动势发生一增一减的变化，根据输出端线圈的电压信号即可确定加速踏板的位置（详细原理可参考本章第三节相关内容）。

三、霍尔式加速踏板位置传感器

霍尔式加速踏板位置传感器利用霍尔效应原理来检测加速踏板的位置及其位置变化，该传感器将永久磁铁安装在与加速踏板联动的轴上，霍尔元件则是固定的，见图 4-3。当加速踏板位置变化时，与加速踏板联动的轴就会带动永久磁铁转动，从而改变永久磁铁与霍尔元件之间的相对位置，使作用在霍尔元件上的磁场强度发生变化，结果导致霍尔元件输出的电压发生变化，ECU 根据霍尔元件输出的电压即可确定加速踏板的位置及其位置变化。

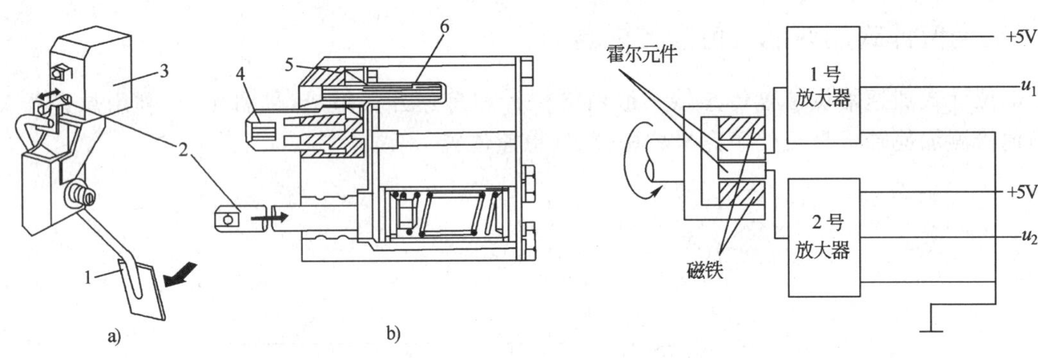

图 4-2 差动电感式加速踏板位置传感器

a）传感器外形；b）内部结构

1-加速踏板；2-推杆；3-加速踏板位置传感器；4-线束连接器；5-线圈；6-衔铁

图 4-3 霍尔式加速踏板位置传感器

第二节 凸轮轴/曲轴位置传感器

凸轮轴位置传感器（CMPS）给 ECU 提供曲轴转角基准位置（第一缸压缩上止点）信号（即 G 信号），曲轴位置传感器（CKPS）给 ECU 提供发动机转速信号（故又称转速传感器）或曲轴

转角信号(即 Ne 信号)，两传感器信号主要用于供(喷)油正时控制。凸轮轴位置传感器和曲轴位置传感器的结构和工作原理基本相同，而且通常安装在一起，只是各车型安装位置不同，但必须安装在与曲轴有精确传动关系的位置处，如曲轴、凸轮轴或飞轮处。

在第一代柴油机电控燃油喷射系统中，安装在直列柱塞泵中的正时传感器(见图 2-17)，安装在分配泵内的泵角传感器(见图 2-33、图 2-39 和图 2-57)，都用来检测泵轴转角和基准位置的，其类型和工作原理与凸轮轴/曲轴位置传感器相同，这类传感器不再单独介绍。

柴油机凸轮轴/曲轴位置传感器主要有电磁感应式和霍尔式两种。

一、电磁感应式凸轮轴/曲轴位置传感器

电磁感应式传感器利用电磁感应原理产生脉冲信号，见图4-4。传感器主要由永久磁铁、感应线圈和转子组成，永久磁铁产生的磁力线通过转子形成封闭回路，当转子上的齿正对感应线圈时，空气隙最小，通过线圈的磁通量最大；随着转子的转动(由曲轴或凸轮驱动)，由于转子与感应线圈之间的空气隙变化，通过感应线圈的磁通量变化，所以在感应线圈两端产生交变的感应电动势，经滤波整形后即可作为脉冲信号。转子每转一圈，产生的脉冲信号数量等于转子齿数与感应线圈数之乘积。

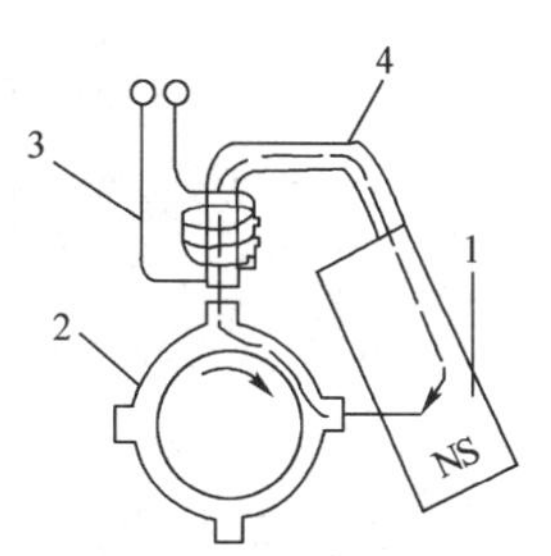

图 4-4　电磁感应式传感器原理
1-永久磁铁；2-转子；3-感应线圈；4-铁芯

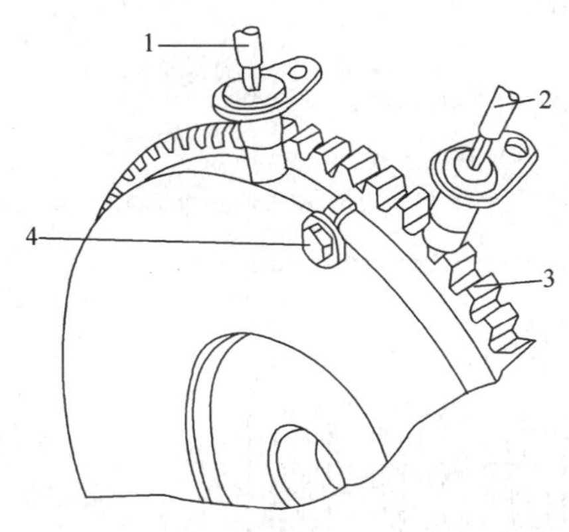

图 4-5　电磁感应式凸轮轴/曲轴位置传感器
1-G 感应线圈；2-Ne 感应线圈；3-飞轮齿圈；4-基准位置标记

安装在飞轮处的电磁感应式凸轮轴/曲轴位置传感器见图 4-5，该传感器利用飞轮作为曲轴位置传感器和凸轮轴位置传感器的共同转子；Ne 感应线圈与飞轮齿圈(即 Ne 转子)组成曲轴位置传感器，用以产生 Ne 信号，曲轴每转一圈产生的信号数与飞轮齿圈的齿数相等；G 感应线圈与飞轮一侧的基准位置标记(即 G 转子)用以产生 G 信号，曲轴每转一圈产生 1 个 G 信号。

各种发动机装用的电磁感应式凸轮轴/曲轴位置传感器不完全相同，主要区别：一是凸轮轴位置传感器与曲轴位置传感器不一定安装在一起；二是安装位置，可以在曲轴前端皮带轮处、曲轴后端飞轮处、凸轮轴前后、直列柱塞泵或分配泵内等；三是转子的齿数，G 转子一般有 1 齿、2 齿等(能被缸数整除)，Ne 转子一般有 12 齿、24 齿、60 齿等(能被 360 整除)；四是感应线圈数量，G 感应线圈一般有 1 个或 2 个，Ne 感应线圈一般只有 1 个。图 4-6 为 3 种不同形式的电磁感应式凸轮轴/曲轴位置传感器示意图。

此外，部分凸轮轴位置传感器与曲轴位置传感器的转子和感应线圈均共用 1 个，见图 4-7。一般传感器转子齿沿圆周方向均匀分布，但该传感器的转子上某位置缺齿，转子转动时，缺齿部位与感应线圈对正时，感应线圈产生的信号明显变化，以此作为 G 信号，而转子上其他的齿则用来产生 Ne 信号。

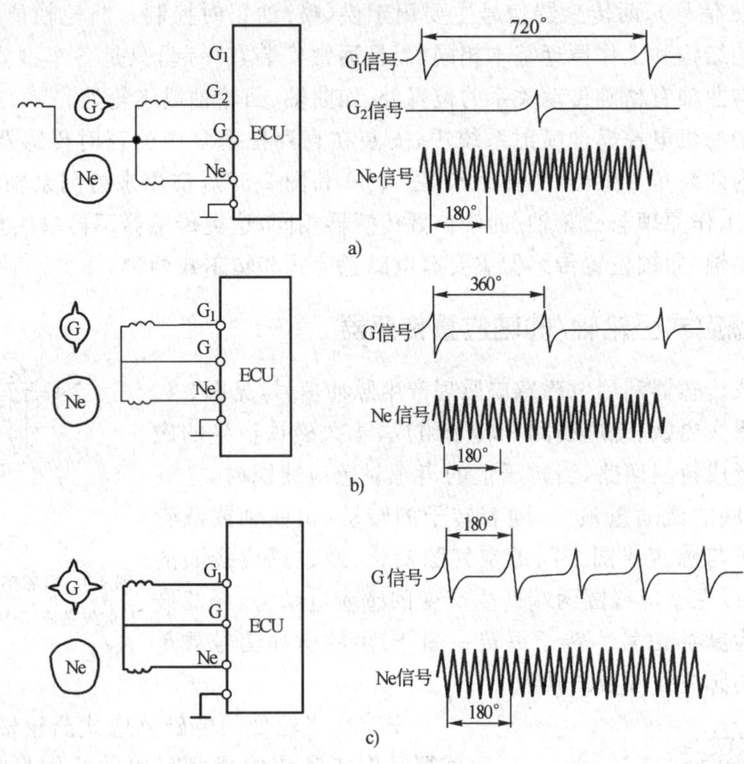

图 4-6 不同形式的电磁感应式凸轮轴/曲轴位置传感器

a)2 个 G 感应线圈；b)2 齿 G 转子；c)4 齿 G 转子

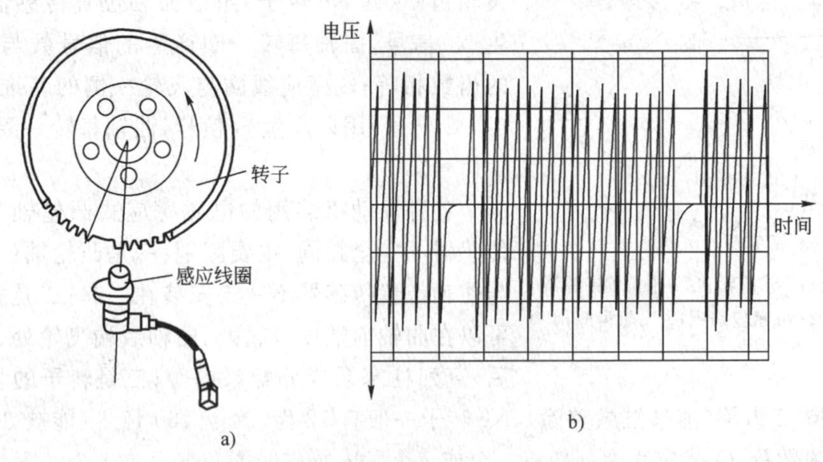

图 4-7 共用线圈和转子的凸轮轴/曲轴位置传感器

a)工作原理；b)输出波形

二、霍尔式凸轮轴/曲轴位置传感器

霍尔式传感器利用霍尔效应原理产生信号。霍尔效应原理即：当电流通过放在磁场中的半导体基片(霍尔元件)，且电流方向与磁场方向垂直时，在垂直于电流与磁场方向的霍尔元件

横向侧面上，产生一个与电流和磁场强度成正比的电压(称霍尔电压)，霍尔电压可用下式表示：

$$U_{\mathrm{H}} = \frac{R_{\mathrm{H}}}{d} IB$$

式中：R_{H}——霍尔系数；

d——基片厚度；

I——控制电流；

B——磁场强度。

由上式可知，当传感器结构和控制电流一定时，霍尔电压与磁场强度成正比。霍尔式传感器就是利用磁场强度变化时产生的霍尔电压，经过放大整形后作为信号输送给 ECU 的。根据霍尔式凸轮轴/曲轴位置传感器采用的触发转子不同，可分为触发叶片式和触发轮齿式两种。

1. 触发叶片式霍尔式传感器

触发叶片式霍尔式传感器主要由带触发叶片的转子、永久磁铁、导磁板和霍尔元件等组成，见图 4-8。永久磁铁与霍尔元件分别固定在触发叶片的两侧。带触发叶片的转子转动时，

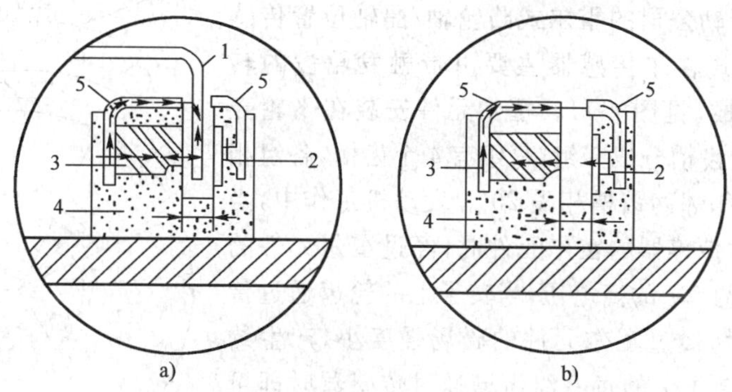

图 4-8　触发叶片式霍尔式传感器工作原理

a) 触发叶片进入空气隙；b) 触发叶片离开空气隙

1-触发叶片；2-霍尔元件；3-永久磁铁；4-底板；5-导磁板

每当叶片进入永久磁铁与霍尔元件之间的空气隙，霍尔元件的磁场即被触发叶片所旁路(或称隔磁)，这时不产生霍尔电压；当触发叶片离开空气隙时，永久磁铁的磁通便通过导磁板穿过霍尔元件，这时产生霍尔电压。将霍尔元件间歇产生的霍尔电压经霍尔集成电路放大整形后，即向 ECU 输送电压脉冲信号。

以美国通用(GM)公司霍尔式凸轮轴/曲轴位置传感器为例，带触发叶片的霍尔式传感器转子见图4-9，它安装在发动机的曲轴皮带轮前端，内侧为 G 信号转子，外侧为 Ne 信号转子。内侧的 G 信号转子有 3 个触发叶片和 3 个窗口，每个触发叶片和窗口的宽度不等，3 个触发叶片所对应的角度分别为 110°、100°和 90°，3 个窗口所对应的角度分别为 10°、20°和 30°。外侧的 Ne 信号转子有均匀分布的 18 个触发叶片和 18 个窗口，每个触发叶片和窗口的宽度为 10°弧长。传感器输出信号见图 4-10，Ne 转子每

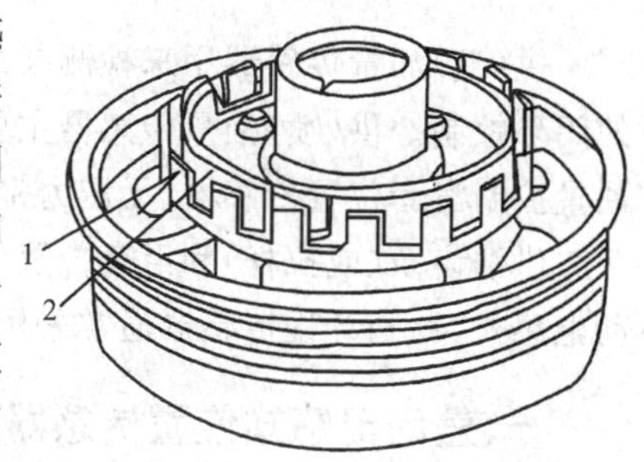

图 4-9　触发叶片式霍尔式传感器转子

1-Ne 信号转子；2-G 信号转子

旋转1圈产生18个Ne信号(称为18X信号),每个脉冲周期相当于20°曲轴转角;G转子每旋转1圈产生3个不同宽度的G信号(称为3X信号),分别产生于1-4缸、3-6缸和2-5缸上止点前75°。

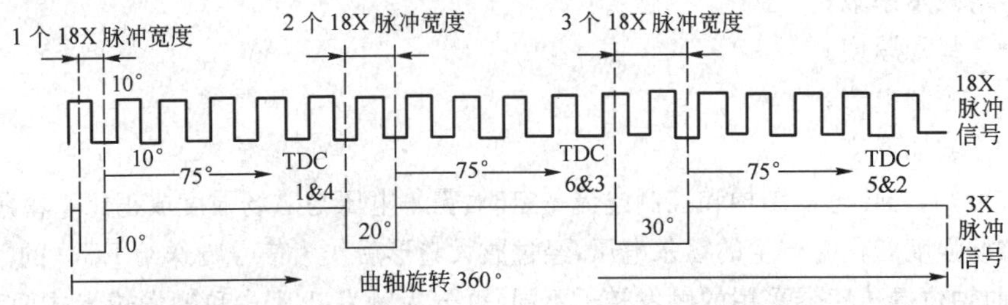

图4-10　触发叶片式霍尔式传感器信号

2.触发轮齿式霍尔传感器

以美国克莱斯勒公司的霍尔式凸轮轴/曲轴位置传感器为例,触发轮齿式霍尔传感器主要由带触发轮齿的转子、霍尔元件等组成,见图4-11。霍尔元件安装在飞轮壳上,转子上的12个齿槽分成3组,每组有4个齿槽,各组相隔120°,每组中的相邻两齿槽相隔20°。发动机工作中,当转子上的齿槽通过传感器的霍尔元件时,经过霍尔元件的磁场强度大,产生约5V的高电压;当转子上的轮齿通过传感器的霍尔元件时,经过霍尔元件的磁场强度小,产生约0.3V的低电压。转子上的每一组齿槽通过传感器时即可产生4个脉冲信号,转子每一圈产生3组脉冲信号(适用六缸发动机),每组信号的结束(或开始)用作G信号确定两缸(1-6缸、2-5缸或3-4缸)活塞上止点位置,每组中的4个脉冲信号则作为Ne信号。

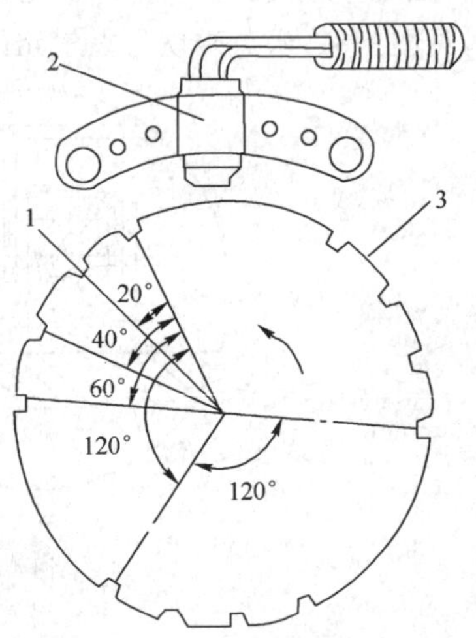

图4-11　触发轮齿式霍尔式传感器

1-转子齿槽;2-传感器;3-转子齿

第三节　供(喷)油量传感器

供(喷)油量传感器用来检测柴油机的实际供(喷)油量,产生的信号用来实现供(喷)油量的闭环控制。供(喷)油量传感器主要包括直列柱塞泵供油齿条(或拉杆)位置传感器、分配泵油量控制滑套位置传感器、无压力室喷油器针阀升程传感器。

供油齿条(或拉杆)和滑套位置传感器(包括本章第一节加速踏板位置传感器)通常采用差动电感式,针阀升程传感器通常采用霍尔式。

一、差动电感式位置传感器

电感传感器主要用于位移检测,它利用电磁感应原理,将被测对象的位移变化量转换成线圈自感电动势或互感电动势的变化,进而由测量电路转换为电压信号。柴油机电控系统中,常

用的差动电感式传感器分为差动自感式和差动变压器式两种。

1.差动自感传感器

(1)自感传感器：自感传感器可分为变间隙型、变面积型和螺线管型3种类型，其组成基本相同，主要包括线圈、铁芯、衔铁和连接杆，见图4-12。

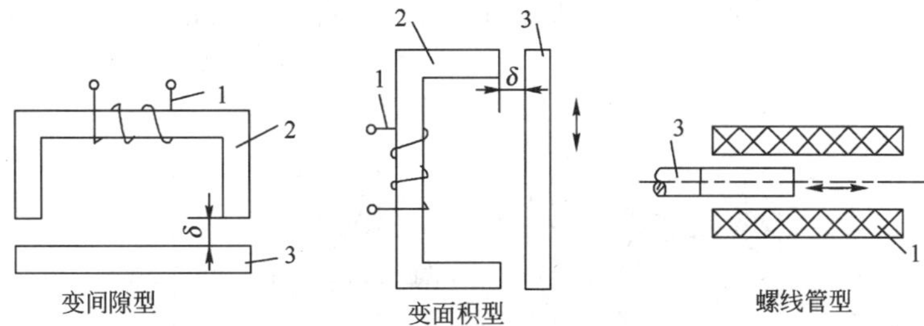

图4-12　自感传感器

1-线圈；2-铁芯；3-衔铁

自感传感器的衔铁通过连接杆与被检测对象连接，传感器工作时，衔铁随被检测对象移动，将引起变间隙型自感传感器的衔铁与铁芯之间空气隙变化，或变面积型自感传感器铁芯与衔铁之间相对覆盖面积变化，或螺管型自感传感器的衔铁插入线圈深度发生变化，这些变化均会导致线圈磁回路中的磁阻变化，从而使线圈的磁通量变化，进而线圈产生的自感电动势也随之发生变化；传感器线圈产生的自感电动势与衔铁和被检测对象的移动量成正比。

变间隙型自感传感器灵敏度高，但非线性严重，检测量程较小。变面积型自感传感器灵敏度较低，但具有较好的线性，检测量程较大。螺管型自感传感器的灵敏度虽然比前两种都低，但检测量程大、线性好，且结构简单、成本低廉，应用比较广泛。

(2)差动自感传感器：在上述自感传感器基础上，增加一个与原线圈完全相同的线圈，且两个线圈反向串接，以差动方式输出，即构成差动自感传感器，见图4-13。其类型也分变间隙型、变面积型和螺线管型3种。与只有一个线圈的自感传感器相比，差动自感传感器灵敏度高，测量误差小。

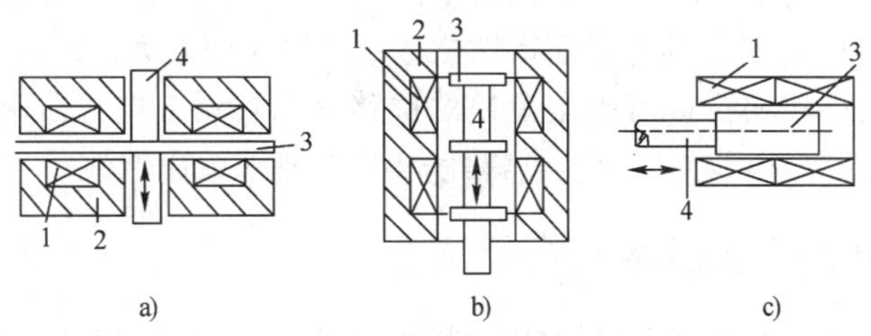

图4-13　差动自感传感器

a)变间隙型；b)变面积型；c)螺线管型

1-线圈；2-铁芯；3-衔铁；4-连接杆

差动自感传感器实际就是将两个自感传感器耦合在一起，并将两个线圈(L_1 和 L_2)与两个标准电阻器(R_1 和 R_2)接成电桥电路(见图4-14a)。差动自感传感器输出特性见图4-14b)，随衔铁移动(相对两线圈位移量为 δ_1 和 δ_2)两个线圈产生的自感电动势(L_1 和 L_2)一增一减；衔铁处于初始位置时，两个线圈产生的自感电动势相等，但极性相反，所以两个线圈输出的差动电感(ΔL)为0,测量电路输出电压(U_0)为0;衔铁向某一方向移动时,两个线圈产生的自感电动势一增一减变化,使测量电路输出的电压也随之变化;随衔铁移动量增大,两个线圈输出的差动电感增大,测量电路输出的电压也随之增大。由此可见,采用差动自感传感器作为直列泵供油齿条位置传感器或分配泵滑套位置传感器时,根据传感器输出的信号电压即可确定油量控制齿条或滑套的实际位置,而这一位置反应了直列柱塞泵或分配泵的供油量。

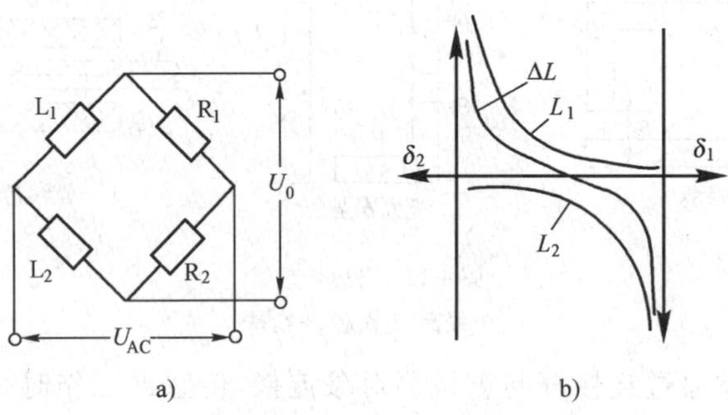

图 4-14 差动自感传感器测量电路及输出特性

a)测量电路;b)电感特性

2.差动变压器传感器

差动变压器传感器同样有变间隙型、变面积型和螺线管型3种类型,常用的也是螺线管型差动变压器传感器(见图4-15)。差动变压器传感器主要由衔铁、初级绕组、次级绕组和线圈框架等组成。由于这种传感器的工作原理类似变压器,且两次级线圈反向串接,以差动方式输出,所以称为差动变压器传感器。

差动变压器传感器属互感型,给初级线圈通电时,在两个次级线圈中分别产生互感电动势E_{21}和E_{22}(见图4-16),当衔铁移向某次级线圈一边时,该次级线圈产生的互感电动势增大,而另一个次级线圈产生的互感电动势减小;衔铁处于初始位置时,两个次级线圈产生的互感电动势大小相等,极性相反,差动电感为0;衔铁向任何一个方向移动偏离初始位置时,两个次级线圈的差动电感都不为0,而且差动电感随衔铁位移量的增大而增大。因此,根据差动变压器传感器输出电动势的大小和相位即可确定衔铁的位移量和移动方向。图中横坐标为衔铁位移量,纵坐标为感应电动势,虚线为实际输出特性,实线为理想输出特性。

二、霍尔式针阀升程传感器

在采用无压力室喷油器的压电式共轨系统中,ECU通过控制喷油器针阀升程(即喷油孔流通截面)来控制喷油量,并利用针阀升程传感器实现喷油量的闭环控制。

霍尔式针阀升程传感器主要由与针阀弹簧座制成一体的永久磁铁、固定在弹簧室的霍尔元件等组成,见图4-17。霍尔元件通电后,当与针阀弹簧座制成一体的永久磁铁移动时,使通过霍尔元件的磁场强度发生变化,霍尔元件即输出一个与针阀升程成正比的霍尔电压。ECU根据此霍尔电压即可确定针阀升程,进而确定实际喷油量,以便对喷油量进行闭环控制。

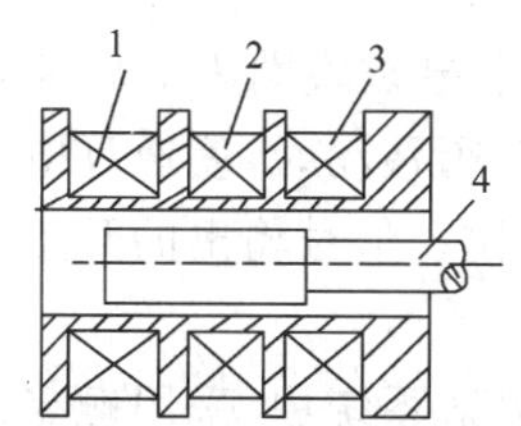

图 4-15　差动变压器传感器

1、3-次级线圈；2-初级线圈；4-衔铁

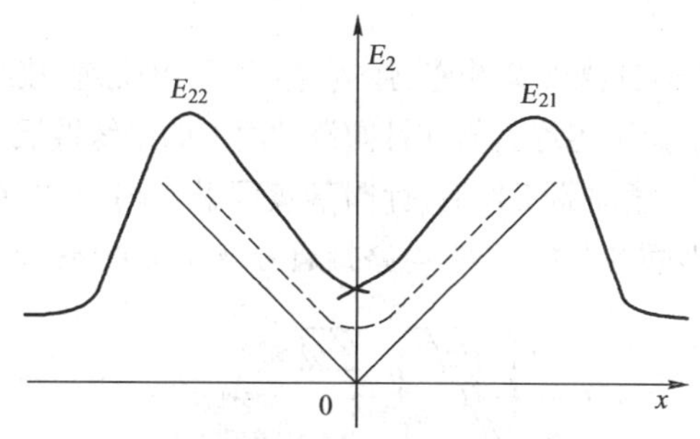

图 4-16　差动变压器传感器输出特性

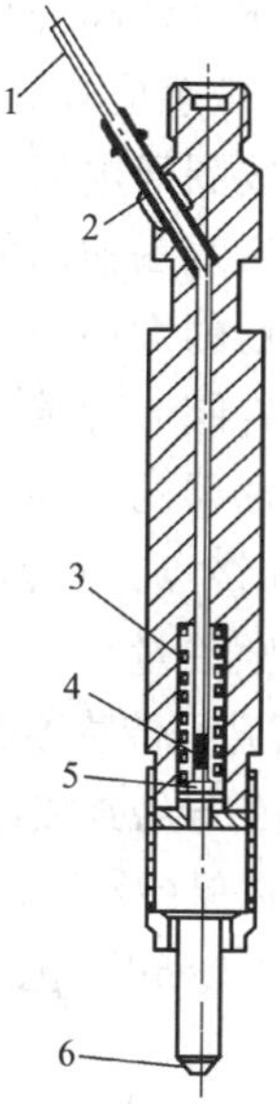

图 4-17　霍尔式针阀升程传感器

1-传感器线束；2-线束连接器；3-弹簧；4-霍尔元件；5-弹簧座和永久磁铁；6-喷嘴

第四节　供(喷)油正时传感器

供(喷)油正时是影响柴油机动力性、经济性、排放性和噪声的重要因素之一，因此在柴油机电控燃油喷射系统中，对供(喷)油正时均采用闭环控制。供(喷)油正时传感器就是用来检测柴油机实际供(喷)油正时的传感器，它向 ECU 提供供(喷)油正时闭环控制所需的反馈信号。

在柴油机电控燃油喷射系统中，检测实际供(喷)油正时的方法不同，所采用的传感器也不同。在直列柱塞泵电控系统中，通过检测泵凸轮轴的基准位置和转角来确定实际供油正时，正时传感器的结构类型和工作原理类似凸轮轴/曲轴位置传感器；在分配泵"位置控制"方式的电控燃油喷射系统中，通过检测正时调节器活塞的位置来确定供油正时，正时活塞位置传感器的结构类型和工作原理类似加速踏板位置传感器。本节主要介绍分配泵"时间控制"系统和共轨式电控系统中，通过检测喷油器针阀开启始点、高速电磁阀关闭始点、燃烧室着火始点来确定实际供(喷)油正时的传感器。

一、喷油器针阀开启始点传感器

喷油器针阀开启始点即喷油器的喷油始点，所以喷油器针阀开启始点传感器也称为喷油始点传感器或喷油器针阀升程传感器。该传感器安装在喷油器内，直接检测针阀的升程变化，通常采用电磁感应式或霍尔式。传感器输出信号的始点可用来确定实际的喷油正时，输出信号的大小可用来确定喷油器针阀的升程大小，即可作为检测无压力室喷油器实际喷油量的传感器。

(1)霍尔式针阀升程传感器：结构原理见本章第三节相关内容。

(2)电磁感应式针阀升程传感器:以一汽大众捷达轿车1.9L SDI柴油机为例,安装在第三缸喷油器中的电磁感应式针阀升程传感器见图4-18。位于电磁线圈内的磁性材料与喷油器顶杆连成一体,线圈通电后,当磁性材料和喷油器顶杆随针阀移动时,使通过电磁线圈的磁通量发生变化,电磁线圈输出的信号电压与针阀位移量成正比。信号输出的开始时刻即喷油开始时刻,信号电压的大小即反应针阀升程的大小。

(3)触点式针阀升程传感器:在部分柴油机电控燃油喷射系统中,采用触点式针阀升程传感器,它是将喷油器的针阀与针阀座作为一个触点开关来控制电路通断,并根据电路通断信号确定喷油始点和终点。根据喷油始点信号可确定喷油正时,而根据喷油始点与终点两信号可确定喷油时间(喷油量)。

触点式针阀升程传感器的结构见图4-19。喷油器针阀经弹簧座、弹簧、垫片、导电支座、接线片与线束连接器上的导线连接,并利用塑料绝缘套、绝缘环、绝缘套筒和针阀滑动面上的绝缘镀层与喷油器壳体和针阀体保持绝缘。喷油器体则直接搭铁。喷油器工作时,针阀落座即触点闭合,电路接通;针阀离座即触点断开,电路切断;电路切断时刻即喷油开始时刻,电路接通时刻即喷油结束时刻。

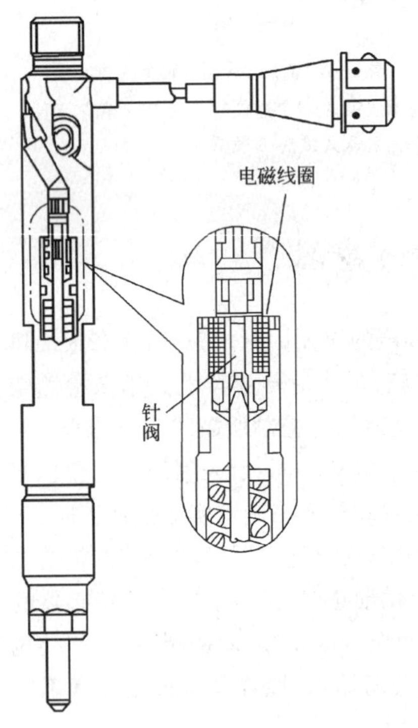

图4-18　电磁感应式针阀升程传感器

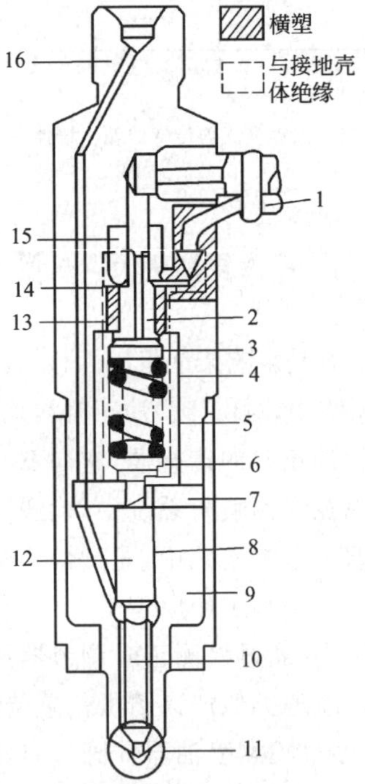

图4-19　触点式针阀升程传感器

1-导线;2-导电支座;3-垫片;4-喷油器弹簧;5-绝缘套筒;6-弹簧座;7-限位板;8-绝缘镀层;9-针阀体;10-针阀;11-触点;12-针阀滑动面,13-绝缘环;14-接线片;15-绝缘套;16-喷油器体

触点式针阀升程传感器的工作原理见图4-20。喷油器触点与标准电阻R_1并联后再与标准电阻R_2串联。传感器工作时,由ECU给其提供标准电压V_C,喷油器不喷油时,由于针阀落座触点闭合,使流经标准电阻R_1的电流为0,所以输出信号电压$V_S=0$;喷油器喷油时,针阀离开阀座触点断开,输出信号电压$V_S \neq 0$。输出信号电压由$V_S=0$变换到$V_S \neq 0$的时刻即喷

油的开始时刻，而输出信号电压由 $V_S \neq 0$ 变换到 $V_S = 0$ 的时刻即喷油的结束时刻。

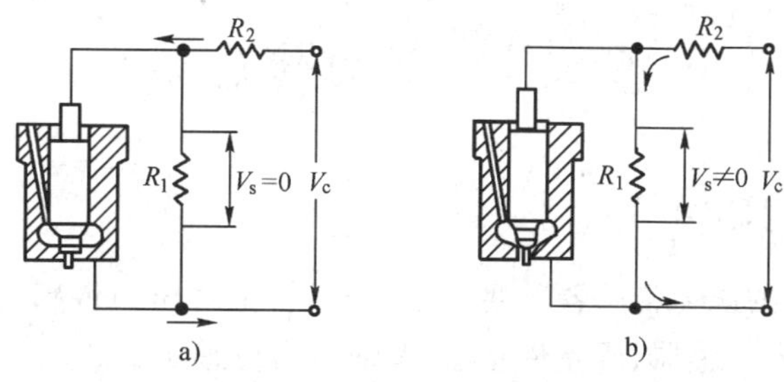

图 4-20　触点式针阀升程传感器的工作原理

a)喷油器不喷油时；b)喷油器喷油时

与霍尔式和电磁感应式针阀升程传感器相比，触点式针阀升程传感器结构简单，尤其在响应性、检测准确性等方面具有明显的优点，但由于对绝缘性能要求极高，而且喷油器针阀绝缘镀层工艺复杂，所以应用并不广泛。

二、高速电磁阀关闭始点传感器

在分配泵"时间控制"系统和共轨系统中，经常利用高速电磁阀关闭回油通道的方法控制分配泵供油始点或喷油器喷油始点，因此通过检测高速电磁阀关闭始点即可确定供(喷)油始点。

高速电磁阀关闭始点传感器通常采用触点式，见图4-21。其结构原理与触点式针阀传感器基本相同，它将高速电磁阀的阀门与阀座作为触点开关，阀杆上镀有绝缘层与阀体保持绝缘，高速电磁阀关闭时，传感器输出信号电压为 0；高速电磁阀开启时，传感器输出信号电压不为 0。

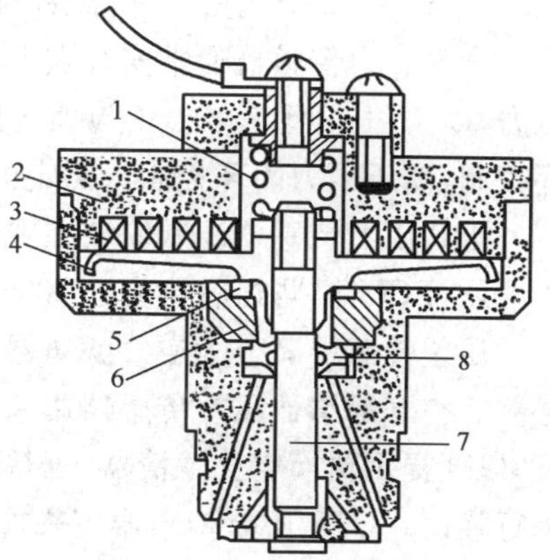

图 4-21　高速电磁阀关闭始点传感

1-复位弹簧；2-铁芯；3-线圈；4-电枢；5-垫片；6-限位块；7-阀杆；8-密封圈

三、着火始点传感器

在柴油机电控燃油喷射系统中，控制供(喷)油正时的最终目的是燃烧过程的开始时刻，而供(喷)油的开始时刻是影响燃烧过程开始时刻最重要的因素，为此在有些柴油机上，安装了光电式着火始点传感器，又称光电式着火正时传感器。

光电式着火正时传感器安装在汽缸盖上并伸入燃烧室，用来检测燃烧室内混合气着火的开始时刻，其结构见图 4-22。当汽缸内的混合气燃烧时，传感器内的光敏晶体管产生电压信号输出，ECU 根据此信号判断实际着火开始时刻，并对喷油正时进行修正。

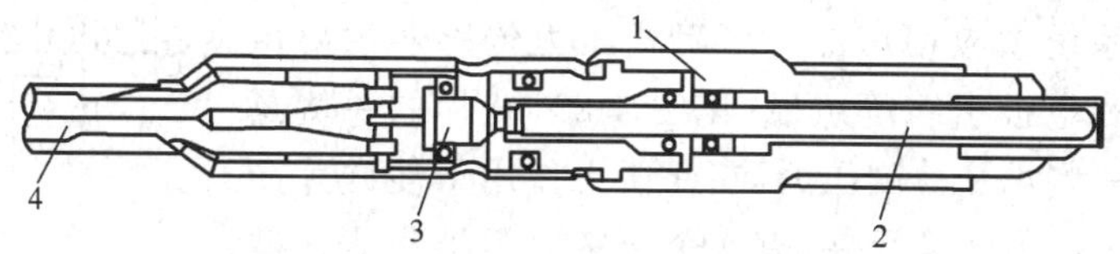

图 4-22　光电式着火正时传感器

1-壳体；2-石英晶体棒；3-光敏晶体管；4-线束连接器

第五节　压力传感器

一、压力传感器的功用

柴油机电控系统中的压力传感器主要包括：进气管绝对压力传感器、增压压力传感器、大气压力传感器、排气压力传感器、压差传感器、燃油压力传感器。

进气管绝对压力传感器安装在进气管中，其功用是检测进气管内的绝对压力，ECU 根据此信号确定进气量，以便根据供(喷)油量对进气量进行控制，保证最佳的混合气浓度。测定的压力范围一般为 2～400kPa。

增压压力传感器安装在增压器压气机出口侧的进气管中，其功用是检测增压器的实际增压压力，ECU 根据此信号进行增压控制。测定的压力范围一般为 2～400kPa。

大气压力传感器通常安装在 ECU 内或发动机舱内，其功用是：检测实际环境的大气绝对压力，ECU 根据此信号校正与大气压力有关的、用于闭环控制回路的设定值，如废气再循环闭环控制、增压压力闭环控制。测定的压力范围一般为 60～150kPa。

排气压力传感器通常安装在颗粒过滤器前的排气管中，其功用是检测颗粒过滤器前的排气背压，ECU 根据此信号确定颗粒过滤器是否需要再生。测定的压力范围一般为 0～35kPa。

压差传感器又分为空气滤清器压差传感器、EGR 压差传感器和 DPF(颗粒过滤器)压差传感器。空气滤清器压差传感器用来检测空气滤清器前后的压力差，确定空气滤清器的堵塞情况，以便提示更换空气滤清器。EGR 压差传感器用来检测 EGR 阀前后的压差，以便对 EGR 进行控制。DPF 压差传感器用来检测 DPF 两端的压差，供 ECU 选择合适的"再生触发"时机及额外燃料注入量或控制压缩空气脉冲。

燃油压力传感器通常安装在共轨上，用来检测共轨油压，ECU 根据此信号对共轨压力进行闭环控制。测定的压力范围一般为 0～200MPa。有些柴油机的低压燃油泵与滤清器之间也装有燃油压力传感器，利用此信号监测柴油滤清器的堵塞情况。

二、压力传感器的结构原理

柴油机电控系统中，应用比较广泛的压力传感器主要有压敏电阻式、压电式和电容式 3 种。

1. 压敏电阻式压力传感器

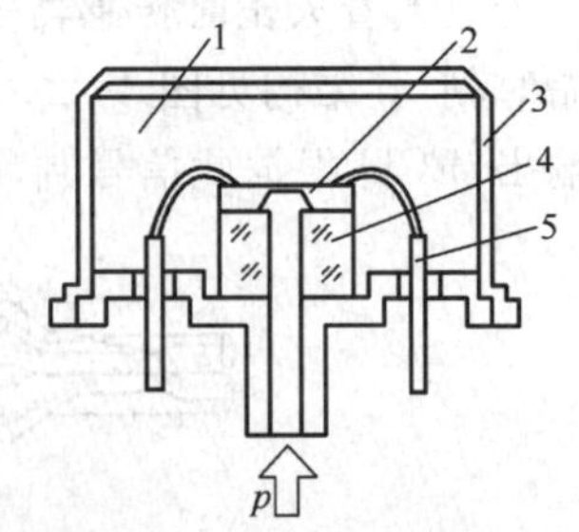

图 4-23　压阻式压力传感器
1-真空室；2-硅片；3-外壳；4-玻璃罩；5-电极引线

压敏电阻式(简称压阻式)压力传感器利用单晶硅材料的压阻效应和集成电路技术制成，具有体积小、精度高、成本低等优点，在发动机电控系统中应用广泛。压阻式压力传感器主要由绝对真空室、硅片和电极引线等组成，见图 4-23，硅片的一侧是绝对真空室，而另一侧承受被测压力，在此压力作用下使硅片产生变形；硅片是一个压力转换元件，有 4 个压敏电阻被集成在硅片上，并接成电桥电路形式；当硅片受力变形时，4 个压敏电阻的电阻值发生变化，导致电桥电路输出电压发生变化，电桥电路输

出的电压与硅片承受的压力(或变形量)成正比。由于硅片一侧绝对真空室的绝对压力为0,所以传感器测得的压力为绝对压力。

2.压电式压力传感器

压电式压力传感器主要由压电元件和电极引线等组成,见图4-24。当压电零件受压变形时,会在压电零件的两端产生电压,此电压与压电元件承受的压力成正比,ECU根据这一电压信号确定被测压力。

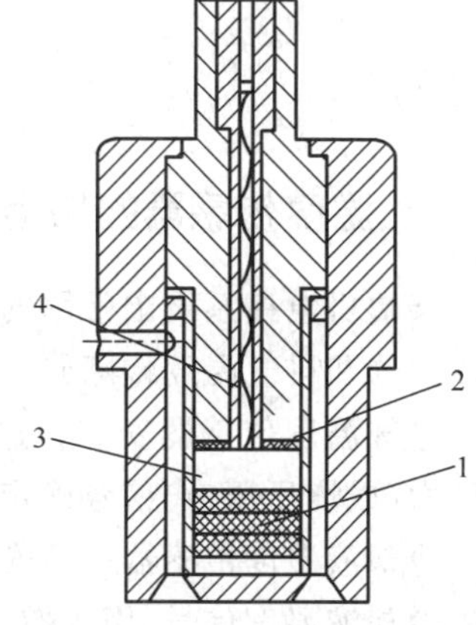

图4-24　压电式压力传感器
1-压电元件组合;2-单片压电元件;3-接线板;4-电极引线

压电式压力传感器中主要使用的压电材料包括有石英、酒石酸钾钠和磷酸二氢胺。其中石英(二氧化硅)是一种天然晶体,压电效应就是在这种晶体中发现的,在一定的温度范围之内,压电性质一直存在,但温度超过这个范围之后,压电性质完全消失。由于随着应力的变化电场变化微小(也就是说压电系数比较低),所以石英逐渐被其他的压电晶体所替代。而酒石酸钾钠具有很大的压电灵敏度和压电系数,但是它只能在室温和湿度比较低的环境下才能够应用。磷酸二氢胺属于人造晶体,能够承受高温和相当高的湿度,所以已经得到了广泛的应用。

3.电容式压力传感器

电容式压力传感器利用电容效应检测绝对压力,其结构见图4-25。该传感器的压力转换元件由可产生电容效应的厚膜电极构成,电极被附在氧化铝膜片上。被测压力作用于氧化铝膜片上时,使氧化铝膜片产生位移,上、下两个厚膜电极之间的距离发生变化,导致由两个厚膜电极形成的电容也产生相应的变化,电容的变化量与进气管内空气的绝对压力成正比。电容的变化量可经过测量电路(电容电桥电路或谐振电路等)转换成电压信号或频率信号,ECU则根据传感器输出的电压信号或频率信号确定被测压力。

4.压差传感器

压差传感器的结构原理与压力传感器基本相同,只是压差传感器的硅片两侧均为压力气室,一侧为低压气室,另一侧为高压气室,见图4-26。压差传感器低压气室与空气滤清器、颗粒过滤器或EGR阀的低压侧连通,高压气室与空气滤清器、颗粒过滤器或增压EGR阀的高压侧连通,压力传感器检测的压力即为空气滤清器、颗粒过滤器或EGR阀前、后的压力差。压力传感器实际也可看做是压差传感器,只是检测的压力为相对绝对压力为0的压差。

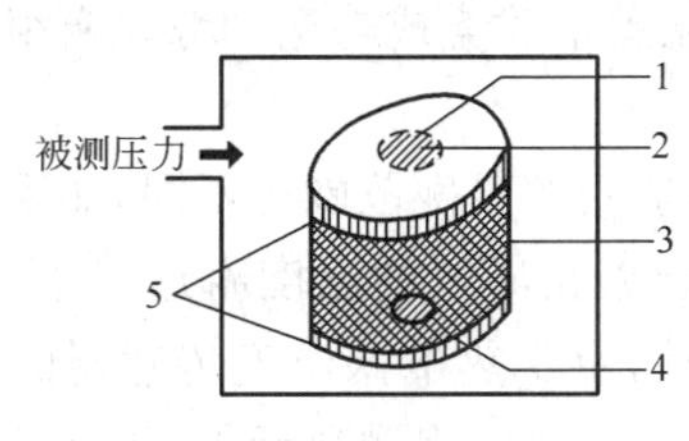

图4-25　电容式压力传感器
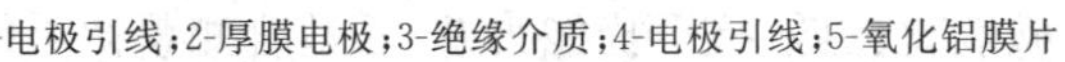
-电极引线;2-厚膜电极;3-绝缘介质;4-电极引线;5-氧化铝膜片

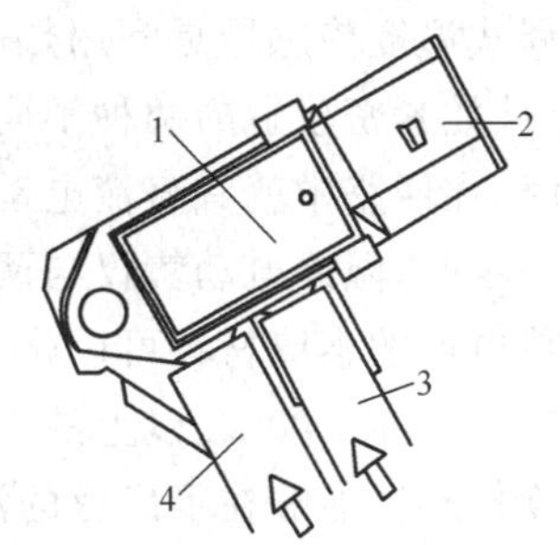

图4-26　压差传感器
-压差传感器;2-线束连接器;3-低压侧接管;4-高压侧接管

第六节 温度传感器

一、温度传感器的功用

柴油机电控系统中常用的温度传感器主要有进气温度传感器、冷却液温度传感器、燃油温度传感器和排气温度传感器。

进气温度传感器安装在进气管中，其功用是检测进气温度，ECU 根据进气温度信号和进气压力(或增压压力)信号确定进气量。

冷却液温度传感器一般安装在汽缸体水道上或冷却水出口处，其功用是给 ECU 提供发动机冷却液温度信号，用于燃油喷射控制、起动控制、EGR 控制。

燃油温度传感器通常安装在燃油箱中，其功用是检测燃油温度，ECU 根据此信号对供(喷)油量进行修正。

排气温度传感器安装在排气管中，其功用是检测排气温度，主要用于排放控制。

二、温度传感器的结构原理

进气温度传感器、冷却液温度传感器、燃油温度传感器通常采用热敏电阻式温度传感器，排气温度传感器有热敏电阻式、热电偶式、熔丝式。

1. 热敏电阻式温度传感器

温度传感器通常采用负温度系数的热敏电阻作为测量元件，见图 4-27。传感器壳体内装有一个热敏电阻，温度变化时，热敏电阻的阻值发生变化，由其特性图(4-27b)可见，随进气温度升高，阻值减小。

用于检测进气温度、冷却液温度和燃油温度的温度传感器，通常采用低温热敏元件，适用的温度范围一般为－40～130℃。用于检测排气温度的温度传感器，通常采用高温热敏元件，适用的温度范围一般为 400～1 000℃。根据热敏电阻的性质不同，可分为负温度系数(NTC)和正温度系数(PTC)两种，热敏电阻式温度传感器之所以采用负温度系数热敏元件，主要是因为此类热敏元件的动态响应性好。

2. 热电偶式温度传感器

热电偶式温度传感器是利用热电效应制成的温度传感器，见图 4-28。热电偶亦称温差电偶，由端点彼此紧密接触的两种不同材料金属丝组成，当两种不同材料金属丝的两个接点处于不同温度时，在回路中就有直流电动势产生，该电动势称温差电动势或热电动势。当组成热电偶的材料一定时，温差电动势仅与两接点处的温度有关。

构成热电偶的金属材料可以耐受的温度不同，传感器适用的温度范围也不同，如采用钨铼热电偶能够工作在 2 000℃以上的高温，采用金铁热电偶能够在液氦的温度附近工作，可见热电偶式温度传感器能够在很广泛的温度范围内工作。此外，由于热电偶温度传感器的灵敏度与材料的粗细无关，所以一般采用非常细的金属材料制作热电偶作为测温元件，具有极高的响应速度。热电偶式温度传感器的主要缺点是灵敏度比较低，抗干扰能力差，不适合测量微小的

温度变化。

3. 熔丝式温度传感器

熔丝式温度传感器(见图 4-29)利用金属材料受热熔解的特性,当温度达到一定值时,传感器内的熔丝熔断,使电路断路或短路。熔丝式温度传感器通常用来控制高温报警装置,一旦熔丝熔断,传感器不能继续使用。

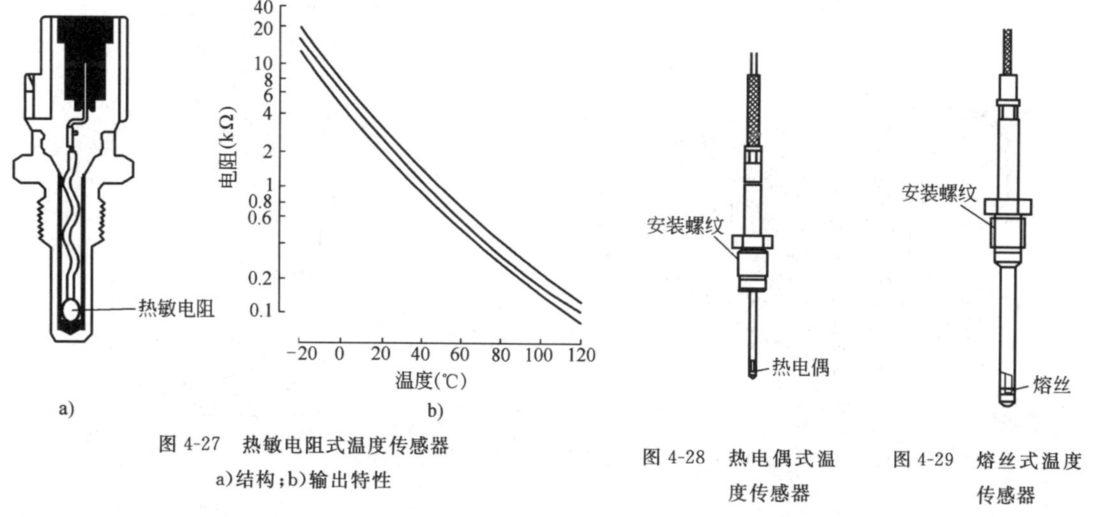

图 4-27　热敏电阻式温度传感器
a)结构;b)输出特性

图 4-28　热电偶式温度传感器

图 4-29　熔丝式温度传感器

第七节　空气流量传感器

在柴油机电控系统中,空气流量传感器(即空气流量计)用来测定发动机的实际进气量,空气流量信号主要用于进气控制和废气再循环控制。根据空气流量计测量原理不同,空气流量计可分为叶片式、热式和卡门旋涡式 3 种类型。

一、叶片式空气流量计

在汽油机电控系统中,最早采用的空气流量计就是叶片式空气流量计,其结构见图 4-30,测量叶片和缓冲叶片制成一体,安装在空气流量计壳体内的转轴上,转轴的一端装有复位弹簧,电位计安装在空气流量计壳体的上方,电位计的滑动触点与测量叶片为同轴结构。

叶片式空气流量计工作原理见图 4-31。发动机工作时,ECU 给电位计电阻器提供一个标准电源电压 U_B,使其电流保持恒定,由于进气流推动测量叶片转动,同时带动电位计滑动臂转动,使电位计滑动臂(信号端子 V_S)与电源端子 V_C 之间的电阻值发生变化,电压 U_S 也发生变化。当进气气流对测量叶片的推力与力图关闭测量叶片的复位弹簧弹力平衡时,测量叶片和电位计滑动触点即停止在某一位置,电压 U_S 也有一个相应的固定值,电位计将此位置产生的电压信号 U_S(或 U_B-U_S)输送给 ECU,以确定发动机进气量的大小。

空气流量计内的主空气道与旁通空气道之间用一活动板隔开,调整螺钉(见图 4-30 件 6)可调节主空气道与旁通空气道的大小,以调节发动机工作时的混合气浓度。当调整螺钉向外旋出时，旁通空气道截面积增大，而测量叶片与活动板间隙减小，所以流经旁通空气道的空气量增加，流经主空气道的空气量减少，这样进入发动机的总空气量保持不变时，由于经空气流量计测量的空气量减少，使喷油量减少，所以混合气变稀。反之，将调整螺钉旋入时，则混合气变浓。

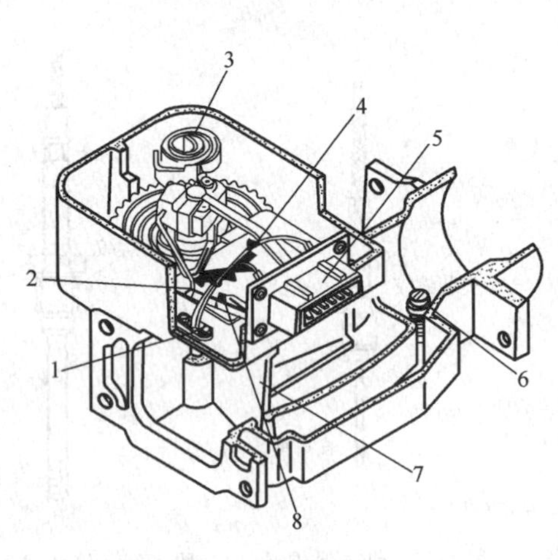

图 4-30 叶片式空气流量计

1-进气温度传感器；2-燃油泵开关动触点；3-复位弹簧；4-电位计；5-线束连接器；6-调整螺钉；7-测量叶片；8-燃油泵开关静触点

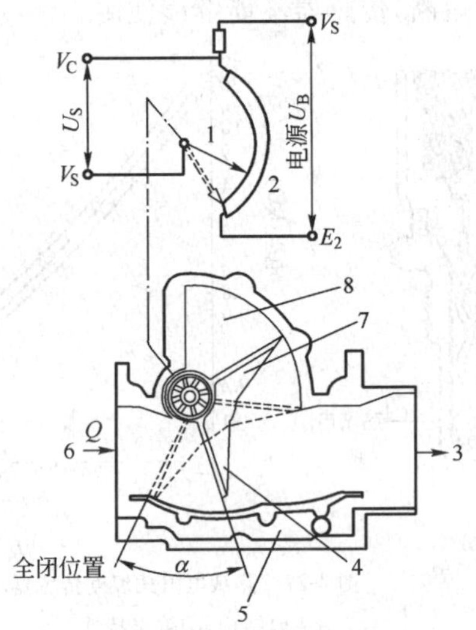

图 4-31 叶片式空气流量计工作原理

1-电位计滑动臂；2-可变电阻；3-接进气管；4-测量叶片；5-旁通空气道；6-接空气滤清器；7-缓冲叶片；8-缓冲室

在流量计内还设有缓冲室和缓冲叶片，利用缓冲室内的空气对缓冲叶片的阻尼作用，可减小发动机进气量急剧变化时引起的测量叶片脉动，以提高空气流量计的测量精度。

由于叶片式空气流量计只能检测进气的体积流量，所以 ECU 必须根据进气温度信号对喷油量进行修正。进气温度传感器安装在空气流量计主空气通道的进气口处。此外，在部分车型的叶片式空气流量计中，装有燃油泵控制开关，用来控制燃油泵电路。带有燃油泵控制开关的叶片式空气流量计线束连接器有 7 个端子，其内部电路见图 4-32。

二、热式空气流量计

热式空气流量计的主要元件是热线电阻，可分为热线式和热膜式两种类型，其结构和工作原理基本相同。

按其测量元件的安装位置不同，热线式空气流量计又可分为两种：第一种是将热线电阻器安装在主进气道中，称为主流测量方式的热线式空气流量计；第二种是将热线安装在旁通气道中，称为旁通测量方式的热线式空气流量计。

1. 热线式空气流量计

热线式空气流量计主要由防护网、采样管、热线电阻器、温度补偿电阻器和控制电路等组成的，见图 4-33。热线电阻器和温度补偿电阻器安装在主进气道中，控制电路板安装在流量计下方。防护网用于防止回火和脏物进入空气流量计。

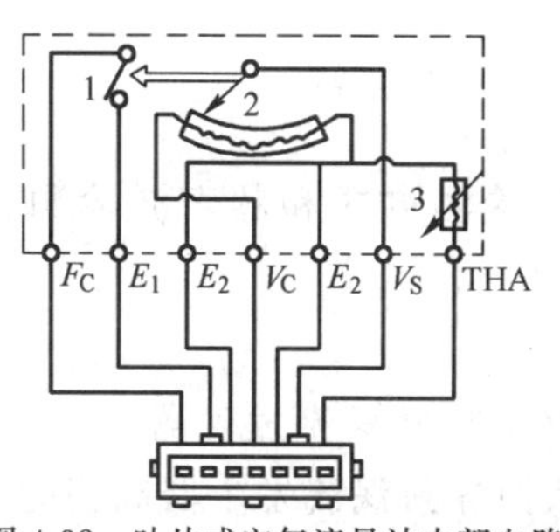

图 4-32　叶片式空气流量计内部电路

1-油泵开关；2-电位计；3-进气温度传感器

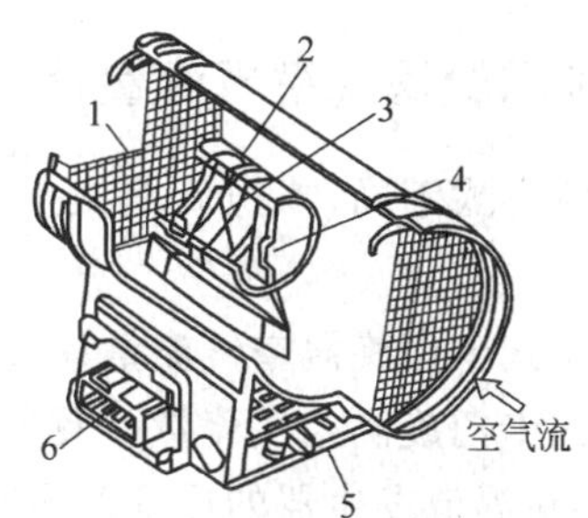

图 4-33　热线式空气流量计

1-防护网；2-采样管；3-热线电阻；4-温度补偿电阻；5-控制电路板；6-线束连接器

热线式空气流量计的工作原理见图 4-34。安装在控制电路板上的精密电阻器 R_A 和 R_B 与热线电阻器 R_H 和温度补偿电阻器 R_K 组成惠斯通电桥电路。当空气流经热线电阻器时，热线电阻器温度降低，其相应的电阻值减小，使电桥失去平衡，若要保持电桥平衡，就必须增加流经热线电阻器的电流，以恢复其温度和阻值。流经热线电阻器的空气量(质量流量)不同，热线电阻器的温度变化量和电阻值的变化量不同，为保持电桥平衡，流经热线电阻器的电流也相应变化。由于精密电阻器 R_A 的电阻值是一定的，流经精密电阻器 R_A 和热线电阻器的电流相等(两电阻器串联)，所以精密电阻器 R_A 两端的电压随流经热线电阻器的空气量相应变化，控制电路将精密电阻器 R_A 两端的电压输送给 ECU，即可确定进气量。

控制电路的作用是保持电桥平衡，即保持热线电阻器与感应进气温度的温度补偿电阻器之间的温度差不变。装用热线式空气流量计的电控燃油喷射系统，可直接测量进入发动机的空气质量流量，一般不需要根据进气温度信号对喷油时间进行修正。

为保证测量精度，热线式空气流量计一般都有自清功能，发动机转速超过 1 500r/min，关闭点火开关使发动机熄火后，控制系统自动将热线电阻器加热到 1 000℃以上并保持约 1s，以便将附在热线电阻器上的粉尘烧掉。

2.热膜式空气流量计

热膜式空气流量计的结构见图 4-35，热膜式空气流量计的结构和工作原理与热线式空气流量计基本相同，不同之处在于热线式空气流量计的测量元件是采用铂丝热线制成的电阻器，而热膜式空气流量计的测量元件不采用价格昂贵的铂丝热线，它用热膜代替热线，并将热膜镀在陶瓷片上，制造成本较低。此外，热膜式空气流量计的测量元件不直接承受空气流的作用力，其使用寿命较长。

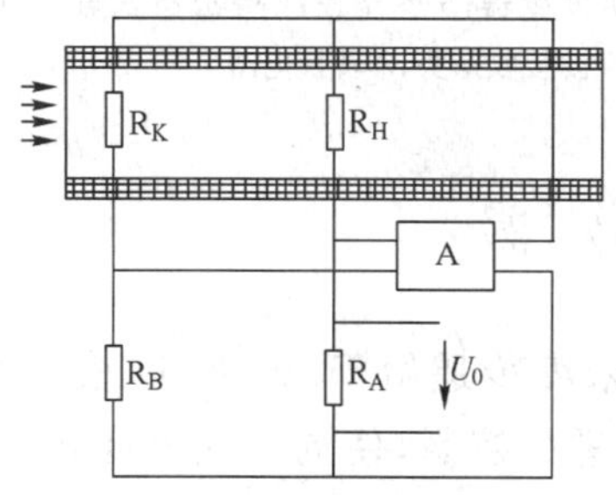

图 4-34　热线式空气流量计工作原理

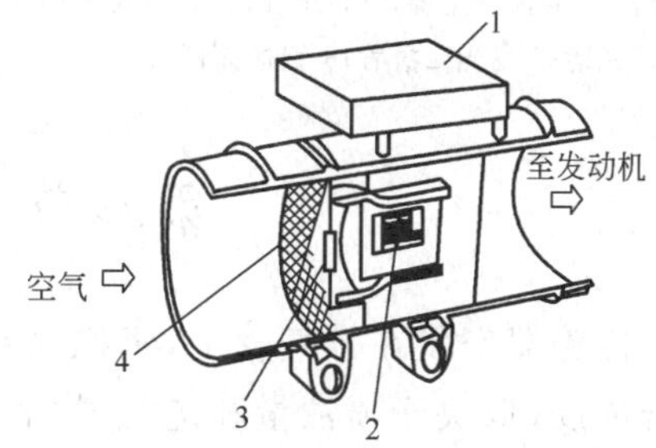

图 4-35　热膜式空气流量计

1-控制电路；2-热膜；3-温度补偿电阻；4-防护网

三、卡门旋涡式空气流量计

按检测方式不同，卡门旋涡式空气流量计可分为光学检测方式和超声波检测方式两种类型。

1. 光学式卡门旋涡空气流量计

光学式卡门旋涡空气流量计见图 4-36，在进气道内设一锥形涡流发生器，当空气流经进气道时，会在涡流发生器的后部产生有规律的卡门旋涡，从而导致涡流发生器周围的空气压力发生变化，变化的压力经导压孔引向金属膜制成的反光镜使反光镜产生振动，其振动频率与涡流发生的频率相等，而涡流发生频率与空气流速成正比；反光镜再将发光二极管投射的光反射给光电管（光敏晶体管），通过光电管检测涡流发生的频率，并向 ECU 输送信号，ECU 则根据此信号确定发动机的进气量（体积流量等于流速与流通截面积之积）。

2. 超声波式卡门旋涡空气流量计

超声波式卡门旋涡空气流量计主要由超声波信号发生器、超声波发射探头、涡流稳定板、涡流发生器、整流器、超声波接收探头和转换电路等组成，见图 4-37 所示。发动机工作中，当空气流经涡流发生器时，在其后部的超声波发射探头与超声波接收探头之间产生有规律的卡门旋涡。超声波发射探头不断地接收超声波信号发生器输送来的超声波信号，并将其转换成机械波。超声波接收探头安装在发射探头正对面，它利用压电效应将接收到的机械波转换成电信号输送给转换电路。因卡门旋涡对空气密度的影响，就会使机械波从发射探头传到接收探头的时间产生相位差。转换电路对此相位信号进行处理，就可得到与涡流发生的频率成正比的脉冲信号，即代表空气体积流量的电信号。

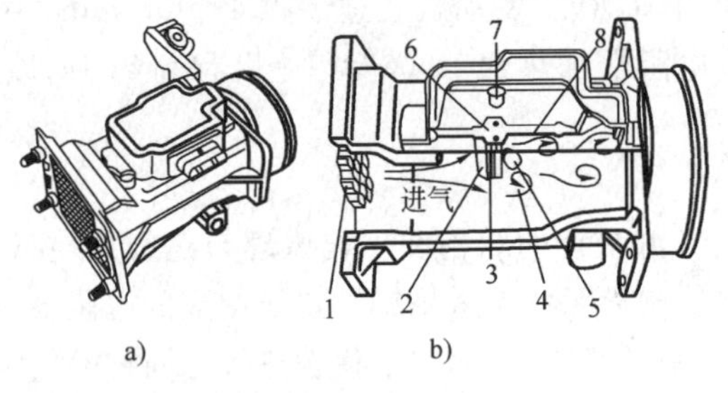

图 4-36　光学式卡门旋涡空气流量计

a)外形；b)结构

1-整流栅；2-涡流发生器；3-导压孔；4-卡门旋涡；5-光电管；6-反光镜；7-发光二极管；8-钢板弹簧

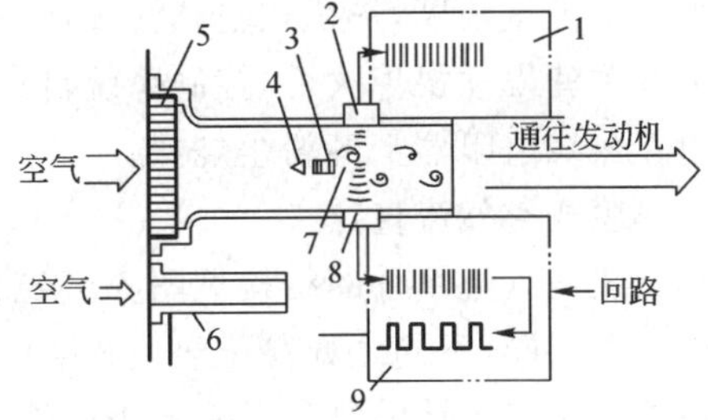

图 4-37　超声波式卡门旋涡空气流量计

1-超声波信号发生器；2-超声波发射探头；3-涡流稳定板；4-涡流发生器；5-整流栅；6-旁通空气道；7-卡门涡流；8-超声波接收探头；9-转换电路

第八节　氧传感器

氧传感器安装在排气管上，将检测到的废气中氧浓度传递给 ECU，ECU 根据此信号对混合浓度（取决于喷油量和进气量）和废气再循环量进行控制，使混合气浓度和 EGR 率满足降低排放污染的要求。氧传感器按性能特点不同可分为普通型、热型和宽量程型 3 种。

一、普通型氧传感器

普通型氧传感器又分为氧化锆(ZrO_2)式、氧化钛(TiO_2)式。

1. 氧化锆氧传感器

氧化锆氧传感器的构造及其输出特性见图4-38。氧化锆氧传感器的基本元件是氧化锆管，氧化锆管固定在带有安装螺纹的固定套内，在氧化锆管的内、外表面均覆盖着一薄层铂作为电极，传感器内侧通大气，外侧直接与排气管中的废气接触。在氧化锆管外表面的铂层上，还覆盖着一层多孔的陶瓷涂层，并加有带槽口的防护套管，用来防止废气对铂电极产生腐蚀；在传感器的线束连接器端有金属护套，其上设有小孔，以便使氧化锆管内侧通大气。

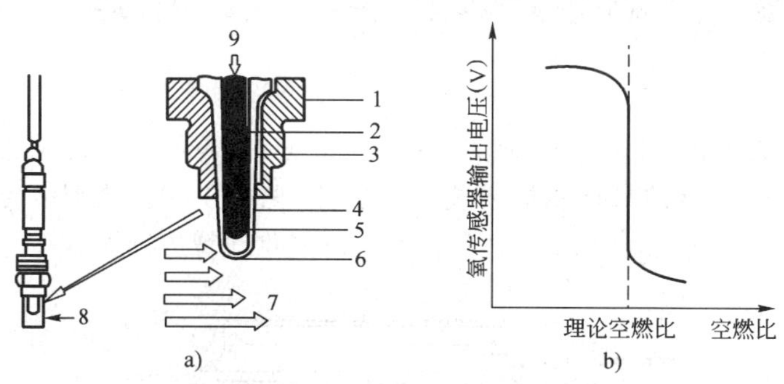

图4-38　氧化锆氧传感器及其输出特性

a)结构；b)信号波形

1-法兰；2-铂电极；3-氧化锆管；4-铂电极；5-加热器；6-涂层；7-废气；8-套管；9-大气

氧化锆氧传感器实质是一个化学电池，又称氧浓度差电池。在400℃以上的高温时，若氧化锆管内、外表面接处的气体中氧的浓度有很大差别，在氧化锆管内、外表面的两个铂电极之间将会产生电动势。发动机工作时，由于氧化锆管内表面接触的大气中氧浓度是固定的，而与外表面接触的废气中氧浓度是随空燃比变化的，所以将氧化锆管内、外表面两个电极间产生的电动势输送给ECU，即可作为判断实际空燃比的依据。当混合气过稀时，排出的废气中氧含量高，传感器内、外侧氧浓度差小，两电极间产生的电压很低(接近0V)；反之，混合气过浓时，排出的废气中氧含量低，传感器内、外侧氧浓度差大，两电极间产生的电压高(接近1V)。在理论空燃比附近，氧传感器输出的电压信号有一突变。

2. 氧化钛氧传感器

氧化钛氧传感器是利用化学反应强、对氧气敏感、易于还原的半导体材料氧化钛与氧气接触时发生氧化还原反应，使晶格结构发生变化，从而导致电阻值变化的原理工作的，它是一种电阻型气敏传感器。

氧化钛氧传感器主要由二氧化钛元件、导线、金属外壳和接线端子等组成，其结构及输出特性见图4-39。当废气中的氧浓度高时，二氧化钛的电阻值增大；反之，废气中的氧浓度较低时，二氧化钛的电阻值减小。将氧化钛氧传感器与一个标准电阻R串联组成测量电路，由ECU提供标准电压V_C，即可获得电压信号V_S，ECU根据此信号确定实际的空燃比。与氧化锆氧传感器相同，在理论空燃比附近，输出的电压信号有一突变。

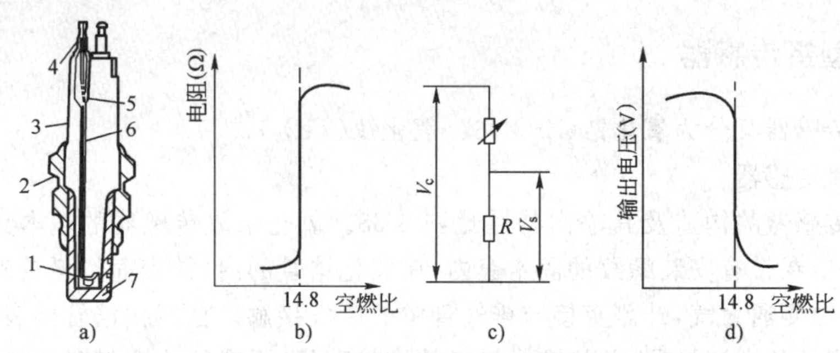

图 4-39 氧化钛氧传感器及其输出特性

a)结构;b)电阻特性;c)测量电路;d)信号波形

1-二氧化钛元件;2-金属外壳;3-陶瓷绝缘体;4-接线端子;5-陶瓷元件;6-导线;7-金属保护套

二、热型氧传感器

由于氧化锆只能在 400℃以上的高温时才能正常工作,为保证氧传感器在发动机排气温度较低时也能正常工作,有的氧传感器内装有加热器,见图 4-40。热型氧传感器的加热器由发动机 ECU 控制,当排气温度较低时,加热器通电对氧化锆管进行加热。

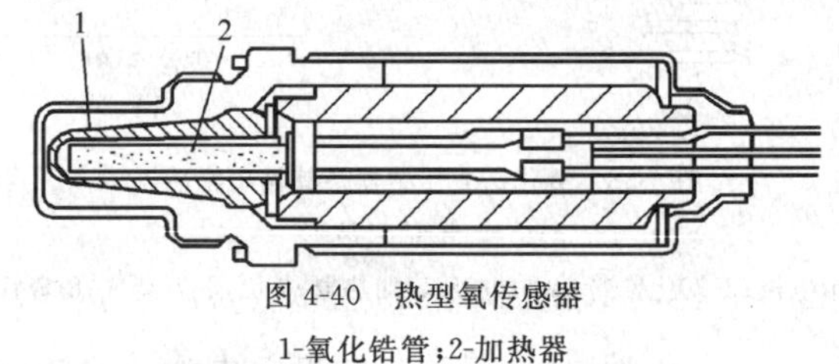

图 4-40 热型氧传感器

1-氧化锆管;2-加热器

三、宽量程氧传感器

1. 普通氧传感器的缺陷

由氧化锆氧传感器和氧化钛氧传感器的输出特性不难看出,当混合气浓度为理论空燃比时,其输出的信号电压由低(约 0.1V)到高(约 0.9V)或由高到低发生突变,当混合气浓度大于或小于理论空燃比时,输出的信号电压变化微弱,ECU 也难以识别。因此,采用普通的氧化锆氧传感器和氧化钛氧传感器,ECU 只能根据其信号定性的判断混合气浓度比理论空燃比大或小,而无法定量确定混合气浓度。在废气中氧浓度较高的柴油机上,采用普通氧传感器一般难以达到降低排放污染的预期目的。

2. 宽量程氧传感器

宽量程氧传感器能够在较宽的空燃比范围内检测排气中的氧浓度,比普通氧传感器更适合柴油机。宽量程氧传感器以普通氧化锆型氧传感器为基础扩展而来,氧化锆型氧传感器有一特性,就是当氧离子移动时会产生电动势,若相反将电动势加在氧化锆组件上,即会造成氧离子的移动。

宽量程氧传感器主要由氧化锆参考电池、氧化锆泵电池、扩散孔、扩散室、控制器 A 和 B 等组成,见图 4-41。氧化锆参考电池与氧化锆氧传感器的工作原理相同,其功用是感知通过扩散小孔进入扩散室的废气中的氧浓度,并在内、外两电极之间产生电动势 U_S。氧化锆泵电池则相当

于一个氧气泵，通过给其输入泵电流，将废气中的氧“泵入”扩散室，或将扩散室中的氧“泵出”。控制器的功用则是力图使扩散室内的氧浓度保持不变，即保持氧化锆参考电池产生的电动势 U_S 为 0.45V(参考电压 U_U)的平衡状态；当混合气较浓，废气中的氧浓度较小时，氧化锆参考电池将产生高于 0.45V 的电动势，此时控制器给氧化锆泵电池输入一个正向泵电流，将废气中的氧气泵入扩散室，以恢复到 U_S 为 0.45V 的平衡状态；而当混合气较稀，废气中的氧浓度较大时，控制器将给氧化锆泵电池输入一个反向泵电流，将氧气泵出扩散室，以恢复到 U_S 为 0.45V 的平衡状态；随废气中的氧浓度变化，氧化锆参考电池产生的电动势 U_S 变化，而要恢复到 U_S 为 0.45V 的平衡状态，所需的泵电流也随之成正比变化，通过控制器将变化的泵电流信号转换成连续变化的电压信号 U_O(0～5V)，ECU 根据此电压信号即可确定混合气的实际浓度。

宽量程氧传感器能够在 10～20 的空燃比范围内连续工作，输出的信号电压随空燃比增大而成正比增大，其输出特性见图 4-42。

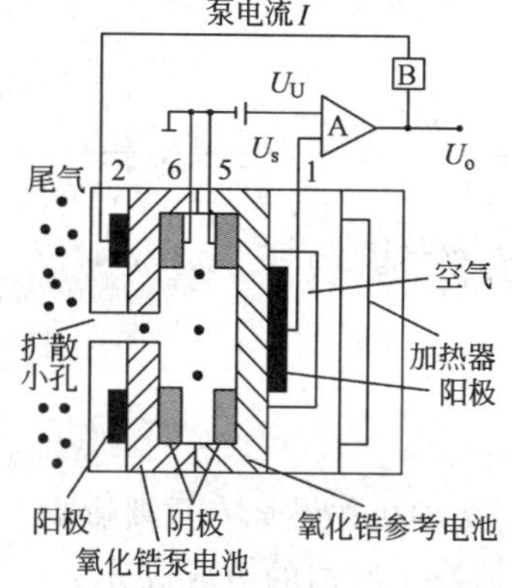

图 4-41　宽量程氧传感器

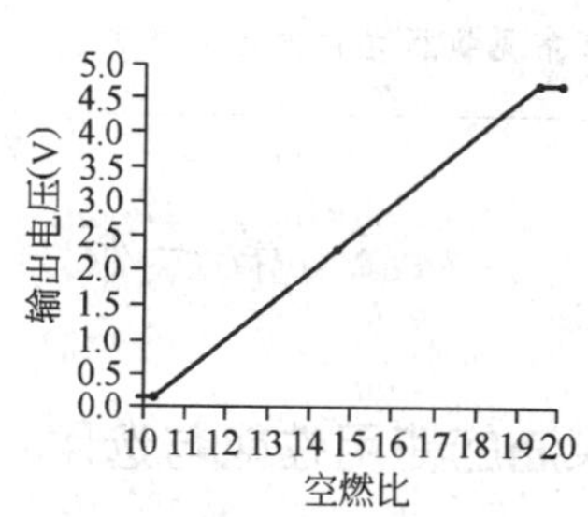

图 4-42　宽量程氧传感器输出特性

复习思考题

1. 加速踏板位置传感器的功用是什么？有几种类型，简单说明其工作原理。
2. 凸轮轴/曲轴位置传感器的功用是什么？有几种类型，简单说明其工作原理。
3. 供(喷)油量传感器的功用是什么？有几种类型，简单说明其工作原理。
4. 供(喷)油正时传感器的功用是什么？有几种类型，简单说明其工作原理。
5. 压力传感器的功用是什么？有几种类型，简单说明其工作原理。
6. 温度传感器的功用是什么？有几种类型，简单说明其工作原理。
7. 空气流量传感器的功用是什么？有几种类型，简单说明其工作原理。
8. 氧传感器的功用是什么？有几种类型，简单说明其工作原理。

第五章 柴油机电控系统维修

学习目标：

1. 了解柴油机电控系统使用与维修注意事项；
2. 掌握维修常用仪器设备的使用方法；
3. 掌握柴油机故障诊断的基本程序；
4. 掌握电路故障的检测方法；
5. 掌握常见传感器的检测方法；
6. 掌握常见执行元件的检测方法。

第一节 使用与维修注意事项

一、柴油的使用性能与选用

车用柴油机使用的燃料为轻柴油。柴油的使用性能对柴油机的燃烧有重要影响。柴油的使用性能主要包括发火性、蒸发性、黏度和凝点，它们主要取决于柴油的组成成分。

1. 柴油的发火性

发火性是指柴油的自燃能力，用十六烷值表示。发火性好的柴油，燃烧过程的着火延迟期短，柴油机工作柔和。十六烷值过高的柴油中，含不易蒸发的重质馏分多，蒸发性较差，容易高温裂解，会导致排气冒黑烟，经济性下降。车用柴油机十六烷值一般在 40～60 范围内。

2. 柴油的蒸发性

柴油的蒸发性直接影响可燃混合气形成，对燃烧过程也有一定的影响。与汽油一样，柴油的蒸发性通常也用馏程表示，主要以 50％馏出温度、90％馏出温度和 95％馏出温度作为评价柴油蒸发性的指标。

50％馏出温度低的柴油蒸发性好，有利于混合气的形成和燃烧的进行，对发动机的冷起动也有利，但柴油中蒸发性好的组成成分其发火性差。90％馏出温度和 95％馏出温度越高，说明柴油中不易蒸发的成分越多，燃烧后容易导致排气冒烟和产生积炭。因此，要求柴油的 50％馏出温度应适宜，90％馏出温度和 95％馏出温度应比较低。

3. 柴油的黏度

柴油的黏度决定其流动性。黏度低，流动性好，柴油从喷油器喷出时容易雾化；但黏度过低会失去必要的润滑能力，会加剧喷油泵和喷油器中精密偶件的磨损，增大精密运动副的漏油量。黏度过大，流动阻力大，滤清困难，喷雾不良。

4. 柴油的凝点

柴油的凝点是指其失去流动性的温度。柴油在接近凝点时，由于柴油中的石蜡结晶颗粒数量增加，流动性严重下降，会导致供油困难甚至供油中断，柴油机无法正常工作。为保证柴油机在较低的温度下能正常工作，要求柴油应有较低的凝点。

国产轻柴油按凝点编号，凝点也是选用柴油的主要依据，一般要求柴油的凝点应比最低的环境温度低 3～5℃，见表 5-1。

轻柴油的选用 表 5-1

牌 号	适用范围	牌 号	适用范围
10 号	有预热设备的柴油机	－20 号	气温在－14℃以上地区
5 号	气温在 8℃以上地区	－35 号	气温在－29℃以上地区
0 号	气温在 4℃以上地区	－50 号	气温在－44℃以上地区
－10 号	气温在－5℃以上地区		

二、柴油机的维护

1. 更换机油和机油滤清器

一般柴油机汽车每行驶 7 500km、出租车每行驶 5 000km，应更换机油和机油滤清器。如捷达轿车 1.9L SDI 柴油机的机油容量为 4.5L，宝来轿车 1.9L TDI 柴油机的机油容量为4.3L。

2. 更换柴油滤清器

一般柴油机汽车每行驶 15 000km，应更换柴油滤清器。

3. 空气滤清器

一般柴油机汽车每行驶 15 000km，应更换空气滤清器。

4. 定期放水

由于国内柴油含水量严重超出国际标准，各地区柴油含水量又不相同，一般柴油机汽车每行驶 1 000km，应进行一次柴油滤清器放水。

三、维修注意事项

1. 蓄电池使用注意事项

蓄电池是整个汽车的总电源，拆装蓄电池电缆线是在汽车维修中经常需要维修人员进行的基本操作。但对电控发动机而言，该项操作不当或时机不对时，将会给维修工作带来许多困难，甚至会产生严重后果。

(1)不能随意切断 ECU 电源：在发动机运行过程中，电控系统出现故障时，自诊断系统会存储相应的故障码，以便维修人员在维修时，利用诊断仪器或随车自诊断系统读取故障码，进而根据故障提示信息查找故障原因和部位。若在读取故障码前拆开蓄电池电缆线或拆下主熔丝，就会切断 ECU 的电源，存储在 ECU 随机存储器中的故障代码便会自动消除。若想获得故障码，对能够起动且故障经常出现的发动机而言，只要接通电源重新起动发动机，还可以重新获取故障码，但也浪费时间；而对于故障间歇性出现或根本无法起动的发动机,切断 ECU 电源后将导致难以再获取甚至无法获得故障码,这也就失去了一个很重要的故障信息。因此,在维修电控发动机时,若需要拆开蓄电池电缆线,必须先按规定的程序读取故障码。

ECU 电源一般不受点火开关控制,关闭点火开关不会切断 ECU 电源。

(2)不能随意断开与蓄电池电压相同的供电线路:当点火开关处于接通(ON)位置时,无论发动机是否正在运转,此时绝不可拆下蓄电池电缆线或熔丝。因为突然断电将会使电路中的线圈产生自感电动势而出现很高的瞬时电压(有时高达近万伏),从而使 ECU 及传感器等微电子器件严重受损。

此外,还必须注意的是:除蓄电池电缆线外,其他凡是与蓄电池电压相同的供电线路(如直流电动机、燃油泵等线路),在点火开关处于接通位置时,也都不能拆除;否则,也同样使相关的线圈产生自感而烧坏 ECU 或传感器。

(3)必要时必须切断电源:由于电控发动机的燃油系统多采用电动燃油泵,若在检修燃油系统时不切断电源,就有可能会在检修过程中无意接通电动燃油泵电路,使电动燃油泵工作,高压燃油会从拆开的燃油管路中以高压喷出,造成人身伤害或引起火灾。因此,在对电控发动机燃油系统进行检修作业之前,应先切断电源,其方法是:关闭点火开关,或拆开蓄电池电缆线,或拔下主熔丝。

(4)不可随意采用切断 ECU 电源的方法清除故障码:发动机维修完毕后,必须清除存储在 ECU 中的原故障码;否则,发动机故障虽已被清除,但故障代码却仍储存在 ECU 中,驾驶室仪表板上的故障指示灯仍将点亮,驾驶员无法确定是有新的故障发生,还是旧故障码未清除所致,容易引起误解。

对大多数电控发动机而言,拆开蓄电池电缆线或拆下主熔丝,使 ECU 断电 30s 以上即可清除故障码。但是必须注意,汽车防盗密码、音响密码、石英钟等信息也存储在 ECU 中的随机存储器中,采用断电清除故障码的方法,上述存储在 ECU 中的临时信息也将一起被清除掉,从而导致音响锁码等。一般来说,应按维修手册要求的方法清除故障代码,不知道有无防盗密码和音响密码,或不知道密码是什么,切忌随意切断 ECU 电源。

(5)不要出现过压或蓄电池极性接反:在进行车辆维修时,不允许蓄电池以外的其他电源(如专供起动用的起动电源)直接起动发动机,在装复蓄电池时注意其正、负极性不能接反,否则,供电电压过高、反向通电均会使 ECU 或其他电控元件损坏。

2. 维修操作注意事项

(1)维修前应了解电控系统主要元件位置:在对发动机电控系统维修前,必须充分了解该车的 ECU 及主要电子元件的位置,以便实施可靠的保护,防止误拆、误卸。

(2)注意保护 ECU:ECU 承受剧烈振动、过高的温度或进水,会导致 ECU 内部的芯片毁坏;因此,在维修电控机时,如需重力敲击作业、清洗作业或焊接作业,应拆下 ECU,以免造成不必要的损失。

此外,在对电控系统进行测试时,除特殊指明外,只能使用高阻抗数字式(不能使用指针式)万用表进行 ECU 及传感器测试,严禁用试灯测试与 ECU 相连接的电器元件,禁止用搭铁试火的方法进行电路检测,以免损坏 ECU 或其他电控元件。

(3)不能盲目进行拆检:电控系统的工作可靠性高、使用中出现故障的几率小、多数故障是由于线束连接器接触不良造成的,这句话本身是正确的,但必须注意,“工作可靠性高”并不是说“绝对可靠”,“出现故障的几率小”,并不是说“绝对不出现故障”,“多数故障是因连接不良造成的,”并不是说“全部故障是因连接不良造成的”。有些维修人员、尤其是驾驶员,由于对上述“正确语言描述”的片面理解,当发动机故障指示灯点亮时,便根据自己的主观臆断,在点火开关打开、甚至在发动机运转过程中,将一些电控元件的线束连接器拆开、插上进行试验,殊不知,这样每拆开一个传感器的线束连接器,ECU 便会记录一个故障码,这会导致人为故障码与实际故障码混淆,给故障诊断带来不必要的混乱。尤其是缺乏电控发动机维修知识或经验的人员,由于盲目操作导致发动机无法起动,再由专业人员维修时,调取的故障码有几个甚至几十个,也只能按调取的故障码一个一个地排除,既费时又费力。因此,非专业维修人员不要进行盲目拆检。

(4)不能盲目采用换件法诊断故障:当怀疑某个电控元件有故障时,用新的元件(或无故障车的同一元件)取代旧件以验证该电控元件是否有故障,这是目前在维修电控系统中多数维修人员都采用过的方法。但必须注意,换件法是建立在已经获得初步诊断结论后所采用的验证方法,否则换了一堆零件下来,即使故障修复了,也不知道准确的故障部位在哪里。

此外,换件法对诊断传感器、执行器等自身故障非常有效,但电控系统发生故障多是因为外部元件或线路损坏造成的,如果在此情况下采用换件法是比较危险的,极易因故障车的外围故障而导致新电控元件的损坏,增加损失。因此,若采用换件法诊断电控系统故障时,只能将故障车电控元件换到其他同类型无故障车上试验,而不能将其他无故障电控元件装在故障车上进行试验。

(5)必要时拆开喷油泵或喷油器线束连接器:在维修中,使发动机运转但又不想起动发动机(如检测汽缸压力等)时,必须拆开喷油泵或喷油器线束连接器,以免发动机误起动或喷油器误喷油造成事故。

(6)注意燃油系统清洁:在拆开燃油系统前,必须先清洁相关部件及相邻区域;拆下的燃油系统部件必须放置在清洁的平面上,并用不带绒毛的布等遮盖好;安装前,必须保证零部件的清洁;维修中,如有柴油滴漏,应及时擦拭干净;燃油系统拆开后,尽量不使用压缩空气作业,尽量不移动汽车,以免污物进入燃油系统。

3.维修后注意事项

故障排除了,故障码也就自动消失了,这种认识是错误的。电控系统的故障排除后,必须按照规定的程序清除故障码,否则,故障码仍然存储在 ECU 中,直到若干个起动循环,该处不再发生故障后,故障码才会自动清除。

新维修好的发动机,只要 ECU 中记录有故障码,无论该故障是否存在,仪表盘上的故障指示灯都会点亮以示报警,这样车主便认为仍有故障。若在故障码自动清除前,又有新的故障出现,一是由于无法分清新旧故障码而不易及时发现新的故障;二是在故障排除中,旧故障码会给维修工作带来混乱及困难。因此在发动机电控系统维修后,必须按照规定的程序清除故障码。

第二节　维修常用仪器设备

发动机集中控制系统是高度智能化的电脑控制系统，随着汽车电子技术的发展，该系统的控制内容不断增加，系统组成更加复杂，仅靠修理人员的工作经验和熟练技术难以进行准确的故障诊断，只有采用先进的故障诊断分析仪器设备，才能快速、准确地进行故障诊断。

一、跨接线

跨接线就是一段专用导线，不同形式的跨接线主要是其长短和两端接头不同，见图 5-1。跨接线两端的接头一般是不同形式的插头或鳄鱼夹，以适应对不同位置的跨接。

跨接线主要用于电路故障诊断。当某电控元件不工作时，可用跨接线将被检元件的“搭铁”端子直接搭铁，若此时电控元件工作恢复正常，则说明该元件搭铁电路有故障；同理，若用跨接线将蓄电池“正”极跨接到被检元件的“电源”端子上时，电控元件工作恢复正常，则说明该元件电源电路有故障。

此外，在故障诊断或调取故障码时，有时也需要使用专用跨接线跨接在诊断座相应端子间。使用跨接线应注意：

(1)用跨接线将蓄电池“正”极跨接到被检元件的“电源”端子上时，必须弄清被检元件的规定电源电压值。否则，若将 12V 电源直接加在电控元件上，可能导致电控元件损坏。

(2)不要用跨接线将被检元件“电源”端子直接搭铁，以免导致电源短路。

二、测试灯

测试灯实际就是带导线的“电笔”，主要是用来检查电控元件电路的通、断。测试灯带有显示电路通、断的指示灯，对电路进行检测时，根据指示灯的亮度还可判断被测电路的电压高低。测试灯分为无电源测试灯和自带电源测试灯两种类型。

1. 无电源测试灯

无电源测试灯见图 5-2。若怀疑某电控元件电路有断路故障，可先将测试灯的搭铁夹搭铁，再用探针触接其“电源”端子，若灯不亮，则说明被测电路有断路故障，可继续沿电流的流向依次选择测点检查，直到灯亮为止，此时即可确定电路的断开点在最后两个测点之间。

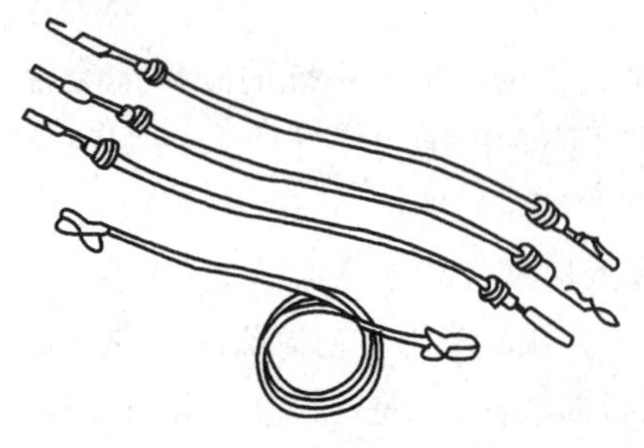
图 5-1　跨接线

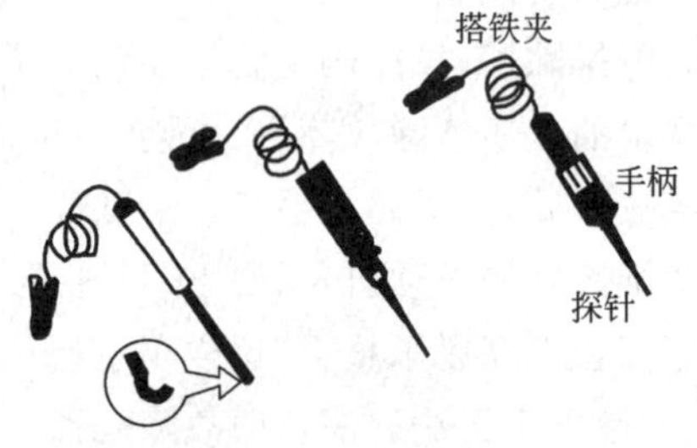

图 5-2　无电源测试灯

如果怀疑某电路有短路故障，可将测试灯直接跨接在熔断丝处，然后依次断开待测线路中的线束连接器，直到测试灯熄灭为止，短路故障即发生在最后两个断开的线束连接器之间。

2.自带电源测试灯

自带电源测试灯见图5-3，在手柄内加装两节1.5V干电池，主要用于检测电路断路故障；检查时，将自带电源测试灯跨接在被测线路的两端，如果灯不亮，则说明被测线路有断路故障。然后依次选择适当测点移动探针（或探头）缩小测试范围，直到灯亮为止，则可确定电路的断开点在最后两个测点之间。

三、数字式万用表

万用表主要用来测量电阻、电压、电流等参数，以此判断电路的通断和电控元件的技术状况。万用表可分为模拟式（指针式）万用表和数字式万用表两种。由于发动机控制系统中的大多数电路都具有高电阻、低电压、低电流特征，因此在实际的故障诊断与检修过程中，除维修手册有特别规定外，必须使用高阻抗数字式万用表进行测试。

1.常用的数字式万用表

数字式万用表采用数字化测量技术和液晶显示器显示，具有测量精度高、测量范围广、输入阻抗高、抗干扰能力强、容易读数等优点，在汽车故障诊断与检修中应用广泛。

常用的数字式万用表功能比较简单，一般只能用来测量电阻、电压和电流。常用的数字式万用表有盒式和袖珍式两种，两者的结构原理和用途基本相同，只是袖珍数字式万用表的体积小、结构紧凑，比较适合在空间窄小的地方使用。

以袖珍式数字式万用表为例，其测量电路原理和外形分别见图5-4、图5-5。万用表测量电路分为模拟和数字两部分，被测量通过转换开关和测量电路转换成直流电压信号，模拟部分再将模拟信号转换成数字信号，最后由数字部分完成整机逻辑控制、计数和显示功能。使用数字万用表时应注意：

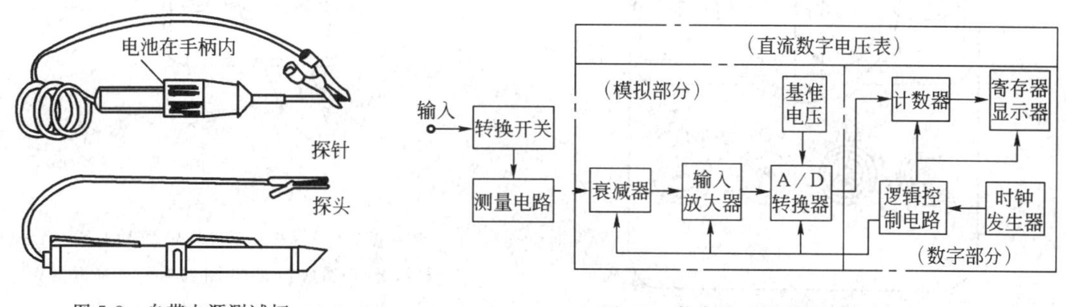

图5-3　自带电源测试灯

图5-4　数字式万用表测量电路

（1）按被测量的性质和数值大小选择合适的“挡位”和“量程”，并将测量导线插接到相应的“插孔”中。如测量某电磁线圈电阻时，因线圈电阻值一般不会超过1 000Ω，所以应将万用表“选择开关”拧到电阻“Ω”挡的“2k”量程，并将黑色测量导线插接到“COM”插孔，将红色测量导线插接到“VΩ”插孔，再将红色和黑色两根测量导线连接到电磁线圈的两端子上，万用表的显示屏上即可显示出该电磁线圈的电阻值。

（2）选择万用表的量程时最好从低到高逐级进行选择，以便获得较准确的测量数据。

(3)在使用数字式万用表时，严禁电控元件或电路处于通电状态时测量其电阻，以免外部电流流入数字万用表而将其损坏。

2.汽车万用表

汽车万用表是一种多功能的数字万用表，它除具有数字万用表的功能外，还具有一些汽车专用测试功能。汽车万用表除可用来测量电控元件和电路的电阻、电压、电流外，一般还能测量转速、频率、温度、电容、闭合角、占空比等项目，并具有自动断电、自动变换量程、数据锁定、波形显示等功能。常用的汽车万用表有笛威 9406A 型、EDA 系列、OTC 系列、KM300 型等。汽车万用表一般都装有标准的数据接口，且自身带有若干连接导线和连接接头，以适应其不同功能和各种车型的检查需要。

汽车万用表的基本结构如图 5-6，其主要功能如下：

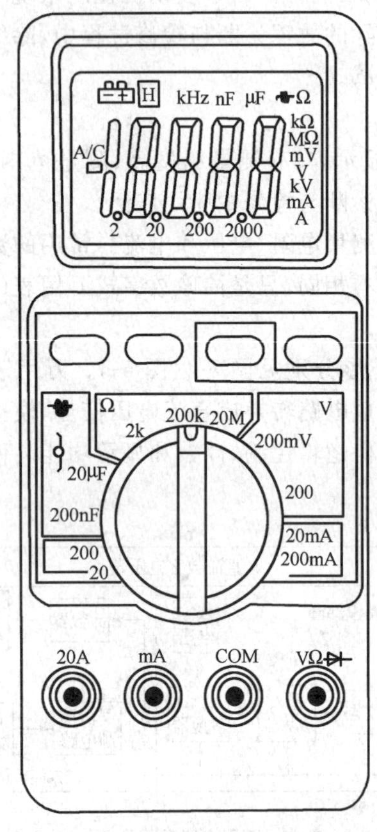

图 5-5 袖珍数字式万用表

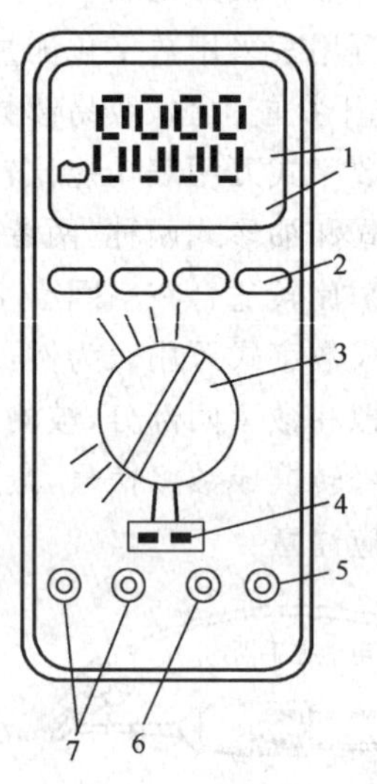

图 5-6 汽车万用表的基本结构

1-显示屏；2-功能按钮；3-测试项目选择开关；4-温度测量座孔；5-功用座孔；6-搭铁座孔；7-电流测量座孔

(1)测量汽油机点火线圈的闭合角。

(2)测量节气门位置传感器、氧传感器、空气流量计、进气温度传感器、水温传感器和 ECU 端子的动态电压信号。

(3)测量各种电磁阀、继电器线圈、喷油器、点火线圈、水温传感器、进气温度传感器等的电阻。

(4)测量汽油机怠速控制阀的电流。

(5)检测喷油器的喷油脉宽、频率及发动机的转速。

四、手动真空泵

手动真空泵又称手持式真空测量仪。发动机电控系统中的很多元件都采用真空驱动，如 EGR 阀、增压控制阀等，检查这些真空驱动元件的好坏一般都需要对其施加一定的真空度，手动真空泵是一种常用的抽真空工具。手动真空泵(见图 5-7)上带有显示真空度的真空表，一般还带有各种连接软管和接头等附件，以适应对不同车型和不同真空驱动元件的检测。

使用手动真空泵对真空驱动元件进行检查时应注意：

(1)检查前将各真空软管连接好，防止因真空泄漏而导致测量结果失准。

(2)检查时必须按规定对被检元件施加真空度，施加真空度过大会损坏被检元件。

(3)检查完毕后，在拆开连接的真空软管前，应先施放真空度，否则将灰尘、湿气等吸入被检元件内，会造成不良后果。

五、燃油压力表

燃油压力表(见图 5-8)是用来测量燃油系统燃油压力或喷油器喷油压力的专用工具，是对燃油系统或喷油器进行检查和故障诊断的常用工具。

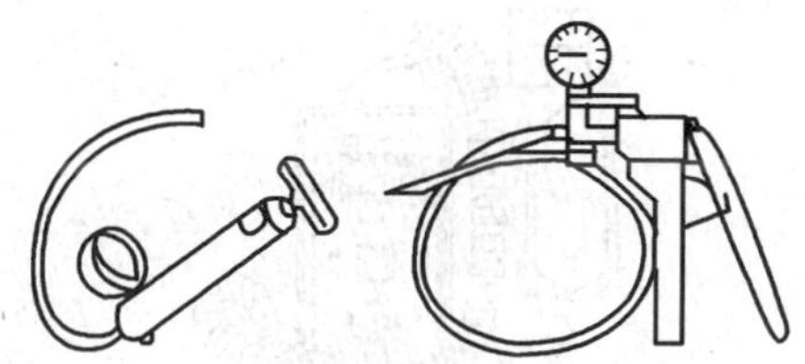

图 5-7　手动真空泵

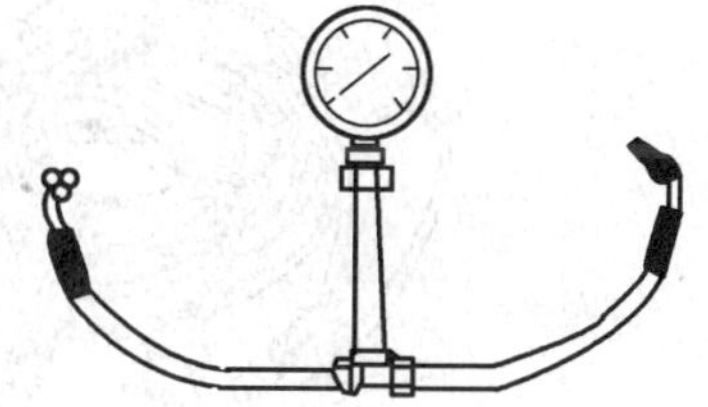

图 5-8　燃油压力表

使用燃油压力表时，应注意选择量程与被测压力范围相适应的燃油压力表。柴油机电控泵系统的喷油压力一般 10～20MPa，泵喷嘴、单体泵和共轨电控系统的喷油压力一般在 120MPa 以上，甚至高达 200MPa 以上。

六、故障诊断仪

1. 故障诊断仪的功能

故障诊断仪俗称解码器，它是一种多功能的诊断检测仪器，一般都具有如下功能：

(1)快速、方便地读取或清除故障码。

(2)在发动机运转或车辆行驶过程中，对发动机控制系统进行动态测试，显示 ECU 多种输入、输出信号的瞬时信息，使电控系统的工作状况一目了然，为诊断故障提供依据。

(3)能在静态或动态下，向电控系统各执行元件发出检修作业需要的动作指令，以便检查执行元件的工作状况。

(4)在车辆运行或路试时监测并记录数据块。

(5)具有示波器功能、万用表功能和打印功能。

(6)有些诊断仪能显示系统控制电路图和维修指导,以供故障诊断和检修时参考。

(7)有些功能强大的专用诊断仪能对发动机 ECU 进行某些数据的重新输入和更改。

2.常见故障诊断仪简介

故障诊断仪可分为专用型和通用型两大类。

专用型故障诊断仪是汽车制造公司为自己生产的汽车而专门设计制造的,世界上一些大的汽车制造公司都有自己专用的故障诊断仪,如日本本田车系专用的 PGM、美国克莱斯勒车系专用的 DRB-II、美国福特车系专用的 STAR-II、德国大众车系专用的 V. A. G1551 和 V. A. G1552、德国宝马车系专用的 MODIC-Ⅲ等。专用故障诊断仪一般只适合在特约维修站配备,以便提供良好的售后服务,充分发挥故障诊断仪的功能。图 5-9 为克莱斯勒车系 DRB-II 和福特车系 STAR-II 专用型故障诊断仪。

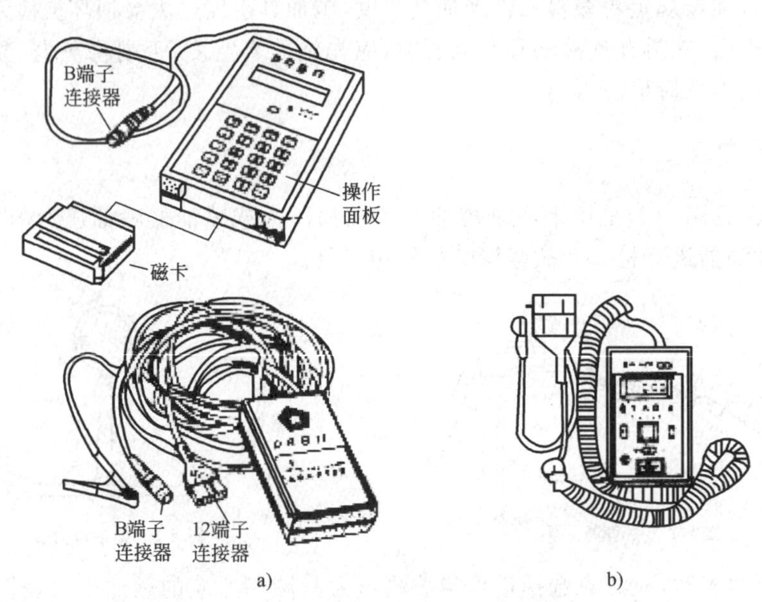

图 5-9 专用型故障诊断仪

a)克莱斯勒车系 DRB-II;b)福特车系 STAR-II

通用型故障诊断仪是汽车保修设备制造公司为适应诊断检测多种车型而设计制造的,一般都配有不同车系的测试卡和适合各种车型的检测连接电缆连接器,测试卡存储有几十种甚至上百种不同公司、不同车型汽车电控系统的检测程序、检测数据和故障码等资料,适合综合性维修企业使用。目前常用的通用型故障诊断仪有:美国 Snap-on 公司生产的 MT2500、美国 IAE 公司生产的 OTC4000、深圳生产的 431ME 电眼睛和三元修车王、笛威公司生产的 OB91 等。MT2500 和 OTC4000 通用型故障诊断仪的外形见图 5-10。

由于故障诊断仪的种类繁多,其使用方法在此不能逐一介绍。故障诊断仪的操作方法一般都比较简单,参照使用说明书会很快掌握,一般操作步骤如下:

(1)选择测试卡和合适的连接电缆连接器(专用故障诊断仪不需此项)。

(2)连接故障诊断仪。电源电缆连接到车内点烟器或蓄电池上,测试电缆与汽车的故障诊断座相连。

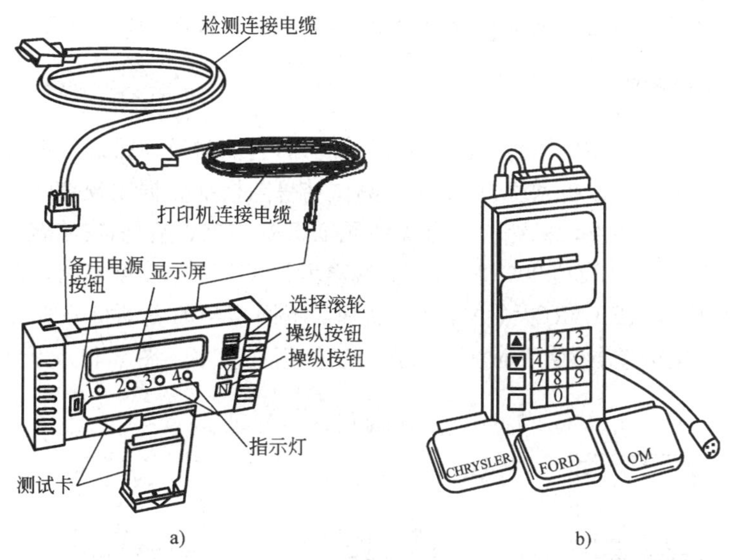

图 5-10　通用型故障诊断仪

a)MT2500 故障诊断仪；b)OTC4000 故障诊断仪

(3)选择测试地址和功能。选择测试地址是指选择想要测试的电控系统，如发动机控制系统、自动变速器控制系统、ABS 系统、安全气囊系统等；功能选择是指根据测试目的选择具体的测试项目，如读取系统数据块、调取故障码、清除故障码等。

(4)进行测试。带打印功能的故障诊断仪，还可与打印机相连，选择打印功能将测试结果(如故障码信息等)打印出来。

七、示波器

示波器主要用来显示控制系统中输入、输出信号的电压波形，以供维修人员根据波形分析、判断电控系统故障。示波器比一般电子设备的显示速度快，是唯一能显示瞬时波形的检测仪器，是电控系统故障诊断中的重要设备。

示波器可分为模拟式示波器和数字式示波器。模拟式示波器显示速度快，但显示波形不稳定(抖动)，且没有记忆功能，给对故障波形的分析判断带来困难。数字式示波器由微处理器控制，由于将模拟信号转换成数字信号需要一定时间，所以显示速度较模拟式示波器慢，但数字式示波器显示波形稳定，且具有记忆功能，可在测试结束后使故障波形重现，便于对故障波形进行进一步的分析、判断。

模拟式示波器一般采用开关、按键和旋钮等实现对波形垂直幅度、水平幅度、垂直位置、水平位置和亮度等的调整。数字式示波器多采用菜单式操作，只需在各级菜单上选择测试项目，无需任何设定和调整，可以直接观测波形，使用起来非常方便。示波器的主要功能如下：

(1)测试各种传感器、执行元件、电路和点火系等电压波形。

(2)数字式示波器具有汽车万用表功能，可测试电压、电阻、闭合角、喷油脉冲、喷油时间、点火电压等。有的示波器内部还存有汽车数据库和标准波形，使判断故障更为方便。

(3)数字式示波器可对测试内容进行记录、回放。

(4)能提供在线帮助,包括提供系统工作原理、测试连接方法、接线颜色等。

八、发动机综检仪

“发动机综检仪”是发动机综合性能检验仪的简称,它能对发动机进行不解体综合测试,并配备有标准的数据及专家分析系统,可通过对测试结果与标准数据比较,判断发动机整机或部分系统工作好坏。常见的发动机综检仪有深圳元征 EA—1000 型、西安凌翔 FZ2000 型、石家庄华燕汽车检测设备厂 HFZF2000 型、济南无线电六厂 QFC—5X 型等国产品牌和 HUMAN(凯文)、BOSCH(博世)、BEAR(大熊)等进口品牌。不同型号的发动机分析仪在结构、使用方法等方面都存在一定的差异,使用时注意认真阅读使用说明书。图 5-11 为元征 EA—1000 型发动机综检仪外形。

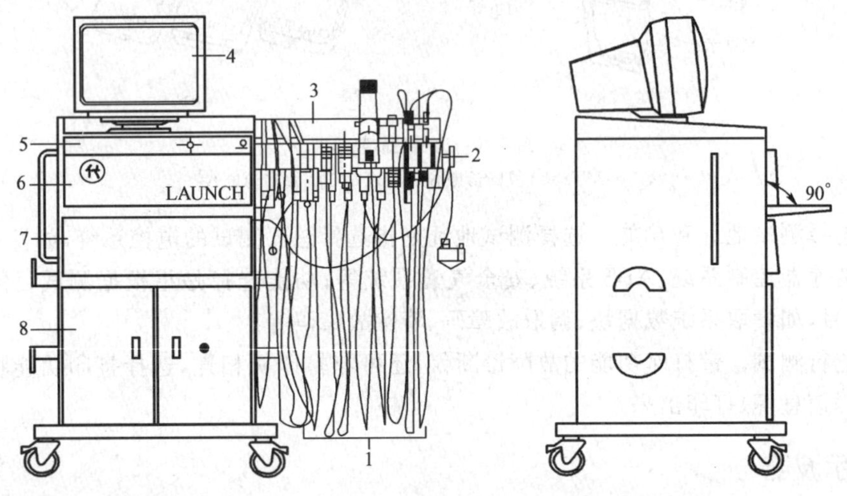

图 5-11　元征 EA—1000 型发动机综检仪

1-信号采集系统;2-传感器挂架;3-前端自理器;4-显示器;5-热键板;6-主机柜和键盘柜;7-打印机柜;8-排放仪柜

发动机综检仪一般都具有如下功能:

(1)汽油机检测功能。包括点火系参数(如点火提前角、点火波形等)检测、无负荷测功、单缸动力性检测、转速稳定性分析、温度检测、进气管真空度检测、起动系统检测、充电系统检测、数字万用表功能和废气分析(需配备废气分析仪)等功能。

(2)柴油机检测功能。包括喷油压力及压力波形检测、喷油提前角检测、无负荷测功、转速稳定性分析、起动系统检测、充电系统检测、数字万用表功能和排气烟度检测(需配备烟度计)等功能。

(3)电控燃油喷射发动机检测功能。包括进气量检测、转速检测、温度检测、进气管真空度检测、节气门位置检测、爆震信号检测、氧传感器信号检测、喷油信号检测、点火系统检测等。

(4)故障诊断分析功能。包括故障查询、检测信号再现与分析、参数设定和显示数据或波形等。

第三节　故障诊断基本方法

一、故障诊断基本原则

目前，世界范围内已知的汽车品牌约 6 000 余个，每年递增速度数以千计，特别是近年来汽车电子技术发展十分迅猛，大量的新型电子装备和新式控制方式在汽车上被广泛采用，使得汽车电控系统故障诊断的技术含量越来越高，了解并掌握汽车电控系统故障诊断的一些基本原则和方法，是十分有益的。尽管各汽车公司生产的发动机，其电控元件外观、形状、安装位置等有很大差异，但其基本控制原理是相近的，故障诊断也有基本规律可循，例如：大多数传感器都使用 5V 参考电压，而执行器用 12V 驱动；几乎所有发动机的冷却液温度传感器、进气温度传感器、燃油温度传感器，都采用负温度系数热敏电阻型传感器；所有发动机的凸轮轴/曲轴位置传感器，都必须安装在与曲轴有固定关系的部位，而且几乎全部采用电磁感应式、霍尔式或光电式，等等。如果我们能够掌握这些规律，遵循一定的原则，在故障诊断过程中往往能取得事半功倍的效果。

对电控发动机进行故障诊断一般应遵循的原则概括为：先简后繁、先易后难，先思后行、先熟后生，先上后下、先外后内，先备后用、代码优先。

1. 先简后繁、先易后难有原则

发动机电控系统的结构和发生故障的原因十分复杂，为避免在故障诊断过程中走弯路，应首先借助简单工具，利用眼看、鼻闻、耳听、手摸等手段进行简单检查，如：观察故障指示灯是否点亮，观察线束和连接器是否有断裂、松脱，观察进气管路有无破损，观察燃油系统有无泄漏痕迹等；闻一闻有无电器线路或元件烧焦的气味；听一听发动机有无异响，怠速转速是否平衡，有无漏气声等；用手摸一摸相关电控元件、继电器、可疑的线束连接器是否有松动，摸一摸电控元件的温度有无异常，摸一摸喷油器、电磁阀是否有规律地振动等。如果通过简单检查诊断不出故障，需借助于仪器设备来进行故障诊断时，也应优先对就车检查的项目、采用简单仪器设备的项目、较容易检查的项目进行检查，然后再进行拆卸检查、使用较复杂仪器设备检查、对较困难的项目检查。

2. 先思后行、先熟后生的原则

在对电控系统进行故障诊断时，应首先利用自己所掌握的专业知识和经验，针对故障现象进行推理分析，明确引起故障的可能原因、优先检查的方向和部位，做到有的放矢，避免对与故障无关项目作无谓的检查，也防止与故障有关项目漏检。

此外，由于设计制造以及使用环境等方面的因素，有些汽车的某些故障，常常以某个部件或总成故障比较常见，维修人员根据平时积累的经验，应对这些部件或总成优先检查，往往也能手到病除。

3. 先上后下、先外后内的原则

随着电控系统在汽车上的应用越来越多，汽车零部件和线束的数量也不断增加，尤其是发动机舱内几乎没有闲余空间，有时为了进行某项检查，需要拆除周围很多的零部件，因此，掌握好先上后下、先外后内的原则，对省工省时十分有益。

4.先备后用、代码优先的原则

对电控系统进行故障诊断时,确定电控元件性能好坏、线路是否正常,常以其精确的电压或电阻等参数值来判断,如果没有这些数据资料,而且不具备采用换件法诊断故障的条件,将无法进行故障诊断。“先备后用”就是要求在进行故障诊断前,先准备好维修资料以备后用。维修资料除从维修手册、专业书刊上收集整理外,另一个有效的途径就是对无故障车辆进行测量并记录下来,平时注意做好资料收集工作,会给故障诊断带来方便。

汽车上的电控系统一般都有故障自诊断功能,在对电控系统进行故障诊断时,应优先调取故障码,并按故障码提示进行诊断。将故障码提示的故障排除后,如果发动机故障现象仍然存在,或者开始就无故障码输出,则再对发动机可能的故障部位进行检查。

二、故障诊断基本程序

电控燃油喷射发动机发生故障后,进行故障诊断应遵循以下基本程序。

1.向车主调查

向车主了解故障发生的时间、现象、故障发生前后的情况、近期检修情况等非常必要,尽管有些车主的描述不够清楚,但对车主提供的信息认真分析,对迅速诊断故障都会有或多或少的帮助。

2.外部检查

外部检查的目的是排除一般性的故障成因,避免走弯路;外部检查的主要内容包括:检查各真空软管是否损坏、是否连接错误、是否堵塞,检查各线束连接器是否连接可靠,检查发动机有无明显的漏油、漏气或外部损伤现象等。

3.调取故障码

如果“故障指示灯”点亮,按规定程序调取故障码,并按故障码提示对相关传感器或执行元件及其电路进行检查。

在汽车使用中,如果故障现象时隐时现,而且有故障码,但按故障码提示又检查不出故障原因,应按间歇性故障进行检查。

在车辆使用中,如果故障症状明显,“故障指示灯”不亮,调取故障码时显示正常码,应按无故障码故障进行检查。

4.检测

只有在进行检测后才能最终判定故障的位置和找到产生故障的原因。检测包括的内容很多,如:信号检测、数据检测、压力检测、执行器动作检测等,涉及的检测仪器也较复杂,要求能够正确选择和使用检测仪器。

5.试验

确定准确的故障原因并进行修理后,必须进行试验,以确认故障是否被排除,并检查维修后的效果等。通过试验,在确定维修合格后,要进行故障码的清除工作。

三、故障码的调取与清除

发动机电控系统发生故障时,调取故障码是快速、准确获取故障信息的有效途径。

1.故障码调取与清除的基本方法

虽然不同公司生产的汽车，调取故障码的操作程序及读取方法有很大差异，但基本方法分两种：一是使用随车自诊断系统调取，二是使用故障诊断仪调取。

(1)利用随车自诊断系统调取故障码：只需按照规定程序进行操作(如短接诊断座上的端子、操作某些开关等)，即可利用仪表板盘上“故障指示灯”、指针式万用表、自制二极管灯或车上显示器等读取故障码，此种方法不需价格比较昂贵的仪器设备，但必须知道被检车辆的维修资料，如调取故障码的操作程序和故障码含义等，否则无法进行故障诊断和检修，而且有些汽车也无法利用随车自诊断系统调取故障码(如德国大众车系等)。随着汽保设备价格的下降，其应用也越来越普及，利用随车自诊断系统调取故障码的方法已很少使用，因此本教材对此不作详细介绍。

(2)使用故障诊断仪调取故障码：使用故障诊断仪调取故障码，只需掌握诊断仪的简单使用方法，对维修人员理论水平要求不高，而且速度快、准确率高，目前已得到广泛应用。

(3)清除故障码的方法：与调取故障码类似，在发动机故障排除后，必须按规定程序利用随车自诊断系统清除故障码，或利用故障诊断仪清除故障码。

2. 大众车系故障诊断仪使用方法

目前国内装用柴油机的轿车主要是一汽大众捷达、宝来、奥迪，所以在此仅介绍德国大众车系专用故障诊断仪使用方法。大众车系专用故障诊断仪有 V. A. G1551、V. A. G1552 和 V. A. S505X 3 种。

1)V. A. G1551、V. A. G1552 的使用方法

V. A. G1551、V. A. G1552 故障诊断仪具有读取和清除故障码、读取数据块、对执行元件诊断及部件基本设置等功能，通过更换检测程序卡升级，可以检测最新车型控制系统的故障。V. A. G1552 与 V. A. G1551 的主要区别主要是不带打印功能。二者的使用方法相同。

V. A. G1551 专用诊断仪见图 5-12，其功能键及键入功能代码使用说明见表 5-2。

大众车系专用故障诊断仪使用说明　　表 5-2

功能键的使用		键入的功能代码及其含义			
操作	实现功能	代码	含义	代码	含义
按“C”键	更改输入数据及当前菜单	01	显示 ECU 版本号	05	清除故障码
按“Q”键	确认输入信息	02	故障查询	06	结束，退出
按“→”键	下一步	03	执行机构诊断	07	ECU 编码
按“HELP”键	帮助信息	04	基本设定	08	测量数据显示

使用 V. A. G1551、V. A. G1552 时应注意：装用 16 端子诊断座的车辆必须配用 V. A. G1551/3专用传输线，装用 2+2 端子诊断座的车辆必须配用 V. A. G1551/1 专用传输线；调取和清除故障码前，应检查蓄电池电压必须大于 11.5V，冷却液温度必须高于 80℃。

以宝来轿车为例，故障码的调取方法如下：

(1)关闭点火开关，将专用传输线 V. A. G1551/3 的一端(5 端子)与诊断仪相应接口连接，传输线另一端(16 端子)与故障诊断座连接，见图 5-13。

(2)打开点火开关，输入发动机 ECU 的地址代码“01”，然后按“Q”键确认，这时屏幕显示：

Rapid data transmission Q （快速数据传递）
01—Engine electronics （发动机电控单元）

经一段时间后屏幕上显示 ECU 的版本号和编码。

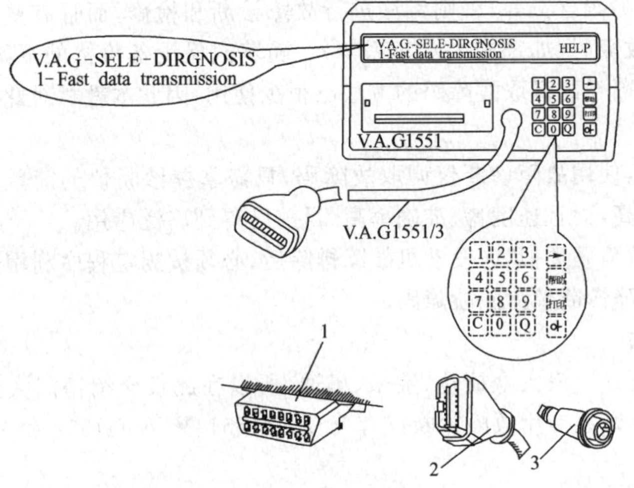

图 5-12　V. A. G1551 专用诊断仪
1-车上的故障诊断座；2-传输线；3-传输线

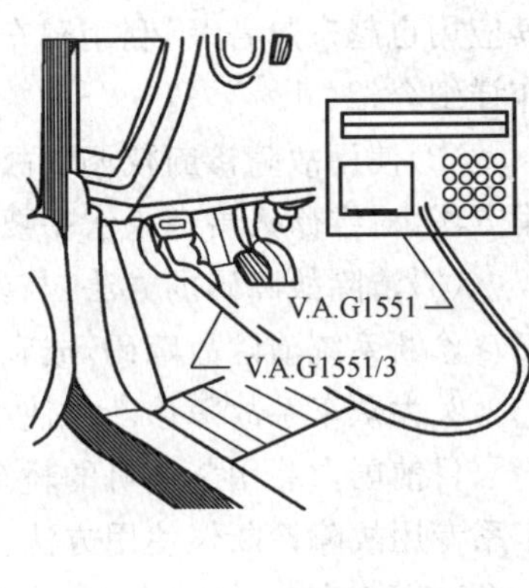

图 5-13　V. A. G1551 诊断仪的连接

(3)按"→"键进入功能选择，屏幕上显示：

Rapid data transmission Q （快速数据传递）
Select function×× （功能选择××）

(4)输入功能代码"02"，再按"Q"键确认，无故障时屏幕上显示：

No fault（无故障）

有故障时，屏幕上将显示出故障数量。如有 2 个故障，屏幕上显示：

2 fault Recognized（发现 2 个故障）

之后按"→"键，将依次显示每一个已检测到的故障代码及故障原因。在显示故障原因时，若屏幕底部出现"/SP"，表示该故障为间歇性出现的故障。有多个故障码时，可将故障信息打印出来。

(5)故障码调取完成后，输入功能代码"06"，再按"Q"键确认即可退出。然后关闭点火开关，拆下专用诊断仪和传输线。

大众车系故障码的清除方法如下：

(1)按调取故障码步骤 1)、2)、3)进行操作后，输入功能代码"05"并按"Q"键确认，即可清除故障码，此时屏幕上将显示：

Rapid data transmission　（快速数据传递） fault memory is erased　（故障码已清除）

若故障码所代表的故障还没有排除，故障码将无法清除，屏幕上将显示：

Rapid data transmission　（快速数据传递） fault memory not erased　（故障码没有清除）

(2)故障码清除完毕后，输入功能代码“06”，再按“Q”键确认即可退出。然后关闭点火开关，拆下专用诊断仪和传输线。

2)V. A. S505X 的使用方法

V. A. S505X 是大众集团专用工具的一个编号，其中的 X 是产品的序列号，它是在大众车系原有的诊断仪 V. A. G1551 和 V. A. G1552 的基础上发展过来的。现在该系列检测仪共有 V. A. S5051、V. A. S5051B、V. A. S5052 和 V. A. S5053 4 种产品。检测仪的全称是“Vehicle diagnostic，measuring and information system(车辆诊断、测量和信息系统)”。从仪器的名称上我们就可以看出，该检测仪具有车辆的诊断、测量和信息查询功能。

以 V. A. S5051 为例，其初始屏幕见图 5-14。从初始屏幕上可以看到该检测仪具有自诊断(Vehicle Self-Diagnosis)、测量(Test Instruments)、故障引导(Guided Fault Finding)和功能引导(Guided Functions)四大功能，其操作模式与 V. A. G1551 基本相同，只要按照显示屏上的提示依次进行相应的操作即可。

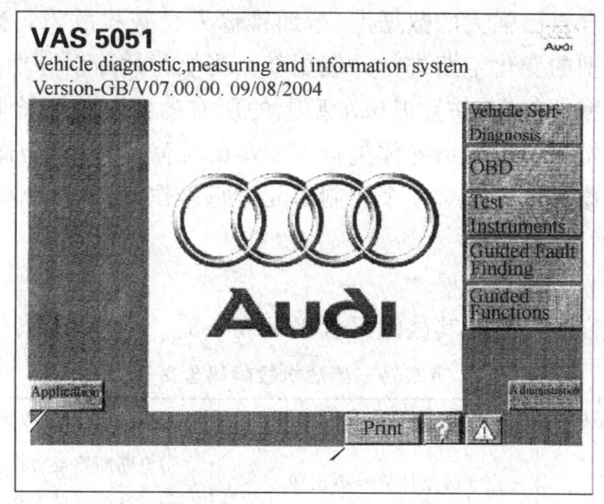

图 5-14　V. A. S5051 初始屏幕

(1)自诊断功能是对车辆单独的控制单元进行检测，比如对发动机、变速箱、ABS 和仪表等控制单元进行检测。这些控制单元具有独立的地址码，V. A. S5051 可以单独和这些控制单元进行通讯，完成控制单元故障记忆的查询、故障记忆的清除等功能。在自诊断项目下，主要有查询故障、执行元件诊断、基础设定、清除故障记忆、结束输出、控制单元编码、读数据块、读单个数据块、匹配、登录功能，见图 5-15。

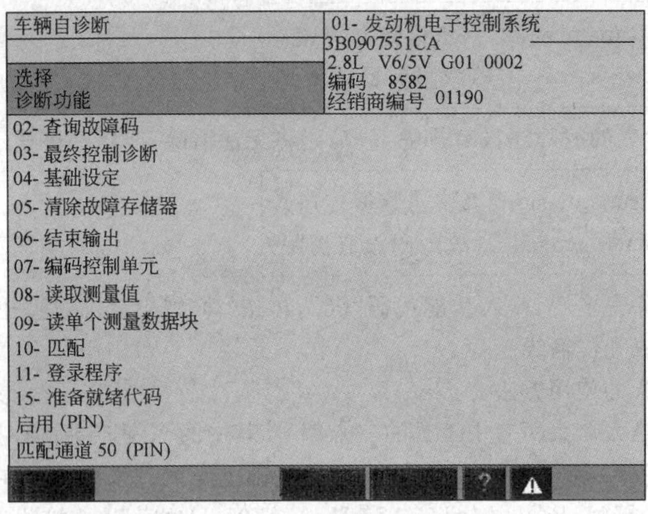

图 5-15　V. A. S5051 自诊断功能

(2)测量功能包括万用表的使用功能，即检测仪可以测量电压、电阻和电流。另外，还可以测量传感器的波形。在实际的维修工作中，检测仪在对控制单元进行电脑检测的同时，还需要对线路和传感器进行测试。该测试仪的这项功能可以兼并。

(3)故障引导功能的实现需要检测仪内部储存的大量车型数据来支持。由于现代车型的更新变化很快，对维修人员要掌握的车辆技术和车型信息的要求就越来越高。把这些新的车型信息存储在检测仪中，当维修人员需要某项信息的时候可以马上调出来，并且检测仪可以根据故障记忆的描述，结合自己强大的数据库，帮助维修人员查找故障。当然，检测仪储存的车辆信息，要根据厂家车型的变化定期进行升级更新。当执行故障引导功能时，选择要检测的车型，检测仪就调出该车型的信息，并且把该车型上的所有的控制单元检测一遍。检测完后，根据检测到的故障记忆，检测仪可以指导你进行下一步的维修工作，帮助你查找故障原因。

(4)功能引导是维修人员主动对某个控制单元进行操作，通过这种操作来完成对控制单元的匹配和故障查找等工作。

3. 故障码说明

以一汽大众宝来柴油机为例，其故障码含义见表 5-3。

宝来轿车柴油机故障码含义　　表 5-3

故障码	辅助故障码	故障码含义	故障可能原因
16485	P0101	空气流量计信号不正常	①电路断路或对搭铁短路； ②空气流量计失效
16684	P0300	不点火	①一缸或多缸不点火； ②汽缸没有压力
16685	P0301	1 缸不点火	①1 缸不点火； ②汽缸没有压力
16686	P0302	2 缸不点火	①2 缸不点火； ②汽缸没有压力

续上表

故　障　码	辅助故障码	故障码含义	故障可能原因
16687	P0303	3 缸不点火	①3 缸不点火； ②汽缸没有压力
16688	P0304	4 缸不点火	①4 缸不点火； ②汽缸没有压力
16705	P0321	转速传感器信号不正常；	①转速传感器失效； ②速度传感器/传感器轮间隙过大； ③转速传感器上有金属屑或底座松动； ④电路断路或对搭铁短路
16706	P0322	转速传感器无信号	①转速传感器失效； ②电路断路或对地短路
16725	P0341	凸轮轴位置传感器信号不正常	①凸轮轴位置传感器失效； ②传感器不正常或未紧固； ③传感器与凸轮轴链轮间隙不正确； ④电路断路或对搭铁短路； ⑤传感轮的轮毂在凸轮轴上转动且松动
16885	P0501	车速传感器信号不正常	无速度传感器信号
16944	P0560	电源电压信号不正常	①电源供电继电器失效； ②继电器卡住
16944	P0562	电源电压太低	电压小于 4V
16947	P0563	电源电压太高	电压大于 20V
16955	P0571	制动灯开关信号不正常	①制动灯开关失效； ②制动踏板开关失效
16989	P0605	ECU 故障	发动机 ECU 内部故障
17552	P1144	空气流量计断路或对搭铁短路	①电路断路或对搭铁短路； ②空气流量计失效
17553	P1145		
17554	P1146	空气流量计工作电压故障	①工作电压过高或过低； ②电路断路

续上表

故　障　码	辅助故障码	故障码含义	故障可能原因
17563	P1155	进气管压力传感器正极短路	①电路正极短路； ②进气管压力传感器失效
17564	P1156	进气管压力传感器断路或对搭铁短路	①电路断路或对搭铁短路； ②进气管压力传感器失效
17565	P1157	进气管压力传感器工作电压故障	①工作电压过高或过低； ②电路断路； ③进气管压力传感器失效
17568	P1160	进气温度传感器对搭铁短路	①电路对搭铁短路； ②进气温度传感器失效
17569	P1161	进气温度传感器断路或正极短路	①电路断路或正极短路 ②进气温度传感器失效
17570	P1162	燃油温度传感器对搭铁短路	①电路对搭铁短路； ②燃油温度传感器失效
17571	P1163	燃油温度传感器断路或正极短路	①电路断路或正极短路； ②燃油温度传感器失效
17663	P1255	冷却液温度传感器对搭铁短路	①电路对搭铁短路； ②冷却液温度传感器失效
17664	P1256	冷却液温度传感器断路或正极短路	①电路断路或正极短路； ②冷却液温度传感器失效
17668	P1260	1 缸泵喷嘴信号不正常	不能控制泵喷嘴
17669	P1261	1 缸泵喷嘴超出控制极限	①控制时间过长； ②传输受阻
17670	P1262	1 缸泵喷嘴未达到控制极限	①控制时间过短； ②缺油； ③燃油系统内有空气

续上表

故　障　码	辅助故障码	故障码含义	故障可能原因
17671	P1263	2 缸泵喷嘴信号不正常	不能控制泵喷嘴
17672	P1264	2 缸泵喷嘴超过控制极限	①控制时间过长； ②传输受阻
17673	P1265	2 缸泵喷嘴未达到控制极限	①控制时间过短； ②缺油； ③燃油系统内有空气
17674	P1266	3 缸泵喷嘴信号不正常	不能控制泵喷嘴
17675	P1267	3 缸泵喷嘴超过控制极限	①控制时间过长； ②传输受阻
17676	P1268	3 缸泵喷嘴未达到控制极限	①控制时间过短； ②缺油； ③燃油系统内有空气
17677	P1269	4 缸泵喷嘴信号不正常	不能控制泵喷嘴
17678	P1270	4 缸泵喷嘴超过控制极限	①控制时间过长； ②传输受阻
17679	P1271	4 缸泵喷嘴未达到控制极限	①控制时间过短； ②缺油； ③燃油系统内有空气
17810	P1402	EGR 阀正极短路	电路正极短路
17849	P1441	EGR 阀断路或对搭铁短路	①电路断路； ②EGR 阀失效； ③电路对搭铁短路
17910	P1502	燃油泵继电器正极短路	①燃油泵继电器失效； ②电路断路或蓄电池正极短路
17911	P1503	发电机 DF 端子负荷信号不正常	①发电机故障； ②电压调节器失效； ③电路断路
17932	P1524	燃油泵继电器断路或对搭铁短路	①电路断路或对搭铁短路； ②燃油泵继电器失效
17948	P1540	车速信号太高	①车速大于 260km/h； ②组合仪表失效
17954	P1546	进气压力控制电磁阀正极短路	电路正极短路
17957	P1549	进气压力控制电磁阀断路或对搭铁短路	①电路断路或对搭铁短路； ②进气压力控制电磁阀失效

续上表

故障码	辅助故障码	故障码含义	故障可能原因
17958	P1550	进气压力控制有偏差	①进气压力控制电磁阀失效； ②软管接头未接上； ③涡轮增压器与发动机间漏气； ④涡轮增压器失效
17964	P1556	进气压力未达到调节极限	①进气压力控制电磁阀失效； ②涡轮增压器失效； ③涡轮增压器与发动机间漏气
17965	P1557	进气压力超过调节极限	①软管接头未接上
17977	P1569	巡航控制系统开关信号不正常	①巡航控制系统开关失效； ②电路断路或短路
17978	P1570	发动机 ECU 故障	①用未授权的钥匙起动车辆； ②试图起动车辆； ③电路短路； ④防盗系统故障； ⑤防盗 ECU 失效或无法找到； ⑥已更换发动机 ECU,但与防盗器不匹配
18008	P1600	电源电压端子 15 电压不正常	点火开关打开时无电压(端子 15)
18009	P1601	端子 30 电源供电继电器不正常	①继电器失效； ②继电器卡住
18017	P1609	应急开关触发	安全气囊触发
18020	P1612	发动机 ECU 编码不正确	发动机 ECU 编码无效
18024	P1616	预热警告灯正极短路	预热警告灯正极短路
18025	P1617	预热警告灯电路断路或对搭铁短路	①电路断路或对搭铁短路； ②灯泡失效
18026	P1618	预热塞继电器正极短路	①电路正极短路； ②预热塞继电器失效
18027	P1619	预热塞继电器断路或对搭铁短路	①电路断路或对搭铁短路； ②预热塞继电器失效
18034	P1626	没有变速器 ECU 信息	至变速器 ECU 的数据线有故障
18039	P1631	加速踏板位置传感器信号电压过高	加速踏板位置传感器失效
18040	P1632	加速踏板位置传感器电压不正常	①电路断路； ②工作电压太高或太低
18044	P1636	没有安全气囊 ECU 信息	安全气囊 ECU 数据总线有故障
18047	P1639	加速踏板位置传感器信号不正常	加速踏板位置传感器失效

续上表

故　障　码	辅助故障码	故障码含义	故障可能原因
18048	P1640	发动机 ECU 失效	发动机 ECU 内部故障
18056	P1648	传动系数据总线失效	ECU 内部故障
18057	P1649	没有 ABS ECU 信息	ABS ECU 的数据总线有故障
18058	P1650	没有组合仪表信息	组合仪表数据总线有故障
18062	P1654	组合仪表故障	机油油位/机油温度传感器失效
18065	P1657	空调输入/输出正极短路	电路正极短路
18067	P1659	散热器风扇触发器正极短路	电路短路
18071	P1663	泵喷嘴触发器正极短路	①电路正极短路； ②发动机 ECU 内部正极短路
18072	P1664	泵喷嘴触发器电路故障	电路断路或对搭铁短路
18073	P1665	泵喷嘴机械故障	泵喷嘴机械故障
18074	P1666	1 缸泵喷嘴电路故障	电路断路或对搭铁短路
18075	P1667	2 缸泵喷嘴电路故障	电路断路或对搭铁短路
18076	P1668	3 缸泵喷嘴电路故障	电路断路或对搭铁短路
18077	P1669	4 缸泵喷嘴电路故障	电路断路或对搭铁短路
18080	P1672	散热器风扇触发器电路断路或对搭铁短路	电路断路或对搭铁短路
18090	P1682	ABS ECU 信号不正常	ABS ECU 的数据总线有故障
19456	P3000	组合仪表有故障	组合仪表数据总线有故障
19458	P3002	强制降挡开关信号不正常	加速踏板位置传感器失效
19459	P3003	低热输出继电器正极短路	①电路断路或正极短路； ②低热输出继电器失效
19461	P3005	高热输出继电器正极短路	①电路断路或正极短路； ②高热输出继电器失效
19463	P3007	没有凸轮轴位置传感器信号	①凸轮轴位置传感器失效； ②传感器不对或未紧固； ③传感器与凸轮轴链轮间的间隙不正确； ④电路断路或对搭铁短路
19764	P3008	凸轮轴位置传感器信号不正常	传感器转子在凸轮轴处扭曲变形或松动
19560	P3104	可变进气歧管翻板转换阀正极短路	可变进气歧管翻板转换阀电路正极短路
19561	P3105	可变进气歧管翻板转换阀断路或对搭铁短路	①电路断路或对搭铁短路； ②可变进气歧管翻板转换阀失效

4. 按故障码提示进行故障诊断

首先应注意，有故障码并不一定有故障。因为维修人员在故障排除后并未清除的历史故障码，在发动机运行或点火开关打开的情况下，驾驶人员或维修人员拆开线束连接器产生的人为故障码，都会导致有故障码但无故障的情况发生。所以，即使能调取故障码，也不要急于按故障码来检修，如果发动机能够起动，最好是先清除故障码，起动运行后再重新调取故障码，第二次调出的故障码才真正说明有无故障。当然，在清除故障码前应记下故障码，因为有些故障码的产生情况难以再现，第二次调取的故障码或许会漏掉一些故障信息。

自诊断系统监视的往往是某一电路，而非某一元件。所以如果故障码含义是"某传感器信号不正常"，实际是指该传感器相应电路故障，传感器电路包括传感器、传感器与ECU间的连线（包括线束连接器）、ECU及其供电和搭铁线路，如果只按故障码含义的字面含义来检修，必然会走弯路。

有故障码反映了电控系统存在故障，但有时并非是故障码含义所指相应电路的故障。例如，宝来轿车柴油机故障码19764P3008的含义为"凸轮轴位置传感器信号不正常"，其可能的故障原因则是"传感器转子在凸轮轴处扭曲变形或松动"。所以，根据故障码提示进行故障诊断，也不可局限于电路，必要时还要考虑机械、气路等部分。

四、间歇性故障诊断

间歇性故障是指受外界因素（如温度、受潮、振动等）影响而有时存在、有时又自动消失的故障。由于此类故障无明显的故障现象，诊断比较困难，一般需模拟车主陈述故障出现时的条件和环境，使故障再现，以便根据故障现象查明故障原因。

1. 振动法

电控系统线路接触不良或元件安装不牢固等引发的故障，汽车行驶中由于振动往往会使故障现象时隐时现。遇此类故障可使发动机维持怠速运转，在水平和垂直方向摇动线束或线束连接器，用手轻拍装有传感器的部件，观察发动机故障是否再现，如果故障出现，说明摇动的线路或轻拍部位的传感器有故障。

注意：不能用力拍打继电器，否则可能会造成继电器断路；对传感器进行振动试验时，可用万用表测量其输出信号有无异常变化，以确定该传感器是否有故障。

2. 加热法

如果故障只在热机时出现，可用电吹风加热怀疑有故障的电控系统元件，如果加热某元件时故障再现，说明该元件有故障。注意：不能对ECU中的元件直接加热，且加热温度应不超过60℃。

3. 水淋法

如果故障只在雨天、洗车后或高湿度环境下出现，可用水喷淋车辆使故障再现，以便根据故障现象分析判断故障原因。注意：不能用水直接喷淋电控系统元件，而应将水喷淋在发动机散热器前面，间接改变发动机室内的湿度。

4. 电器全部接通法

如果怀疑因用电负荷过大而引起故障时，可接通全部用电设备，检查故障是否再现。

5. 道路试验法

有些故障只在特定的行驶状态下出现，则必须通过道路试验的方法使故障再现，以便查明故障原因。

间歇性故障一般不会长时间出现，所以在故障诊断时，用上述方法使故障再现后，应抓住时机，根据故障码提示和故障现象迅速对故障进行诊断。

五、无故障码故障诊断

无故障码故障是指在汽车使用中，有明显的故障现象，但“故障指示灯”不亮，按规定程序调取故障码时，显示正常码。

自诊断系统只能监测电控系统电路，这包含两点：一是如果故障不属于电路，也就不可能有故障码；二是不属于电控系统的电路（如起动系统、充电系统等）故障，也不会存储故障码。因此，无故障码故障往往与电控系统无关，此时应按非电控发动机故障的诊断步骤进行排查，切记不要盲目检查电控系统的 ECU、执行元件、传感器和电路，否则不仅徒劳无功，稍有不慎反会损坏电控元件。

此外，自诊断系统一般只能监测信号的范围，不能监测传感器特性的变化。若因某种原因只是使传感器信号的特性发生了变化，并不能产生故障码。例如，发动机冷却液温度传感器的阻值有一个正常的工作范围，一旦阻值超出此范围，自诊断系统马上会产生故障码；但是假如该传感器的特性（指温度和阻值的对应关系）发生变化，但阻值依然在此范围内，发动机会工作不良，故障指示灯却并不会亮，当然也无故障码。维修人员不应因为无故障码，就认为肯定无故障，以免走弯路。这时应该根据发动机的故障现象进行综合分析判断，有条件的还应用专用诊断仪读取相关数据块、分析波形，继而对传感器单体进行有针对性的检测，以找到并排除传感器故障。

如果故障指示灯亮，却调不出故障码，则可能是故障指示灯电路搭铁故障。

柴油机无故障码故障诊断可参照表 5-4 和表 5-5 进行。

非共轨型柴油机无故障码故障诊断　　表 5-4

故障现象	可能故障原因	检查内容
发动机不能转动	①起动机； ②起动继电器； ③空挡起动开关	①起动机； ②起动继电器； ③空挡起动开关及其电路
低温起动困难	①预热系统； ②STA 信号电路； ③燃油系统； ④发动机 ECU	①预热塞及其电路； ②STA 信号电路； ③喷油泵、喷油器和燃油滤清器； ④发动机 ECU
热起动困难	①STA 信号； ②燃油系统； ③压缩压力； ④发动机 ECU	①STA 信号电路； ②喷油泵、喷油器和燃油滤清器； ③压缩压力； ④发动机 ECU
发动机起动后经常熄火	①ECU 电源电路； ②燃油系统； ③发动机 ECU	①ECU 电源电路； ②燃油滤清器和喷油泵； ③发动机 ECU

续上表

故 障 现 象	可能故障原因	检 查 内 容
发动机失速	①ECU 电源电路； ②喷油量控制阀继电器电路； ③发动机 ECU； ④喷油泵	①ECU 电源电路； ②喷油量控制阀继电器电路； ③发动机 ECU； ④喷油泵
怠速过高	①A/C 信号； ②STA 信号； ③喷油泵； ④发动机 ECU	①A/C 信号电路； ②STA 信号电路； ③喷油泵； ④发动机 ECU
怠速过低	①A/C 信号； ②气门间隙； ③压缩压力； ④燃油管路有空气； ⑤燃油系统； ⑥EGR 系统； ⑦发动机 ECU	①A/C 信号电路； ②气门间隙； ③压缩压力； ④燃油系统排气； ⑤喷油器和喷油泵； ⑥EGR 系统； ⑦发动机 ECU
怠速不稳	①燃油管路有空气； ②气门间隙； ③压缩压力； ④预热系统； ⑤燃油系统； ⑥EGR 系统； ⑦发动机 ECU	①燃油系统排气； ②气门间隙； ③压缩压力； ④预热系统； ⑤喷油器和喷油泵； ⑥EGR 系统； ⑦发动机 ECU
加速不良	①压缩压力； ②燃油系统； ③EGR 系统； ④发动机 ECU	①压缩压力； ②喷油泵、喷油器和燃油滤清器； ③EGR 系统； ④发动机 ECU
工作粗暴	①燃油系统； ②EGR 系统； ③发动机 ECU	①喷油器； ②EGR 系统； ③发动机 ECU
冒黑烟	①燃油系统； ②EGR 系统； ③发动机 ECU	①喷油器和喷油泵； ②EGR 系统； ③发动机 ECU
冒白烟	①燃油系统； ②预热系统； ③EGR 系统； ④发动机 ECU	①喷油泵、喷油器和燃油滤清器； ②预热系统； ③EGR 系统； ④发动机 ECU
喘振(转速波动)	①燃油系统； ②发动机 ECU	①喷油器和喷油泵； ②发动机 ECU

共轨型柴油机无故障码故障诊断　　表 5-5

故 障 现 象	可能故障原因	检 查 内 容
发动机不能转动	①起动机； ②起动继电器； ③空挡起动开关	①起动机； ②起动继电器； ③空挡起动开关及其电路
低温起动困难	①预热系统； ②STA 信号电路； ③燃油系统； ④燃油压力传感器； ⑤进气节流控制系统； ⑥发动机 ECU	①预热塞及其电路； ②STA 信号电路； ③输油泵、喷油器和燃油滤清器； ④燃油压力传感器； ⑤进气节流控制系统； ⑥发动机 ECU
热起动困难	①压缩压力； ②STA 信号电路； ③燃油系统； ④燃油压力传感器； ⑤进气节流控制系统； ⑥发动机 ECU	①压缩压力； ②STA 信号电路； ③输油泵、喷油器和燃油滤清器； ④燃油压力传感器； ⑤进气节流控制系统； ⑥发动机 ECU
发动机起动后经常熄火	①ECU 电源电路； ②燃油系统； ③进气节流控制系统； ④燃油压力传感器； ⑤发动机 ECU	①ECU 电源电路； ②燃油滤清器和输油泵； ③进气节流控制系统； ④燃油压力传感器； ⑤发动机 ECU
怠速过高	①A/C 信号； ②STA 信号； ③输油泵； ④燃油压力传感器； ⑤发动机 ECU	①A/C 信号电路； ②STA 信号电路； ③输油泵； ④燃油压力传感器； ⑤发动机 ECU
怠速过低	①A/C 信号； ②气门间隙； ③压缩压力； ④燃油管路有空气； ⑤燃油系统； ⑥EGR 系统； ⑦燃油压力传感器； ⑧进气节流控制系统； ⑨发动机 ECU	①A/C 信号电路； ②气门间隙； ③压缩压力； ④燃油系统排气； ⑤喷油器和输油泵； ⑥EGR 系统； ⑦燃油压力传感器； ⑧进气节流控制系统； ⑨发动机 ECU
怠速不稳	①燃油管路有空气； ②气门间隙； ③压缩压力； ④燃油系统； ⑤EGR 系统； ⑥燃油压力传感器； ⑦进气节流控制系统； ⑧发动机 ECU	①燃油系统排气； ②气门间隙； ③压缩压力； ④喷油器和输油泵； ⑤EGR 系统； ⑥燃油压力传感器； ⑦进气节流控制系统； ⑧发动机 ECU

续上表

故 障 现 象	可能故障原因	检 查 内 容
加速不良	①压缩压力； ②燃油系统； ③EGR 系统； ④燃油压力传感器； ⑤进气节流控制系统； ⑥发动机 ECU	①压缩压力； ②输油泵、喷油器和燃油滤清器； ③EGR 系统； ④燃油压力传感器； ⑤进气节流控制系统； ⑥发动机 ECU
工作粗暴	①燃油系统； ②EGR 系统； ③燃油压力传感器	①喷油器和输油泵； ②EGR 系统； ③燃油压力传感器
冒黑烟	①燃油系统； ②EGR 系统； ③燃油压力传感器； ④进气节流控制系统； ⑤发动机 ECU	①喷油器和输油泵； ②EGR 系统； ③燃油压力传感器； ④进气节流控制系统； ⑤发动机 ECU
冒白烟	①燃油系统； ②预热系统； ③EGR 系统； ④燃油压力传感器； ⑤进气节流控制系统； ⑥发动机 ECU	①输油泵和燃油滤清器； ②预热系统； ③EGR 系统； ④燃油压力传感器； ⑤进气节流控制系统； ⑥发动机 ECU
喘振(转速波动)	①燃油系统； ②燃油压力传感器； ③发动机 ECU	①喷油器和输油泵； ②燃油压力传感器； ③发动机 ECU

第四节　传感器万用表检测

传感器按其结构原理可分为电阻式、电容式、电磁感应式、霍尔式、光电式、热电偶式等。传感器的结构原理不同，其检测的方法和检测的内容也有区别。按使用的仪器设备不同，传感器的检测方法可分为万用表检测、示波器检测和诊断仪检测。本节仅介绍常用的万用表检测方法，检测发现有故障的传感器，只能更换。

一、万用表检测传感器注意事项

万用表是汽车电控系统维修中常用的、也是最简单的仪器，在传感器检测中，它可用来静态检测电阻式和电磁感应式等传感器的电阻，也可用来动态检测各种传感器的电源电压和信号电压，还可以用来检测触点式传感器(如怠速触点)的通断情况。

1.线束连接器拆装

传感器线束连接器的拆装方法见图 5-16。拆开线束连接器之前，必须关闭点火开关。连接器都带有锁紧卡环或卡锁，拆开连接器前应先将卡环松开或按下锁扣，然后拆开连接器。使用时间较久的连接器可能已老化，拆卸时应特别小心防止弄断卡锁。

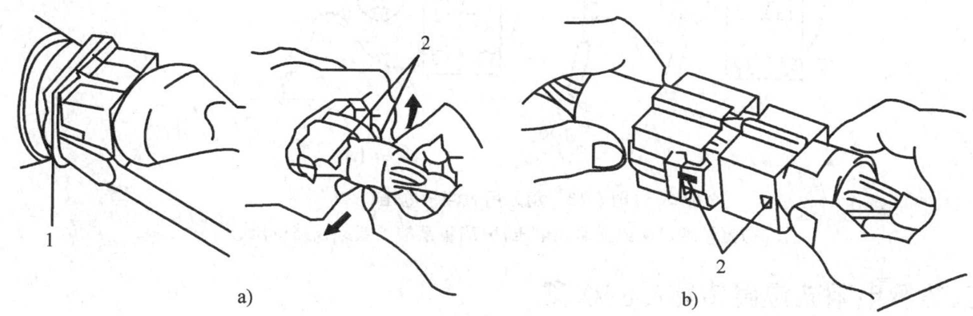

图 5-16　线束连接器的拆装

a)拆开连接器；b)插接连接器

1-卡环；2-卡锁

插接连接器时，若是卡锁则直接将连接器推到底；若是卡环，则在插接连接器后将弹簧钢丝卡环装好。

2.线束连接器常见故障

连接器常见故障主要是松脱、端子脏污或连接器线束端后面的导线拉伸而断路，见图 5-17。导线在中间折断是很少见的，大多是在连接器处断开，因此应仔细检查连接器线束端的导线。连接器端子锈蚀、脏物进入连接器插头和插座或端子松动都会使连接器接触不良。因此，检查连接器时应先拆开连接器，检查连接器端子上有无锈蚀或脏污、端子片是否松动或损坏、端子固定是否牢靠。

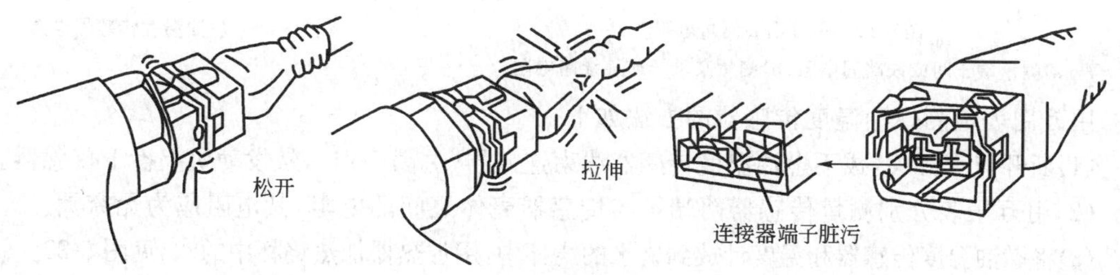

图 5-17　线束连接器常见故障

3.电压测量

将万用表旋钮转到直流电压(V)挡，并选择合适的量程；测量两端子间或两线路间的电压时，应将万用表的两个表笔分别与被测量的两个端子或两根导线接触(见图 5-18a)；测量某个端子或某条线路的电压时，应将万用表的正表笔与被测的端子或线路接触，而将万用表的负表笔搭铁(见图 5-18b)。

4.电阻测量

用万用表测量传感器电阻的方法见图 5-19。测量时，将万用表旋钮转到电阻(Ω)挡，并选择合适的量程。测量电阻的目的主要是检查电阻值是否符合标准或导通性(有无断路、短路故障)。

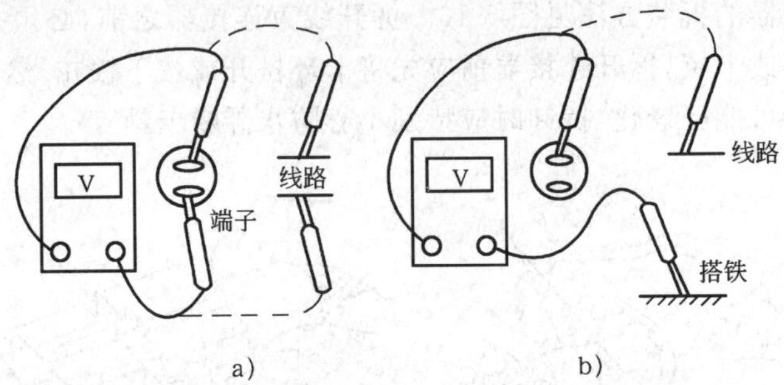

图 5-18 用万用表测量电压

a)测量端子间或线路间电压;b)测量某端子或某线路电压

二、热敏电阻式温度传感器的检测

进气温度传感器、冷却液温度传感器和燃油温度传感器一般均采用热敏电阻式,其电路和检测方法相同。热敏电阻式温度传感器一般有两个端子,分别为信号端子和搭铁端子。

以宝来轿车柴油机燃油温度传感器为例,该传感器安装在燃油泵到燃油冷却器间的回油管中,其电路见图 5-20。

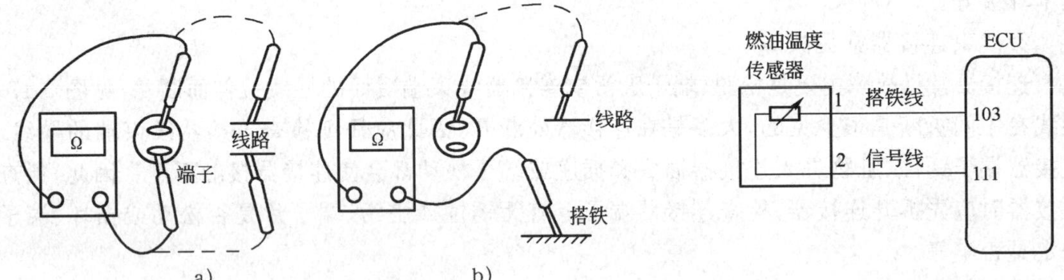

图 5-19 用万用表测量电阻

a)测量端子间或线路间电阻;b)测量某端子或某线路电阻

图 5-20 燃油温度传感器电路

用万用表检测燃油温度传感器的方法如下:

(1)断开点火开关,拔下燃油温度传感器线束连接器(见图 5-21),从发动机上拆下传感器。

(2)用万用表分别测量传感器两端子与传感器壳体之间的电阻,其电阻应为无穷大。

(3)将燃油温度传感器和温度计放到盛水的烧杯中,用加热器加热烧杯中的水,见图 5-22。

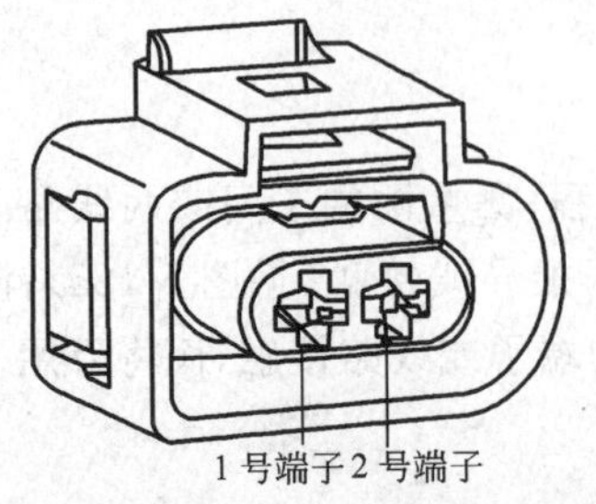

图 5-21 燃油温度传感器线束连接器

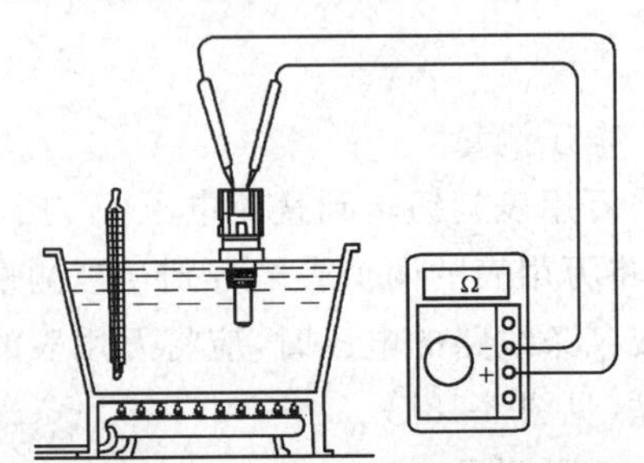

图 5-22 燃油温度传感器的检测

(4)用万用表测量传感器两端子之间的电阻，其电阻值随温度变化规律，应符合特性曲线相应温度下的电阻值。宝来轿车柴油机燃油温度传感器特性见图5-23，其中A区为0～65℃时的电阻特性，B区为65～100℃时的电阻特性；30℃时对应的电阻值为3 790～4 270Ω，80℃时对应的电阻值为600～660Ω。

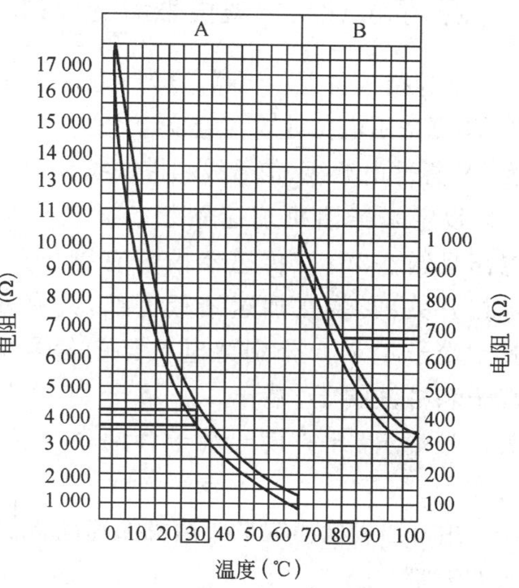

图5-23　宝来柴油机燃油温度传感器特性

三、压敏电阻式压力传感器的检测

进气管绝对压力传感器和燃油压力传感器一般采用压敏电阻式。压敏电阻式压力传感器通常有3个端子，分别为5V标准电源端子、信号端子和搭铁端子。

以宝来柴油机进气管绝对压力传感器为例，该传感器与进气温度传感器制成一体，安装在增压中冷器后的进气管上，共有4个端子，进气温度和压力两传感器共用搭铁端子，其电路见图5-24，线束连接器见图5-25。

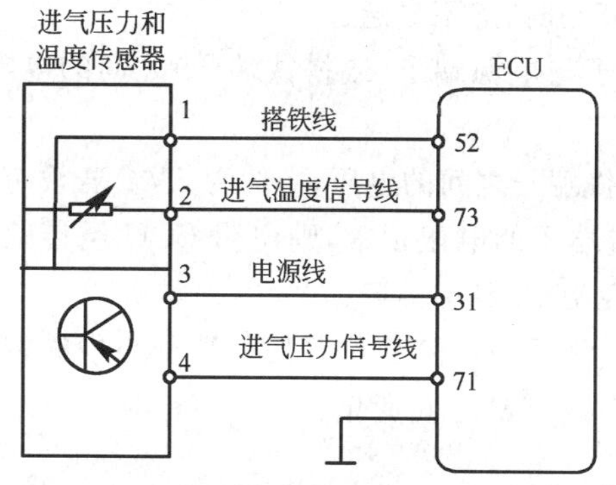

图5-24　进气管绝对压力和温度传感器电路

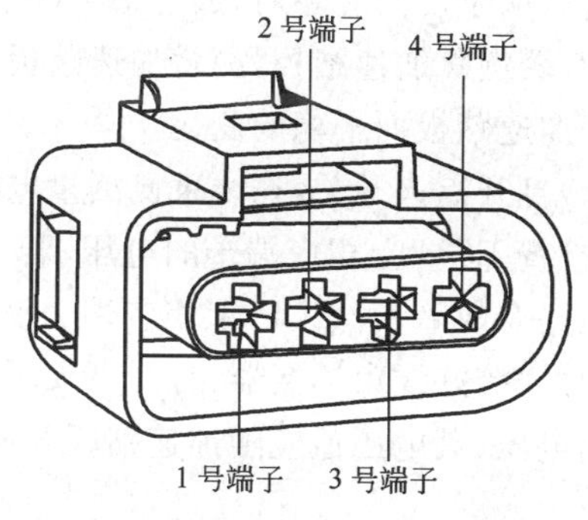

图5-25　进气管绝对压力和温度传感器线束连接器

用万用表检测进气管绝对压力传感器方法如下：

(1)拆开传感器的线束连接器，在传感器侧测量进气温度信号端子与搭铁端子之间的电阻，应随温度升高而降低。检测进气温度传感器时可用电吹风加热，10℃时电阻值为3 300～4 500Ω，30℃时电阻值为1 500～2 000Ω，80℃时电阻值为300～400Ω。

(2)打开点火开关，在线束侧测量电源端子与搭铁端子之间应有约为5V的电压。若没有电压，则检查ECU上相应端子的电压；若ECU上相应端子的电压正常，则说明ECU至传感器之间线路有故障；若ECU上相应端子没有电压，则说明ECU有故障。

(3)插接好线束连接器，拆下传感器上的真空软管，使大气压力作用于传感器，打开点火开关，用万用表测量进气压力信号端子与搭铁端子之间的电压，应在4V左右。

(4)用手动真空泵对传感器施加真空度，再用万用表测量进气压力信号端子与搭铁端子之间的电压，该电压值应随真空度的增大(绝对压力减小)而降低。

四、电位计式位置传感器的检测

加速踏板位置传感器、直列柱塞泵供油齿条位置传感器、分配泵油量控制滑套位置传感器等,均可采用电位计式。电位计式位置传感器通常有 3 个端子,通过 3 根线与 ECU 相连,分别为 5V 标准电源线、信号线和搭铁线。

以宝来柴油机加速踏板位置传感器为例,其电路见图 5-26;该传感器内带有怠速开关和强制降挡开关,安装在加速踏板上部,共有 6 个端子,其中端子 4、2、3 分别为电位计的信号端子、电源端子和搭铁端子,端子 1、5、6 分别为强制降挡开关信号端子、开关信号端子和两个开关共用的搭铁端子。

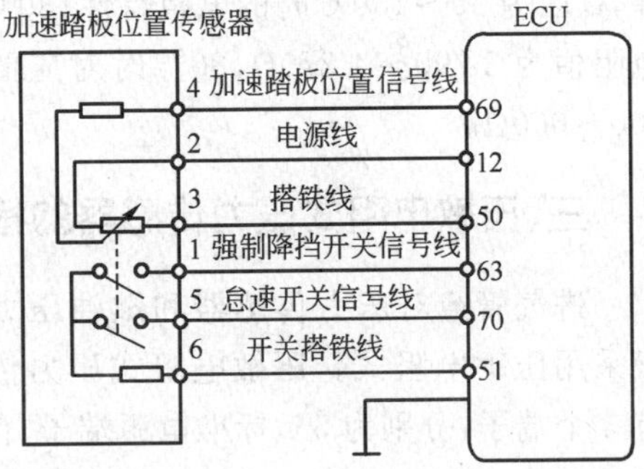

图 5-26　电位计式加速踏板位置传感器电路

用万用表检测宝来柴油机加速踏板位置传感器的方法如下:

(1)拆开传感器的线束连接器,在传感器侧分别测量怠速开关信号端子、强制降挡开关信号端子与开关搭铁端子之间的导通情况。加速踏板完全放松时,怠速开关信号端子与开关搭铁端子之间应导通,踩下加速踏板时应不导通;加速踏板踩到底时,强制降挡开关信号端子与开关搭铁端子之间应导通,加速踏板踩下深度小于 95%时,应不导通。

(2)缓慢踩加速踏板,测量加速踏板位置信号端子与电源端子(或搭铁端子)之间的电阻,应随踩加速踏板而平稳的变化。

(3)打开点火开关,在线束侧测量电源端子与搭铁端子之间的电压,应约为 5V。若没有电压,则检查 ECU 上相应端子的电压;若 ECU 上相应端子的电压正常,则说明 ECU 至传感器之间线路有故障;若 ECU 上相应端子没有电压,则说明 ECU 有故障。

(4)插接好线束连接器,打开点火开关,用万用表测量加速踏板位置信号端子与搭铁端子之间的电压,其电压值应随加速踏板开度变化在 0.5～4.5V 之间变化。

五、电磁感应式传感器的检测

电磁感应式传感器主要用于测量运动件的位置变化,如凸轮轴/曲轴位置传感器、加速踏板位置传感器、分配泵正时活塞位置传感器、针阀升程传感器等。电磁感应式传感器的感应线圈与 ECU 间用两根线连接,一根是搭铁线,一是信号线,如果有多个感应线圈,可共用一根搭铁线。

以捷达柴油机喷油器针阀升程传感器为例,其电路见图 5-27。

用万用表检测电磁感应式针阀升程传感器的方法如下:

(1)捷达柴油机喷油器针阀升程传感器位于第三缸喷油器内。拆开线束器(见图 5-28),在传感器侧测量两个端子间的电阻,正常应为 80～120Ω。

(2)插接好线束连接器,发动机工作时,测量信号端子与搭铁端子之间的电压,正常应有脉冲信号输出。

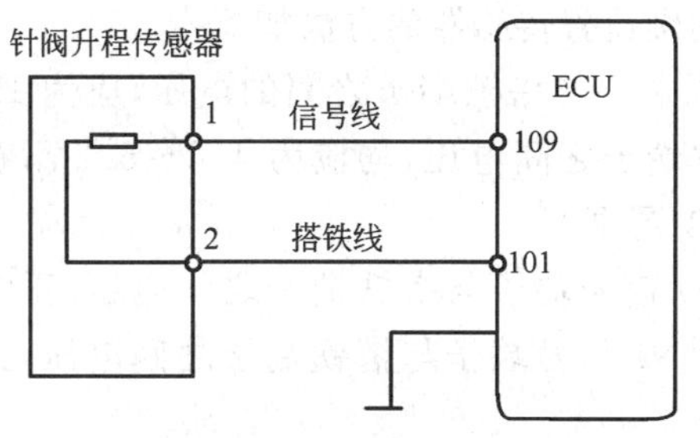

图 5-27　电磁感应式针阀升程传感器电路

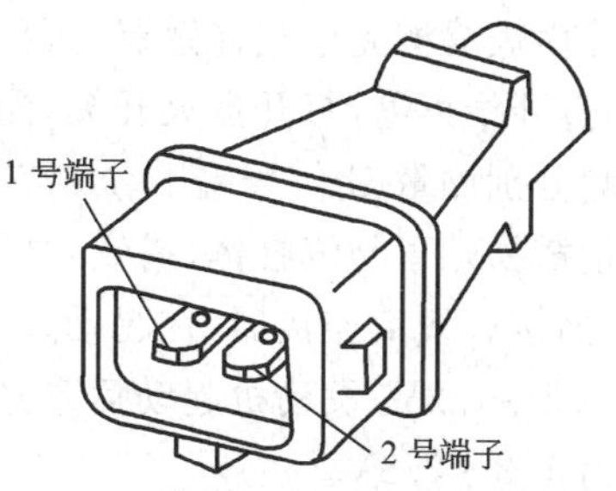

图 5-28　针阀升程传感器线束连接器

六、霍尔式传感器的检测

与电磁感应式传感器相同，霍尔式传感器也是主要用于测量运动件的位置变化，如凸轮轴/曲轴位置传感器、针阀升程传感器等。霍尔式传感器通常有 3 根线与 ECU 相连，分别为电源线、信号线和搭铁线。也有些霍尔式传感器的电源线不与 ECU 相连，即不是由 ECU 提供电源，而通过电源继电器供电。

以宝来柴油机凸轮轴位置传感器为例，该传感器安装在正时皮带导向轮处，转子则安装在凸轮轴上。宝来柴油机霍尔式凸轮轴位置传感器电路见图 5-29，通过电源继电器给传感器端子 1 提供电源，传感器与 ECU 之间相连的两根线分别为信号线和搭铁线。

用万用表检测宝来柴油机霍尔式凸轮轴位置传感器的方法如下：

(1)拆开线束器(见图 5-30)，打开点火开关，在线束侧测量电源端子与搭铁端子之间的电压，正常应为蓄电池电压。

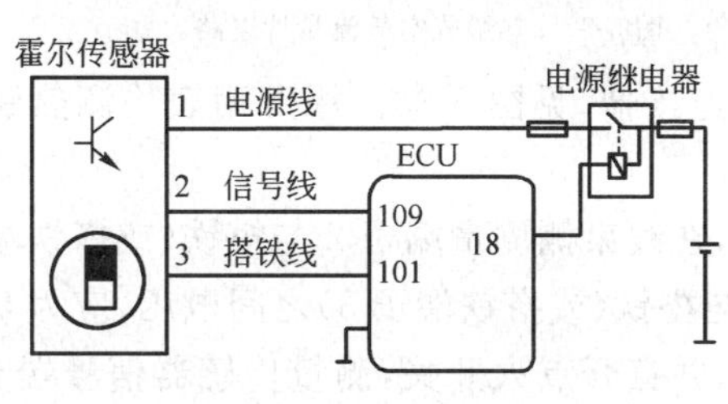

图 5-29　霍尔式凸轮轴位置传感器电路

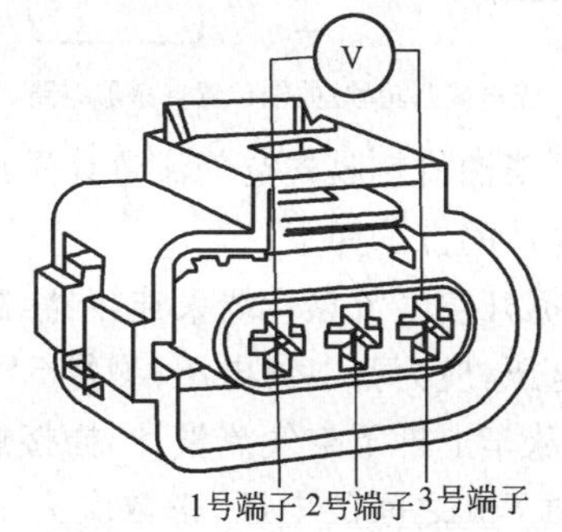

图 5-30　霍尔式传感器线束连接器

(2)关闭点火开关，在传感器侧分别测量电源端子与信号端子和搭铁端之间电阻，电阻值均应为∞(开路)，否则说明传感器损坏。

(3)插接好线束连接器，发动机工作时，测量信号端子与搭铁端子之间的电压，正常应有脉冲信号输出。

七、光电式传感器的检测

光电式传感器主要作为凸轮轴/曲轴位置传感器，其电路见图 5-31。光电式凸轮轴/曲轴位置传感器有 4 个端子，分别为电源端子、搭铁端子、G 信号端子和 Ne 信号端子。

用万用表检测光电式传感器主要作为凸轮轴/曲轴位置传感器的方法如下：

(1)拆开线束器，打开点火开关，测量线束侧电源端子与搭铁端子之间的电压，应为 12V；在线束侧分别测量 G 信号端子、Ne 信号端子与搭铁端子之间电压，均应为 4.8～5.2V；在线束侧测量搭铁端子与汽缸体(搭铁)之间电阻应为 0Ω(导通)。

(2)插接好线束连接器，在起动发动机时，测量 G 信号端子与搭铁端子之间电压，正常电压应为 0.2～1.2V；发动机起动后怠速运转时，测量 Ne 信号端子与搭铁端子之间电压，正常电压应为 1.8～2.5V。

八、热式空气流量计的检测

目前应用广泛的热式空气流量计是热膜式空气流量计。以宝来柴油机热膜式空气流量计为例，其电路见图 5-32。空气流量计连接器上有 5 个端子，由电源继电器给空气流量计端子 2 提供 12V 电源，端子 1 不用，端子 4、3、2 分别为 5V 电源端子、搭铁端子、信号端子。

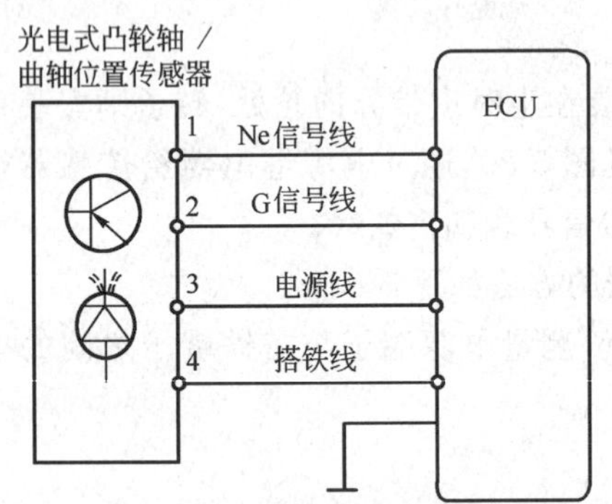

图 5-31　光电式凸轮轴/曲轴位置传感器电路

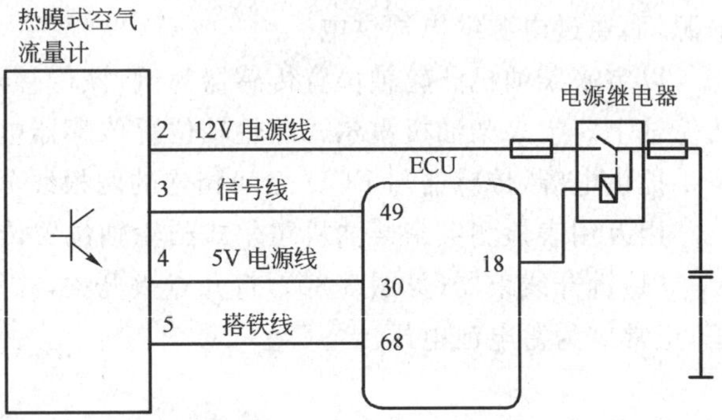

热膜式空气流量计
电源继电器
2　12V 电源线
ECU
3　信号线
49
4　5V 电源线
18
30
5　搭铁线
68

图 5-32　热膜式空气流量计电路

宝来柴油机热膜式空气流量计采用 5 端子线束连接器，见图 5-33。用万用表检测热膜式空气流量计的方法如下：

(1)拆开空气流量计线束连接器，打开点火开关，在线束侧测量端子 2 与搭铁(或搭铁端子 3)之间电压，应为蓄电池电压；测量 5V 电源端子 4 与搭铁(或搭铁端子 3)之间电压，应为 5V。

(2)从车上拆下空气流量计，插接好线束连接器，并打开点火开关，测量传感器信号端子 5 与搭铁端子 3 之间的电压，正常应为 1～2V；向空气流量计进气口吹风，同时测量信号端子 5 与搭铁端子 3 之间的电压，正常应升高到 2～4V。

九、卡门旋涡式空气流量计的检测

以光学式卡门旋涡空气流量计为例，其电路见图 5-34。光学式卡门旋涡空气流量计与 ECU 间有 3 根连接线(带进气温度传感器的 4 根)，ECU 通过电源线给流量计提供标准 5V 电压，空气流量信号经信号线输送给 ECU。

用万用表检测光学式卡门旋涡空气流量计的方法如下：

(1)拆开空气流量计线束连接器，打开点火开关，在线束侧测量电源端子与搭铁端子之间电压，正常应为 5V。

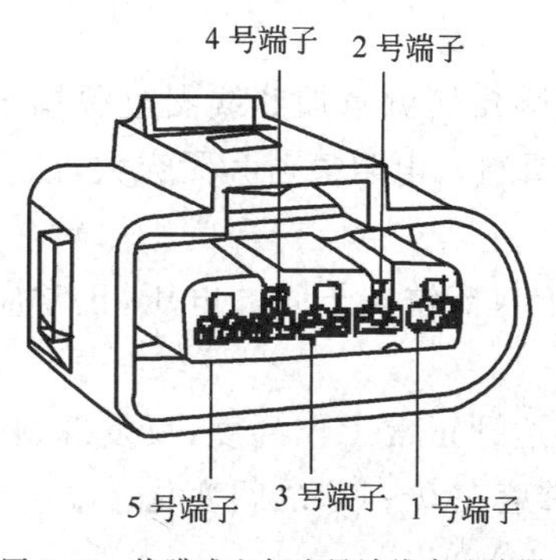

图 5-33　热膜式空气流量计线束连接器

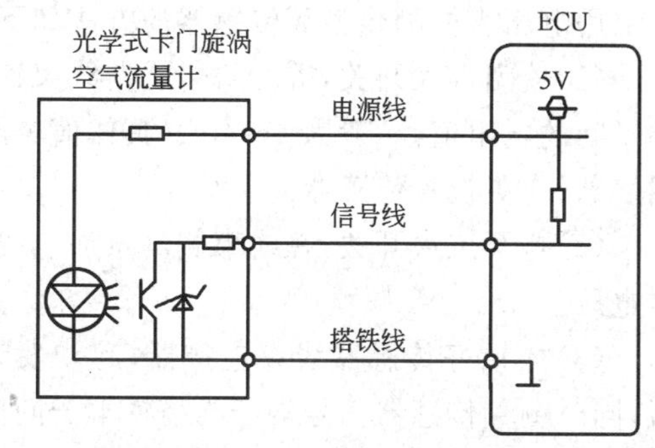

图 5-34　光学式卡门旋涡空气流量计电路

(2)插接好线束连接器,发动机工作时,测量信号端子与搭铁端子之间的电压,正常应为 2～4V。

十、压电传感器的检测

压电传感器主要用于压力和振动强度测量,其电路见图 5-35,当压力或振动产生的冲击力变化时,压电传感器产生的信号电压经信号线输送给 ECU。

用万用表检测压电式传感器的方法如下:

(1)关闭点火开关,拆开压电传感器的线束连接器,测量传感器端子与其壳体之间的电阻,正常应为∞(不导通)。

(2)拆开压电传感器的线束连接器,起动发动机并维持怠速运转,测量传感器端子与搭铁间的电压,应有脉冲电压输出。

十一、氧传感器的检测

目前,采用最多的氧传感器是热型氧化锆氧传感器和宽量程氧传感器。

1.热型氧化锆氧传感器的检测

热型氧化锆氧传感器电路见图 5-36。传感器有 4 个端子,分别为由电源继电器(或燃油泵继电器)给加热线圈供电的电源端子、加热线圈搭铁端子、传感器信号端子和搭铁端子。有些氧传感器的加热线圈直接搭铁(不受 ECU 控制);也有些热型氧传感器只有 3 个端子,它是将加热线圈或传感器直接通过壳体搭铁,所以少 1 个端子。

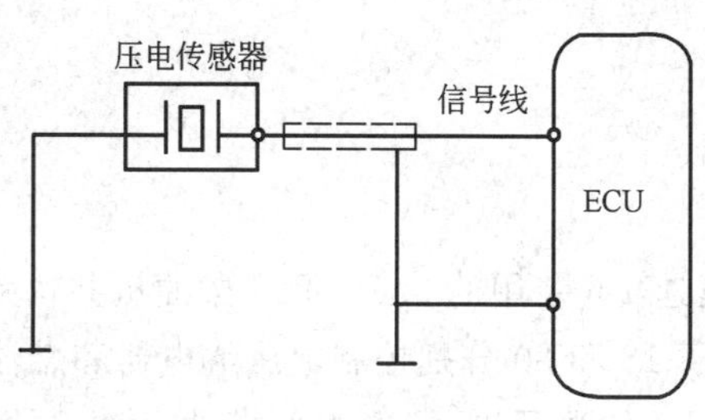

图 5-35　压电传感器电路

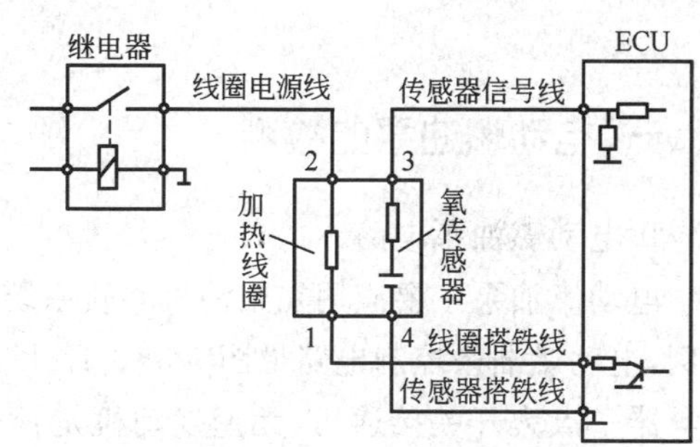

图 5-36　热型氧传感器电路

用电压表检测热型氧传感器的方法如下：

(1)关闭点火开关，拆开氧传感器线束连接器，在传感器侧测量加热线圈电源端子与搭铁端子间的电阻值，一般为 4～40Ω(具体值查阅车型维修资料)；电阻值若为无穷大，说明加热线圈烧断，应更换氧传感器。

(2)打开点火开关，在线束侧测量加热线圈电源端子与搭铁端子间的电压，正常应为蓄电池电压。

(3)插接好传感器线束连接器，起动发动机并使其达到正常工作温度，反复踩、松加速踏板，同时测量传感器信号端子与搭铁端子间的电压，正常应在 0～1V 之间变化。

2. 宽量程氧传感器的检测

宽量程氧传感器一般有 6 个端子，包括加热线圈电源端子、加热线圈搭铁端子、两个 5V 电源端子、信号端子和泵电流输入端子，其电路见图 5-37。有些宽量程氧传感器只有 5 个端子，它是在传感器内部将两个 5V 电源端子合并。

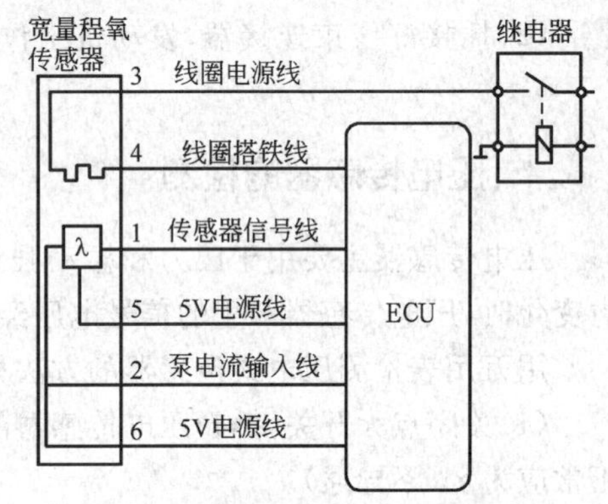

图 5-37 宽量程氧传感器电路

用电压表检测宽量程氧传感器的方法如下：

(1)关闭点火开关，拆开传感器线束连接器，在传感器侧测量加热线圈电源端子与搭铁端子间的电阻值，一般为 4～40Ω(具体值查阅车型维修资料)。电阻值若为无穷大，说明加热线圈烧断，应更换氧传感器。

(2)打开点火开关，在线束侧测量加热线圈电源端子与搭铁端子间的电压，正常应为蓄电池电压。

(3)宽量程氧传感器的电流信号只能由 ECU 转化为电压值显示出来，只能通过读取数据块检测其信号电压。宽量程氧传感器的电压规定值为 1.0～2.0V，电压值大于 1.5V 时说明混合气过稀，电压值小于 1.5V 时说明混合气过浓，电压值为 0V、1.5V、4.9V 的恒定值时都说明氧传感器线路有故障。

第五节　执行元件万用表检测

一、电动燃油泵的检测

1. 电动燃油泵电路

电动燃油泵主要应用在柴油机共轨系统中，以奥迪 A6 装用的 3.0L TDI 柴油机共轨系统为例，电动燃油泵控制电路见图 5-38。ECU 通过端子 18 和 80 分别控制电源继电器和燃油泵继电器。点火开关接通后，无论发动机是否工作，ECU 的端子 18 均经内部搭铁，使电源继电器的开关闭合；发动机起动或处于正常工作状态时，ECU 的端子 80 均经内部搭铁，使燃油泵继电器开关闭合，燃油泵工作；发动机不工作时，ECU 的端子 80 内部搭铁断开，燃油泵继电器开关断开，燃油泵不工作。点火开关关闭时，ECU 的端子 18 内部搭铁断开，电源继电器开关断开，燃油泵也不能工作。

2. 电动燃油泵的检测

检测电动燃油泵前，先检查电池电压应不低于 11.5V，关闭其他用电设备，然后进行如下检测：

(1)拧开油箱盖，打开点火开关，间断操作起动机(或用蓄电池直接给燃油泵通电)，应能听到燃油泵工作的声音，或用手捏供油软管应有压力感。

(2)关闭点火开关，拆开电动燃油泵的线束连接器，在线束侧端子 1 和 4(端子 2 和 3 为油量表传感器端子)之间连接二极管灯，见图 5-39；打开点火开关后，二极管灯应点亮。也可用万用表测量线束侧端子 1 和 4 之间电压，应为蓄电池电压。若不符合上述要求，应检查电动燃油泵电源电路。

(3)关闭点火开关，用万用表(20A 电流挡)和专用短接线连接线束与燃油泵之间相应端子，见图 5-40；然后打开点火开关，观察万用表读数，正常应为 3.5～4.5A。也可用万用表在燃油泵侧测量端子 1 与 4 之间电阻，一般为 2～3Ω。

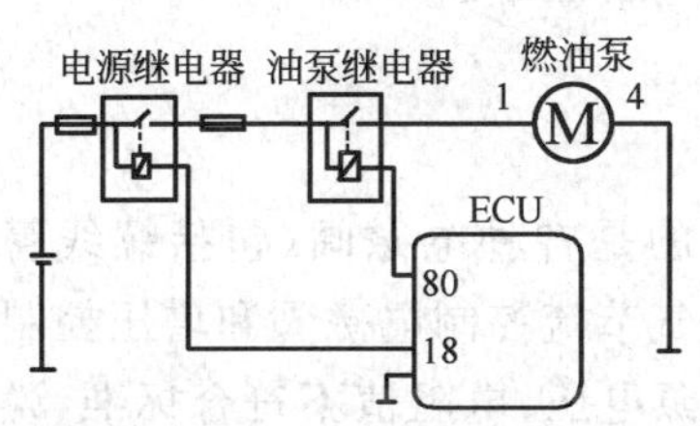

图 5-38　柴油机共轨系统电动燃油泵电路

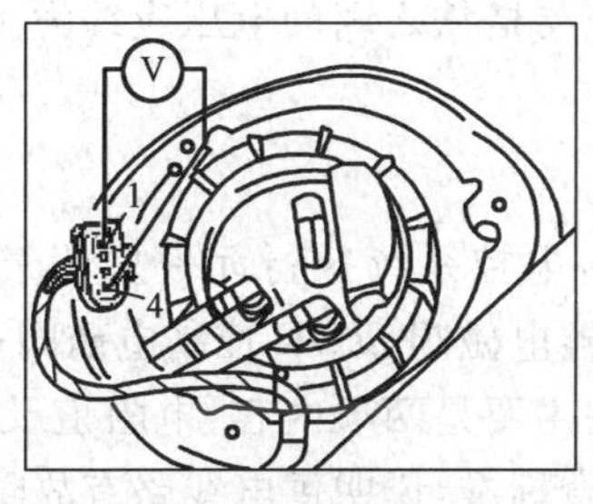

图 5-39　电动燃油泵的电源电压检测

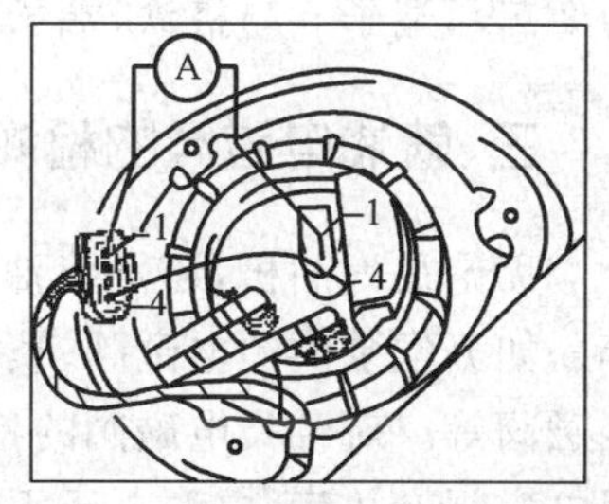

图 5-40　电动燃油泵的电流检测

注意：从油箱中拆出燃油泵后，用蓄电池直接给燃油泵通电检查其工作情况，通电时间不能过长，否则会烧坏油泵电动机。

二、电控分配泵的检测

1. 电控分配泵电路

电控分配泵中的执行元件主要包括：供油正时控制电磁阀、供油量控制电子调速器或电磁阀。以捷达柴油机电控分配泵为例，其控制电路见图 5-41，分配泵的线束连接器上有 10 个端子，端子 1、2、3 分别为油量控制滑套位置传感器的电源端子、信号端子和搭铁端子，端子 4 和 7 分别为燃油温度传感器的信号端子和搭铁端子，端子 5 和 6 分别为电子调速器的电源(12V)端子和控制端子，端子 8 为熄火断油电磁阀(通过壳体搭铁)的控制端子，端子 9 和 10 分别为正时控制电磁阀的

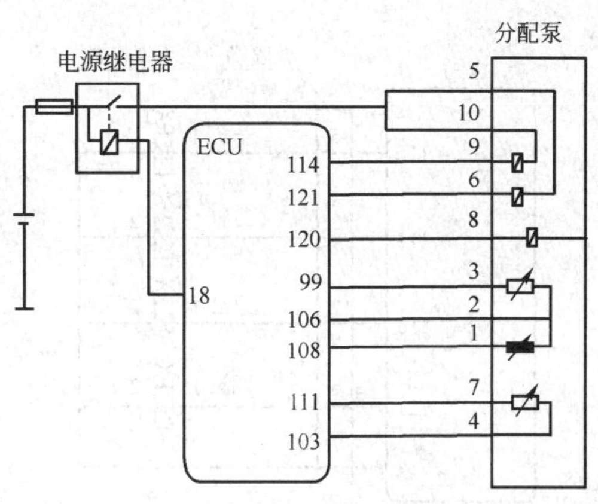

图 5-41　捷达柴油机电控分配泵电路

控制端子和电源(12V)端子。

2.电控分配泵的检测

捷达柴油机电控分配泵线束连接器见图 5-42。检测内容及方法如下：

(1)关闭点火开关，拆开电控分配泵线束连接器，在分配泵一侧用万用表测量端子之间的电阻。端子 4 与 7 之间(燃油温度传感器)的电阻，30℃时对应的电阻值应为 1 500～2 000Ω，80℃时对应的电阻值应为 275～375Ω；端子 1 与 2、3 与 2 之间(油量控制滑套位置传感器)的电阻，正常为 4.9～7.5Ω；端子 5 与 6 之间(电子调速器)的电阻，正常为 0.5～2.5Ω；端子 9 与 10 之间(正时控制电磁阀)的电阻，正常为 12～20Ω。

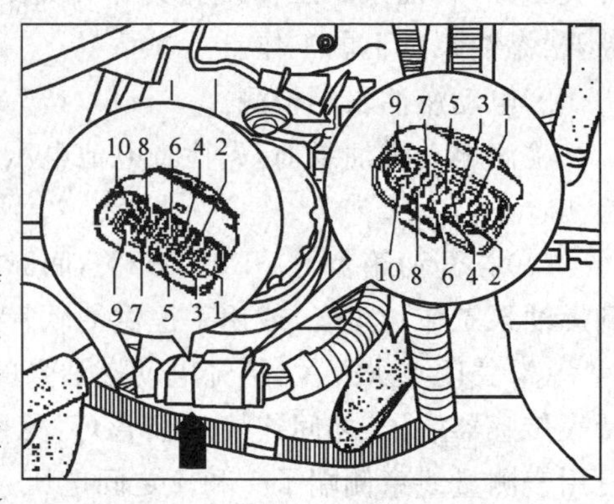

图 5-42 捷达柴油机电控分配泵线束连接器

(2)打开点火开关，在线束侧用万用表测量电压：端子 1 与搭铁、3 与搭铁之间的电压应约为 2.5V，端子 5 与搭铁、端子 10 与搭铁之间的电压应约为 12V(蓄电池电压)。

三、喷油电磁阀的检测

无论是汽油机，还是柴油机，电控系统执行元件应用最多的是各种电磁阀(包括螺线管等)，如分配泵供油电磁阀、喷油器电磁阀、EGR 控制电磁阀、进气节流控制电磁阀和增压控制电磁阀等。对各类电磁阀的检测主要是两项内容：电阻值及电源电压；电阻值不符合标准，说明电磁阀有故障，电源电压不符合标准，说明供电线路有故障。

以宝来柴油机电控泵喷嘴为例，其控制电路见图 5-43。ECU 通过端子 114 给各喷油器电磁阀供电，并由端子 116、117、118 和 121 控制各电磁阀的搭铁回路。

对喷油器电磁阀的检测方法如下：

(1)关闭点火开关，拆开位于汽缸盖前部的泵喷嘴总线束连接器(见图 5-44)，用万用表分别测量端子 7(电源端子)与 2、3、5、6 之间的电阻，正常应为 0.5Ω。

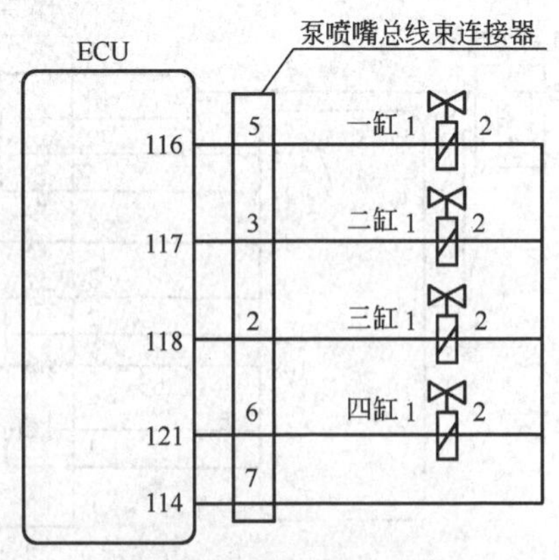

图 5-43 泵喷嘴电磁阀电路

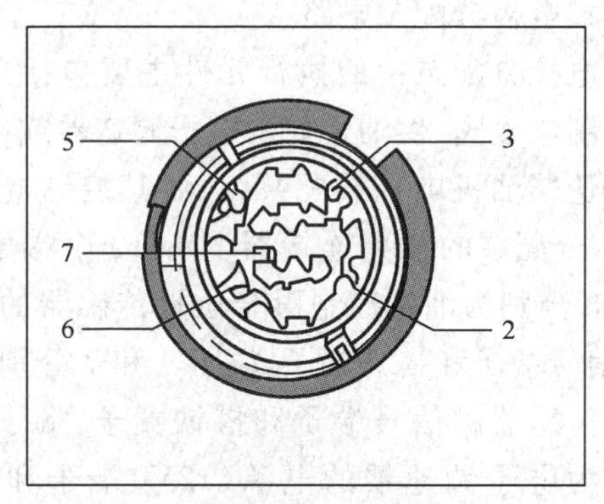

图 5-44 泵喷嘴总线束连接器

(2)若在泵喷嘴总线束连接器上检查电阻不符合要求,则拆下正时皮带罩、汽缸盖罩和摇臂轴总成,用旋具撬开泵喷嘴线束连接器(见图 5-45),用万用表测量各泵喷嘴端子 1 与 2(见图 5-46)之间电阻,正常应为 0.5Ω。

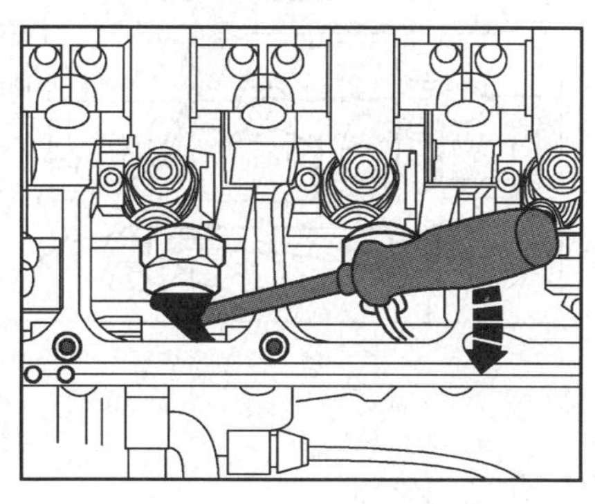

图 5-45　撬开泵喷嘴线束连接器

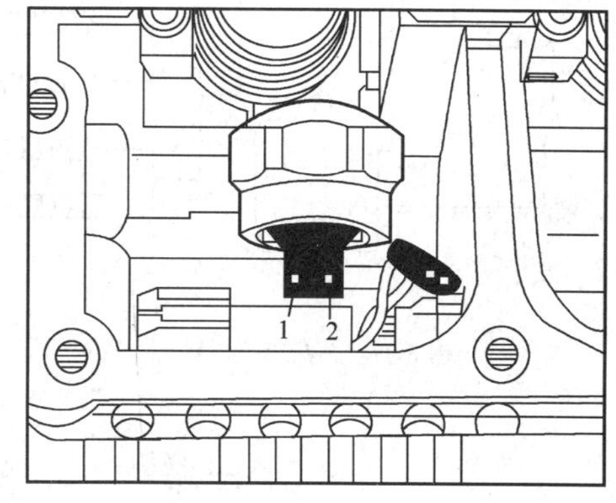

图 5-46　泵喷嘴线束连接器端子

四、预热继电器及预热塞的检测

以宝来柴油机为例,其预热系统电路见图 5-47。ECU 通过电源继电器和热继电器控制预热塞工作。点火开关接通后,ECU 的端子 18 经内部搭铁使电源继电器内线圈的电路连通,电源继电器的开关闭合;当冷却液温度或进气温度低于设定值时,ECU 的端子 42 经内部搭铁使预热继电器内线圈的电路连通,预热继电器的开关闭合,蓄电池经熔断丝和预热继电器向预热塞供电,以对进气进行预热。

1. 预热继电器的检测

除电磁阀(电磁线圈)外,继电器是电控系统应用最多的执行元件。在发动机电控系统中,ECU 主要通过控制继电器来实现对执行元件电路通断的控制,进而控制执行元件是否工作。继电器实际就是一个由 ECU(或其他装置)控制的电路开关,发动机电控系统中,常用的继电器主要有电源继电器(主继电器)、燃油泵继电器、冷却风扇继电器、预热继电器等,其结构原理和检测方法基本相同。继电器通常有 4 个端子(见图 5-47 预热继电器),其检测内容和方法如下:

(1)拆下继电器,用万用表检测继电器线圈的两个端子之间电阻,应不为∞(无断路)。

(2)用万用表检测继电器开关的两个端子之间电阻,应不为 0(无短路)。

(3)用蓄电池或稳压电源给继电器线圈施加 12V 电压,用万用表检测继电器开关的两个端子之间电阻,应为 0(导通)。

2. 预热塞的检测

预热塞的检测方法如下:

(1)关闭点火开关,拆开预热塞线束连接器线圈施加 12V 电压。

(2)将二极管灯的一端连接到蓄电池正极上,用二极管灯的另一端分别触试预热塞(见图 5-48),二极管灯应点亮。如果用二极管灯的另一端触试预热塞时,二极管灯不亮,说明预热塞有故障。

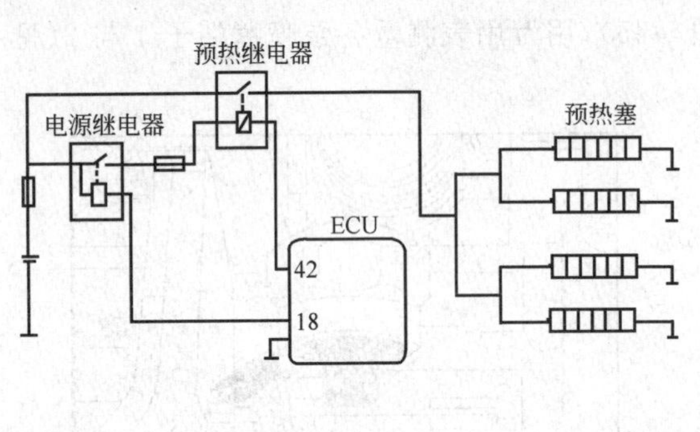

图 5-47　预热系统电路

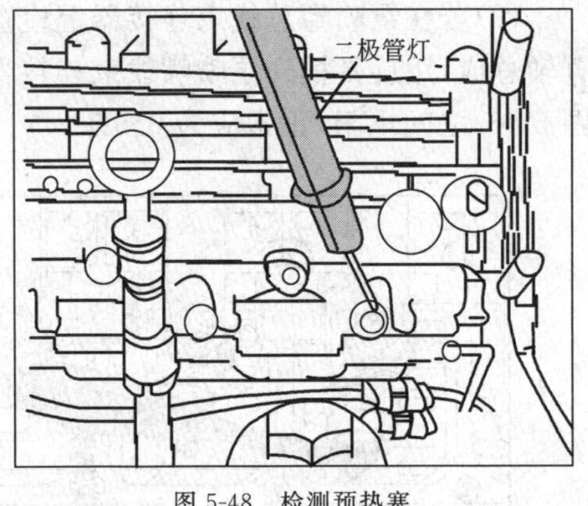

图 5-48　检测预热塞

第六节　电路故障万用表检测

一、汽车电路图识读基本知识

1.汽车电路的特点

电工学中将电流通过的路径称为电路。随着汽车电子技术的发展,发动机集中控制系统的控制功能(即控制内容)越来越多,汽车电路也越来越复杂。读懂汽车电路图,不仅可进一步了解各电控系统元件的工作原理和它们之间的相互连接关系,而且对汽车故障诊断和检修也十分重要。在对汽车进行故障诊断或检修时,利用汽车电路图可帮助我们迅速查找电控系统元件的正确回路,并确定回路中的导线、插座、保险、继电器及各种元件的安装位置,以便对故障相关线路进行检查,并可避免检修过程中将线路错误连接。

汽车电路图可分为线路图、线路简图、电路原理图。线路图是按各电器元件在汽车上的位置来绘制的电路图,图中元件的位置、外形和线路的走向都与实际情况一致,便于了解电器系统的构成、熟悉整车线路,对电控系统元件及其线路的故障诊断和检修也很方便。线路简图是线路图的一种简化画法,它不注重电器元件的安装位置,独立系统划分比较明确,图中既有表示电器元件的符号,又有外形特征,线条简单。电路原理图是将各电器元件用符号表示,并作原理性的连接,重在表达各电路系统内部的电路原理,使每个单元电路子系统及每个电器元件间的联系一目了然,对于了解其工作原理、分析故障都很方便。线路图中由于需将电器元件的位置、外形和线路的走向都表达清楚,所以比较复杂,尤其"线条"密集,在各种维修资料和教材中一般不多见。在各种维修资料中给出的汽车电路图一般都是线路简图或电路原理图。

汽车电路虽然因车而异,但它们有如下的共同特点:

(1)双电源:汽车上均有蓄电池和发电机两个电源,蓄电池主要用于向起动机供电,发电机主要用于在发动机正常工作时向蓄电池充电和向用电设备供电。

(2)低压直流电:汽车用电设备均采用低压直流电,汽车电源电压一般为 12V,也有少数车型采用 24V。

（3）单线制：在汽车电路中，电源和所有用电设备的一端（一般是负极）与汽车的金属部分相连（俗称搭铁），而形成一根“公共搭铁线”，用电设备与电源之间只需要一根连接导线，这种连接方式称为“单线制”。

单线制接线方法具有节约导线、简化线路、便于安装、易于维护和检修等优点，但在发动机控制系统中，灵敏度或精度要求很高的传感器或执行元件与ECU之间仍采用双线连接，以保证其工作可靠。

（4）并联连接：汽车上的两个电源之间，以及所有用电设备之间一般均为“并联连接”。这样，能发挥两个电源的优越性，可方便地启用或停止任何一个用电设备工作，能限制电路的故障范围，便于设备的独立拆装、维护和故障排除。

但也有少数电器设备必须采用串联连接，如电流表就必须串联在电路中，转向灯闪光器也必须与转向灯电路串联。

（5）负极搭铁：汽车线路中一般都是“负极搭铁”，我国规定汽车线路必须全部采用负极搭铁。

（6）走向和布局一致：无论哪个公司、哪种品牌的汽车，为保证电控系统元件检测或控制的灵敏度和精度，多数元件的安装位置都有固定的范围，如冷却液温度传感器的安装位置必须靠近水套、凸轮轴/曲轴位置传感器的安装位置必须与曲轴有固定传动关系等；由于各电控元件安装位置基本相同，形成了汽车电器线路的走向和布局的共性。

2.汽车电路中导线颜色标记

为方便识别和检修复杂的汽车电器线路，各汽车制造公司普遍采用不同颜色、不同编号的导线区分不同的电器回路。

我国标准JB/Z116—75规定，汽车电器线路的颜色在同一电系中，双色线的主色应与其单色线的颜色相同；分支电路必须按规定选配相应的辅色；辅色在导线的主色上形成两条轴对称直线。国产汽车电器线路的主色与颜色标记如表5-6所示；线路的辅色选配规定如表5-7所示，其中“▲”表示允许配成双色线。

国产汽车线路的主色与颜色标记　　表5-6

线路种类	主色	颜色标记
电源线路	红	R
点火与起动线路	白	W
前照灯、雾灯等外部照明线路	蓝	U
转向灯及灯光信号线路	绿	G
防空灯及车内照明线路	黄	Y
仪表、报警信号及电喇叭线路	棕	N
收音机、电钟、点烟器等辅助电器线路	紫	P
多种辅助电机及电器控制线路	灰	S
搭铁线路	黑	B

国产汽车线路的辅色选配　　表 5-7

主色＼辅色	红	黄	白	黑	棕	绿	蓝
红		▲	▲	▲		▲	▲
黄	▲		▲	▲			
蓝	▲	▲	▲	▲			
白	▲	▲			▲	▲	
绿	▲	▲	▲	▲	▲		▲
棕	▲	▲	▲	▲		▲	▲
紫		▲	▲	▲		▲	
灰	▲	▲			▲	▲	▲

世界各大汽车公司对汽车导线颜色标记的规定有较大差别，但每个系统中的线路主色相同，且电路中的线路颜色标记一般为英文缩写，在使用与维修中只要加以注意，很容易区别。如大众公司导线颜色标记见表 5-8。

大众公司导线颜色标记　　表 5-8

标　记	颜　色	标　记	颜　色
ws	白色	bl	蓝色
sw	黑色	gr	灰色
ro	红色	li	紫色
br	棕色	ge	黄色
gn	绿色	or	橙色

3. 汽车电路常用符号

汽车电路中常用符号包括电器元件图形符号和电路标记符号两种。

(1)电器元件符号：汽车电路图是利用电器元件图形符号来表示其构成和工作原理的。因此，必须牢记电器元件图形符号的含义，才能看懂电路原理图。大众公司常用汽车电器元件图形符号见图 5-49。

(2)电路标记符号：为了便于绘制和识读汽车电路图，有些电器装置或其接线柱等上面都赋予不同的标志代号。大众公司汽车电路标记符号见图 5-50。

大众公司汽车电路标记符号说明如下：

1——三角箭头，表示下接下一页电路图。

2——熔断丝代号，图中 S5 表示该熔断丝位于熔断丝座第 5 号位，10A。

3——继电器板上插头连接代号，表示多针或单针插头连接和导线的位置，例如 D13 表示多针插头连接，D 位置触点 13。

4——接线端子代号，表示电器元件上接线端子数/多针插头连接触点号码。

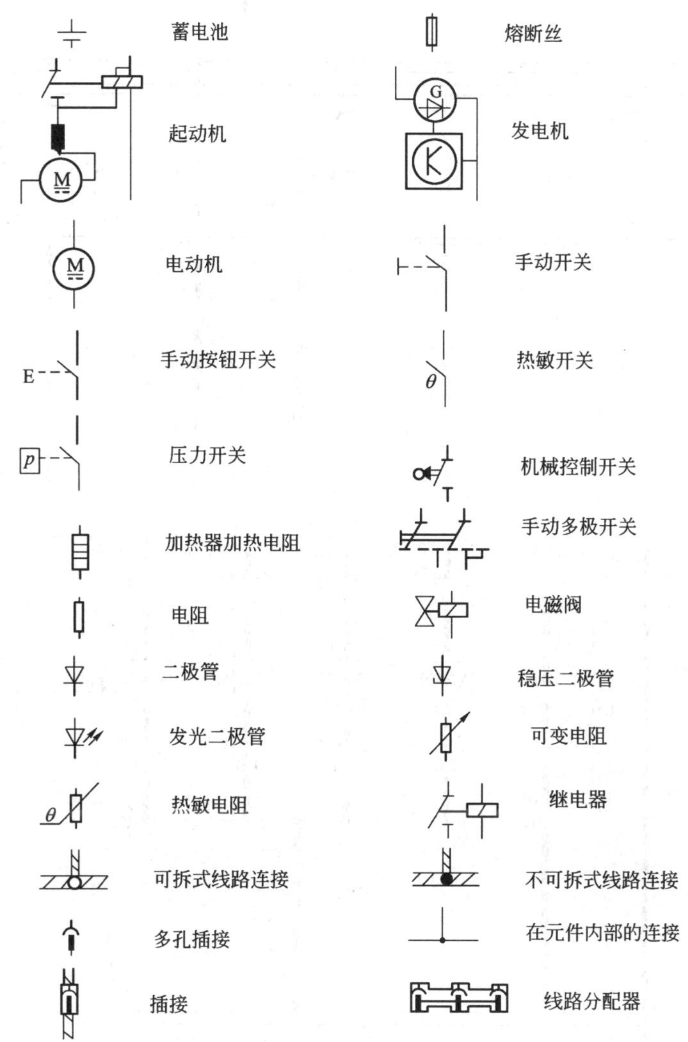

图 5-49　大众公司常用汽车电器元件图形符号

5——元件代号,在电路图下方可以查到元件的名称。

6——元件的符号,可参见电路图符号说明。

7——内部接线(细实线),该接线并不是作为导线设置的,而是表示元件或导线束内部的电路。

8——指示内部接线的去向,字母表示内部接线在下一页电路图中与标有相同字母的内部接线相连。

9——接地点的代号,在电路图下方可查到该代号接地点在汽车上的位置。

10——线束内连接线的代号,在电路图下方可查到该不可拆式连接位于哪个导线束内。

11——插头连接,例如 T8a/6 表示 8 针 a 插头触点 6。

12——附加熔断丝符号,例如 S123 表示在中央电器附加继电器板上第 23 号位熔断丝,10A。

13——导线的颜色和截面积(单位:mm^2)。

14——三角箭头,指示元件接续上一页电路图。

15——指示导线的去向,框内的数字指示导线连接到哪个接点编号。

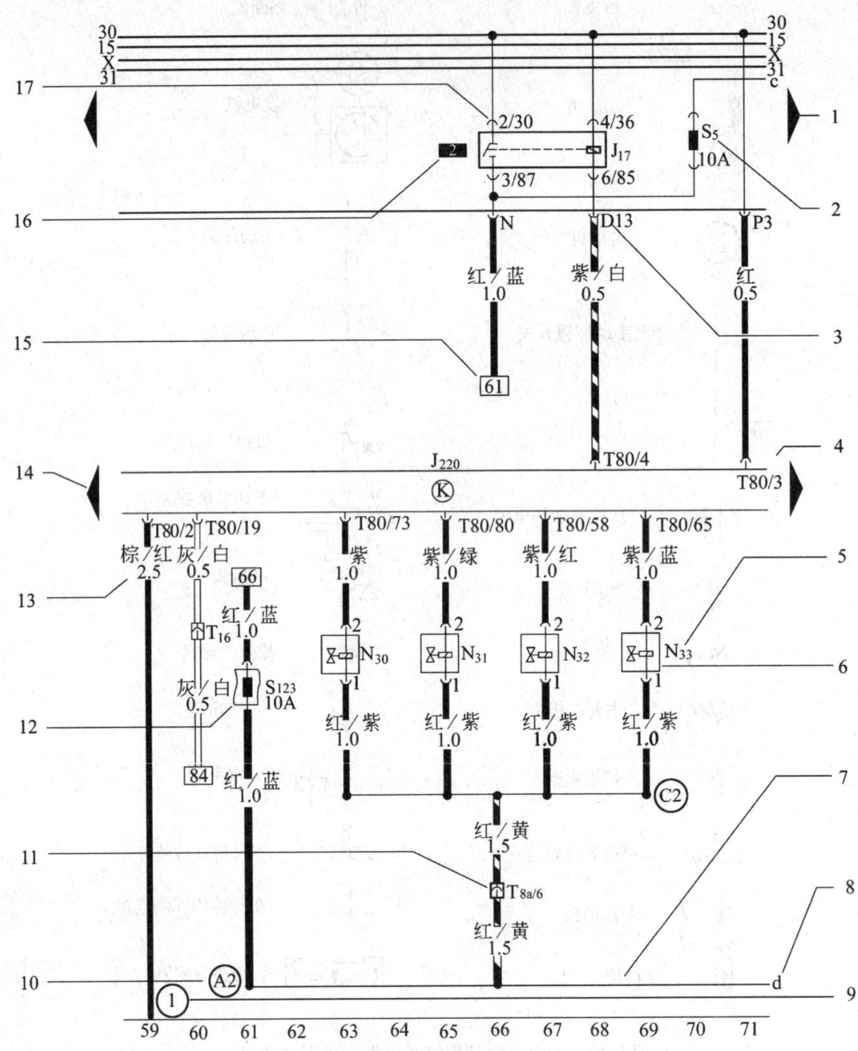

图 5-50　大众公司汽车电路标记符号

16——继电器位置编号，表示继电器板上的继电器位置编号。

17——继电器板上的继电器或控制器接线代号，该代号表示继电器多针插头的各个触点。例如，2/30 表示：2 表示继电器板上 2 号位插口的触点 2，30 表示继电器/控制器上的触点 30。

4.识读汽车电路图基本要领

要快速、准确地识读汽车电路图，除必须熟悉电器元件图形符号和电路标记符号外，不必须遵循回路原则。任何一个完整的电路都是由电源、熔断器、开关、控制装置、用电设备、导线等组成。电流流向必须从电源正极出发，经过熔断器、开关、控制装置、导线等到达用电设备，再经过导线（或搭铁）回到电源负极，才能构成回路。因此读识汽车电路图时，可根据具体电路选择以下 3 种不同方法确定用电设备的回路：

(1)沿着电路电流的流向，由电源正极出发，顺藤摸瓜查到用电设备、开关、控制装置等，回到电源负极。

(2)逆着电路电流的方向,由电源负极(搭铁)开始,经过用电设备、开关、控制装置等,回到电源正极。

(3)从用电设备开始,依次查找其控制开关、连线、控制单元,到达电源正极和搭铁(或电源负极)。

此外,在识读汽车电路图时还应注意以下几点:

(1)掌握各种开关在电路中的作用。对多层多挡接线柱的开关,要按层、按挡位、按接线柱逐级分析其各层各挡的功能。有的用电设备受两个以上单挡开关(或继电器)的控制,有的受两个以上多挡开关的控制,其工作状态比较复杂。当开关接线柱较多时,首先抓住从电源来的一两个接线柱,再逐个分析与其他各接线柱相连的用电设备处于何种挡位,从而找出控制关系。

对于组合开关,实际线路是在一起的,而在电路图中又按其功能画在各自的局部电路中,遇到这种情况必须仔细研究识读。

(2)浏览全图,分割各个单元系统。要读懂汽车电路图,首先必须掌握组成电路的各个电器元件的基本功能和电器特性。在大概掌握全图基本原理的基础上,再把一个个单元系统电路分割开来,这样就容易抓住每一部分的主要功能及特性。

在框划各个系统时,一定要遵守回路原则,注意既不能漏掉各个系统中的组件,也不能多框划其他系统的组件,一般规律是:各电器系统只有电源和总开关是公共的,其他任何一个系统都应是一个完整的独立的电器回路,即包括电源、开关(保险)、电器(或电子线路)、导线等。从电源的正极经导线、开关、熔断丝至电器后搭铁,最后回到电源负极。

(3)熟记各局部电路之间的内在联系和相互关系。从整车电路来讲,各局部电路除电源电路公用外,其他单元电路都是相对独立的,但它们之间也存在着内在联系(如信号共享)。因此,识图时,不但要熟悉各局部电路的组成、特点、工作过程和电流流经的路径,还要了解各局部电路之间的联系和相互影响。这是迅速找出故障部位、排除故障的必要条件。

二、汽车电路图识读实例

1. 汽车电路图实例

以一汽大众宝来 1.9LTDI 电控柴油机轿车为例,各系统电路图如下:

(1)继电器和熔断丝盒的布置见图 5-51。

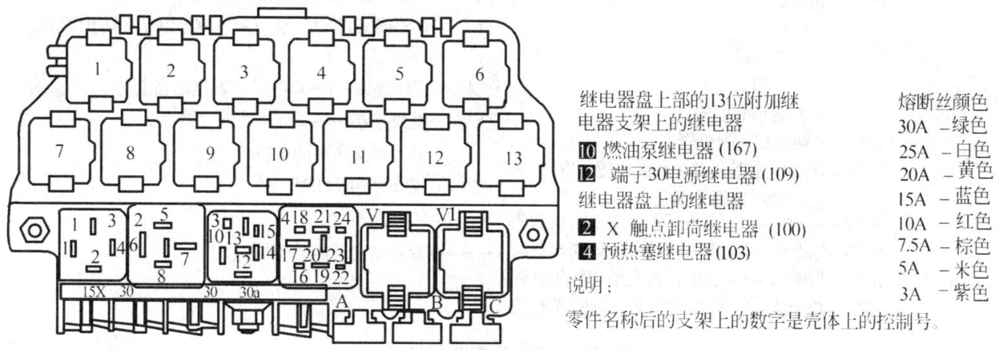

图 5-51 继电器和熔断丝盒的布置

(2)发电机和起动机电路见图 5-52。

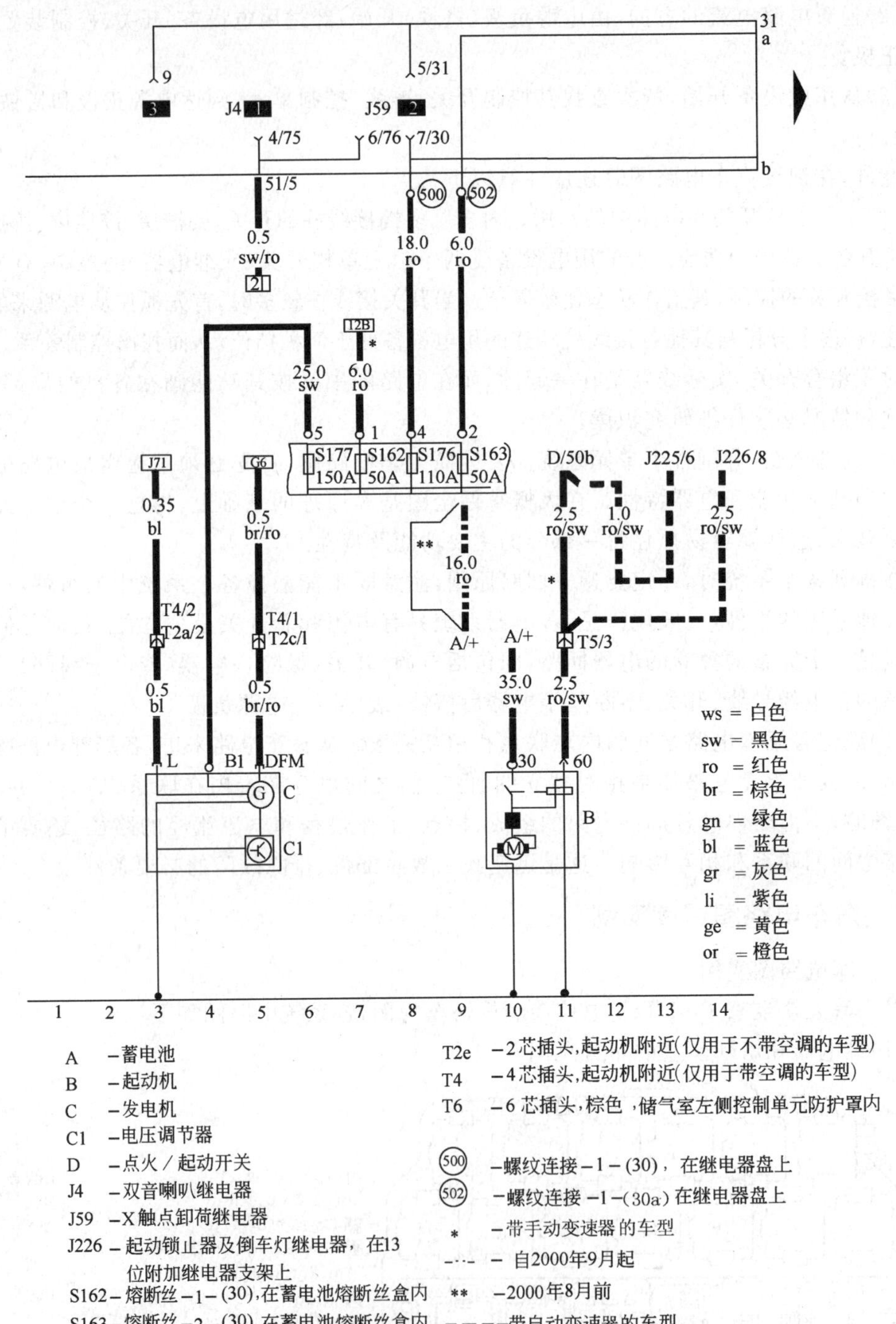

图 5-52　发电机和起动机电路

(3)柴油直喷系统控制单元(即 ECU)和预热塞电路见图 5-53。

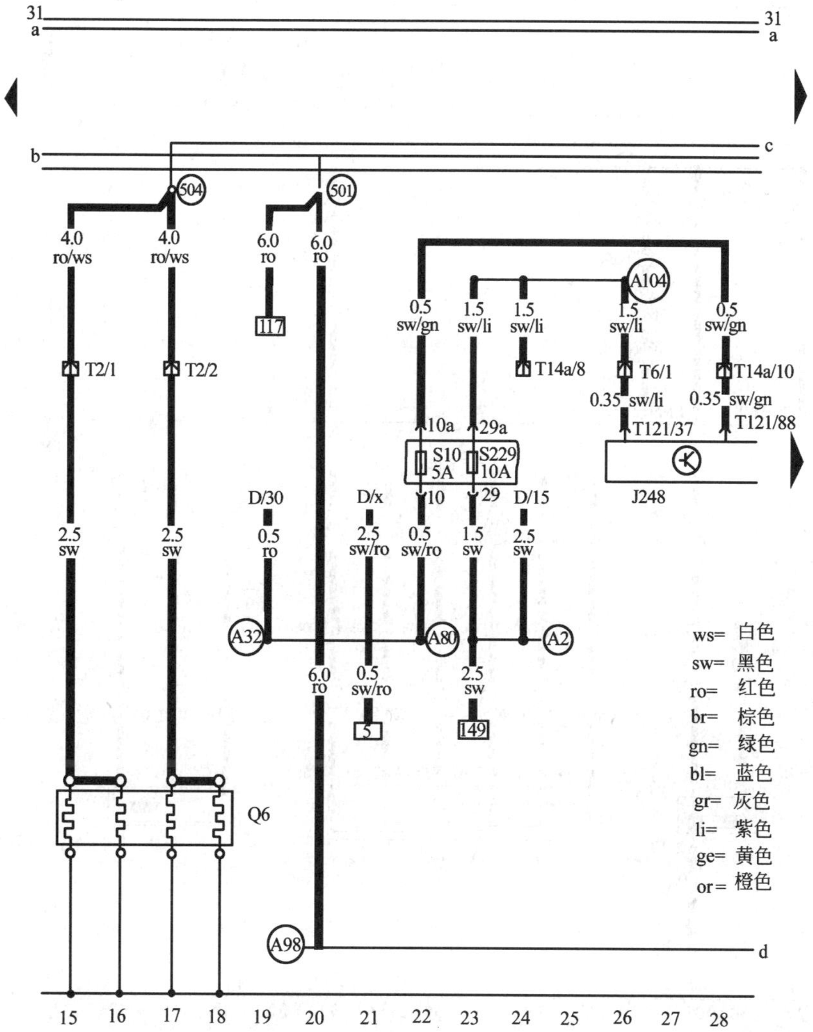

ws= 白色
sw= 黑色
ro= 红色
br= 棕色
gn= 绿色
bl= 蓝色
gr= 灰色
li= 紫色
ge= 黄色
or= 橙色

D －点火／起动开关
J248 －柴油直喷系统控制单元，在储气室中央
Q6 －预热塞－发动机
S10 －熔断丝，在熔断丝盒内
S229 －熔断丝，在熔断丝盒内
T2 －2芯插头，在发动机舱左侧电缆通道内
T6 －6芯插头，棕色，在储气室左侧控制单元防护罩内
T14a －14 芯插头，在发动机舱左侧电缆通道内
T121 －121芯插头

(504) －螺纹连接(87F)，在继电器盘上
(A2) －正极（＋）接头（15），在仪表板线束内
(A32) －正极（＋）接头（30），在仪表板线束内
(A80) －－1－（×），在仪表板线束内
(A98) －正极（＋）接头－4－(30)，在仪表板线束内
(A104) －正极（＋）接头－2－(15)，在仪表板线束内
(501) －螺纹连接－2－(30)，在继电器盘上

图 5-53　柴油直喷系统控制单元和预热塞电路

(4)柴油直喷系统控制单元、预热继电器、强制降挡开关、发动机转速传感器、怠速开关、加速踏板位置传感器、端子 30 电源继电器电路见图 5-54。

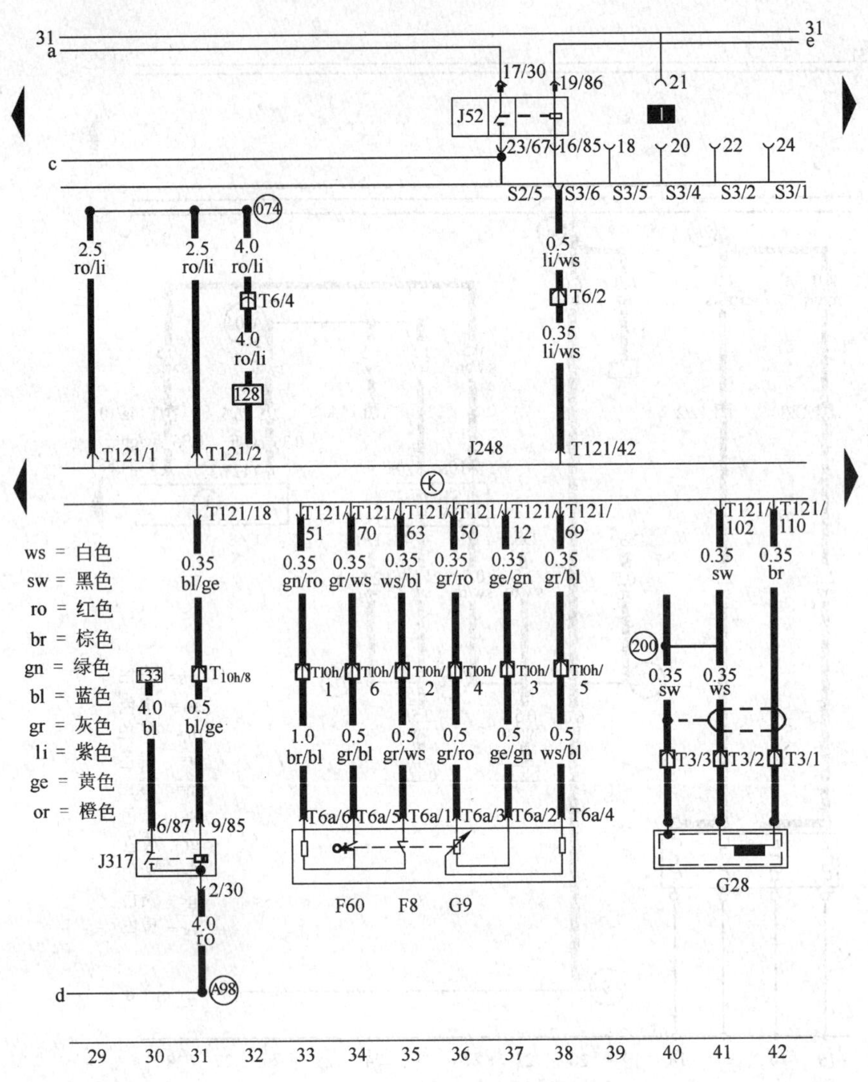

F8 –强制降挡开关

F60 –怠速开关

G28 –发动机转速传感器

G79 –加速踏板位置传感器

J52 –预热塞传感器

J248 –柴油直喷系统控制单元，在储气室中央

J317 –端子 30 电源继电器，在中央电气单元上

T3 –3 芯插头，在发动机前端

T6a –6 芯插头

T6 –6 芯插头，棕色，在储气室左侧控制单元防护罩内

T10h –10 芯插头，蓝色，在储气室左侧控制单元防护罩内

T121–121 芯插头

(200) –搭铁点（屏蔽），在发动机舱线束内

(A98) –正极（+）接头 –4–（30），在仪表板线束内

(D74) –接头（86），在发动机舱线束内

图 5-54 柴油直喷系统控制单元、预热继电器、强制降挡开关、发动机转速传感器、怠速开关、加速踏板位置传感器、端子 30 电源继电器电路

（5）柴油直喷系统控制单元、冷却液温度传感器、进气歧管压力传感器、进气歧管温度传感器、加热单元（曲轴箱通风）电路见图 5-55。

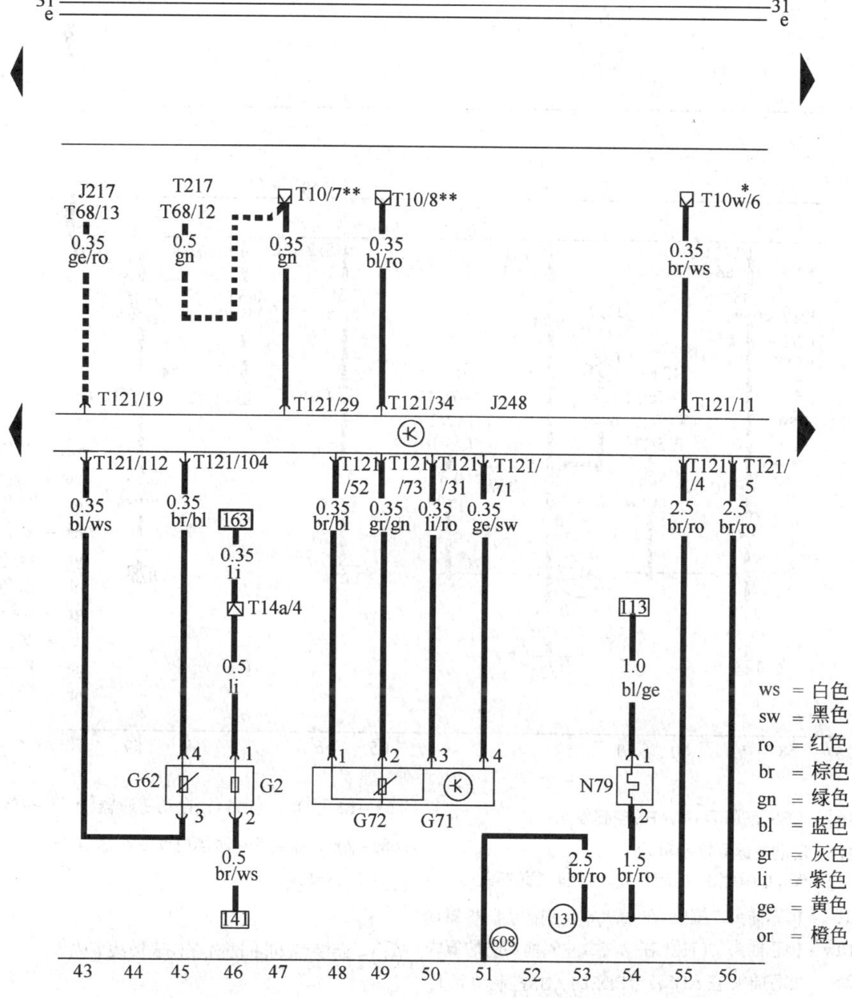

G2 –冷却液温度传感器
G62 –冷却液温度传感器
G71 –进气歧管压力传感器
G72 –进气歧管温度传感器
J217 –自动变速器控制单元
J248 –柴油直喷系统控制单元，在储气室中央
N79 –加热单元（曲轴箱通风）
T10 –10芯插头，橙色，储气室左侧插头防护罩内
T10W–10芯插头，白色，储气室左侧插头护防罩内
T14a –14芯插头，在发动机舱左侧电缆通道内
T68 –68芯插头
T121 –121芯插头

(131) –搭铁点–2–，在发动机舱线束内
(608) –搭铁点，在储气室中央
* –连接散热器控制单元／散热器风扇继电器
** –空调连接点
– – – –带4挡自动变速器（AG4）的车型

图 5-55　柴油直喷系统控制单元、冷却液温度传感器、进气歧管压力传感器、进气歧管温度传感器、加热单元（曲轴箱通风）电路

(6)柴油直喷系统控制单元电路见图 5-56。

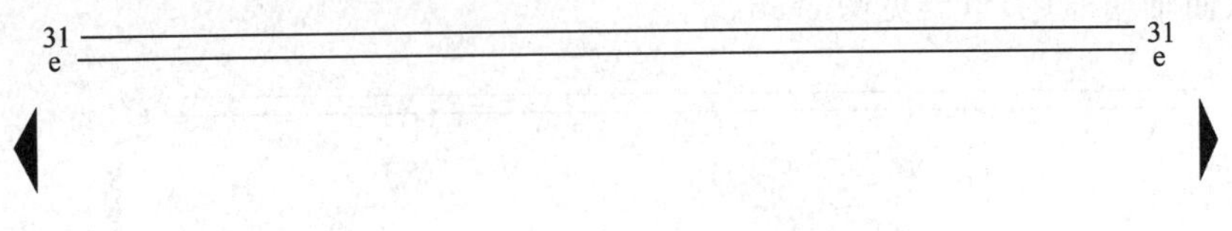

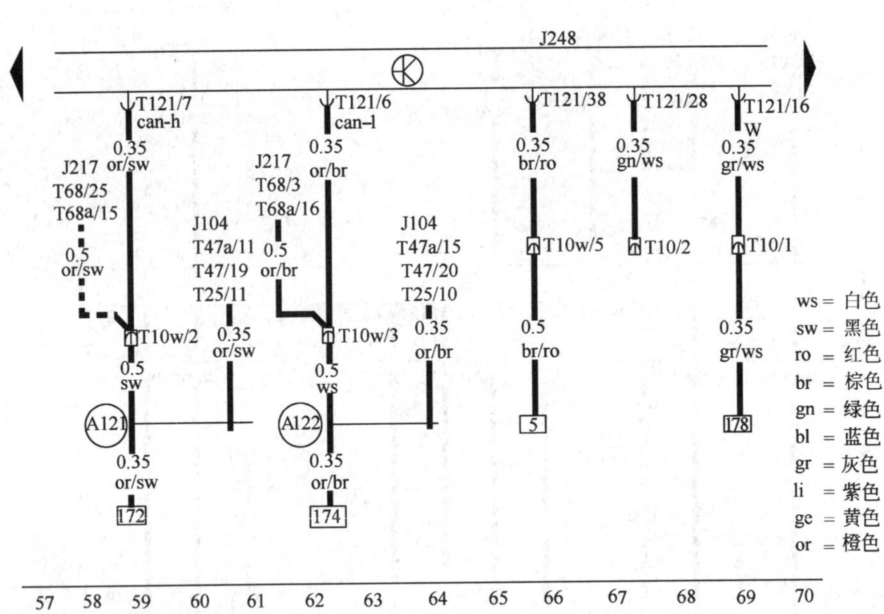

J104 – ABS及带EDS的ABS控制单元
J217 – 自动变速器控制单元
J248 – 柴油直喷系统控制单元，在储气室中央
T10 – 10芯插头，橙色，在储气室左侧插头防护罩内
T10w – 10芯插头，白色，在储气室左侧插头防护罩内
T25 – 25芯插头,在ABS及带EDS的ABS控制单元上
T47 – 47芯插头，带EDS/ASR/ESP的ABS控制单元（2000年7月以前）
T47a – 47芯插头,ABS及带EDS/ASR/ESP的ABS控制单元（自2000年8月起）
T68 – 68芯插头,配备4挡自动变速器(AG4)的车型
T68a – 68芯插头,配备5挡自动变速器(AG5)的车型
T121 – 121芯插头
A121 – 连接点(high bus),在仪表板线束内
A122 – 连接点(low bus),在仪表板线束内
--- – 配备自动变速器的车型

图 5-56 柴油直喷系统控制单元电路

(7)柴油直喷系统控制单元、泵喷嘴电磁阀、霍尔传感器(凸轮轴位置传感器)电路见图 5-57。

(8)柴油直喷系统控制单元、空气流量计、进气歧管阀瓣转换阀、燃油温度传感器、废气再循环阀、增压压力调节电磁阀电路见图 5-58。

(9)柴油直喷系统控制单元、巡航控制开关(CCS)、离合器踏板电路见图 5-59。

(10)柴油直喷系统控制单元、冷却液加热元件、CCS 制动踏板开关(柴油直喷系统)、制动灯开关、高/低热输出继电器电路见图 5-60。

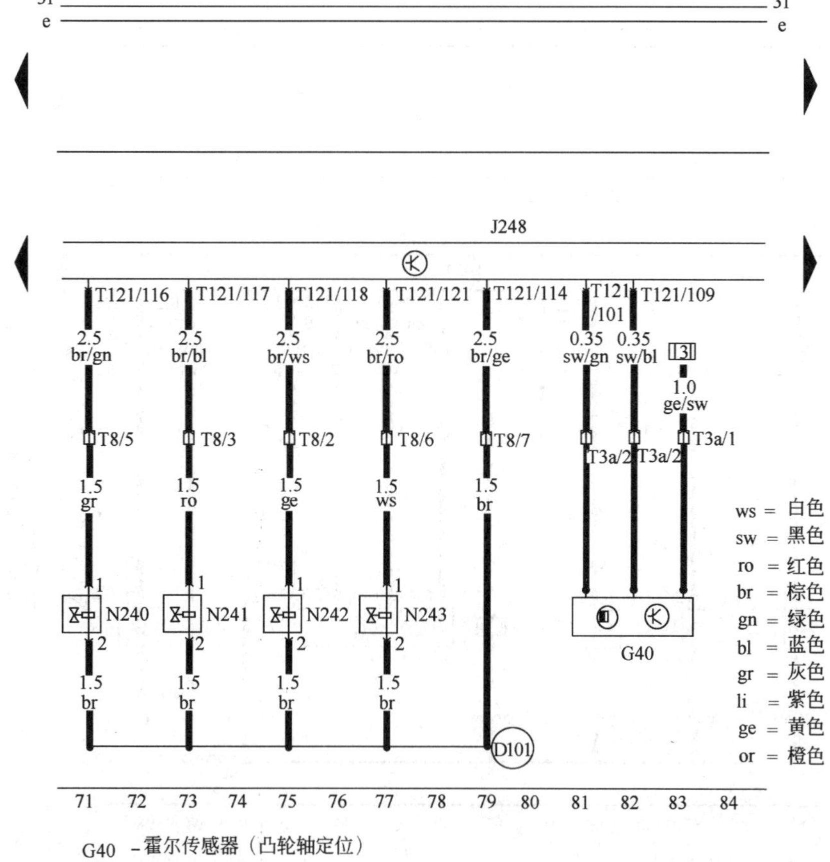

G40 – 霍尔传感器（凸轮轴定位）

J248 – 柴油直喷系统控制单元，在储气室中央

N240 – 泵喷嘴电磁阀，1 缸

N241 – 泵喷嘴电磁阀，2 缸

N242 – 泵喷嘴电磁阀，3 缸

N243 – 泵喷嘴电磁阀，4 缸

T3a – 3 芯插头，在发动机前端

T8 – 8 芯插头，在发动机舱左侧

T121 – 121 芯插头

D101 – 连接点 -1-，在发动机舱线束内

图 5-57　柴油直喷系统控制单元、泵喷嘴电磁阀、霍尔传感器电路

(11)燃油表传感器、燃油泵继电器、燃油泵电路见图 5-61。

(12)机油油位/温度传感器、机油压力开关、车速传感器、冷却液不足指示器传感器电路见图 5-62。

(13)组合仪表、冷却液温度表和燃油表、转速表、机油压力报警灯电路见图 5-63。

(14)组合仪表、多功能显示器、环境温度指示器、自诊断接口、预热时间警报灯、CCS 警报灯、车速表电路见图 5-64。

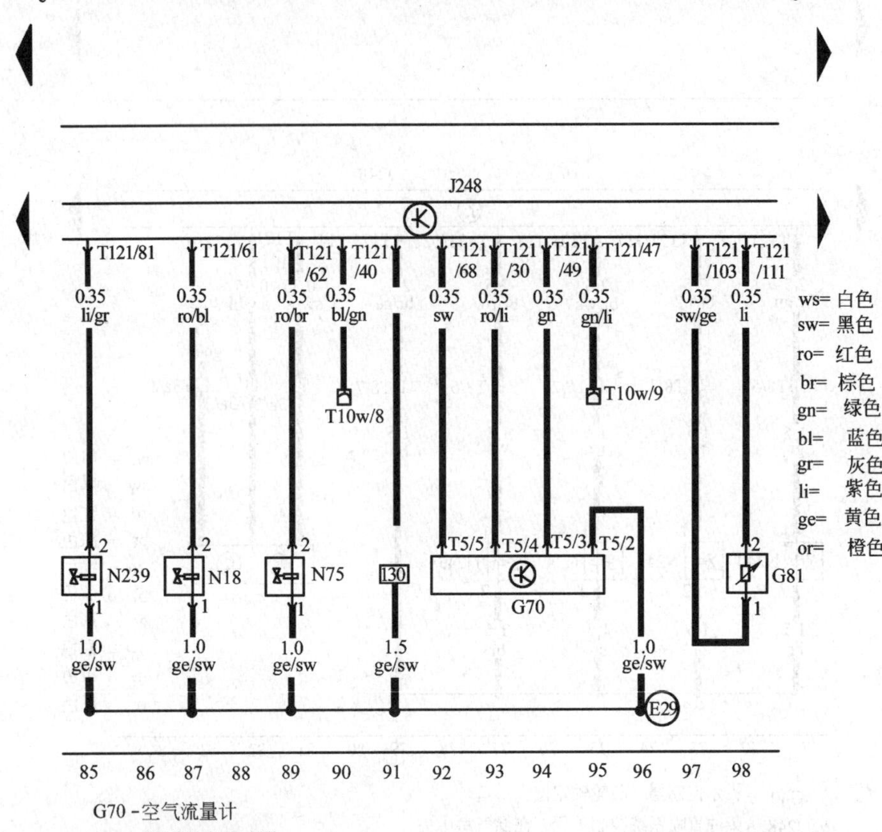

G70 - 空气流量计
G81 - 燃油温度传感器
J248 - 柴油直喷系统控制单元，在储气室中央
N18 - 废气再循环阀
N75 - 增压压力调节电磁阀
N239 - 进气歧管阀瓣转换阀
T5 - 5 芯插头
T10w - 10 芯插头，白色，在储气室左侧插头防护罩内
T121 - 121 芯插头
E29 - 连接点，在发动机舱线束内

图 5-58 柴油直喷系统控制单元、空气流量计、进气歧管阀瓣转换阀、燃油温度传感器、废气再循环阀、增压压力调节电磁阀电路

2. 汽车电路图读识实例

以读识一汽大众宝来柴油机空气流量计电路为例，其步骤如下：

(1)在电路图查找空气流量计电路。空气流量计(G70)电路在图 5-58 中。

(2)分析电路图中空气流量计与相关电器元件之间的连接关系。从图中可明显看出，空气流量计有 3 个端子(T5/5、T5/4、T5/3)与 ECU 的 3 个端子(T121/68、T121/30、T121/49)相连；由于传感器与ECU连接的线路一般均分为信号线、标准电源线和搭铁线，所以可确定空

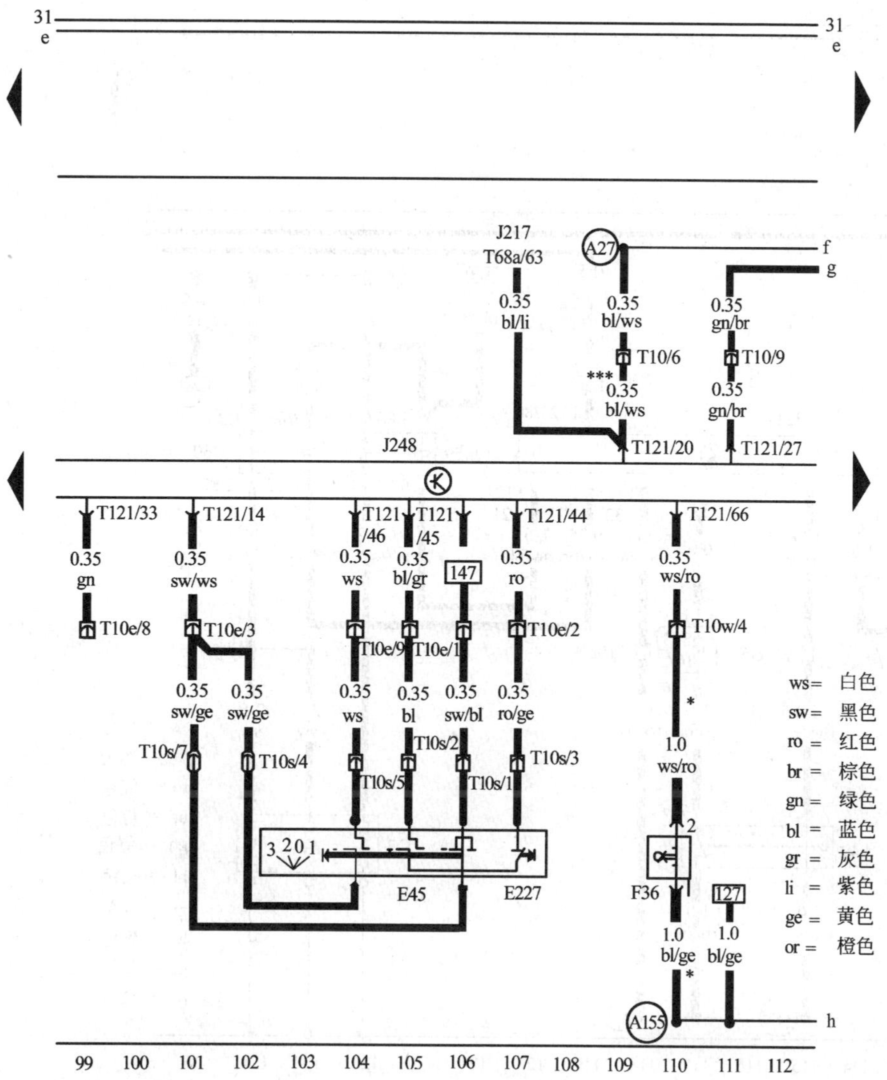

31 e
31 e

J217 T68a/63
A27
f
g
0.35 bl/li
0.35 bl/ws
0.35 gn/br
T10/6
T10/9
***
0.35 bl/ws
0.35 gn/br
J248
T121/20
T121/27

T121/33
T121/14
T121/46
T121/45
T121/44
T121/66
0.35 gn
0.35 sw/ws
0.35 ws
0.35 bl/gr
147
0.35 ro
0.35 ws/ro
T10e/8
T10e/3
T10e/9
T10e/1
T10e/2
T10w/4
0.35 sw/ge
0.35 sw/ge
0.35 ws
0.35 bl
0.35 sw/bl
0.35 ro/ge
*
1.0 ws/ro
T10s/7
T10s/4
T10s/5
T10s/2
T10s/1
T10s/3
3 2 0 1
E45
E227
2
F36
127
1.0 bl/ge
1.0 bl/ge
*
A155
h

99 100 101 102 103 104 105 106 107 108 109 110 111 112

ws= 白色
sw= 黑色
ro = 红色
br = 棕色
gn = 绿色
bl = 蓝色
gr = 灰色
li = 紫色
ge = 黄色
or = 橙色

E45 – 巡航车速控制系统开关 **
E227 – CCS 按钮（成套）**
F36 – 离合器踏板开关 *
J217 – 自动变速器控制单元
J248 – 柴油直喷系统控制单元，在储气室中央
T10 – 10 芯插头，橙色，在储气室左侧插头防护罩内
T10e – 10芯插头，黑色，在储气室左侧控制单元防护罩内
T10s – 10 芯插头，在转向柱旁
T10w – 10 芯插头，白色，在储气室左侧插头防护罩内
T68a – 68 芯插头
T121 – 121 芯插头

A29 – 连接点（转速信号），在仪表板线束内
A155 – 连接点 – 2 –（86），在仪表板线束内
* – 手动变速器车型
* * – 带CCS 的车型
* * * – 带手动变速器或 4挡自动变速器（AG4）的车型
-••- – 5 挡自动变速器(AG5) 车

图 5-59 柴油直喷系统控制单元、巡航控制开关、离合器踏板电路

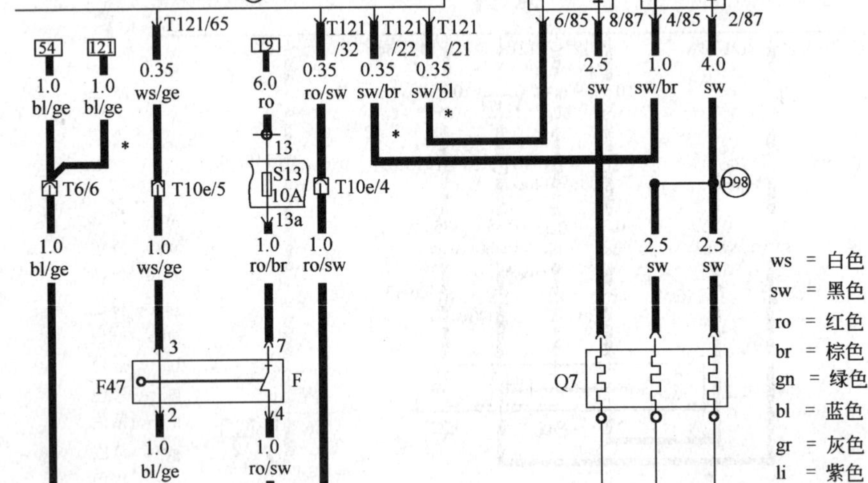

F －制动灯开关

F47 －CCS 制动踏板开关 / 柴油直喷系统

J248 －柴油直喷系统控制单元，在储气室中央

J359 －低热输出继电器＊，在发动机舱左侧防护罩内 (53)

J360 －高热输出继电器＊，在发动机舱左侧防护罩内 (100)

Q7 －冷却液加热元件＊

S13 －熔断丝，在熔断丝盒内

T6 －6 芯插头，棕色，在储气室左侧插头防护罩内

T10e －10 芯插头，黑色，在储气室左侧插头防护罩内

T10w －10 芯插头，白色，在储气室左侧插头防护罩内

T121 －121 芯插头

A18 －连接点 (54)，在仪表板线束内

A155 －连接点 -2-(86)，在仪表板线束内

D50 －正极 (+) 接头 (30)，在仪表板线束内

D98 －连接点（预热塞），在发动机舱线束内

＊ －配备手动变速器车型

＊＊－自 2000 年 9 月起

图 5-60 柴油直喷系统控制单元、冷却液加热元件、CCS 制动踏板开关、制动灯开关、高/低热输出继电器电路

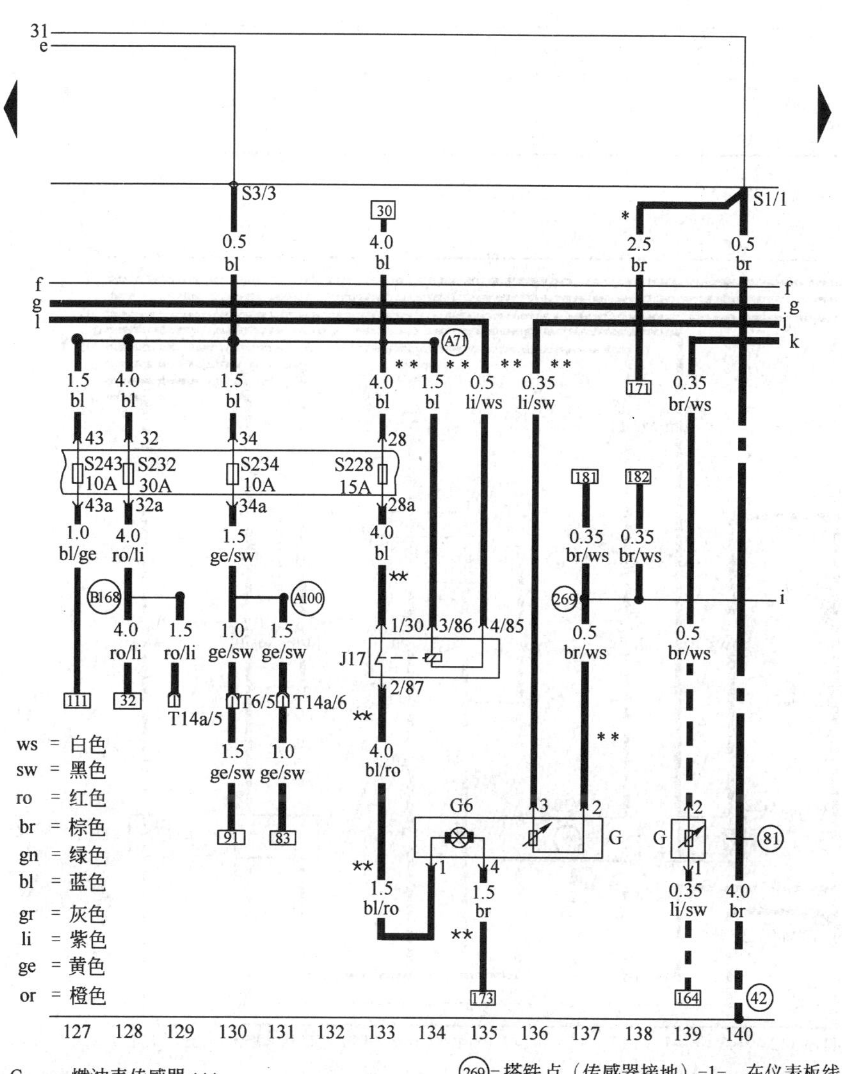

G　－燃油表传感器 ***

G6　－燃油泵（供油泵）

J17　－燃油泵继电器，在继电器盘上部的辅助继电器支架上

S228 －熔断丝 28，在熔断丝盒内

S232 －熔断丝 32，在熔断丝盒内

S234 －熔断丝 34，在熔断丝盒内

S243 －熔断丝 43，在熔断丝盒内

T6　－6 芯插头，棕色，在储气室左侧控制单元防护罩内

T14a －14 芯插头，在蓄电池旁

(42)　－搭铁点，在转向柱旁

(81)　－搭铁点 -1-，在仪表板线束内

(269)－搭铁点（传感器接地）-1-，在仪表板线束内

(A71)－连接点（86），在仪表板线束内

(A100)－连接点 -2-（87），在仪表板线束内

(B168)－连接点（86），在内部线束内

*　－自 2000 年 5 月起

**　－自 2000 年 9 月起

-·-　-2000 年 4 月前

---　-2000 年 8 月前

图 5-61　燃油表传感器、燃油泵继电器、燃油泵电路

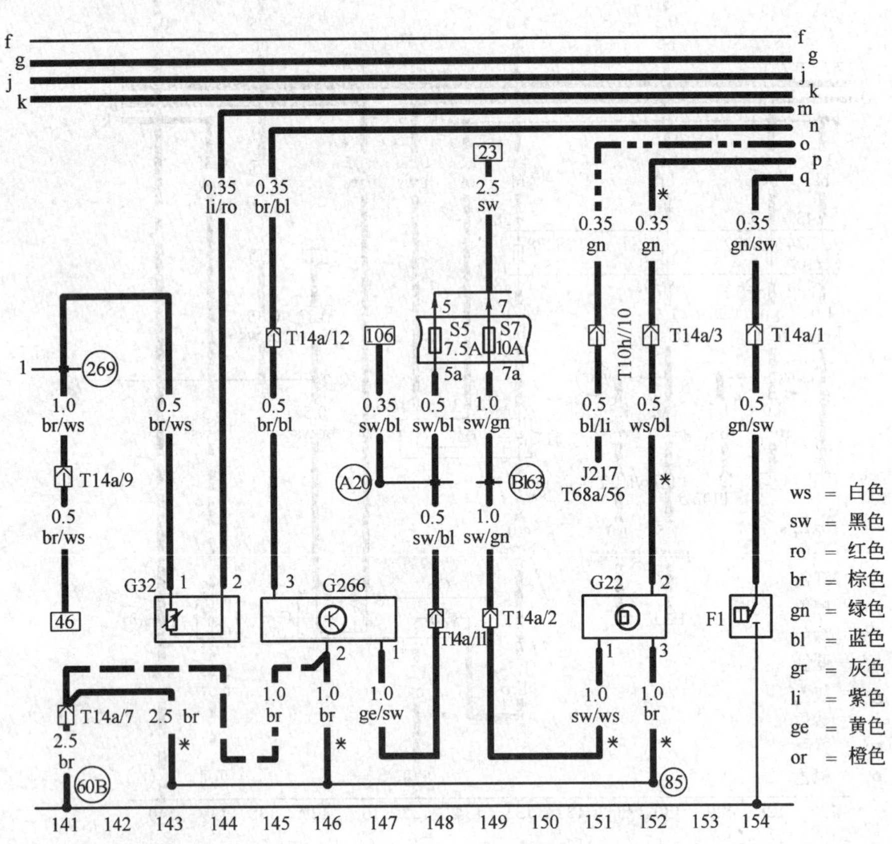

F1 – 机油压力开关

G22 – 车速传感器（霍尔传感器）

G32 – 冷却液不足指示器传感器

G266 – 机油油位 / 温度传感器＊＊＊

J217 – 自动变速器控制单元

S5 – 熔断丝，在熔断丝盒内

S7 – 熔断丝，在熔断丝盒内

T10h – 10芯插头，蓝色，在储气室左侧控制单元防护罩内

T14a – 14芯插头，蓄电池旁

T68a – 68芯插头

(85) – 搭铁点 – 1 –，在发动机舱线束内

(269) – 搭铁点（传感器搭铁）– 1 –，在仪表板线束内

(608) – 搭铁点，在储气室中央

(A20) – 连接点(15a)，在仪表板线束内

(B163) – 正极(+)连接点 – 1 – (15) 在内部线束上

＊ – 手动变速器车型

– – – – 自动变速器(AG4)车型

–•–•– 5挡自动变速器(AG5)车型

图 5-62　机油油位/温度传感器、机油压力开关、车速传感器、冷却液不足指示器传感器电路

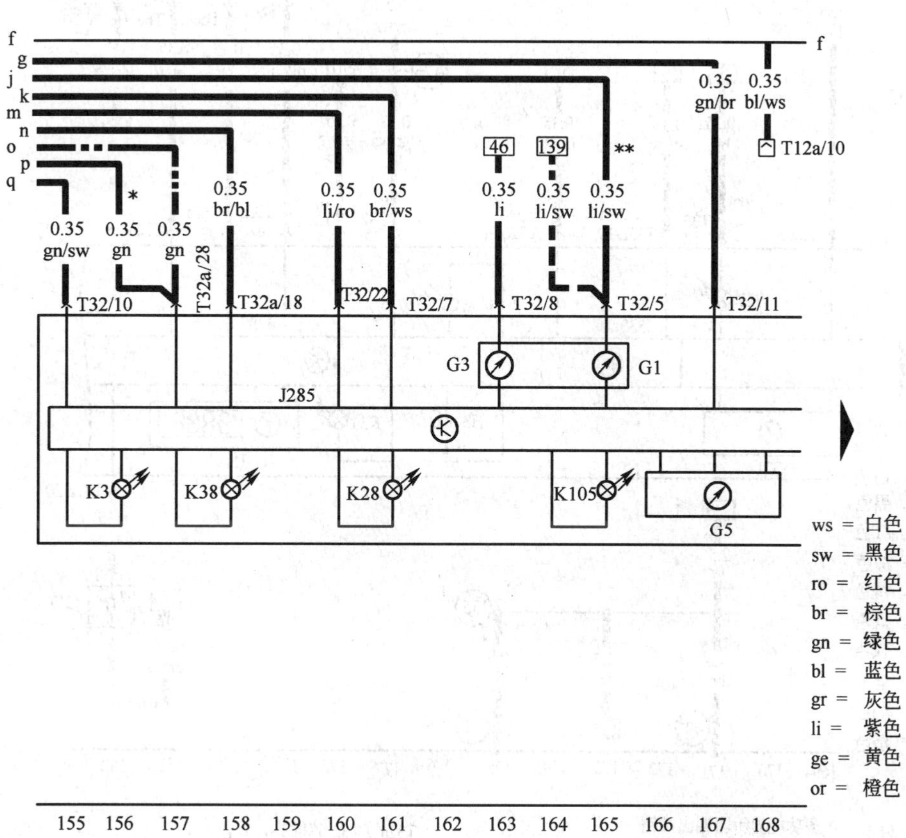

G1 - 燃油表

G3 - 冷却液温度表

G5 - 转速表

J285 - 带组合仪表显示器的控制单元

K3 - 机油压力警报灯

K28 - 冷却液温度 / 冷却液不足警报灯

K38 - 机油油位警报灯＊＊＊

K105 - 备用燃油警报灯

T12a - 12芯插头，用于连接自动空调

T32 - 32 芯插头，蓝色

T32a - 32 芯插头，绿色

＊ - 手动变速器车型

＊＊ - 自2000年9月起

- - - - 2000年8月前

-••- - 5挡自动变速器(AG5)车型

图 5-63 组合仪表、冷却液温度表和燃油表、转速表、机油压力报警灯电路

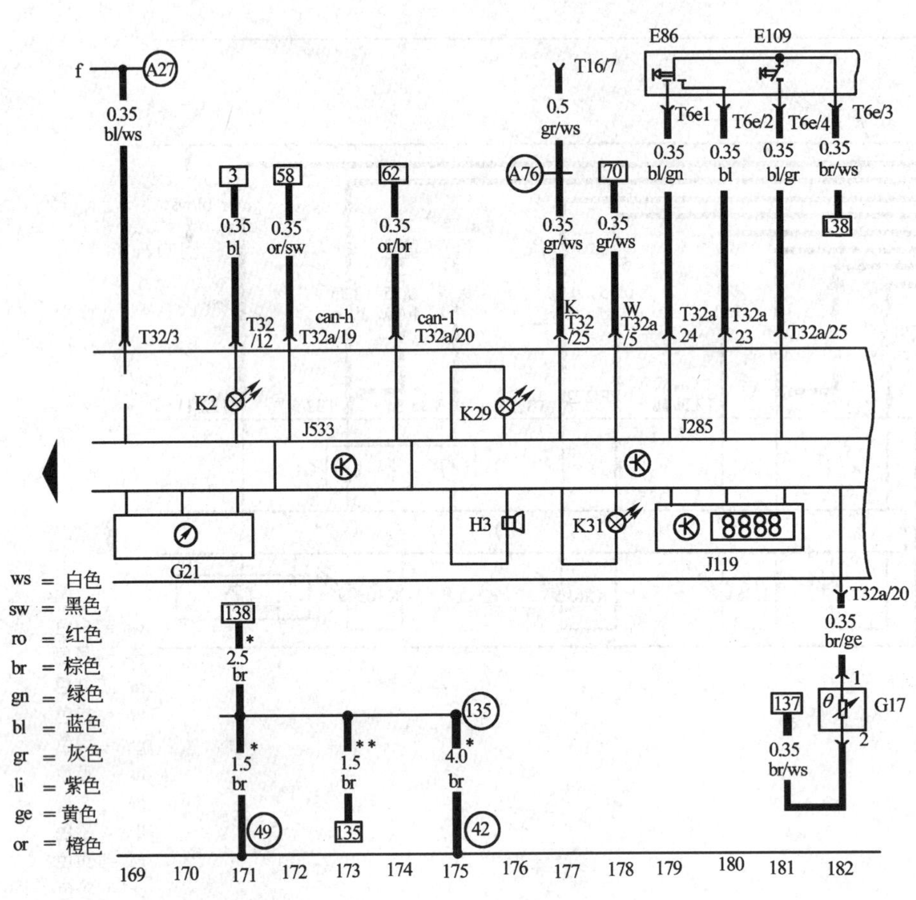

E86 - 多功能显示器调出按钮
E109 - 多功能显示器存储开关
G17 - 环境温度传感器
G21 - 车速表
H3 - 蜂鸣警报器
J119 - 多功能显示器
J285 - 带组合仪表显示器的控制单元
J533 - 数据总线诊断接口，在组合仪表内
K2 - 发电机警报灯
K29 - 预热时间警报灯
K31 - CCS 警报灯
T6e - 6 芯插头
T16 - 16 芯插头，在仪表板中央，自诊断接口
T32 - 32 芯插头，蓝色
T32a - 32 芯插头，绿色
(42) - 搭铁点，转向柱旁
(49) - 搭铁点，转向柱上
(135) - 搭铁点 -2-，在仪表板线束内
(A27) - 连接点（速度信号），在仪表板线束内
(A76) - 连接点（K 诊断线），在仪表板线束内
* - 自 2000 年 5月起
** - 自 2000 年 9月起

图 5-64 组合仪表、多功能显示器、环境温度指示器、自诊断接口、预热时间警报灯、CCS 警报灯、车速表电路

气流量计与 ECU 的 3 根连线(0.35sw、0.35ro/li、0.35gn)即属上述线路。具体每根线(或每个端子)的作用可查阅资料或实测确认。

通过实测确认空气流量计与 ECU 连线的性质时,首先关闭点火开关,并从空气流量计上拆开线束连接器;然后用万用表电阻挡在线束侧测量各端子与"搭铁"之间的电阻,电阻为"0"的端子对应线路即为通过 ECU 内部搭铁的线路;再打开点火开关,用万用表电压挡在线束侧测量各端子与"搭铁端子"之间的电压,电压约为 5V 的端子对应线路即为 ECU 向空气流量计提供标准电源的线路;上述标准电源线和搭铁线确定后,剩余的一根线即为信号线。

(3)分析空气流量计所在电路图中不明确的连接线路。空气流量计端子 T5/2 的引线(1.0ge/sw)经发动机舱内的连接点 E29→1.5ge/sw 导线→连接点 130(接点编号 91)→连接点 91(见图 5-61)、1.5ge/sw 导线→1.0ge/sw 导线→1.5ge/sw 导线→10A 熔断丝 S234→1.5b导线→4.0bl 导线(接点编号 133)→连接点 30(接点编号 133)→4.0bl 导线(见图 5-54)→端子 30 电源继电器 J317→4.0ro 导线→仪表板线束内接头 A98→图中"d"线→接头 A98(见图 5-53)→6.0ro 导线→继电器盒接线柱 501→图中"b"线→18.0ro 导线(见图 5-52)→熔断丝 S176→16.0ro 导线→蓄电池正极 A/+。由此可见,蓄电池经由上述相反方向给空气流量计端子 T5/2 提供 12V 电源,并经 ECU 内部搭铁构成回路。

4)在读图过程中,画出空气流量计电路(见图 5-32)。

三、电路故障诊断

电控系统电路常见故障是断路或短路,可使用高阻抗数字万用表(或其他仪器)的电阻挡或电压挡进行诊断。确定有断路或短路的部位后,应更换相应的导线或线束。

1.选择测点

需要把线束连接器端子作为测点时,则应拆开线束连接器;如果必须在线束连接器处于插接状态时测量参数(如传感器输出信号电压),则应先将线束连接器上的橡胶防水套向后脱出,将万用表测量表笔从后端以适当角度插入并触及端子,进行检查,见图 5-65。

2.断路故障诊断

存在断路故障的电路见图 5-66,可通过"测量电阻"或"测量电压"两种方法来确定断路部位。

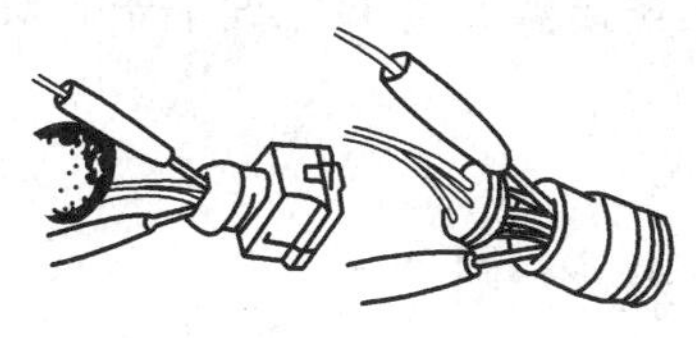

图 5-65 连接器处于连接状态时的检查

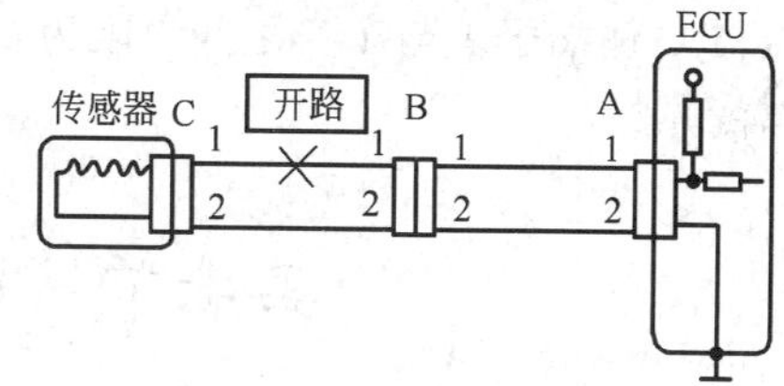

图 5-66 存在断路故障的电路

(1)电阻测量法:首先拆开线束连接器 A 和 C,按图 5-67 所示方法测量相应端子之间的电阻;若连接器 A 端子 1 与连接器 C 端子 1 之间的电阻值为∞,则说明它们之间断路;若连接器 A 端子 2 与连接器 C 端子 2 之间的电阻值为 0Ω,则说明它们之间无断路。然后再拆开线束器

B,并分别测量连接器 A 与 B、B 与 C 相应端子之间的电阻,若连接器 B 与 C 的端子 1 之间电阻值为∞,其他相应端子之间的电阻均为 0Ω,则可确定连接器 B 与 C 的端子 1 之间存在断路故障。

(2)电压测量法:对电源线,可在不拆开各连接器的情况下,用电压测量法确定断路部位(见图 5-68)。假设上述在故障电路中,端子 1 为 ECU 给传感器提供标准 5V 电压的端子,用万用表分别测量连接器 A、B 和 C 的端子 1 与"搭铁"之间的电压,若测得连接器 A 和 B 的端子 1 与"搭铁"之间电压值均为 5V,而连接器和 C 的端子 1 与"搭铁"之间电压为 0V,则可以确定在连接器 B 的端子 1 与 C 的端子 1 之间存在断路故障。

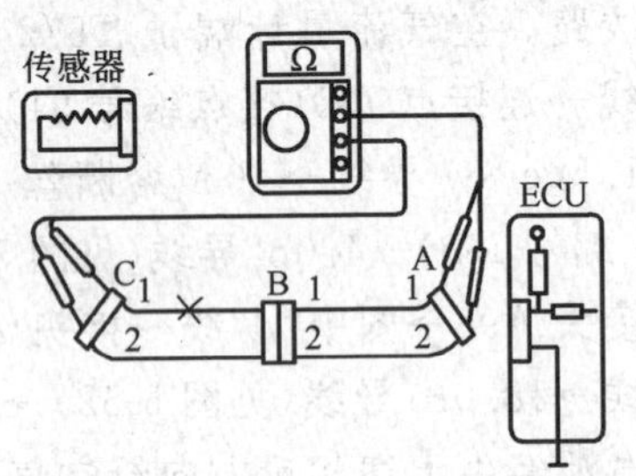

图 5-67 断路故障诊断的电阻测量法

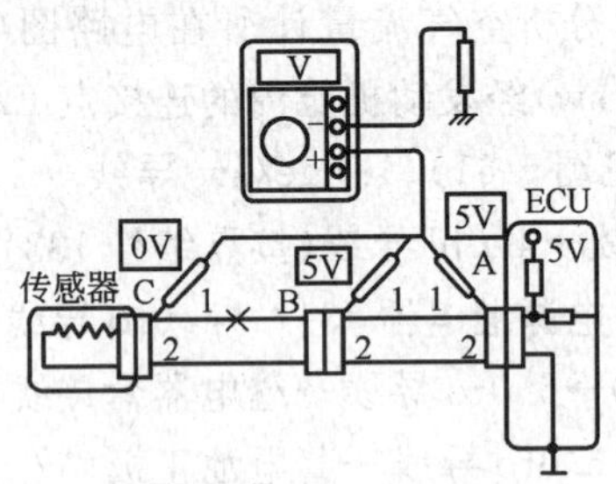

图 5-68 断路故障诊断的电压测量法

3. 短路故障诊断

不应直接连接的信号线与信号线、信号线与电源线、信号线与搭铁(或搭铁线)、或电源线与搭铁(或搭铁线)之间,如果因线束或电器元件内部故障而直接导通,即为短路。短路故障可通过测量被怀疑对象之间的电阻(导通情况)来确定,如怀疑某电路存在搭铁短路故障,其检测方法(见图 5-69)如下:

(1)拆开线束连接器 A 和 C,在连接器 A(或 C)处分别测量端子 1 和 2 与车身(搭铁)之间的电阻,若端子 2 与车身之间电阻为∞,而端子 1 与车身之间电阻为 0Ω,说明端子 1 对应线路有短路故障。

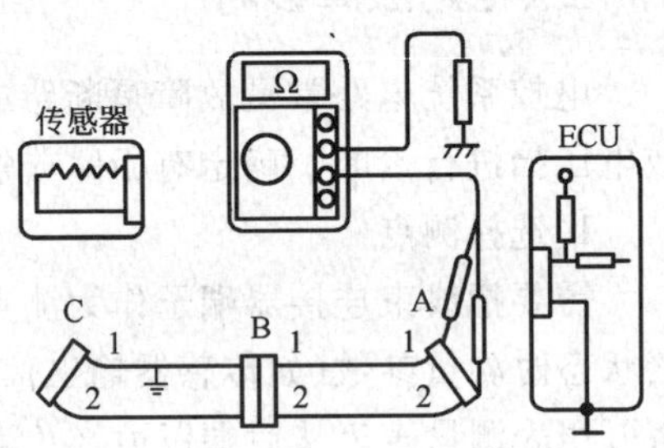

图 5-69 短路故障诊断

(2)拆开线束连接器 B,在连接器 B 处分别测量端子 1 和 2 与车身(搭铁)之间的电阻,若在连接器 C 侧端子 1 和 2 与车身之间电阻、在连接器 A 侧端子 2 与车身之间电阻均为∞,而在连接器 C 侧端子 1 与车身之间电阻为 0Ω,则可确定在连接器 B 与 C 之间端子 1 对应线路有短路故障。

第七节 ECU 万用表检测

一、检测注意事项

在用万用表检测 ECU 时应注意:

(1)在检测之前,应先检查电控系统及其他电器设备各熔断器、熔断丝及有关的线束连接器是否良好。

(2)在点火开关处于“ON”位置时，蓄电池电压应不低于11V，蓄电池电压过低会影响测量结果。

(3)必须使用高阻抗的万用表或汽车专用万用表进行检测。

(4)必须在ECU线束连接器处于连接的状态下，将万用表的测试笔从线束侧插入测量ECU端子电压(见图5-70)。

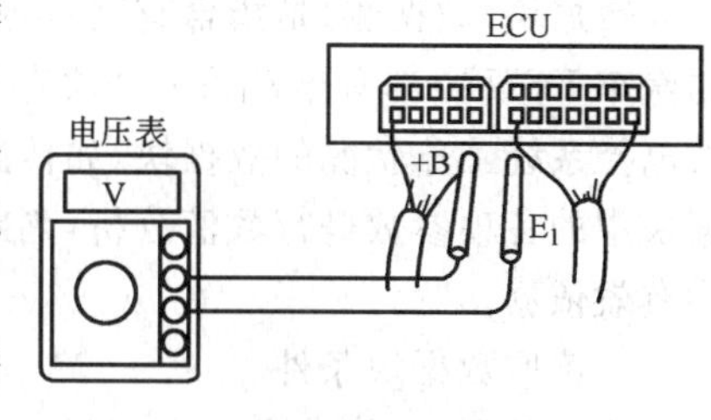

图5-70　测量ECU端子电压

(5)不允许在拆开ECU线束连接器的状态下，直接在ECU侧测量各端子电阻，否则会损坏ECU。

(6)若要拆开ECU线束连接器测量各控制线路，则应先拆开蓄电池负极搭铁线。若在蓄电池连接完好的状态下拆开ECU线束连接器，可能损坏ECU。

(7)在检测时，应先将ECU连同线束一同拆出，并按维修手册规定的点火开关状态(OFF或ON)和发动机运转状态下测量ECU相应端子与搭铁端子之间电压。

二、ECU端子电压检测方法

测量ECU端子电压的方法和步骤如下：

(1)用万用表检测蓄电池的电压，应不小于11V，否则充电后再测量。

(2)从汽车上拆下ECU，并保持线束连接器处于连接状态。

(3)将点火开关置于“ON”位置。

(4)将万用表置于电压挡。

(5)依次将万用表测笔从线束插头的导线一侧插入，测量ECU各端子与搭铁端子之间的电压。

(6)记录各端子与搭铁端子间的电压值，并与标准检测数据相比较。如测得的电压与标准值不符，则说明ECU有故障。

即使通过上述检测确认ECU有故障，也不可轻易废弃ECU，应再通过总成互换的方法再次进行确定是否真的是ECU损坏。ECU损坏多数情况下是能够维修的。因为ECU多数损坏是因检测或使用不当引起的二极管、三极管、电容、电阻的损坏，而这些元件是通用标准件，市场上可购得，只要熟悉电子电路维修技术就可以更换。但ECU中的专用集成电路或存储器等损坏是无法修的。

第八节　电控系统仪器诊断

随着电子技术在汽车上的应用不断增多，汽车的维修变得越来越复杂化，因此诊断仪在汽车维修中的使用越来越多。除调取和清除故障码外，在汽车维修中，利用诊断仪还可以完成读取数据块、执行元件诊断和对ECU进行编码。

与调取故障码类似，不同汽车、不同诊断仪，利用诊断仪对电控系统进行诊断的方法也不同。本节以一汽大众宝来柴油机轿车为例，介绍电控系统仪器诊断。

一、读取数据块

数据块（数据流）是指含有某一特定时间车辆工作状况的数据块。目前，国内外正规生产的汽车 ECU 中都有丰富的数据块存储调用功能，一般用故障诊断仪即可从诊断座上读取反映电控系统工作状况的数据块，如传感器的输入数据和输出数据等。维修人员可以通过对数据块中的各项参数进行数值分析，判断电控系统的各个元件工作是否正常，为查找故障原因提供有效依据。

1. 读取数据块条件

读取数据块时，应满足以下测试条件：

(1)熔断丝正常。

(2)蓄电池电压不低于 11.5V。

(3)发动机和变速器的搭铁线正常。

(4)冷却液温度不低于 80℃。

(5)所有用电设备关闭。

(6)带空调的车辆，关闭空调。

(7)采用自动变速器的车辆，将换挡杆置于 P 或 N 挡位置。

(8)调取故障码时应无故障码，否则应先检修车辆并清除故障码。

2. 读取数据块方法

读取数据块的步骤如下：

(1)连接 V. A. G1551 或 V. A. G1552（见图 5-13）。

(2)起动发动机并维持怠速运转，输入地址码“01”并按“Q”键确认，屏幕显示：

Rapid data transmission Q （快速数据传递）
01—Engine electronics （发动机电控单元）

(3)待屏幕上显示 ECU 的版本号和编码后按“→”键进入功能选择，屏幕显示：

Rapid data transfer（快速数据传输） HELP
Select function ××（选择功能××）

(4)输入功能码“08”并按“Q”键确认，进入“阅读测量数据块”功能，屏幕显示：

Read measured value block（阅读测量数据块）
Enter display group number ×××（输入显示组×××）

(5)以读取 001 显示组数据块为例，按 0、0 和 1 键并按“Q”键确认，屏幕显示：

Read measured value bolck（阅读测量数据块） 1
1 2 3 4

屏幕显示“1、2、3、4”代表显示区域的 4 个具体数据值，其含义和标准值将在本节后续内容中介绍。此外，不同车型数据块显示组数量、编码和显示内容也不同，宝来柴油机怠速工况下可读取的数据块分 16 个显示组，全负荷工况下可读取的数据块分 6 个显示组，读取数据块时，可按表 5-9 进行操作切换到另一个显示组。

切换显示组操作方法　　表 5-9

显示组切换	高	低	跳读
V. A. G1551	按“3”键	按“1”键	按“C”键
V. A. G1552	按“↑”键	按“↓”键	按“C”键

(6)数据块读取结束后，按“→”键，屏幕显示：

```
Rapid data transfer（快速数据传输）        HELP
Select function ××（选择功能××）
```

(7)输入功能码“06”并按“Q”键确认，结束“阅读测量数据块”功能。

3. 发动机怠速工况时的数据块说明

(1)怠速工况显示组 000 说明见表 5-10。怠速工况显示组 000 必须在发动机暖机(冷却液温度不低于 80℃)时进行测试。

怠速工况显示组 000 说明　　表 5-10

显示组 000		
发动机怠速运转		
阅读测量数据块 0		
× × × × × × × × × ×	←屏幕显示	标准值
1 2 3 4 5 6 7 8 9 10	←显示区	
10	空气流量	70～126
9	燃油温度	85～184
8	进气歧管温度	151～189
7	冷却液温度	36～80
6	大气压力	181～222
5	进气歧管压力	88～113
4	喷油量	11～33
3	加速踏板位置	0
2	喷油始点	113～133
1	发动机转速 手动变速器 自动变速器	 41～45 38～42

(2)怠速工况显示组001说明见表5-11。怠速工况显示组001必须在发动机暖机(冷却液温度不低于80℃)时进行测试。

怠速工况显示组001说明 表5-11

显示组001-喷油量					
阅读测量数据块1					
××××r/min	××.×mg/H	×.×℃A	×××℃	←屏幕显示 ←显示区	标准值
1	2	3	4		
			冷却液温度		80°~110℃
		喷油时间(标准值)			5.0°~8.0℃A
	喷油量				3~9mg/H
发动机转速 手动变速器 自动变速器					 860~940r/min 790~870r/min

读取怠速工况显示组001主要是检测喷油量,若喷油量低于3mg/H,可能故障原因是泵喷嘴故障;若喷油量高于9mg/H,可能故障原因是发动机温度过低、燃油不足、燃油系统内有空气或泵喷嘴故障。

(3)怠速工况显示组002说明见表5-12。怠速工况显示组002必须在发动机暖机(冷却液温度不低于80℃)时进行测试。

怠速工况显示组002说明 表5-12

显示组002-怠速					
阅读测量数据块2					
××××r/min	×××.×%	×××	×××℃	←屏幕显示 ←显示区	标准值
1	2	3	4		
			冷却液温度		80~110℃
		运行条件			010
	加速踏板位置				0.0%
发动机转速 手动变速器 自动变速器					 860~940r/min 790~870r/min

读取怠速工况显示组002主要是检测发动机怠速时加速踏板的位置,若加速踏板位置大于0.0%(1%~100%),可能的故障原因是加速踏板位置传感器故障。

运行条件显示值说明:第一位数字(百位)代表空调状态,"0"表示空调关闭(测试时应关闭),"1"表示空调打开;第二位数字(十位)代表怠速开关状态,"0"表示怠速开关打开,"1"表示怠速开关闭合(怠速时应闭合);第三位数字(个位)代表空调压缩机状态,"0"表示空调压缩机

关闭(测试时应关闭),“1”表示空调压缩机打开。

(4)怠速工况显示组 003 说明见表 5-13。怠速工况显示组 003 必须在发动机暖机(冷却液温度不低于 80℃)时进行测试。

怠速工况显示组 003 说明 表 5-13

显示组 003-废气再循环					
阅读测量数据块 3					
××××r/min	×××mg/H	×××mg/H	××.×%	←屏幕显示 ←显示区	标准值
1	2	3	4		
			EGR 阀占空比		50%~70%
		进气量(实际值)			230~420mg/H
	进气量(标准值)				230~420mg/H
发动机转速 手动变速器 自动变速器					860~940r/min 790~870r/min

读取怠速工况显示组 003 主要是检测发动机废气再循环情况,若进气量实际值显示低于 230mg/H,可能故障原因是废气再循环过度或进气系统漏气(不经计量);若进气量实际值显示高于 420mg/H,可能故障原因是废气再循环不足、发动机温度过低或空气流量计故障。进气量标准值显示高于 420mg/H,可能故障原因是发动机温度过低。

(5)怠速工况显示组 004 说明见表 5-14。怠速工况显示组 004 必须在发动机暖机(冷却液温度不低于 80℃)时进行测试。

怠速工况显示组 004 说明 表 5-14

显示组 004-喷油始点					
阅读测量数据块 4					
××××r/min	××.×mg/H	×.××CA	×××.×℃	←屏幕显示 ←显示区	标准值
1	2	3	4		
			同步角		−3.0°~3.0°CA
		喷油时间(标准值)			3.0°~8.0°CA
	喷油始点(标准值)				2°~4°ATDC
发动机转速 手动变速器 自动变速器					860~940r/min 790~870r/min

读取怠速工况显示组 004 主要是检测发动机喷油正时,若喷油始点高于 4°ATDC,可能是发动机温度过低,应提高发动机转速,暖机后再检查;若同步角显示高于 3.0°CA 或低于 −3.0°CA,可能故障原因是凸轮轴位置传感器(包括线路及转子)故障。

(6)怠速工况显示组 005 说明见表 5-15。

怠速工况显示组 005 说明 表 5-15

显示组 005-起动条件					
阅读测量数据块 5 ××××r/min	××.×mg/H	×.××	×××.×℃	←屏幕显示 ←显示区	标准值
1	2	3	4		
			冷却液温度		—
		起动同步效应			—
	起动喷油量				—
发动机转速					—

读取怠速工况显示组 005 的数据值与维修人员进行诊断故障无关。

(7)怠速工况显示组 006 说明见表 5-16。怠速工况显示组 006 须在点火开关打开时进行测试。

怠速工况显示组 006 说明 表 5-16

显示组 006-开关位置					
阅读测量数据块 6 ×××km/h	×××	××.×%	×××	←屏幕显示 ←显示区	标准值
1	2	3	4		
			巡航控制系统		255
		加速踏板位置			0.0%
	离合器与制动踏板监测				000
车速					0km/h

巡航控制系统显示值说明:不带巡航控制系统车辆显示值为“255”;带有巡航控制系统车辆,巡航控制系统关闭时显示值为“0”,巡航控制系统打开时显示值为“1”。

离合器与制动踏板监测显示值说明:第一位数字(百位)代表离合器踏板开关状态,“0”表示关闭(正常应关闭),“1”表示打开;第二位数字(十位)代表制动踏板开关状态,“0”表示关闭(正常应关闭),“1”表示打开;第三位数字(个位)代表制动灯开关状态,“0”表示打开(正常应打开),“1”表示关闭。

(8)怠速工况显示组 007 说明见表 5-17。怠速工况显示组 007 必须在点火开关打开、发动机冷机且不运转时进行测试。

怠速工况显示组 007 说明 表 5-17

显示组 007-温度					
阅读测量数据块 7 ×××℃	××.×%	×××℃	×××℃	←屏幕显示 ←显示区	标准值
1	2	3	4		
			冷却液温度		约环境温度
		进气温度			约环境温度
	燃油冷却状态				0%或 100%
燃油温度					约环境温度

读取怠速工况显示组 007 主要是检测发动机冷却液温度、进气温度和燃油温度，由于是在冷机时测量，所以没有具体的标准值，均应与环境温度相近，若与环境温度有明显的差别，应检查相应温度传感器是否有故障。

怠速工况显示组 007 中第 2 显示区“燃油冷却状态”与维修人员进行故障诊断无关。

(9)怠速工况显示组 009 说明见表 5-18。

怠速工况显示组 009 说明 表 5-18

显示组 009-喷油量限制					
阅读测量数据块 9 ××××r/min	××.×mg/H	××.×mg/H	××.×mg/H	←屏幕显示 ←显示区	标准值
1	2	3	4		
			油量限制		—
		换挡时变速器的喷油量限制			—
	喷油量(巡航控制系统启动)				—
发动机转速					—

读取怠速工况显示组 009 的数据值与维修人员进行诊断故障无关。

(10)怠速工况显示组 012 说明见表 5-19。

怠速工况显示组 012 说明 表 5-19

显示组 012-预热塞系统					
阅读测量数据块 12 ××××	×××	××.×V	×××.×℃	←屏幕显示 ←显示区	标准值
1	2	3	4		
			冷却液温度		—
		电控单元电源电压			—
	预热时间(s)				—
预热系统状态					—

读取怠速工况显示组 012 的数据值与维修人员进行诊断故障无关。

(11)怠速工况显示组 013 说明见表 5-20。怠速工况显示组 013 必须在发动机暖机(冷却液温度不低于 80℃)时进行测试。

怠速工况显示组 013 说明 表 5-20

显示组 013-稳定怠速控制					
阅读测量数据块 13 ××.×mg/H	××.×mg/H	××.×mg/H	××.×mg/H	←屏幕显示 ←显示区	标准值
1	2	3	4		
			稳定怠速控制 4 缸喷油量		−2.80～+2.80mg/H
		稳定怠速控制 3 缸喷油量			−2.80～+2.80mg/H
	稳定怠速控制 2 缸喷油量				−2.80～+2.80mg/H
稳定怠速控制 1 缸喷油量					−2.80～+2.80mg/H

柴油机怠速控制系统具有怠速均匀性控制功能。在发动机怠速运转时，ECU 根据发动机转速传感器信号确定各汽缸输出的功率，并通过调节各缸的喷油量来使各缸发出的功率尽可能相等，以维持发动机怠速稳定运转。读取怠速工况显示组 013 数据块，根据显示区的显示值，可确定各汽缸输出功率大小及喷油量增减量；若显示某缸喷油量为"正值"，说明该汽缸输出功率较小，为保持均匀性增加了该缸的喷油量，显示的数值即喷油量的增加量；若显示某缸喷油量为"负值"，说明该汽缸输出功率较大，为保持均匀性减少了该缸的喷油量，显示的数值为喷油量的减少量。

(12)怠速工况显示组 015 说明见表 5-21。

怠速工况显示组 015 说明 表 5-21

显示组 015-燃油消耗					
阅读测量数据块 15 ××××r/min	××.×mg/H	××.×mg/H	×××mg/H	←屏幕显示 ←显示区	标准值
1	2	3	4		
			喷油量(驾驶员的要求)		—
		燃油消耗			—
	喷油量(实际值)				—
发动机转速					—

读取怠速工况显示组 015 的数据值与维修人员进行诊断故障无关。

(13)怠速工况显示组 016 说明见表 5-22。怠速工况显示组 016 必须在发动机怠速运转时进行测试。

怠速工况显示组 016 说明 表 5-22

显示组 016-辅助加热器					
阅读测量数据块 16 ×××%	××××××××	××	×××.×V	←屏幕显示 ←显示区	标准值
1	2	3	4		
			来自电控单元的电压		13.5～14.5V
		辅助加热器继电器动作			—
	辅助加热器				—
发电机负荷					—

一汽大众宝来柴油发动机带有冷却液加热系统，"辅助加热器"即指冷却液加热器，"加热器部件动作"指控制冷却液加热器工作的继电器动作状态，控制冷却液加热器工作的继电器有低热输出继电器和高热输出继电器。

怠速显示组 016 第 2 区"辅助加热器"显示说明：显示值为 8 位数，分别表示辅助加热器关闭(即不工作)的原因，8 位数由左到右，第一位显示值为"1"说明冷却液温度在 70～80℃以上或进气歧管温度在 5℃以上，第二位显示值为"1"说明发电机故障，第三位显示值为"1"说明蓄电池电压低于 9V，第四位显示值为"1"说明发动机转速低于 760r/min，第五位显示值为"1"说

明发动机持续起动超过 10s，第六位显示值为“1”说明冷却液温度传感器、进气温度传感器或辅助加热器有故障，第七位和第八位显示值与维修人员诊断故障无关。

怠速显示组 016 第 3 区“辅助加热继电器动作”显示说明：不同车型其显示值有 2 位数和 8 位数两种；若显示值为 2 位数，第一位（十位）显示值为“1”说明高热输出继电器接通，第二位（个位）显示值为“1”说明低热输出继电器接通；若显示值为 8 位数，8 位数由左到右，第一位到第六位显示值与维修人员诊断故障无关，第七位（十位）显示值为“1”说明高热输出继电器接通，第八位（个位）显示值为“1”说明低热输出继电器接通。

(14)怠速工况显示组 018 说明见表 5-23。怠速工况显示组 018 必须在发动机暖机（冷却液温度不低于 80℃）、且至少怠速运转 1min 后进行测试。

怠速工况显示组 018 说明　　表 5-23

显示组 018-泵喷嘴状态					
阅读测量数据块 18 ××	××	××	××	←屏幕显示 ←显示区	标准值
1	2	3	4		
			4 缸泵喷嘴		0
		3 缸泵喷嘴			0
	2 缸泵喷嘴				0
	1 缸泵喷嘴				0

各缸泵喷嘴状态显示值若不为“0”，可能的故障原因有：泵喷嘴故障、电路断路、缺油、燃油系统有空气。

(15)怠速工况显示组 125 说明见表 5-24。怠速工况显示组 125 必须在发动机怠速运转时进行测试。

怠速工况显示组 125 说明　　表 5-24

显示组 125-数据总线信息交换					
阅读测量数据块 125 下一个	下一个	下一个	下一个	←屏幕显示 ←显示区	标准值
1	2	3	4		
			安全气囊状态		气囊 1
		组合状态			组合仪表 1
	ABS 状态				ABS1
	变速器状态				挡位 1

怠速工况显示组 125 各区显示值为“1”说明已连接数据总线电控单元，显示值为“0”说明未连接数据总线电控单元。若显示值为“0”，可能的故障原因有：数据总线连接失效、未安装数据总线电控单元、数据总线电控单元失效，可通过调取故障码确定原因。

4.发动机全负荷工况时的数据块说明

读取全负荷工况各显示组数据块，必须由两人配合完成，一人驾驶车辆，由另一人读取数据块或通过诊断仪打印数据块。测试时必须满足的条件：发动机暖机（冷却液温度不低于80℃）、以二挡或三挡路试、车辆全负荷加速、发动机转速达到3 000r/min。

(1)全负荷工况显示组000说明见表5-25。

全负荷工况显示组000说明 表5-25

AGP、AQM发动机000显示组（显示小数值）		
发动机转速850～3 150r/min		
阅读测量数据块0		
× × × × × × × × × ×	←屏幕显示	标准值
1 2 3 4 5 6 7 8 9 10	←显示区	
10	空气流量	>245
9	燃油温度	85～199
8	进气歧管温度	51～189
7	冷却液温度	35～80
6	大气压力	181～222
5	进气歧管压力	88～221
4	喷油量	142～160
3	加速踏板位置	255
2	喷油始点	53～76
1	发动机转速	136～150

(2)全负荷工况显示组004说明见表5-26。

全负荷工况显示组004说明 表5-26

显示组004-泵喷嘴		
阅读测量数据块4		标准值
××××r/min　××.×°ATDC　××.×°CA	←屏幕显示	
1　2　3　4	←显示区	
4	同步角	−3.0°～+3.0°CA
3	喷油时间（标准值）	19.0°～23.0°CA
2	喷油始点（标准值）	16.0°～23.0°ATDC
1	发动机转速	2 850～3 150r/min

读取全负荷工况显示组004主要是检测发动机泵喷嘴喷油同步角，若同步角显示高于3.0°CA或低于−3.0°CA，可能故障原因是凸轮轴位置传感器（包括线路及转子）故障。

(3)全负荷工况显示组 008 说明见表 5-27。

全负荷工况显示组 008 说明　　表 5-27

显示组 008-喷油量控制					
阅读测量数据块 8					标准值
××××r/min	××.×mg/H	××.×mg/H	×××mg/H	←屏幕显示	
1	2	3	4	←显示区	
			喷油量限制(进气量限制)		44.0～52.0mg/H
		喷油量限制(转矩限制)			39.0～44.0mg/H
	喷油量(驾驶员要求)				42～52mg/H
发动机转速					2 850～3 150r/min

全负荷工况显示组 008 第 2 区“驾驶员要求的喷油量”说明:若显示值低于 42.0mg/H,其故障原因可能是加速踏板未踩到底、加速踏板位置传感器故障或加速踏板操纵机构故障。“驾驶员要求的喷油量”是指根据加速踏板位置传感器信号确定的喷油量。

全负荷工况显示组 008 第 3 区“转矩限制的喷油量”说明:若显示值低于 39.0mg/H,其故障原因可能是发动机转速过高或过低。应在发动机转速达到 3 000r/min 时,重新读取该数据块。“转矩限制的喷油量”的主要目的是使发动机在各种转速下均能获得最佳的转矩特性。

全负荷工况显示组 008 第 4 区“进气量限制的喷油量”说明:若显示值低于 44.0mg/H,其故障原因可能是进气量不足或废气再循环量过多。“进气量限制喷油量”的主要目的是防止冒黑烟。

(4)全负荷工况显示组 010 说明见表 5-28。

全负荷工况显示组 010 说明　　表 5-28

显示组 010-空气流量					
阅读测量数据块 10					标准值
×××mg/H	××××kPa	××××kPa	×××.×%	←屏幕显示	
1	2	3	4	←显示区	
			加速踏板位置		100%
		进气压力(增压空气压力)			185～225kPa
	大气压力				不相关
进气量					800～1 100mg/H

全负荷工况显示组 010 第 1 区“进气量”说明:若显示值低于 800mg/H,其故障原因可能是转速过低或过高(在发动机转速达到 3 000r/min 时重新读取)、进气压力过低(检查增压压力调节装置)或空气流量计故障。

全负荷工况显示组 010 第 3 区“进气压力”说明:若显示值低于 185kPa,可能的故障原因是增压压力调节装置故障或增压器故障;若显示值约为 225kPa,可能的故障原因是增压器故障。

全负荷工况显示组 010 第 4 区“加速踏板位置”说明:若显示值低于 100%,可能的故障原因是加速踏板未踩到底或加速踏板位置传感器故障。

(5)全负荷工况显示组 011 说明见表 5-29。

全负荷工况显示组 011 说明 表 5-29

显示组 010-进气压力控制					
阅读测量数据块 11 ××××r/min	××××kPa	××××kPa	×××%	←屏幕显示 ←显示区	标准值
1	2	3	4		
			进气压力调节阀占空比		55%~80%
		进气压力(实际值)			185~225kPa
	进气压力(标准值)				190~210kPa
发动机转速					2 850~3 150r/min

全负荷工况显示组 011 第 3 区“进气压力实际值”说明:若显示值低于 185kPa,可能故障原因是增压压力调节装置故障或增压器故障,也可能是大气压力过低(应在低海拔地区测量);若显示值约为 225kPa,可能的故障原因是增压器故障。

二、执行元件诊断

1. 注意事项

以一汽大众宝来柴油机为例,利用专用诊断仪对执行元件诊断时应注意:

(1)带空调的车辆,必须使车辆处于高于 15℃的室温环境,并打开空调系统,温度调至最低挡位置,鼓风机转速调至最高速位置。

(2)诊断时按顺序依次触发下列执行元件:废气再循环阀、空调压缩机、进气压力调节电磁阀、进气歧管翻板转换阀、预热时间警告灯、鼓风机继电器、预热塞继电器、低热输出继电器(用于手动变速器车辆)、高热输出继电器(仅用于手动变速器车辆)。每个执行元件被触发 30s,在这期间可通过按键触发另一个执行元件;重复进行执行元件诊断前,应关闭点火开关。

2. 执行元件诊断步骤

(1)连接 V. A. G1551 或 V. A. G1552(见图 5-13)。

(2)起动发动机并维持怠速运转,输入地址码“01”并按“Q”键确认,屏幕显示:

Rapid data transmission Q (快速数据传递) 01-Engine electronics (发动机电控单元)

(3)待屏幕上显示 ECU 的版本号和编码后按“→”键进入功能选择,屏幕显示:

Rapid data transfer (快速数据传输) HELP Select function ×× (选择功能××)

(4)输入功能码“03”进入“执行元件诊断”功能,屏幕显示:

Rapid data transfer (快速数据传输) Q 03 Final control diagnosis (03 执行元件诊断)

(5)按“Q”键确认,屏幕显示如下:

Rapid data transfer (快速数据传输) Exhaust gas recirculation valve-N18 (废气再循环阀 N18)

此时应能听到废气再循环阀发出的“咔嗒”声。若因受发动机运转声的影响而听不到电磁阀的“咔嗒”声，可通过触摸来确定阀是否动作，必要时应打开点火开关重新检查。若废气再循环阀无“咔嗒”声（不工作），应检查废气再循环系统。

(6)按“→”键，屏幕显示如下：

Final control diagnosis（执行元件诊断） Conditioner compressor interruption（空调压缩机切断）

此时空调压缩机应在5s内停转，然后约每5s启动和关闭一次。若空调压缩机未切断，则应检查空调系统的信号。

(7)按“→”键，屏幕显示如下：

Final control diagnosis(执行元件诊断) Charge pressure control solenoid value-N75（进气压力调节电磁阀N75）

此时应能听到电磁阀发出“咔嗒”声，若因受发动机运转声的影响而听不到电磁阀的“咔嗒”声，可通过触摸来确定阀是否动作，必要时应打开点火开关重新检查。若废气再循环阀无“咔嗒”声（不工作），应检查进气压力调节电磁阀N75。

(8)按“→”键，屏幕显示如下：

Final control diagnosis（执行元件诊断） Intake manifold flap changeover valve-N239(进气歧管翻板转换阀N239)

此时发动机应停转，若发动机不停转，则应检查进气歧管翻板转换阀的工作状况。

(9)按“→”键，屏幕显示如下：

Final control diagnosis（执行元件诊断） Glow period warning lamp-K29(预热时间警告灯K29)

此时预热时间警告灯应闪亮，若不闪亮，则检查预热时间警告灯。

(10)按“→”键，屏幕显示如下：

Final control diagnosis（执行元件诊断） Fan relay J323（鼓风机继电器J323)

此时风扇应每5s运转和停止一次，若风扇不运转，则检查风扇继电器。

(11)按“→”键，屏幕显示如下：

Final control diagnosis（执行元件诊断） Glow plug relay-J52(预热塞继电器J52)

此时应能听到预热塞继电器发出的“咔嗒”声，同时由于预热塞耗电量大，继电器接通和断开时车内灯光会一明一暗变化。若继电器无“咔嗒”声，则检查预热塞继电器。

(12)按“→”键，屏幕显示如下（手动变速器车辆）：

Final control diagnosis（执行元件诊断） Low heater output relay-J359（低热输出继电器J359)

此时应能听到低热输出继电器发出的“咔嗒”声，若继电器无“咔嗒”声，则检查低热输出继电器。

(13)按“→”键,屏幕显示如下(手动变速器车辆):

Final control diagnosis (执行元件诊断)
High heater output relay-J360 (高热输出继电器 J359)

此时应能听到高热输出继电器发出的“咔嗒”声,同时由于冷却液加热器“高热输出”时的耗电量大,继电器接通和断开时车内灯光会一明一暗变化。若继电器无“咔嗒”声,则检查高热输出继电器。

(14)按“→”键,屏幕显示如下:

Rapid data transfer (快速数据传输)	HELP
Select function ×× (选择功能××)	

(15)输入功能码“06”并按“Q”键确认,结束“数据传输功能”。关闭点火开关,执行元件诊断完成。

三、发动机控制单元(ECU)编码

1. 获取 ECU 编码

获取 ECU 编码的方法如下:

(1)连接专用诊断仪 V. A. G1551 或 V. A. G1552(见图 5-13)。

(2)打开点火开关或起动发动机,输入地址码“01”并按“Q”键确认,屏幕显示:

038906019DF 1.9l R4 EDC G000SG 1260
Coding00002 WSC×××××

其中:038906019DF 为发动机控制单元零件号,1.9l 为发动机排量(1.9L),R4 为发动机形式(4 缸直列),EDC 为电子柴油控制喷射系统英文缩写,G 表示带巡航控制系统,SG 表示手动变速器车辆(AG 表示自动变速器车辆),1260 为控制单元软件版本号,Coding00002 为控制单元编码(00001 为自动变速器,00002 为手动变速器),WSC×××××为上一次编制代码的服务站的 V. A. G1551 代码(若未改动则显示原厂代码 WSC00000)。

屏幕显示上述信息后,记录或按 V. A. G1551 上的“PRINT”键打印。

(3)将屏幕显示的信息记录或打印后,按“→”键,再输入功能码“06”并按“Q”键确认,结束数据传输。

2. ECU 编码

如果在仪器诊断时,显示的 ECU 版本号和编码等信息与车辆不符或更换新的 ECU 后,均需对 ECU 进行重新编码,其方法如下:

(1)连接 V. A. G1551 或 V. A. G1552(见图 5-13)。

(2)打开点火开关,输入地址码“01”并按“Q”键确认,再按“→”键进入功能选择,屏幕显示:

Rapid data transfer (快速数据传输)	HELP
Select function ×× (选择功能××)	

(3)输入功能码“07”并按“Q”键确认,进入“控制单元编码”功能,屏幕显示:

Coding control unit (控制单元编码)	Q
Enter code number (输入编码)	

(4)输入控制单元编码(自动变速器车 00001,手动变速器车 00002),按"Q"键确认,屏幕显示:

038906019DF　1.9l　R4　EDC G000SG　1260
Coding00002　WSC××××××

(5)关闭点火开关,再打开点火开关即完成 ECU 编码。若输入编码后,不进行"先关闭再打开点火开关"操作,则不能激活输入的编码,存储的"控制单元编码不正确"故障信息(故障码)无法清除。

复习思考题

1. 维修时,对电源使用应注意什么?
2. 维修常用的仪器设备有哪些?
3. 故障诊断应遵循哪些基本原则?
4. 说明故障诊断的基本程序?
5. 如何用 V.A.G1551 或 V.A.G1552 调取宝来车故障码?
6. 用万用表检测传感器时应注意哪些问题?
7. 如何用万用表检测热敏电阻式温度传感器?
8. 如何用万用表检测压敏电阻式压力传感器?
9. 如何用万用表检测电位计式位置传感器?
10. 如何用万用表检测电磁感应式传感器?
11. 如何用万用表检测霍尔式传感器?
12. 如何用万用表检测光电式传感器?
13. 如何用万用表检测热膜式空气流量计?
14. 如何用万用表检测卡门旋涡式空气流量计?
15. 如何用万用表检测压电传感器?
16. 如何用万用表检测氧传感器?
17. 如何用万用表检测电动燃油泵及其电路?
18. 如何用万用表检测捷达车电控分配泵?
19. 如何用万用表检测电磁阀?
20. 如何用万用表检测预热系统?
21. 如何用万用表检测电路故障?
22. 如何用万用表检测 ECU?
23. 如何利用诊断仪对柴油机电控执行元件进行诊断?
24. 如何读取数据块?有何意义?
25. 如何对 ECU 进行编码?

参 考 文 献

[1] 栾琪文.汽车电控柴油机结构原理与维修[M].北京:机械工业出版社,2006.

[2] 北京联创高科技汽车电子研究所.怎样维修电控柴油机轿车[M].北京:机械工业出版社,2006.

[3] 杨杰民.现代汽车柴油机电控系统[M].上海:上海交通大学出版社,2002.

[4] 刘仲国.现代汽车检测与诊断技术[M].北京:机械工业出版社,2001.